Udo Bretschneider • Michael Freihof • Ingrid M. Kürten • Alfred Roßkamp

WinWord 6

TIPS & TRICKS

DATA BECKER

1. Auflage 1994

Lektorat Martin Koch

Umschlaggestaltung Werner Leinhos

Schlußredaktion Claudia Maubach

Textverarbeitung und Gestaltung Georg Michels

Belichtung MANZ Computer Publishing, Wien

Druck und buchbinderische Verarbeitung Wiener Verlag, Himberg bei Wien

ISBN 3-8158-1127-9

Wichtiger Hinweis

So einfach geht's mit Tips und Tricks

Ein guter Tip spart Zeit und Arbeit - aber wie findet man bei über 400 Tips und Tricks genau den, der einem weiterhilft? Zwei Verzeichnisse helfen Ihnen auf dem Weg zum leichteren Arbeiten: Ein **Praxisregister** greift die typischen Alltagsprobleme und -fragen auf, und ein **Problemregister** am Ende des Buches führt Sie gezielt zu den Informationen, die Sie brauchen. Sie schlagen einfach das Thema nach und finden dann alle Informationen zu diesem Bereich übersichtlich zusammengefaßt.

Die einzelnen Tips und Anregungen sind so aufgebaut, daß Sie immer nur so viel lesen müssen, wie Ihr Kenntnisstand erfordert, drei Icons helfen bei der Orientierung:

Nach einer kurzen Beschreibung des Problems finden Sie neben dem Blitzicon die **Blitzlösung** - die Überschrift spricht schon Bände, aber wenn das Aha-Erlebnis nicht gleich kommt, hilft der Informationstext, eine Tabelle oder ein Makro weiter. Manchmal gibt es mehr als nur eine Lösung, dann finden Sie die verschiedenen Möglichkeiten übersichtlich untereinander. Die Anzahl der Blitze sagt Ihnen auch gleich, wie komplex die Lösung ist.

Wenn Sie nach der Blitzlösung noch eine detaillierte **Schritt-für-Schritt-Anleitung** oder ein konkretes Beispiel haben möchten, schauen Sie sich den Text neben dem Treppen-Icon an: Dort steht, wie's geht.

Alle, die mehr wissen wollen, sollten sich am Lupen-Icon orientieren. Dort finden Sie **Hintergrundinformationen** zu den Programmfunktionen, weitere Nutzungsmöglichkeiten oder Hinweise zum Thema.

Wenn Sie einfach nur eine kleine Arbeitserleichterung suchen, einen speziellen Mausklick oder einen praktischen Hinweis, stöbern Sie doch 'mal in den Powertips, die Sie vorn und hinten im Buch finden. Sie erkennen diese Seiten an der Griffleiste.

Einen Überblick über die kleinen Tricks aus der WinWord-Praxis finden Sie im Powertip-Register im hinteren Einband.

Inhaltsverzeichnis

Powertips - Die WinWord Trickkiste I

1 Absatzendemarken bei importierten Texten entfernen

Bei vielen importierten Texten wird am Ende der Zeile ein Absatzende als Zeilenschaltung eingefügt, etwa aus den Hilfedateien von Windows-Programmen, aber auch aus vielen Dokumenten aus DOS-Programmen. Nun kann man nicht einfach das Absatzende durch eine Leerstelle ersetzen, da dann auch die „echten" Absätze verlorengehen.

Wenn Sie diese entfernen wollen, ist das folgende Makro der beste Weg:

```
Sub MAIN
BeginnDokument
BearbeitenErsetzen .Suchen = „^a^a", .Ersetzen = „####"
DateiSpeichern
BearbeitenErsetzen .Suchen = „^a", .Ersetzen = „ "
DateiSpeichern
BearbeitenErsetzen .Suchen = „####", .Ersetzen = „^a^a"
End Sub
```

Nach dem Sprung an den Dokumentanfang wird jedes Vorkommen zweier Absatzenden durch ein Stellvertreterzeichen ersetzt.

Nach dem Speichern der Datei wird jedes *einzelne* Absatzendezeichen durch einen Leerschritt ersetzt; nach erneutem Speichern (was Sie sich auch schenken können) werden die Stellvertreterzeichen wieder durch zwei Absatzendezeichen ersetzt.

2 Absatzformate komfortabel kopieren

Wenn Sie das Absatzendezeichen markieren und mit Strg+C in die Zwischenablage übernehmen, können Sie *alle* Absatzformate des betreffenden Absatzes an eine andere Stelle kopieren, indem Sie das Absatzendezeichen dort einfügen.

Eine andere Möglichkeit: Sie markieren das Absatzendezeichen (oder den Absatz samt Zeichen) und kopieren die Formate mit der Tastenkombination Umschalt+Strg+C in die Zwischenablage; mit Umschalt+Strg+V übertragen Sie das Format auf den Absatz, in dem sich der Cursor befindet.

Es gilt die Regel: Ist ein Wort ohne das Absatzendezeichen markiert, wird das Zeichenformat des markierten Textes übertragen, ist das Absatzendezeichen ebenfalls markiert, wird auch das Absatzformat übertragen.

3 Abschnittswechsel bequem einfügen

Wer häufiger Abschnittswechsel einfügen muß, wird bedauern, daß dies über das Menü doch recht umständlich ist. Wenn Sie einen Abschnittswechsel einfügen und als Textbaustein (oder AutoKorrektur-Eintrag) festhalten, können Sie ihn bequem einfügen. Sie können sogar unterschiedliche Abschnittswechsel bereithalten, da die Art des Wechsels ebenfalls festgehalten wird.

4 Absturz der Rechtschreibprüfung

Die Rechtschreibprüfung von WinWord ist alles andere als stabil: Wenn Sie mehrfach eine Änderung rückgängig machen, steigt das Programm aus – Abhilfe: Nach dem Rückgängigmachen die Prüfung abbrechen und erneut beginnen.

Ein anderer Fehler: Wenn WinWord auf ein Wort trifft, das *Realitäts* enthält, also *Realitätsferne* oder *Realitätsverlust*, ist das Programm so irritiert, daß es abstürzt und dabei die Ressourcen nicht wieder zurückgibt (es ist ein Windows-Neustart erforderlich).

Abhilfe: Fügen Sie die Wörter dem geöffneten Wörterbuch BENUTZER.DIC hinzu, wobei Sie bitte auf die richtige Sortierung achten.

Noch ein Hinweis: Wenn Sie während der Rechtschreibprüfung das Menü *Datei* öffnen, können Sie wie gewohnt speichern. Klicken Sie danach auf *Beginnen* und setzen Sie die Prüfung fort. Das gleiche funktioniert auch bei einem längeren Ersetzen von Text.

5 Adresse für Briefumschlag verwenden

Jede Adresse, die Sie in die Zwischenablage übernehmen – etwa aus dem Windows-Karteikasten oder einer Datenbank – erscheint im Anschriftenfeld der Funktion *Extras Umschläge und Etiketten*.

6 Andere Verzeichnisse zuerst anlegen

Wenn Ihr Dokument neben dem Inhaltsverzeichnis auch noch ein Verzeichnis der Abbildungen oder Tabellen enthält, sollten Sie diese vor dem Inhaltsverzeichnis erstellen, da sie dann ihrerseits in das Inhaltsverzeichnis aufgenommen werden.

7 Fenster für Anmerkungen und Fußnoten schneller öffnen

Wenn Sie auf den schwarzen Balken im vertikalen Rollbalken nach unten ziehen, während Sie die Taste **Strg** gedrückt halten, öffnet sich das Fenster mit den Anmerkungen. Wenn Sie beim Ziehen jedoch **Umschalt** gedrückt halten, öffnet sich das Fußnotenfenster.

8 Ansicht Ganzer Bildschirm à la carte

Wenn Sie über das Menü *Ansicht Ganzer Bildschirm* oder mit der entsprechenden Schaltfläche aus der Seitenansicht das Menü und die Symbolleisten ausgeblendet haben, müssen Sie keineswegs auf die Menüs verzichten: Mit **Alt** wird nach wie vor das Menü aktiviert, das Tippen des Aufrufbuchstabens öffnet das Menü „aus dem Nichts".

Wenn Sie die Maus benutzen wollen, geht das auch: Am oberen Rand des Bildschirms (wenn der Mauszeiger als Pfeil erscheint) müssen Sie nur mit der Maus in der ungefähren Position des Menüs klicken, das sich wie gewohnt öffnet.

Auch wer glaubt, man müsse in dieser Ansicht auf Schaltflächen verzichten, irrt: Ein Mausklick mit der rechten Maustaste auf die verbleibende Schaltfläche *Ganzer Bildschirm* öffnet das Kontextmenü zu den Symbolleisten. Wenn Sie dort nun Symbolleisten einblenden, werden diese fest mit der Ansicht verbunden und wieder hergestellt, wenn Sie in diese Ansicht wechseln.

Damit haben Sie die Möglichkeit, diese Ansicht für eine ganz bestimmte Tätigkeit „auszurüsten“, etwa für die Arbeit mit Tabellen, indem Sie die Symbolleiste für die Arbeit mit Tabellen dieser Ansicht zuordnen. Wenn Sie einen Schritt weitergehen wollen, können Sie sogar über *Extras Anpassen* einen weiteren Menüpunkt *Ansicht Tabelle* „erfinden“, der nichts anderes tut, als die Ansicht *Ganzer Bildschirm* aufzurufen.

9 Breite von Tabellenspalten anzeigen lassen

Wenn Sie das exakte Maß der Tabellenspalten sehen wollen, klicken Sie im Zeilenlineal auf die Spaltenbegrenzung, während Sie die Taste **Alt** gedrückt halten. In der Layoutansicht funktioniert dies auch für die Höhe der Spalte.

10 Weg vom Microsoft-Diktat - Assistenten verändern

Wenn Sie das Aussehen der durch die Assistenten erstellten Dokumente verändern wollen, laden Sie die betreffende Datei (Erweiterung WIZ) mit *Datei Öffnen*. Mit *Bearbeiten AutoText* fügen Sie die Elemente in den Text ein und bearbeiten sie, was jedoch nur in der Seitenansicht möglich ist. Übernehmen Sie die neuen Elemente als AutoText-Eintrag und speichern Sie die Datei wieder ab, aus Sicherheitsgründen zuerst unter einem anderen Namen, um ggf. auf die ursprüngliche Datei wieder zugreifen zu können.

11 Ausdruck von Abschnitten

In der Online-Hilfe von WinWord lesen Sie, daß der Druck eines Abschnittes durchgeführt wird, indem die Abschnitts- und Seitennummer angegeben wird: **S8Ab4**. Das ist jedoch eine falsche Angabe, richtig muß es heißen **S8A4** für den Druck der Seite acht des vierten Abschnitts.

12 AutoKorrektur differenziert zwischen Groß- und Kleinschreibung

Wenn Sie als AutoKorrektur ein Kürzel in Kleinschreibung hinterlegen, können Sie es je nach Bedarf verwenden, indem Sie das Kürzel groß oder klein schreiben. Beispiel: Wenn Sie *mfg* hinterlegen, um es als *mit freundlichen Grüßen* in den Text einfügen zu lassen, so wird aus *Mfg* **Leertaste** der Satz *Mit freundlichen Grüßen*, wenn Sie hingegen *mfg* verwenden, wird daraus *mit freundlichen Grüßen.*

13 AutoText einmal anders

Wer sehr viel die Wörter *Fragezeichen, Paragraph* oder *geschweifte Klammer* benutzt, kann sich eine weithin unbekannte Eigenschaft von WinWord zunutze machen: Hinterlegen Sie das Wort als AutoText-Eintrag und verwenden Sie als Kürzel das Sonderzeichen selbst, also { für *geschweifte Klammer* oder § für *Paragraph.* Auf diese Weise können Sie das Wort mit seinem eigenen Zeichen in den Text einfügen.

14 Berechnung = SUMME(Oberhalb) funktioniert nicht

Die Berechnung mit dem Ausdruck **=SUMME(Oberhalb)** funktioniert nur, wenn die Zellen oberhalb alle Zahlen enthalten. Es ist wie bei Excel: Wenn Sie wollen, daß WinWord die gesamte Spalte einbezieht, müssen Sie die leeren Zellen mit einer 0 ausfüllen, die Sie notfalls verborgen formatieren können.

15 Breite von Dropdown-Listenfeldern verändern

Um Platz auf den Symbolleisten zu schaffen, können Sie die Breite der Listenfelder – etwa für Schriftart oder für die Formatvorlagen – ändern: Im Modus *Extras Anpassen* bewegen Sie den Mauszeiger auf den rechten Rand des Listenfeldes. Wenn der Mauszeiger sich in einen Doppelpfeil verwandelt, ziehen Sie das Listenfeld auf die gewünschte Größe.

16 Breite von Tabellenspalten ändern

Wenn Sie eine Tabellenspalte mit der Maus oder über das Menü *Tabelle* ändern, bleibt die Gesamtbreite der Tabelle unverändert, die Nachbarspalte wird also in der Breite entsprechend angepaßt. Wenn Sie jedoch beim Ziehen mit der Maus die Tastenkombination **Umschalt+Strg** betätigen, wird die Breite der Spalte verändert, ohne daß die Breite der Nachbarspalte angepaßt wird.

Wenn Sie beim Ziehen der Spaltenbegrenzung die Taste **Strg** gedrückt halten, erhalten alle Spalten rechts von der betreffenden Spalte die gleiche Breite – wenn Sie also die Breite der äußersten linken Spalte auf diese Weise ändern, werden alle Spalten der Tabelle gleich breit.

17 Datum einfügen mit Aktualitätsgarantie

Wenn Sie mit dem Menüpunkt *Einfügen Datum und Zeit* das aktuelle Datum einfügen, wird dieses Datum standardmäßig als normaler Text eingefügt. Wenn Sie *Als Feld* aktivieren, wird ein Feld eingefügt, welches das Datum als Ergebnis zurückliefert. Dieses Feld wird jedoch im Dokument nicht automatisch aktualisiert, sondern erst dann, wenn Sie es markieren und die Taste **F9** betätigen. Wollen Sie ein Datum einfügen, das immer aktuell ist, müssen Sie das Feld **{AKTUALDAT}** einfügen.Wenn Sie das Datum über das Menü als Feld einfügen, wird das Feld **{ZEIT}** verwendet, das nicht automatisch aktualisiert wird, sondern erst bei Betätigen von **F9**. Wenn Sie dagegen die Tastenkombination **Alt+Umschalt+D** verwenden, wird das Feld **{AKTUALDAT}** eingefügt, das automatisch immer das richtige Datum anzeigt.

18 Dreher per Tastendruck vertauschen

Folgendes Makro kann Ihnen bei Buchstabendrehern helfen:

```
Sub MAIN
ZeichenLinks 2
ZeichenRechts 1, 1
TextVerschieben
ZeichenRechts 2
OK
End Sub
```

Um einen Dreher zu beseitigen, positionieren Sie den Cursor vor dem ersten Buchstaben, wenn Sie also *Abreiter* in *Arbeiter* ändern wollen, muß der Cursor vor dem *b* stehen, damit das Makro korrekt funktioniert. Wenn Sie feststellen, daß Sie einen Dreher öfter einmal „verwenden", lassen Sie ihn durch die AutoKorrektur ändern.

19 Druckvorgang blitzschnell abbrechen

Wenn Sie den Ausdruck gestartet haben, können Sie ihn durch nochmaligen Aufruf des Menüs *Datei Drucken* beenden. Wesentlich schneller jedoch erledigt dies ein Doppelklick in die Statuszeile: In dem kleinen Fenster, in dem der Fortschritt des Ausdrucks angezeigt wird, können Sie den Ausdruck so lange mit einem Doppelklick abbrechen, wie dort das Druckersymbol zu sehen ist. Wenn wieder die Uhrzeit sichtbar ist, müssen Sie den Ausdruck im Druck-Manager beenden.

20 Ein Tip zum Speichern

Wenn Sie in *Extras Optionen* bestimmt haben, daß die Schnellspeicherung zugelassen ist, wird nicht die gesamte Datei gespeichert, sondern die Änderungen zusätzlich zur letzten Speicherung, was jedoch viel Platz auf der Festplatte benötigt. Sie sollten ab und zu mit *Datei Speichern unter* die Datei unter ihrem alten Namen abspeichern und dabei die Sicherheitsabfrage (Überschreiben der alten Version) bejahen; die Datei wird dann komplett abgespeichert und die Fragmente werden gelöscht.

21 Dateien in anderen Formaten abspeichern

Wenn Sie bei *Speichern unter* einen anderen Dateityp angeben - Sie wollen beispielsweise im Format für den Macintosh abspeichern -, wird *nur* in diesem Format abgespeichert, eine weitere Chance, auch im WinWord-Format abzuspeichern, bekommen Sie nur, wenn Sie das Dokument danach noch einmal über *Datei Speichern unter* im WinWord-Format abspeichern.

Wo wir gerade dabei sind - wußten Sie schon, daß Sie im MCW-format (Word für Macintosh) etwa um 30 bis 40 % kleinere Dateien erhalten, die ohne Einbußen und mit allen Funktionen in WinWord bearbeitet werden können?

22 Mit anderen Namenserweiterungen arbeiten

Wenn Sie keine Erweiterungen vergeben, wird WinWord die Erweiterung DOC vergeben. Wenn Sie standardmäßig eine andere Erweiterung verwenden wollen, müssen Sie in der WINWORD6.INI die Zeile

```
DOC-Extension=.XXX
```

eintragen. Auch für Dokumentvorlagen können Sie auf diese Weise andere Erweiterungen als DOT verwenden.

Doch wenn standardmäßig DOC als Namenserweiterung vorgesehen ist, können Sie andere Namen verwenden: Geben Sie bei *Dateiname* einfach die gewünschte Erweiterung an, auf diese Weise können Sie mit MEIER.BRF und MÜLLER.RG eine Unterscheidung der Dokumenttypen erreichen.

In diesem Falle ist jedoch hinderlich, daß Sie bei *Datei Öffnen* immer erst bei *Dateityp* die Option *Alle Dateien* auswählen müssen. Es empfiehlt sich, den WinWord-Befehl zu ändern, wie im Kapitel beschrieben. Das Makro dafür lautet:

```
Sub MAIN
On Error Goto Ende
Dim dlg As DateiÖffnen
GetCurValues dlg
dlg.Name = „*.*"
Dialog dlg
Super DateiÖffnen dlg
Ende:
End Sub
```

23 Einfache Textanalyse

Wenn Sie das Vorkommen eines bestimmten Wortes zählen wollen, wählen Sie die Funktion *Bearbeiten Ersetzen*: Ersetzen Sie das betreffende Wort durch sich selbst und lesen Sie in der Dialogbox der Erfolgsmeldung, wie oft die „Ersetzung“ durchgeführt wurde.

24 Einzelne Laseretiketten drucken

Die Funktion des Ausdrucks von Etiketten ermöglicht auch den Ausdruck einzelner Etiketten. Wenn Sie Laseretiketten ausdrucken, beginnen Sie mit dem Ausdruck *unten*, damit sich die obere Kante nicht löst und das Blatt auch nach dem Ausdruck einzelner Etiketten korrekt eingezogen wird.

25 Suchen oder Ersetzen einmal anders

Wenn Sie einen sehr großen Textblock suchen oder ein Textelement durch einen sehr großen Text ersetzen wollen (mehr als 255 Zeichen), kopieren Sie den Ersatztext in die Zwischenablage und wählen in der Dialogbox *Ersetzen* unter *Sonstiges* die Option *Inhalt der Zwischenablage*.

26 Ersetzen in markiertem Text

Wenn Sie Text markiert haben, um in diesem Text eine Ersetzung durchzuführen, dürfen Sie *nicht* auf *Weitersuchen* klicken, um die einzelnen Textstellen anzusteuern und dort zu ersetzen, da damit die Markierung aufgehoben wird und der Ersetzen-Vorgang wieder für den gesamten Text gilt. Wenn Sie markiert haben, müssen Sie *Alle ersetzen* wählen.

27 Leerzeilen bei der Adreßübernahme auf den Briefumschlag

Auch die neue Version von WinWord hat einen Fehler beim Erstellen von Briefumschlägen: Wenn Sie im Text die Adresse markieren, um sie in der Funktion *Extras Umschläge und Etiketten* in das Fenster der Adreßangabe zu übernehmen, werden nur die Leerzeilen, die durch einen leeren Absatz mit **Enter** oder eine Zeilenschaltung mit **Umschalt**+**Enter** erzeugt werden, in das Adreßfeld übernommen, Absätze, die durch einen einzeiligen Absatzabstand mit **Strg**+**0** erzeugt werden, werden unterdrückt.

28 Feste Tabellenzellen einrichten

Normalerweise wird eine Tabellenzelle nach unten erweitert, wenn Sie ein Absatzende mit **Enter** einfügen. Wenn Sie mit *Tabelle Zeilenhöhe und - breite* eine Höhe mit der Option *Genau* zuweisen, ist diese Zeile in ihrer Höhe unveränderlich.

29 Tabellenspalten mit gleicher Breite einrichten

Um Tabellenspalten exakt gleich breit zu formatieren, müssen Sie sie markieren und die Spaltenbreite 0 zuweisen; die Tabellenspalten teilen dann den Platz, den sie gemeinsam einnehmen, zu gleichen Teilen auf.

30 Formatvorlagen im Listenfeld richtig anordnen

Die Formatvorlagen werden im Listenfeld der Symbolleiste *Formatierung* alphabetisch eingeordnet. Da Sie jedoch vornehmlich mit der Formatvorlage *Standard* arbeiten werden, sehen Sie beim Öffnen dieses Listenfeldes die Formatvorlagen, die mit *St* beginnen. Sie sollten daher die wichtigsten Formatvorlagen ebenfalls dort anordnen, indem Sie sie mit einem ähnlichen Namen versehen, also *Standard Überschrift* oder *Standard Aufzählung*. Sie müssen dann nicht ständig in dieser Liste nach Formatvorlagen suchen. Am besten ist es jedoch, wenn Sie die Formatvorlagen mit einem Tastenschlüssel aufrufen.

31 Formel und Ergebnis gleichzeitig ansehen

Wenn Sie mit einem Formelfeld eine Formel in den Text einfügen, wird diese entweder als Formel (Feldergebnis) oder als Feld (Feldfunktion) angezeigt. Wenn Sie während der Entwicklung beide sehen wollen, erstellen Sie einen weiteren Ausschnitt, in dem Sie die Feldfunktion einschalten (**Umschalt**+**F9**), während im ersten Ausschnitt wie gewohnt das Feldergebnis zu sehen ist.

Mit der Maus können Sie eine Bildschirmteilung dadurch einrichten, daß Sie den schwarzen Balken im rechten Rollbalken an die gewünschte Position ziehen und dort loslassen. Mit der Tastatur aktivieren Sie den Menüpunkt *Fenster Teilen*, ziehen den grauen Strich mit den Cursortasten an seine Position und betätigen **Enter**.

32 Formularfelder mit Strichen erzeugen

Wenn Sie Formularfelder mit Unterstrichen erzeugen wollen, sollten diese in untereinander angebrachten Feldern an derselben Stelle aufhören. Wesentlich eleganter als mit dem Unterstreichstrich erreichen Sie dies, indem Sie einen Tabstop mit dem Unterstreichstrich als Füllzeichen setzen und die Striche von exakter Länge durch einen Tabsprung erzeugen.

33 Die Funktion EXTRAS BERECHNEN ist immer noch vorhanden

Die Funktion *Extras Berechnen*, mit der markierter Text berechnet werden konnte, hat man nicht gestrichen, sie ist einfach nicht installiert.

Wenn Sie diese Funktion nachträglich installieren wollen, müssen Sie das Menü über *Extras Anpassen* anpassen. Wählen Sie dazu ein Menü aus (am besten wieder das Menü *Extras*), wählen die Position aus und markieren Sie die Kategorie *Extras*. Dort markieren Sie im mittleren Feld *Befehle* den Befehl *ExtrasBerechnen*, der nach *Hinzufügen* im Menü an der von Ihnen gewählten Stelle eingefügt wird und Ihnen dann wieder wie gewohnt zur Verfügung steht.

34 Funktionen schneller beenden

Viele Funktionen wie die Seitenansicht, das Anmerkungsfenster oder der Fußnotenausschnitt haben eine Schaltfläche *Schließen* für das Beenden der Funktion. Das Betätigen dieser Schaltfläche mit der Maus ist meist zu umständlich, viel schneller geht es mit **Umschalt+Alt+C** (Eselsbrücke: Close).

35 Für Anmerkungen Text markieren!

Wenn Sie Ihre Texte im Team erstellen und redigieren, ist die Funktion *Anmerkungen* eine sehr schöne Methode, um Texte mit Kommentaren oder Vorschlägen zu versehen. Wenig bekannt ist es, daß WinWord eine Textstelle hervorhebt, wenn Sie den Cursor im Anmerkungsausschnitt in die betreffende Anmerkung hineinbewegen. Dafür muß jedoch die Stelle im Text beim Zuweisen der Anmerkung markiert sein!

Übrigens: Der Text ist *hervorgehoben*, nicht *markiert*. Wenn Sie den Text markieren wollen (etwa zum Löschen), müssen Sie mit **Alt+F11** die Funktion *Gehezu Anmerkung* aufrufen.

36 Fußnoten komplett löschen

Um alle Fußnoten oder Endnoten eines Dokuments zu löschen, geben Sie bei *Ersetzen* als Suchbegriff ^f für Fußnote oder ^e für Endnote an, den Ersatztext lassen Sie leer.

37 Ganzes Wort löschen

Eine erstaunlich wenig bekannte Funktion ist das Löschen eines ganzen Wortes links vom Cursor mit **Strg+Rück**, was jedoch im täglichen Gebrauch sehr hilfreich ist. Die Tasten **Strg+Entf** löschen rechts vom Cursor. Auch sehr praktisch: Bei Wörtern mit Bindestrich wird nur bis zum Bindestrich gelöscht.

38 Gliederungsebene beim Schreiben festlegen

Es steht nirgendwo und ist doch so schön einfach: Wenn Sie in der Gliederungsansicht vor dem Erstellen einer Überschrift die Gliederungsebene zuweisen wollen, wird mit der Taste **Tab** jeweils eine Ebene herunter-, mit **Umschalt+Tab** eine Ebene heraufgestuft.

39 Grafik auf Originalgröße zurücksetzen

Wenn Sie eine Grafik vergrößert oder verkleinert haben, können Sie diese anklicken und im Menü *Format Grafik* mit der Schaltfläche *Vorgabe* wieder auf ihre Originalmaße zurücksetzen. Viel schneller geht das jedoch, wenn Sie **Strg** gedrückt halten und die Grafik doppelt anklicken.

40 Grafik zurechtschneiden

Um eine Grafik zu beschneiden, also Teile der Grafik zu löschen, halten Sie die Taste **Umschalt** gedrückt und ziehen mit der Maus den entsprechenden Anfaßpunkt in die gewünschte Richtung.

41 Automatisch: Grafiken und Textelemente auf Umschlägen

Wenn Sie automatisch immer wieder bestimmten Text oder eine Grafik (Ihr Firmenlogo) auf den Briefumschlägen ausdrucken wollen, positionieren Sie sie mit einem Positionsrahmen, markieren sie und halten Sie als AutoText-Eintrag mit den Namen *BriefumschlagExtra1* oder *BriefumschlagExtra2* fest. Die Position und Formatierung wird mitgespeichert und beim Druck automatisch eingefügt.

42 Grafiken werden abgeschnitten

Wenn eine eingebundene Grafik abgeschnitten wird, kann das zwei Gründe haben: Entweder Sie benutzen einen Positionsrahmen, dessen Breite und Höhe mit der Option *Genau* auf eine unveränderliche Höhe und Breite gesetzt wurde. Ein anderer Grund ist möglicherweise der Zeilenabstand, der in der Dialogbox *Format Absatz* auf ein genaues Maß gesetzt wurde und deswegen die Grafik abgeschnitten anzeigt. In beiden Fällen wählen Sie bitte ein anderes Maß oder geben *Mindestens* oder *Auto* an.

43 Schriftgrad einstellen

Aus Platzgründen hat man darauf verzichtet, im Listenfeld für das Zuweisen der Schriftgröße alle Größen anzugeben; Sie können dort nur einige wenige Größen festlegen. Wenn Sie öfter mit Zwischengrößen arbeiten wollen, kann Ihnen dieses Makro helfen: Es bietet in einer benutzerdefinierten Dialogbox die Schriften von 6 bis 200 pt an und formatiert danach den markierten Text mit der ausgewählten Größe.

Wenn Sie mehr oder weniger Schriften anzeigen lassen wollen oder aber die Anzeige bei einer kleineren Schriftart beginnen lassen wollen, müssen Sie lediglich die entsprechenden Zahlen ändern.

```
Sub MAIN
On Error Goto Ende
Dim Listenfeld$(194)
For n = 0 To 194
    Listenfeld$(n) = LTrim$(Str$(n +6))
Next n
```

```
Begin Dialog BenutzerDialog 347, 116, „Schriftgrad festlegen"
 DropListBox 77, 14, 66, 100, listenfeld$(), .DropListenfeld1
    OKButton 205, 9, 88, 21
    CancelButton 205, 33, 103, 21
    Text 20, 14, 47, 13, „&Größe", .Text1
End Dialog
Dim dlg As BenutzerDialog
Dialog dlg
FormatZeichen .Punkt = dlg.DropListenfeld1 + 6
Ende:
End Sub
```

44 Groß-/Kleinschreibung auf Tastendruck ändern

Häufig muß man die Schreibweise des soeben erfaßten Wortes ändern, weil man es statt groß klein geschrieben hat. Das folgende kleine Makro, das Sie auch aufzeichnen können, nimmt Ihnen diese Arbeit auf Tastendruck ab:

```
Sub MAIN
WortLinks 1
ZeichenRechts 1, 1
GroßKleinschreibungÄndern
WortRechts 1
End Sub
```

45 Ganz ohne Drag & Drop - Textpassagen mit der Maus verschieben

Verschieben mit „Drag & Drop" ist allseits bekannt, doch erfordert diese Technik ein wenig mehr Fingerspitzengefühl als folgender Trick: Markieren Sie den zu verschiebenden Text oder das OLE-Objekt und klicken Sie zusammen mit **Strg** mit der rechten Maustaste an die Zielposition. Wenn Sie kopieren wollen, halten Sie zusaätzlich die Taste **Umschalt** gedrückt.

46 Überblick - Häufig benutzte Dokumentvorlagen ganz nach oben

Wenn Sie eine Vorlage ständig benutzen, werden Sie es sicherlich vorziehen, nach *Datei Neu* nicht ständig mit den Rollbalken nach der Vorlage suchen zu müssen. Wenn Sie ihr jedoch einen Namen mit einem Sonderzeichen (es eignet sich # oder der Unterstreichstrich) geben, steht sie immer oben in der Liste.

47 Höhe einer Tabellenzeile verändern

Wenn Sie in einer Tabelle die Zeilenhöhe dem Text anpassen wollen – etwa für eine Überschriftzeile –, können Sie nach dem Markieren der Zeile das Absatzformat *Absatzabstand Vor* und *Nach* benutzen, um den Abstand des Textes zu den Zeilenlinien zu justieren.

48 In der Seitenansicht Text editieren?

Im Gegensatz zu allen vorherigen Versionen können Sie nun in der Seitenansicht ganz normal Ihren Text erfassen oder ändern: Vergrößern Sie mit dem Lupensymbol (Mauszeiger) das Dokument und klicken Sie dann auf die Schaltfläche mit der Lupe, der „Knopf“ muß „herausspringen“. Wenn Sie jetzt im Text klicken, können Sie markieren, sich bewegen sowie Text eingeben, löschen und formatieren.

49 Spart viel Zeit - Index aus anderem Index erstellen

Wenn Sie mehrere längere Dokumente indizieren wollen, die sich alle mit denselben Themen beschäftigen (und die damit gleiche Begriffe im Index verwenden), sollten Sie einen der Texte „per Hand“ indizieren und den Index erstellen lassen. Nun markieren Sie den Index und fügen ihn über *Bearbeiten Inhalte einfügen* als *Unformatierter Text* ein. Der Index wird ohne Format eingefügt. Sie müssen jetzt nur noch die Seitenzahlen entfernen (am besten mit einem Makro) und haben damit ohne viel Aufwand eine Konkordanzdatei, mit der Sie die anderen Texte indizieren können.

50 Besser als Gehezu - Inhaltsverzeichnis zum Bewegen im Text nutzen

Sie können eine bestimmte Seite Ihres Textes einfach aufsuchen, indem Sie im Inhaltsverzeichnis auf die Seitenzahl doppelt klicken: WinWord springt zu dieser Seite und markiert die betreffende Überschrift.

51 Kopien mit Zeitgewinn drucken

Wenn Sie mehrere Kopien einer Seite (nicht sortierte Kopien mehrerer Seiten!) auf einem Laserdrucker drucken wollen, sollten Sie dies nicht über das Menü *Datei Drucken* einrichten, sondern in der Systemsteuerung über die Schaltfläche *Einrichten* die Anzahl der Kopien einrichten – dies schaltet den Laserdrucker in den sog. Kopiermodus, der die im Speicher bereits aufgebaute Seite einfach wie ein Kopierer mehrfach ausgibt, während die Kopierfunktion von WinWord die Seite jedesmal neu aufbaut. Insbesondere bei Grafiken macht sich das durch höhere Druckgeschwindigkeit bemerkbar.

52 Löschen eines Menüpunktes

Wenn Sie einen Menüpunkt löschen möchten (auch den eines Dateieintrages im Menü *Datei* !), so betätigen Sie **Alt**+**Strg**+**—** (auf der normalen Tastatur) und markieren mit dem schwarzen Viereck, in das sich der Mauszeiger verwandelt, den zu löschenden Menüpunkt.

53 Clever markieren

Weithin unbekannt ist, daß bei eingeschalteter Erweiterung von der Cursorposition bis zu dem ersten Vorkommen des Zeichens markiert wird, das Sie tippen.

Ähnlich unbekannt ist, daß WinWord die Markierung auf das nächste Element erweitert, wenn Sie nach der Markierung mit Mausklick die Maustaste gedrückt halten und die Maus weiterziehen. Beispiel: Sie haben ein Wort mit Doppelklick markiert – wenn Sie jetzt nicht loslassen, sondern die Maus weiterziehen, werden die nächsten Elemente dieser Art markiert. Das funktioniert auch mit markierten Sätzen (Klick mit **Strg**) und markierten Absätzen (Doppelklick neben den Absatz).

54 Für Vielschreiber: Markierten Text in Datei-Info einlesen

Das Bearbeiten der Datei-Info ist lästig, doch für Vielschreiber unerläßlich. Sie können sich die Arbeit erleichtern, wenn Sie im Text markierte Stellen in die Datei-Info übernehmen:

```
Sub MAIN
Kommentar$ = Markierung$()
    'Einlesen des markierten Textes
    'Wenn Sie Thema oder Titel aufnehmen wollen, entsprechend ändern
If Len(Kommentar$) > 255 Then
    MsgBox „Die Markierung darf nicht mehr als 255 Zeichen umfassen", „Fehler", 64
AbsatzOben 1
    'Markierung entfernen
Goto Ende
    'Makro beenden
End If
DateiDateiInfo .Kommentar = Kommentar$
    'Zuweisen des Kommentars
Ende:
End Sub
```

Wenn Sie den Betreff oder den Titel einfügen wollen, lautet die Zeile zum Einfügen entsprechend

```
DateiDateiInfo .Betreff = Variablenname$
```

oder

```
DateiDateiInfo .Titel = Variablenname$
```

55 Nach Datum sortieren

Wenig bekannt ist, daß die Sortierfunktion von WinWord nach Datum sortieren kann. Dabei werden Absätze, die kein Datum enthalten, unsortiert an den Anfang gestellt (oder an das Ende bei absteigender Sortierung), Absätze, die ein Datum enthalten, werden dagegen nach Datum sortiert, wobei auf das letzte im Absatz enthaltene Datum zurückgegriffen wird. Enthält ein Datum keine Jahreszahl, wird das aktuelle Jahr angenommen.

Noch mehr Powertips finden Sie ab Seite 407.

So erwecken Sie WinWord zum Leben - Die Installation

Die Installation ist immer der erste Schritt mit einem neuen Programm. Je nach Mentalität wird dann eifrig installiert, um ein bißchen mit der Neuerwerbung zu experimentieren, oder ganz kühl Platz und Leistung gegenübergestellt.

Bei Platzproblemen - Räumen Sie WinWord auf

1

Wenn Sie WinWord installieren wollen, ist wichtig zu wissen, welchen Platz die einzelnen Module einnehmen, um knapp werdenden Platz möglichst gut aufzuteilen.

So viel Platz wird benötigt

- ➜ Minimalinstallation 6 MByte
- ➜ Standardinstallation 20 MByte
- ➜ Komplette Installation 28 MByte
- ➜ Netzwerk-Installation 27 MByte

Minimale Installation ist nicht ratsam

Nur wenn Sie sehr wenig Platz haben, ist die Minimalinstallation ratsam, da mit dieser nur das Allernotwendigste installiert wird. Sie verzichten auf wichtige Funktionen von WinWord, wenn Sie diese Option wählen!

Wählen Sie die zu installierenden Module aus

Das sind die Programmteile der Standardinstallation, aus denen Sie nach dem Start der Installation durch die *benutzerdefinierte* Installation per Mausklick auswählen können.

Module zur Installation sorgsam auswählen

Es empfiehlt sich auch bei einer Festplatte, die ausreichend dimensioniert ist, die benutzerdefinierte Installation zu wählen und nur die Konvertier- und Grafikfilter zu installieren, die auch wirklich benötigt werden.

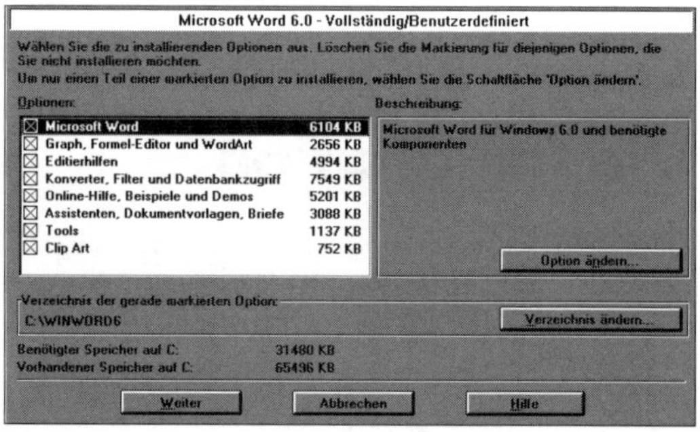

In der folgenden Tabelle haben wir die Module, die im Programmverzeichnis von WinWord installiert werden, mit einem *P* gekennzeichnet, die Module, die in das Windows-Systemverzeichnis oder in das Verzeichnis MS-APPS kopiert werden, erkennen Sie an einem *W*.

Modul	**Größe in KByte**	**Beschreibung**	
Microsoft Word	6.100	Grundmodul, das nicht abgewählt werden kann inkl. *Draw*	PW
WordArt	1.187	Schriftgestaltung und Schrifteffekte	W
Editierhilfen	4.966	Wörterbücher für die Rechtschreibprüfung, Silbentrennung	W
Textkonvertierung	1.697	Konvertierung von Dateien aus anderen Anwendungen	W
Grafikfilter	484	Importfilter für verschiedene Grafikformate	W
WinWord-Hilfe, Beispiele, Demos	3.720	Hilfedateien	P
Software-Service	48	Informationen zur Hotline etc.	P
Neueste Informationen	144	Handbuchergänzung	P
Dokumentvorlagen, Assistenten	2.840	Fertige Dokumentgerüste und dialoggesteuerte Texterstellung	P
Briefe	160	Vorgefertigte Musterbriefe	P
MS-Info	52	Programm liefert Informationen zu Ihrem System, den installierten Filtern etc.	W
Setup	976	Installationsprogramm	P
Clipart	752	Grafiken	P

Nur für Spezialisten - Der französische Thesaurus

Wenn Sie nicht mehr ausreichend Platz auf der Festplatte haben, ist es sinnvoll, Module gezielt aus der benutzerdefinierten Installation auszuschließen oder nachträglich zu entfernen. Allerdings haben Sie z. B. bei den Editierhilfen keine Möglichkeit, nur die französische Silbentrennung zu installieren.

Sprachdateien nach Bedarf löschen

Wenn Sie diese fremdsprachigen Dateien löschen wollen, können Sie das nicht bei der Installation angeben, sondern Sie müssen die Dateien nachträglich manuell löschen:

Lexikon	**Inhalt**
MSSP2_EN.LEX	Dies ist das englische Wörterbuch im Verzeichnis PROOF hinter dem Verzeichnis MSAPPS.
MSSP2_FR.LEX	Im gleichen Verzeichnis befindet sich auch das französische Wörterbuch.
MSTH_BR.LEX	Der englische Thesaurus ist nur dann von Interesse, wenn Sie englischsprachige Texte erstellen oder redigieren.
MSTH_FR.LEX	Auch der französische Thesaurus kann ggf. gelöscht werden.
HY_EN.LEX	Im WinWord-Programmverzeichnis wird das Lexikon für die englische Silbentrennung bereitgehalten.
HY_FR.LEX	Nur wenn Sie französische Texte erstellen, werden Sie die Silbentrennung benötigen.

Nach dem Löschen dieser Dateien müssen Sie noch die betreffenden Zeilen in der Datei WINWORD6.INI im Windows-Verzeichnis löschen:

```
Hyphenate 1036,0=C:\WINWORD\HYPH.DLL,C:\WINWORD\HY_FR.LEX
Hyphenate 2057,0=C:\WINWORD\HYPH.DLL,C:\WINWORD\HY_EN.LEX
Spelling 2057,0=C:\WINDOWS\MSAPPS\PROOF\MSSPEL2.DLL,C:\WINDOWS\MSAPPS\PROOF\MSSP2_EN.LEX
Spelling 1036,0=C:\WINDOWS\MSAPPS\PROOF\MSSPEL2.DLL,C:\WINDOWS\MSAPPS\PROOF\MSSP2_FR.LEX
Spelling 1033,0=C:\WINDOWS\MSAPPS\PROOF\MSSPEL2.DLL,C:\WINDOWS\MSAPPS\PROOF\MSSP2_EN.LEX
Spelling 3084,0=C:\WINDOWS\MSAPPS\PROOF\MSSPEL2.DLL,C:\WINDOWS\MSAPPS\PROOF\MSSP2_FR.LEX
Thesaurus 1036,0=C:\WINDOWS\MSAPPS\PROOF\MSTHES.DLL,C:\WINDOWS\MSAPPS\PROOF\MSTH_FR.LEX
Thesaurus 2057,0=C:\WINDOWS\MSAPPS\PROOF\MSTHES.DLL,C:\WINDOWS\MSAPPS\PROOF\MSTH_BR.LEX
```

Wer macht was?

Das Installieren von WinWord ist nur dann einfach, wenn man genug Platz hat. Wenn Sie Dateien löschen wollen, müssen Sie wissen, wofür sie da sind und ob Sie sie löschen können, ohne die Funktionen des Programms zu beeinträchtigen. Die folgende Liste gibt Ihnen Aufschluß über die verschiedenen Dateien im Programmverzeichnis von WinWord und deren Aufgabe.

Name	Erweiterung	Bedeutung
50UMWAND	TBS	Textbausteindatei für Umwandlung von Makros und Textbausteinen der DOS-Versionen von Word
55UMWAND	TBS	dto.
60UMWAND	TBS	dto.
DIALOG	FON	Schriftdatei für Dialogfelder (nicht löschen)
DOSW50W	DOC	Dokument für Word 5.0-Anwender
DOSW55W	DOC	Dokument für Word 5.5-Anwender
GR3AM	DLL	DLL-Datei für Grammatikprüfung; da es keine deutsche Version der Grammatikprüfung gibt, ist diese Datei nur von Bedeutung, wenn Sie englische oder französische Texte erstellen.
HY_EN	LEX	Englische Silbentrennung
HY_FR	LEX	Französische Silbentrennung
HY_GE	LEX	Deutsche Silbentrennung
HYPH	DLL	Bibliotheksdatei für Trennhilfe
MACRODE	EXE	Dialogeditor für das Programmieren von Makros; für Makroaufzeichnung und den normalen Programmbetrieb nicht nötig
MAKROKNV	DOC	Dokument mit Hinweisen zur Makrokonvertierung aus WinWord 1.1
WDINFO	HLP	Hilfe-Datei für Benutzerinformation
WINWORD	HLP	WinWord-Hilfedatei
WINWORD	OPT	Speichern der Einstellungen innerhalb WinWords (Menü *Extras Optionen*) (nicht löschen)
WINWORD	EXE	Programm-Datei (nicht löschen)
WINWORD6	REG	Datei mit OLE-Registrierung (nicht löschen)
WORDCBT	DLL	Datei für Demos; für normalen Betrieb nicht nötig
WORDHELP	DLL	WinWord-Hilfe (nicht löschen)
WORDPSS	HLP	Hilfedatei für Software-Info (nicht nötig)
WORDRES	DLL	Bibliotheksdatei (nicht löschen)
WRDBASIC	HLP	Hilfe-Datei zu der integrierten Programmiersprache *WordBasic*
WWINTL	DLL	Bibliotheksdatei (nicht löschen)

Setup im Streik - Werden Sie zum Streikbrecher!

Wenn das Setup nicht richtig oder gar nicht gestartet werden kann, so liegt das in der Regel an einem speicherresidenten Programm.

Residente Programme deaktivieren

Deaktivieren Sie alle Zeilen in der AUTOEXEC.BAT und CONFIG.SYS, die ein solches residentes Programm laden; Virenschutzprogramme sind die Programme, die am ehesten als Störenfried in Frage kommen, aber auch inkompatible Maustreiber u. ä. können schuld sein.

Das Deaktivieren der residenten Programme

1. Öffnen Sie die Dateien mit einem Editor; am besten geeignet ist der *Systemdatei-Konfigurations-Editor*, der alle wichtigen Dateien lädt.
2. Deaktivieren Sie die betreffende Zeile dadurch, daß Sie sie durch ein vorangestelltes REM zu einer Bemerkung „degradieren".
3. Speichern Sie die Datei ab.
4. Starten Sie den Rechner neu und beginnen Sie mit der Installation.
5. Nach erfolgreicher Installation entfernen Sie die REM-Befehle.

Beachten Sie in diesem Zusammenhang, daß Sie unter Windows keinen Maustreiber als residentes Programm laden müssen; das ist nur unter DOS nötig!

Neue Ordnung in den Systemdateien

Viele Windows-Programme benötigen Einträge in den Systemdateien AUTOEXEC.BAT, CONFIG.SYS, WIN.INI und der Datei REG.DAT für die Registrierung der OLE-Funktionen, um korrekt arbeiten zu können. Was verändert nun WinWord 6?

WinWord ändert nur die AUTOEXEC.BAT

Es wird nur der Eintrag gemacht, der das Programm SHARE.EXE lädt, damit Sie mehrere Instanzen von WinWord nebeneinander betreiben können. Wenn Sie SHARE über die CONFIG.SYS laden, können Sie die Zeile hier löschen. Eine Eintragung in den Suchpfad erfolgt nicht.

- In der Datei WIN.INI werden im Gegensatz zu früheren Versionen keine Ausführungsbestimmungen für WinWord hinterlegt, diese werden in einer eigenen INI-Datei im Windows-Verzeichnis festgehalten.
- Wenn Sie *Windows für Workgroups 3.11* anstelle von Windows 3.1 betreiben, können Sie die Zeile löschen, da dort das Windows-Modul VSHARE das Programm ersetzt.
- Sollte WinWord das erste Programm von Microsoft sein, das Sie installieren, wird in der WIN.INI in der Sektion

  ```
  [MS User Info]
  ```

  der von Ihnen während der Installation angegebene Name und ggf. der Firmenname hinterlegt, die bei weiteren Installationen automatisch vorgegeben werden. Wollen Sie fortan andere Standardvorgaben, ändern Sie den betreffenden Eintrag.

Dick verpackt - Dateien auf den Installationsdisketten lesbar machen

Wenn Sie einzelne Dateien von den Originaldisketten benötigen, können Sie sie nicht einfach von den Disketten kopieren, da die Dateien auf den Installationsdisketten komprimiert vorliegen (erkennbar am Unterstrich in der Dateinamenerweiterung, der den letzten Buchstaben ersetzt) und für den Gebrauch dekomprimiert werden müssen.

DECOMP.EXE dekomprimiert die Dateien

Das Programm DECOMP.EXE auf der ersten Installationsdiskette dekomprimiert die Dateien. Mit

```
DECOMP Dateiname
```

wird die Datei, die Sie vorher mit

```
COPY Dateiname Zielverzeichnis
```

in das Verzeichnis kopiert haben, in ihr normales Format umgewandelt. Dabei ist lediglich zu beachten, daß für alle Dateien der Pfad anzugeben ist, wenn sie sich nicht im selben Verzeichnis befinden.

Wenn Sie die Datei beim Dekomprimieren in ein bestimmtes Verzeichnis kopieren wollen, geben Sie den Zielpfad an:

```
DECOMP Dateiname Pfad
```

Wenn die Datei WINWORD6.IN_ dekomprimiert in das Windows-Verzeichnis kopiert werden soll, lautet der Aufruf

```
DECOMP WINWORD6.IN_ C:\WINDOWS
```

Joker dürfen benutzt werden

Im Gegensatz zu früheren Versionen des Dekomprimierungsprogramms (etwa das Programm EXPAND.EXE für das Betriebssystem MS-DOS) ist die Benutzung der Stellvertreterzeichen * und ? durchaus erlaubt.

6 Anschluß verpaßt - Wenn im nachhinein doch noch eine Datei fehlt

Alle Installationen außer der vollständigen haben einen Nachteil: Sie sparen zwar Speicherplatz auf der Festplatte, können die nicht installierten Module jedoch nicht benutzen.

Setup installiert auch nachträglich

Rufen Sie das Setup auf und installieren Sie die gewünschten Module nachträglich. Da die Informationen über das Setup in der Datei SETUP.STF im Verzeichnis SETUP gespeichert wurden, weiß WinWord, welche Module bereits installiert sind und welche nicht.

Module nachträglich installieren

1. Rufen Sie das Setup aus der Programmgruppe auf und wählen Sie aus, daß Sie Programm-Module *Hinzufügen/Entfernen* wollen.
2. Geben Sie die Module an, die Sie hinzufügen wollen, indem Sie auf die jeweiligen Optionskästchen klicken oder die Option mit den Cursortasten ansteuern und mit der **Leertaste** aktivieren. Wenn Sie eine installierte Option deaktivieren, wird das betreffende Modul entfernt.
3. Mit *Weiter* beenden Sie die Auswahl.
4. Legen Sie die geforderten Disketten ein.

Es wird bei der Wartungsinstallation das von Ihnen gewählte Programmverzeichnis benutzt. Wenn Sie ein anderes Verzeichnis auswählen wollen, müssen Sie WinWord erst komplett deinstallieren, um es anschließend im neuen Verzeichnis zu installieren.

Das Verzeichnis SETUP mit der Datei SETUP.STF darf *nicht* gelöscht werden, da ansonsten das Nachinstallieren nicht richtig funktioniert.

Kein Beinbruch - Sie haben eine wichtige Programmdatei gelöscht

Wenn Sie eine der Dateien des Programms löschen, werden Sie dies erst dann bemerken, wenn eine Fehlermeldung auf diesen Umstand hindeutet.

Neuinstallation der Datei durch Setup

Sie müssen nicht die gesamte Prozedur erneut durchführen, sondern können einfach das Setup aufrufen (dafür müssen Sie WinWord ggf. vorher beenden!) und mit der Option *Neuinstallation* die fehlenden Komponenten ergänzen. Dabei wird die zuletzt durchgeführte Installation erneut durchgeführt; weitere Angaben sind nicht nötig.

OLE verweigert die Zusammenarbeit - So bewegen Sie OLE zur Mitarbeit

Das Einbetten und Verknüpfen von Objekten aller Art ist eines der „Sahnehäubchen" der Arbeit mit Windows und entsprechend wichtig. Um so entsetzter ist man, wenn eines Tages die Funktionen nicht mehr korrekt durchgeführt werden.

WINWORD.REG zur Rekonstruktion benutzen

Klicken Sie im Programmverzeichnis von WinWord die Datei WINWORD6.REG doppelt an; dadurch werden die OLE-Registrierungen rekonstruiert.

Neuinstallation des Programms

Eine andere Möglichkeit für einen Fehler ist das versehentliche Löschen der DLL-Dateien, die für die OLE-Funktionen benutzt werden. Hier reicht es aus, die Reinstallation mit der Option *Neuinstallation* durchzuführen, wie es weiter oben beschrieben wurde.

Registrierdateien sind wichtig

Es hat sich in letzter Zeit durchgesetzt, daß alle modernen Anwendungen eine derartige Datei mitliefern. Sie sollten diese Datei nicht löschen, sondern in Ihre Datensicherungsmaßnahmen einbeziehen.

Vorsicht ist besser... - Die alte Version soll erhalten bleiben

Wenn Sie WinWord installieren, wird eine etwaige ältere Version überschrieben. Das ist aufgrund der Kompatibilität der Dateiformate eigentlich kein Problem, doch viele Anwender wollen die Versionen parallel installieren.

Geben Sie ein anderes Verzeichnis an

Für eine zusätzliche Installation sind nur zwei Schritte nötig:

1. Geben Sie bei der Installation ein anderes Verzeichnis an als das Verzeichnis der bestehenden Version. Die neue Version wird zusätzlich kopiert.
2. Wenn Sie einen Eintrag in der AUTOEXEC.BAT bezüglich des Suchpfades mit PATH gemacht haben, sollten Sie vorsichtshalber die Datei WINWORD.EXE der alten Version in WINWORD2.EXE umbenennen und die Angaben der Dateieigenschaften im Programm-Manager entsprechend ändern, da ein Aufruf von WINWORD immer die Programm-Datei startet, die als erstes im Suchpfad auftaucht.

Starten von WinWord - Variationen sind möglich

Jeden Morgen das gleiche - manchmal sogar mehrmals am Tag - der Programmstart. Und dennoch bleiben die vielen kleinen Möglichkeiten, sich das Leben mit geschickt gewählten Optionen und Parametern zu erleichtern, meist den Power-Usern vorbehalten.

Up 'n' away - WinWord schneller starten

Viele hunderttausend Anwender starten WinWord täglich auf die gleiche Art und Weise: Sie (oder ihre AUTOEXEC.BAT) starten Windows, das Fenster *Word für Windows* wird geöffnet und mit einem Doppelklick wird das Programm gestartet.

Starten Sie Windows zusammen mit WinWord von der DOS-Ebene aus

Sie können bereits beim Start von DOS aus angeben, mit welchem Programm Sie nach dem Start arbeiten wollen:

WIN WINWORD **Enter**

startet die Shell und direkt danach das angegebene Programm. Einzige Voraussetzung: In der AUTOEXEC.BAT muß das WinWord-Programmverzeichnis in den Suchpfad mit PATH eingebunden worden sein.

Kopieren Sie WinWord in die Gruppe AUTOSTART

Kopieren Sie das Icon von WinWord in die Gruppe AUTOSTART, die Sie beim Windows-Start durch Drücken der Taste **Umschalt** übergehen können, falls Sie die dort hinterlegten Programme nicht starten wollen.

Erstellen Sie ein DOS-Startmenü

Eine noch flexiblere Methode können die Anwender einsetzen, die ihren Rechner mit DOS ab der Version 6.0 starten, denn dort können Sie ein Startmenü erstellen, das nicht nur Ihren Rechner mit mehreren Konfigurationen startet, sondern das Sie auch benutzen können, um Programme zu starten.

WinWord-Symbol in Autostart-Gruppe kopieren

Dafür halten Sie die Taste **Strg** gedrückt, ziehen das Icon mit der Maus aus der WinWord-Gruppe in die geöffnete Gruppe Autostart und lassen dort los. Mit **Strg** wird kopiert, ohne **Strg** wird verschoben. Sollten Sie also einmal irrtümlich verschoben haben, kopieren Sie das Icon einfach zurück.

Startmenü erstellen

Um ein Startmenü für verschiedene Programme zu erstellen – auch mit Untermenüs –, müssen Sie in CONFIG.SYS auch dann mit den Menübefehlen beginnen, wenn Sie keine Konfigurationen, sondern Programme auswählen wollen.

Es sind pro Menü bis zu neun Menüeinträge möglich; wenn Sie ein Menü definieren, ist es vorgeschrieben, daß das Menü mit dem Befehl

```
[MENU]
```

eingeleitet wird, bevor Sie die einzelnen Menüpunkte definieren. In unserem Falle können alle anderen Einstellungen der CONFIG.SYS vorher bereits abgearbeitet sein, die Auswahl der Programme kann sozusagen als *blinder Eintrag* erfolgen:

```
[MENU]
MENUITEM = WinWord, Word für Windows
MENUITEM = Excel, Excel
MENUITEM = Ppoint, PowerPoint
```

Dabei ist ein Sprungname anzugeben, den Sie später benutzen werden und – nach einem Komma – der, wie der Menüpunkt im Menü aufgeführt werden soll. Zusätzlich können Sie einen Vorgabewert angeben, der im Menü bereits vorgegeben ist und nur noch mit **Enter** ausgewählt werden muß:

```
MENUDEFAULT = WinWord, 10
```

Der Menüpunkt *WinWord* ist also für 10 Sekunden als Vorgabe hinterlegt, dann wird er ohne weiteres geladen. Sie haben also 10 Sekunden Zeit, eine andere Wahl zu treffen.

Wenn Sie WinWord mit verschiedenen Optionen starten wollen (siehe unten), können Sie ein Untermenü erstellen. Dafür verwenden Sie den Befehl *SUBMENU* in der gleichen Weise, wie der Befehl *MENUITEM* verwendet wird. Nach dem Befehl für das Untermenü werden die Untermenü-Einträge wieder mit *MENUITEM* erstellt.

```
[WinWord]
MENUITEM = Ohne_Datei, Start ohne Datei
MENUITEM = Mit_Datei, Start mit Datei
```

Da Sie jedoch keinerlei unterschiedliche Konfigurationen laden, sondern nur Programme starten wollen, fügen Sie die leeren Menübereiche unten an (natürlich können Sie hier auch andere CONFIG.SYS-Einträge für jedes Programm machen):

```
[Excel]
[Ppoint]
[Ohne_Datei]
[Mit_Datei]
```

Der Start der Programme erfolgt in der AUTOEXEC.BAT, denn unser Startmenü legt eine Umgebungsvariable CONFIG.SYS an, die exakt den Wert hat, den Sie im Startmenü vor dem Komma angegeben haben.

Am Ende der AUTOEXEC.BAT benötigen Sie nun nur noch einige Sprungmarken, die exakt so benannt werden müssen wie die Sprungziele in der AUTOEXEC.BAT, und einen Sprung mit

```
GOTO %CONFIG%

:Excel
REM Hier Befehle zum Start von Excel
GOTO ENDE (Damit nicht das nächste Programm auch gestartet wird.)
...
:Ohne_Datei
WIN WINWORD /n
GOTO ENDE
:Mit_Datei
WIN WINWORD
GOTO ENDE
:ENDE
```

Variable %CONFIG% wird nicht gelöscht

Diese Variable wird nicht gelöscht, kann also auch für andere Zwecke weiterverwendet werden, etwa für Meldungen in einer Batchdatei mit

```
ECHO Ich starte nun %CONFIG%
```

Im Sprungnamen des Menüpunktes sind bei *MENUITEM* und *SUBMENU* bis zu 70 Zeichen erlaubt. Es dürfen keine Sonderzeichen wie ein Leerzeichen oder die Zeichen \ / , ; = [ ] verwendet werden. Lediglich der Unterstrich ist für optische Trennung zugelassen. Im Namen des Menüpunktes (nach dem Komma) dürfen dagegen Sonderzeichen verwendet werden.

Mit dem Befehl *MENUCOLOR* können Sie das Menü auch einfärben – informieren Sie sich ggf. in Ihrem DOS-Handbuch.

Menüwahl - Bestimmte Optionen erleichtern den Start

Um die Ausführung des Programms zu beeinflussen, können Sie beim Start von WinWord nach dem Dateinamen eine Option angeben, der Start mit Optionen über den Programm-Manager ist nur über *Datei Eigenschaften* generell festlegbar.

Starten Sie über Menü Datei Ausführen

Starten Sie das Programm im Programm-Manager oder Datei-Manager über den Menüpunkt *Datei Ausführen.* Dort geben Sie den Programmnamen sowie die Startparameter an. Das ist jedoch nur zu empfehlen, wenn Sie dies ab und zu durchführen.

Erstellen Sie sich ein Startmenü

Erstellen Sie, wie weiter oben beschrieben, eine Startmenü, das Ihnen bereits beim Systemstart ermöglicht, die Ausführung des Programms festzulegen.

Richten Sie ein Symbol mit besonderen Eigenschaften ein

Wenn Sie eine Konfiguration öfter brauchen, empfiehlt es sich, dafür ein eigenes Symbol mit den ensprechenden Parametern in den Programmeigenschaften im Programm-Manager einzurichten.

Symbol im Programm-Manager einrichten

Um im Programm-Manager ein Symbol für ein Programm einzurichten, das mit bestimmten Startparametern gestartet werden soll, gehen Sie wie folgt vor:

1. Wählen Sie ein Symbol aus, dessen bisherige Startparameter den gewünschten so nahe wie möglich kommen – wo etwa das Arbeitsverzeichnis bereits benutzt wird –, um so weniger müssen Sie ändern oder ergänzen.
2. Ziehen Sie es mit gedrückter Strg-Taste neben „sich selbst" oder in ein anderes geöffnetes Fenster und lassen Sie dort los. Es wird eine Kopie des Symbols angelegt.
3. Markieren Sie das neue Symbol durch einmaliges Anklicken und wählen Sie den Menüpunkt *Datei Eigenschaften.*

Schneller geht es, wenn Sie die Taste Alt gedrückt halten und das Symbol doppelt anklicken.

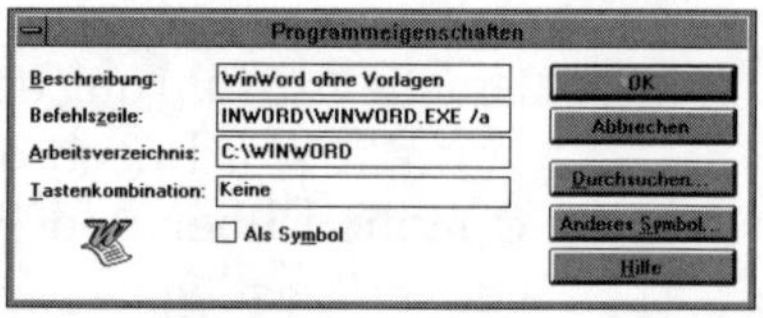

4. Geben Sie im Feld *Beschreibung* an, wie das Icon im Programm-Manager beschriftet sein soll.
5. Im Feld für die *Befehlszeile* ergänzen Sie den Befehl für den Aufruf des Programms um den oder die gewünschten Parameter. Auch der Aufruf mit einer Datei kann auf dieses Weise organisiert werden.
6. Geben Sie ggf. das neue Arbeitsverzeichnis an, das als Vorgabe für das Abspeichern von Daten angegeben werden soll.

Letzte Datei laden

Auch die zuletzt bearbeitete Datei können Sie aufrufen: Fügen Sie in *Datei Eigenschaften* den Zusatz*/mDatei1* hinzu. Durch das WinWord-Makro (also den WinWord-Befehl) wird die Datei geladen, die Sie zuletzt bearbeitet haben. Mit*/mDatei2* wird die vorletzte, mit*/mDatei3* die Datei davor geladen. Auf diese Weise können Sie jeden WinWord-Befehl nach dem Start ausführen lassen, da alle internen Befehle wie Makros behandelt werden.

Folgende Optionen stehen zur Verfügung:

Schalter	**Bedeutung**
/a	Ohne globale Vorlagen und Add-Ins. Dabei wird auch die NORMAL.DOT, wenn Sie sie als solche abgespeichert haben, nicht geladen. Textbausteine oder Änderungen an Symbolleisten und Menüs werden also nicht festgehalten!
/l*Dateiname*	Start mit einem Zusatzprogramm, einem sog. *Add-In* (siehe unten).
/i*WLL-Datei*	Start mit der angegebenen WLL-Datei.
/m*Makroname*	Start des Programms mit nachfolgendem Start eines Makros, dessen Name komplett und ohne Leerzeichen anzugeben ist.
/n	Ohne leeres Dokument; Sie müssen also mit *Datei Neu* oder *Datei Öffnen* entweder eine neue Datei anlegen oder eine bestehende öffnen, um mit WinWord arbeiten zu können.
/w	Ohne Anzeige der Tips und Tricks — weitere Informationen finden Sie weiter unten.
Dateiname	Start von WinWord mit einer oder mehreren Dateien, die jeweils durch ein Leerzeichen zu trennen sind. Dabei beachten Sie, daß Sie den kompletten Pfad angeben müssen, wenn sich die Dateien nicht im aktuellen Verzeichnis befinden.

- In WinWord 6.0 wurde bei Verwendung des Schalters /n öfter eine der berüchtigten *Allgemeinen Schutzverletzungen* gemeldet. In der kosten los erhältlichen Version 6.0a ist dieser Fehler beseitigt.
- Globale Dokumentvorlagen sind Dokumentvorlagen, deren Menüs, Textbausteine und Symbolleisten (nicht Formatvorlagen!) in allen Dokumenten verfügbar sind.
- Add-Ins sind in einer Programmiersprache programmierte Zusatzmodule, die Sie entweder selbst erstellen oder aber käuflich erwerben. Sie liegen als compilierte Datei vor und laufen daher wesentlich schneller ab, als Makros. Add-Ins werden als *Dynamic Link Library* (DLL) mit der Erweiterung WLL erstellt und von WinWord als Unterprogramme gehandhabt, die fest in den Programmcode von WinWord integriert sind.

Wenn Sie globale Dokumentvorlagen oder Add-Ins integrieren wollen, wählen Sie *Datei Dokumentvorlage* und geben Sie im Eingabefeld *Globale Vorlagen und Add-Ins* mit *Hinzufügen* das betreffende Element an.

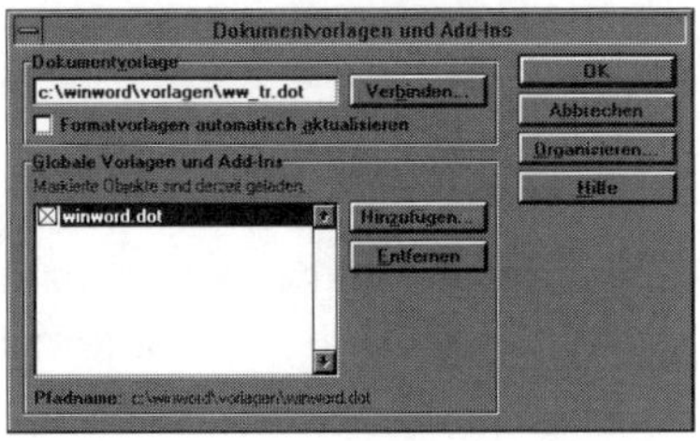

Sie sollten jedoch wissen, daß die Einstellungen der nunmehr globalen Vorlage *zusätzlich* zu den Einstellungen der aktuellen Dokumentvorlage geladen werden – wenn Sie also eine eigene Schaltfläche sowohl in der aktuellen Vorlage als auch der globalen Vorlage definiert haben, so wird sie nach dem Laden der globalen Vorlage zweimal in der Symbolleiste auftauchen.

- ➜ Die Tips und Tricks werden standardmäßig beim Start von WinWord angezeigt. Wenn Sie sie generell abschalten wollen, wählen Sie im Hilfemenü (das Fragezeichen) den Menüpunkt *Tips und Tricks*, wo Sie am unteren linken Rand das Kontrollkästchen durch Anklicken deaktivieren.
- ➜ Wenn Sie in WinWord unter *Extras Optionen* auf der Registerkarte *Dateiablage* ein Standardverzeichnis spezifizieren, wird dieses anstelle des Eintrags bei den Eigenschaften verwendet.

Nie ausverkauft - Gute Karten für Fans des Datei-Managers

Der Programm-Manager ist für viele Anwender die einzige Instanz zum Starten von Programmen, doch das Starten eines Programms mit gleichzeitigem Laden eines Dokuments ist dort nur sehr umständlich möglich.

Start per Doppelklick auf den Dateinamen im Datei-Manager

Im Datei-Manager können Sie das Programm mit einem Doppelklick auf den Namen eines verknüpften Dokuments (*.DOC) in der Dateiliste starten. Windows startet die Anwendung und lädt die angeklickte Datei.

Verknüpfen einer Datei mit einer Anwendung

Es kann Ihnen jedoch passieren, daß sich nach einem Doppelklick nicht die Anwendung zeigt, sondern eine Fehlermeldung.

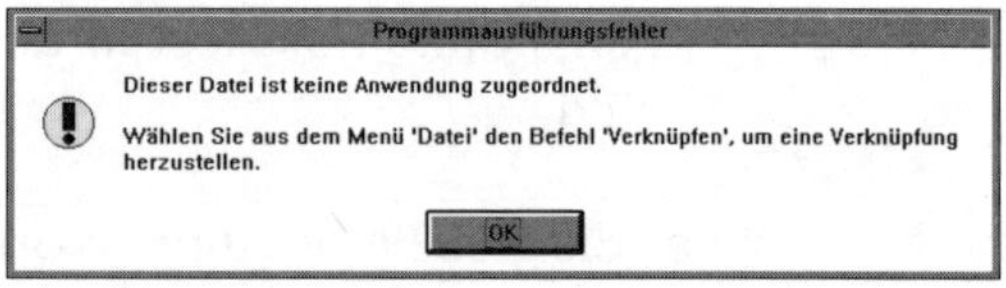

In diesem Falle ist der angeklickte Dateityp (bei WinWord ist es standardmäßig die Erweiterung DOC) nicht mit der Anwendung *verknüpft*, was jedoch kein Problem darstellt, da Sie diese Verknüpfung leicht herstellen können:

1. Markieren Sie in der Dateiliste des Datei-Managers eine beliebige DOC-Datei.
2. Rufen Sie den Menüpunkt *Datei Verknüpfen* auf.
3. Im Feld *Verknüpfen mit* markieren Sie die Anwendung (mit einem Doppelklick sparen Sie sich das *OK*).
4. Wenn die Anwendung dort nicht ausgeführt ist, ist sie nicht OLE-fähig. In diesem Falle müssen Sie mit der Schaltfläche *Durchsuchen* die Programmdatei angeben, mit der dieser Dateityp verknüpft werden soll. Beachten Sie, daß jeder Dateityp nur einer einzigen Anwendung zugeordnet werden darf.

Die Verknüpfung von Dateien mit Anwendungen ist eine OLE-Funktion, die entweder über die WIN.INI oder – heutzutage eher üblich – über die Registrierdatei REG.DAT gesteuert wird. Wenn Sie den Menüpunkt *Datei Verknüpfen* wählen, werden die von Ihnen hergestellten Verknüpfungen dort eingetragen.

Ein Dateityp darf natürlich nur mit einer einzigen Anwendung verknüpft sein, während eine Anwendung durchaus mit mehreren Dateitypen zusammenarbeiten darf. Wenn Sie beispielsweise neben dem Typ DOC auch den Dateityp INI mit WinWord verknüpfen, wird bei Doppelklick auf eine INI-Datei diese in WinWord zur Bearbeitung geladen.

Unverknüpft, aber nicht beziehungslos starten

Das Starten einer mit der Anwendung verknüpften Datei ist sicher sehr komfortabel, aber man muß für jede Dateiart eine Verknüpfung einrichten. Wie laden Sie nun eine Datei in WinWord, ohne extra eine Verknüpfung dafür zu erstellen?

Ziehen Sie die Datei auf die WinWord-Programm-Datei

Richten Sie den Datei-Manager mit zwei Fenstern ein: Das obere enthält das Verzeichnis mit der zu ladenden Datei, das untere zeigt die Anwendung WINWORD.EXE. Nun ziehen Sie einfach den Dateinamen aus der Liste auf den Namen der Anwendung und beantworten die Frage, ob Sie diese Datei bearbeiten wollen, mit *Ja*.

Starten mit Drag & Drop

1. Mit dem Menüpunkt *Fenster Neues Fenster* öffnen Sie ein neues Fenster im Datei-Manager und richten die Fenster mit *Fenster Untereinander* so ein, daß Sie beide Fenster bequem im Zugriff haben.
2. Wählen Sie in beiden Fenstern die gewünschten Verzeichnisse aus.
3. Ziehen Sie den Dateinamen der Datei, die Sie starten wollen, aus der Liste auf den Namen der Anwendung und lassen Sie dann dort die Maus los. Dabei verwandelt sich der Mauszeiger in einen Zeiger mit einem Dokument-Symbol und einem Pluszeichen.

Starten mit Drag & Drop

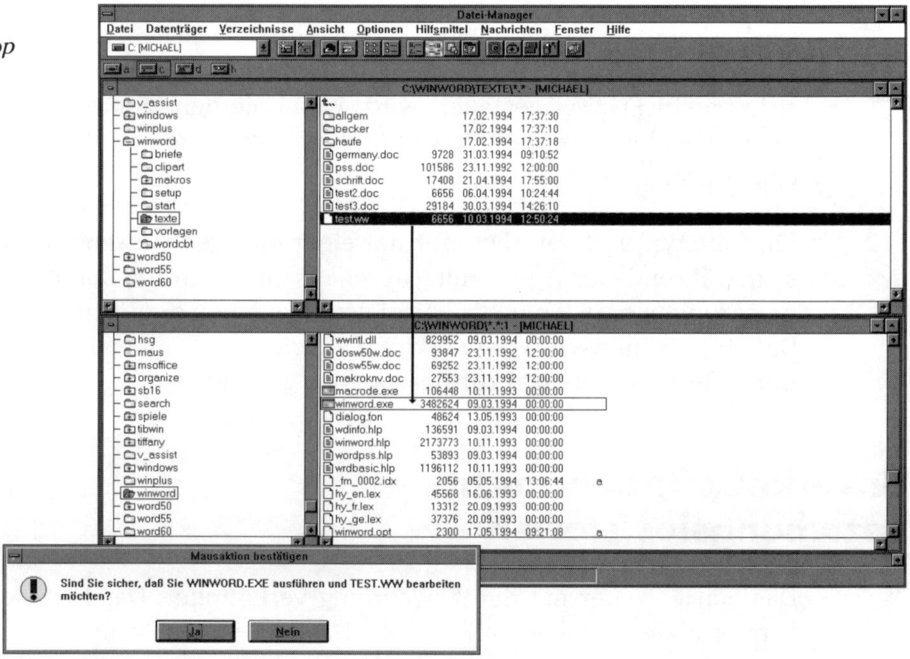

4. Beantworten Sie die Frage, ob die Datei mit der Anwendung bearbeitet werden soll, mit *Ja*. Wenn Sie diese Abfrage nervt, können Sie unter *Optionen Bestätigen* die Option *Ausführen von Mausaktionen* deaktivieren.

Fix und fertig - Start geöffneter Dateien

Oft arbeitet man eine Zeitlang mit ein und denselben Dateien, die man dafür immer wieder neu laden muß.

Autostart-Verzeichnis für diese Dateien nutzen

Verschieben Sie die Dateien in das Verzeichnis START, das nach dem Programm-Verzeichnis von WinWord angelegt wird; die dort befindlichen Dateien (und Vorlagen) werden beim Start automatisch geladen. Wenn Sie ein anderes Verzeichnis verwenden wollen, geben Sie es unter *Extras Optionen* auf der Registerkarte *Dateiablage* an.

Handwerkzeug - Die Arbeitsoberfläche

Die Arbeitsoberfläche von Word (d. h. ihre Werkzeuge und der Umgang mit ihnen) ist naturgemäß das erste Word-Element, das Sie kennengelernt haben. Man kommt schnell dahin, in groben Umrissen zu wissen, wofür die einzelnen Werkzeuge und Modi gut sind - aber hat man wirklich schon alles ausgelotet? In welcher Arbeitssituation lohnt sich die Verwendung eines bestimmten Werkzeugs? Dieses Kapitel soll Antwort auf solche und ähnliche Fragen geben.

Holen Sie die Konzeptansicht von WinWord 2.0 aus der Versenkung

In der Vorgängerversion gab es für alle, die Geschwindigkeit bei reduzierter Anzeigefülle brauchten, eine spezielle Ansicht: den Konzeptmodus, der nur sehr wenige Formatierungsmerkmale darstellt (z. B. keine unterschiedlichen Schriftgrößen und -arten), dafür aber mit Abstand der schnellste beim Bildschirmaufbau ist. Aber dieser Modus erscheint in den WinWord-6-Menüs nicht mehr.

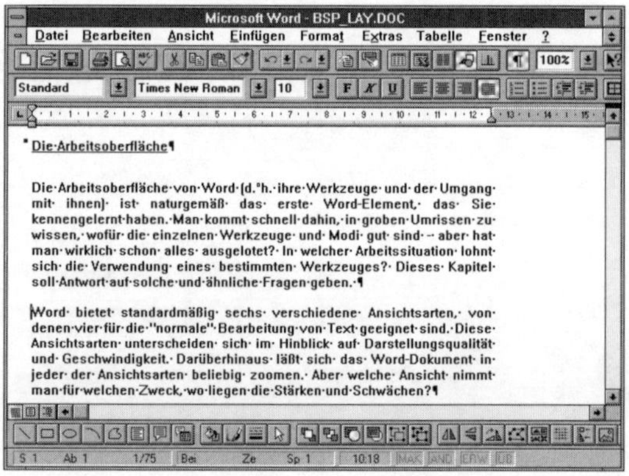

Aktivieren Sie die Konzeptansicht mit Extras Optionen

Aktivieren Sie von der Normalansicht aus die Dialogbox *Extras Optionen* und dort die Registerkarte *Ansicht.* Aktivieren Sie die *Konzeptschriftart.*

Um den Konzeptmodus wieder zu verlassen, müssen Sie den gleichen Weg gehen. Sie können zwar auch einfach in den Layout-Modus schalten, um die Zeichenformatierungen wieder zu sehen, aber beim nächsten Wechsel in die Normalansicht ist wieder alles auf die Konzeptschriftart beschränkt.

Integrieren Sie den AnsichtKonzept-Befehl in ein Menü

Um die Konzeptansicht schneller ein- und ausschalten zu können, integrieren Sie den Word-Befehl *AnsichtKonzept* mit der Option *Extras Anpassen* (Kategorie *Alle Befehle*) in eines der Menüs.

Konzeptansicht in das Menü integrieren

1. Aktivieren Sie den Befehl *Extras Anpassen* und dort die Registerkarte *Menüs*.
2. Klicken Sie links auf die Kategorie *Ansicht* und wählen Sie daneben den Befehl *AnsichtKonzept*.
3. Bestimmen Sie bei *Menü ändern*, in welchem Menü und bei *Position im Menü* an welcher Stelle im Menü der neue Befehl erscheinen soll. Bei *Name im Menü* können Sie einen beliebigen Begriff zum Aufruf des Befehls eingeben.
4. Klicken Sie dann auf den Schalter *Hinzufügen*.

   Hinweis: Natürlich können Sie den *AnsichtKonzept*-Befehl auch auf eine Tastenkombination oder ein Symbol legen.

Nähere Informationen zum Anpassen von Menüs, Shortcuts und Iconleisten finden Sie ab Seite 375.

Die letzte Zeile ist weg - So kommt sie wieder

In der Layoutansicht kann das durchaus schon mal vorkommen: Sie blättern vor, Sie blättern zurück - der Textanschluß von der einen Seite auf die andere stimmt einfach nicht. Keine Panik: Sie haben sehr wahrscheinlich nicht etwas versehentlich gelöscht.

Bildschirm neu aufbauen lassen

Meistens hilft es, soweit zu scrollen, bis die kritische Textstelle außer Sicht ist, und sich dann wieder zum Seitenumbruch zurückzubewegen.

Hier handelt es sich um einen Programmfehler; Word hat in solchen Fällen Schwierigkeiten mit der Bildschirmdarstellung. Hauptsache, Sie lassen sich nicht verwirren - im Ausdruck stimmt es.

Datensicherung ist ein Muß! - WinWord hilft

Zumindest die wichtigsten Dateien (speziell also: die gerade geschriebenen Briefe, den aktuellen Stand der Doktorarbeit usw.) sollten Sie regelmäßig auf Disketten sichern. Wenn Sie ohnehin viel mit WinWord arbeiten, können Sie die Datensicherung auch direkt von hier aus erledigen.

Suchen und sichern mit dem Datei-Manager

Speichern Sie im Word-Datei-Manager die Suche in den entsprechenden Verzeichnissen und nach der gewünschten Dateiart als Suchlauf ab. Sichern Sie die gefundenen Dateien mit *Befehle Kopieren* auf Diskette.

Backup mit dem Datei-Manager

Eins vorweg: Damit die Datensicherung nicht zu schwierig wird, empfiehlt es sich, die wichtigen, aktuellen Dateien in dafür bestimmten Verzeichnissen zu speichern (also z. B.: die Briefe in C:\WINWORD\BRIEFE, die Dateien für die Doktorarbeit in C:\WINWORD\DOKTOR usw.).

Mit dem Datei-Manager können Sie auch Verzeichnisse von der Dialogbox aus erstellen, die nach *Befehle Kopieren* erscheint.

1. Starten Sie den Datei-Manager aus dem Menü *Datei* heraus.

2. Im Hauptfenster des Datei-Managers klicken Sie auf den Schalter *Suche.*

3. In der Dialogbox *Suche* klicken Sie auf den Schalter *Detaillierte Suche.*

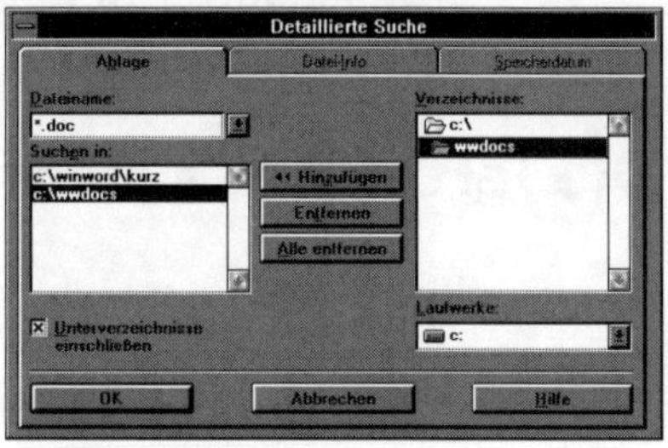

4. Bestimmen Sie mit Hilfe der Registerkarte *Ablage*, in welchen Verzeichnissen gesucht werden soll. Klicken Sie dazu auf der rechten Seite im *Verzeichnis*-Fenster die zu durchsuchenden Verzeichnisse an und übernehmen sie mit dem Schalter *Hinzufügen* in die linke Liste. Um ein Verzeichnis samt Unterverzeichnissen zu durchsuchen, reicht es, das übergeordnete Verzeichnis in die Liste aufzunehmen und unterhalb der Liste die Option *Unterverzeichnisse einschließen* zu aktivieren.

5. Bestimmen Sie gegebenenfalls mit Hilfe der Registerkarten *Datei-Info* (Suche nach Kriterien, die Sie den Dateien mitgegeben haben, sowie Volltextrecherche) und *Speicherdatum* (Einschränkung der Suche auf bestimmte Zeiträume) weitere Suchkriterien.

Beachten Sie bei der Einstellung des Suchkriteriums *Speicherdatum:* Wenn Sie nur die Daten des heutigen Tages sichern und das dann als Suchlauf abspeichern, stimmt das Kriterium morgen nicht mehr. Wollen Sie also morgen auch nur wieder die Dateien des Tages sichern, können Sie nicht allein den gespeicherten Suchlauf benutzen, sondern Sie müssen wieder das aktuelle Datum eintragen.

6. Zurückgekehrt in die Dialogbox *Suche*, klicken Sie auf den Schalter *Suche speichern unter* und geben in dem daraufhin erscheinenden Textfeld einen Namen für die Suche ein. Dieser Name darf ruhig länger sein und Leerzeichen enthalten. Mehr als ca. 45 Zeichen können allerdings im Listenfeld der Suchläufe nicht dargestellt werden.

7. Wollen Sie einen gespeicherten Suchlauf abrufen, klicken Sie auf den Pfeil des Listenfeldes *Gespeicherte Suchläufe* und treffen Sie Ihre Wahl.

8. Wählen Sie aus der Liste der gefundenen Dateien die aus, die gesichert werden sollen.

Um eine ununterbrochene Reihe von Dateien zu markieren, klicken Sie die erste an, halten die **Umschalt**-Taste gedrückt und klicken die letzte an. Mit Mausklick plus **Strg**-Taste können Sie selektiv markieren.

9. Klicken Sie im Hauptfenster des Datei-Managers auf den Schalter *Befehle*.

10. Wählen Sie aus der Liste die Option *Kopieren*.

11. Aktivieren Sie in der Dialogbox *Kopieren* bei *Laufwerke* das gewünschte Diskettenlaufwerk und klicken Sie auf *OK*.

Wenn Sie sich entschließen sollten, Ihre Word-Dateien mit dem Datei-Manager zu verwalten, sollten Sie auch regelmäßig Suchkriterien in Ihren Dokumenten hinterlassen. Das können Sie im nachhinein vom Datei-Manager aus oder mit der Option *Datei Datei-Info* erledigen. Konsequent werden Sie aber wahrscheinlich nur sein, wenn Sie direkt beim ersten Speichern jeder Datei zur Eingabe der Datei-Info aufgefordert werden. Diese automatische Abfrage können Sie in der Dialogbox *Extras Optionen* auf der Registerkarte *Speichern* aktivieren.

Tip Mit dem Datei-Manager können alle Arten von Dateien verwaltet werden. Er bietet durch die datenbankähnlichen Abfrageoptionen mehr als der Datei-Manager von Windows, auch wenn Sie anderen als Word-Dateien keine Datei-Info mitgeben können.

Tip Um zu vermeiden, daß sich der Datei-Manager beim nächsten Start zu lange Zeit läßt, sollten Sie die Anzeige nicht auf *Vorschau* stellen; der Bildaufbau einer komplexen Datei kann schon einige Zeit in Anspruch nehmen.

Stichwortsuche leichtgemacht - Einzelwörter suchen

Szenario: Sie brauchen eine Liste aller Texte, in denen Sie sich zu verschiedenen Haustypen geäußert haben (Holzhäuser, Massivhäuser, Blockhäuser, Ökohäuser etc.). Mehr noch: Dokumente, in denen es sich um „Hausbegrünung", „Hausbau" oder „Haushalt" dreht, interessieren Sie im Augenblick überhaupt nicht.

Volltextrecherche mit Operatoren

Stellen Sie unter *Ablage* ein, in welchen Verzeichnissen Sie suchen wollen. Auf der Registerkarte *Datei-Info* unter *Enthaltener Text* geben Sie den Suchbegriff ein. Benutzen Sie im konkreten Beispiel zusätzlich den Operator (-) (Zeichenbereich) und die Option *Groß-/Kleinschreibung beachten.*

Volltextsuche mit System

1. Klicken Sie in der *Suche*-Dialogbox des Datei-Managers auf den Schalter *Detaillierte Suche.*

2. Stellen Sie unter Umständen auf der Registerkarte *Ablage* die zu durchsuchenden Verzeichnisse ein, wenn sich das Suchgebiet einschränken läßt.

3. Geben Sie jetzt auf der Registerkarte *Detaillierte Suche* im Feld *Enthaltener Text* den zu suchenden Begriff ein.

Hinweis: Diese Option bietet Ihnen eine Möglichkeit, die über die Datei-Info hinausgeht: Mit ihr können Sie den Inhalt der Textdateien nach beliebigen Wörtern durchsuchen lassen.

4. Für unser Beispiel reicht es nicht, einfach nur das Wort „Haus" einzugeben, denn es soll ja neben „haus" auch „häuser" gefunden werden, und „Haus" am Wortanfang soll ignoriert werden. Deshalb müssen Sie erstens mit einem Operator arbeiten. Möglich wäre:

```
h?us
```

Das Fragezeichen steht für ein beliebiges Zeichen. Gefunden würde hier also z. B. auch „heus" - obwohl das nicht besonders wahrscheinlich ist. Noch mehr auf Nummer Sicher gehen Sie mit:

```
h(a-c)us
```

(a-c) bedeutet: Hinter dem „h" kann nur ein Buchstabe kommen, der im Alphabet zwischen „a" und „c" einschließlich steht, also nur „a", „b" oder „c".

5. Um diese Zeichen in den Suchbegriff einzufügen, klicken Sie in das Kästchen *Mustervergleich* und dann auf den Schalter *Sonstiges.* Dadurch öffnet sich eine Auswahlbox mit Operatoren. Sie brauchen den Operator *Zeichenbereich.*

Diese Operatoren und ihre Verwendung sind weitgehend identisch mit denen, die im Zusammenhang mit *Bearbeiten Suchen* auf Seite 102 beschrieben werden.

6. Außerdem sollten Sie die Option *Groß-/Kleinschreibung beachten* aktivieren, damit das groß geschriebene „Haus" nicht gefunden wird.

Stichwortsuche leichtgemacht - Wortverbindungen suchen

Nehmen wir an, auf Ihrer Platte befinden sich haufenweise Dateien, in denen das Wort „IBM“ vorkommt, sowie einige wenige, in denen es sich um „IBM PC“ dreht - und gerade die suchen Sie. Geben Sie nun in das Feld *Enthaltener Text* im Dialogfeld *Detaillierte Suche* des Datei-Managers genau diesen Text ein, werden alle Dateien gefunden, in denen „IBM PC“, „IBM“ und „PC“ vorkommt. Das ist so nicht besonders hilfreich.

Setzen Sie den Suchbegriff in Anführungszeichen

Vervollständigen Sie den Begriff im Feld *Enthaltener Text* mit Anführungszeichen:

„IBM PC"

So holen Sie mehr aus den Suchkriterien heraus

Wenn Sie sehr viele Dateien zu verwalten haben, reichen die üblichen Kriterien zum Finden der gewünschten Dateien möglicherweise nicht mehr aus.

Abfrage mit Platzhaltern

Sie können bei der Abfrage aller Suchkriterien mit Platzhaltern (? und *) und Ausschließungszeichen (~)vorgehen.

Abfrage mit logischen Verknüpfungen

Sie können in den Kategorien *Stichwörter* und *Autor* mehrere Einträge festhalten. In diesem Fall können Sie bei der Suche zusätzlich noch mit logischen Verknüpfungen arbeiten.

Abfrage mit Platzhaltern

? und * Mit den beiden Zeichen „?“ und „*“ können Sie nach Datei-Informationen suchen, auch wenn Sie sich nicht mehr an den ganzen Begriff erinnern oder ihn nicht komplett eingeben wollen.

1. Geben Sie zum Beispiel auf der Registerkarte *Datei-Info* im Feld *Titel* „m*“ ein, wird die daraufhin erstellte Liste sowohl Mahnungen als auch Märchen enthalten, vorausgesetzt, Sie haben Ihre Datei-Informationen entsprechend strukturiert. Das „?“ ersetzt einen einzelnen Buchstaben. Beide Platzhalter können auch mitten in einem Wort stehen.
2. Das Nicht-Zeichen (~) schließt den ihm folgenden Begriff aus dem Suchvorgang aus. „~Microsoft“ im Feld *Autor* läßt also nach allen Dateien suchen, deren Autor nicht Microsoft ist.

Abfrage mit logischen Verknüpfungen

1. Voraussetzung für die Nutzung der Und/Oder-Verknüpfungen ist natürlich, daß Sie in der Datei-Info in den Kategorien *Autor* oder *Stichwörter* mehrere Begriffe eingegeben haben. Die Einträge sollten in der Datei-Info durch Semikola oder Leerzeichen getrennt sein.
2. Mit Und-Zeichen (&) lassen Sie sich die Dateien auflisten, die über alle von Ihnen verknüpften Begriffe in der Datei-Info verfügen. So würde der Sucheintrag „Zweite Mahnung & fauler Kunde“ in der Rubrik *Stichwörter* eine Liste der Dateien aufstellen, die Sie am besten schon für eine dritte Mahnung vorbereiten.

Mit dem Oder-Zeichen (;) suchen Sie Dateien, für die zumindest einer der eingegebenen Begriffe gespeichert ist. Suchen Sie also etwa bei *Thema* nach „Mahnungen;Rechnungen“, wird Ihre Liste beide Textkategorien enthalten.

Das Caret-Zeichen (^) müssen Sie eingeben, wenn Ihr Suchbegriff ein Zeichen enthält, das ansonsten als Operator benutzt wird. Wollen Sie die Briefe heraussuchen, die an die „Verleihnix & Co KG“ geschrieben wurden, lautet die korrekte Eingabe „Verleihnix ^& Co.KG“.

Formate und Schriften richtig einsetzen

What you see is what you nearly get - WYSIWYNG STATT WYSIWIG

Diese Erfahrung muß man leider häufiger machen: Die Zeilenlänge im Flattersatz ist im Druck länger als auf dem Bildschirm, oder Schriften, die halbfett ausgedruckt werden, erscheinen auf dem Monitor ganz ohne fette Auszeichnung. Grundsätzlich gibt es dafür zwei Gründe (und an beiden können Sie nichts ändern):

Da Bildschirme generell eine niedrigere Auflösung als Drucker haben, ergeben sich zwangsläufig Rundungsfehler bei der Umrechnung der Schriftinformationen.

Außerdem werden einige TrueType-Schriften (etwa die mit Windows mitgelieferten) nicht linear skaliert. Die Zeichenabstände liegen hier auf dem Bildschirm gerade bei kleinen Schriften enger als im Ausdruck. Auffällig wird das vor allem, wenn Sie die Zeilenlänge von Flattersatzabsätzen im Ausdruck und auf dem Bildschirm vergleichen.

Allerdings skaliert auch der Adobe Type Manager (wenn er keine weiteren Informationen bekommt) Schriften immer etwas enger als im Original vorgesehen. In diesem Fall liegt das daran, daß er von den Anwendungsprogrammen nicht genügend unterstützt wird. In der Version 6.0a von Word ist die Zusammenarbeit allerdings optimiert worden.

Optimierung ist hier nur über die Optimierung der Schriftentechnologie selbst sowie der Programmschnittstellen zur Schriftennutzung möglich. Für Sie als Anwender bedeutet das also: keine Chance.

Layout - Oder so bekommt der Text ein Gesicht

Sowohl die Attraktivität eines Textes als auch seine Verständlichkeit hängen zu einem nicht unerheblichen Teil von der optischen Aufteilung der Seite ab. Unter dem Oberbegriff Layout tummeln sich alle denkbaren Gestaltungsmöglichkeiten, von denen WinWord nicht wenige zur Verfügung stellen kann: mehrspaltiger Satz, unterschiedliche Schriften, Positionierung mit Rahmen, und die Hilfsprogramme, wie WordArt, MSGraph oder der Formeleditor erfüllen fast jeden die Seitengestaltung betreffenden Wunsch.

TrueType oder Adobe? - Entscheidungshilfe

Es gibt zwei konkurrierende Softfont-Technologien auf dem Markt: Das mit Windows mitgelieferte TrueType-System und den Adobe Type Manager, den man extra dazukaufen muß. Es stellt sich die Frage: Welche Vor- und Nachteile haben die beiden Konkurrenten?

Im professionellen Bereich sind Adobe-Schriften überlegen

Für den professionellen Anwender, der sich nicht scheut, für Schriften etwas mehr auszugeben, sind Adobe-Schriften wegen der Qualitätsvorteile besser geeignet. Für Privatanwender, bei denen es „nicht so genau kommt", bietet sich aus Preisgründen eher TrueType an.

Druck- und Anzeigegeschwindigkeit

Bei der Bildschirmanzeige läßt sich kein eindeutiger Gewinner ausfindig machen: Beim Ausdruck auch nicht: Je nach Tintenstrahl- oder Laserdrukker werden Adobe- oder TrueType-Schriften zum Teil erheblich schneller ausgedruckt ... probieren geht über Studieren.

Besonders groß ist der Unterschied bei PostScript-Ausgabegeräten. Das von Adobe benutzte digitale Format („Type 1") ist genau das gleiche, das von allen PostScript-Ausgabegeräten benutzt wird. TrueType-Schriften werden auf PostScript-Ausgabegeräten in das Adobe-Type-1-Format übersetzt. Das ergibt nicht nur Zeit-, sondern auch Qualitätsverluste.

Zu beachten ist allerdings generell: Bei der intensiven Benutzung von Softfonts auf Laserdruckern stößt man schnell an deren Speichergrenzen; mit 2 MByte kommen Sie da nicht weit.

Schriftenauswahl und -qualität

Es gibt immer noch mehr professionelle Adobe- als TrueType-Schriften. TrueType-Schriften gibt es zwar mittlerweile sehr viele; gerade auf dem Shareware-Markt können Sie TT-Schriften zu sehr günstigen Preisen erwerben, die aber häufig auch nur von einer sehr mäßigen Qualität sind. Adobe-Schriften sind dafür erheblich teurer; allerdings erwirbt man häufig beim Kauf eines Anwendungsprogramms direkt auch den Adobe-Type-Manager und einige Schriften mit.

Speicherbedarf

TrueType-Schriftdateien sind im Schnitt etwa 70 % größer als ihre Adobe-Pendants. Dafür lassen sich TrueType-Schriften wesentlich stärker komprimieren, wenn man sie gerade mal nicht braucht.

Schrifttechnologien

Grundsätzlich gibt es drei verschiedene Schrifttechnologien:

Bitmap-Schriften werden kaum noch eingesetzt. Hier werden die Schriftinformationen Pixel für Pixel abgelegt. Somit muß jeder Schriftgrad einer solchen Schrift einzeln generiert und gespeichert werden - damit ergibt sich ein enormer Speicherbedarf und eine Unzahl von Dateien. Außerdem ist die Anzeigequalität häufig gröber. Der Vorteil liegt in einer hohen Anzeige- und Druckgeschwindigkeit, weil diese Schriften schon in einer ausgabegerätorientierten Form vorliegen.

Beim Adobe Type Manager werden die Schriftinformationen durch eine mathematische Beschreibung des Umrisses gespeichert. Anhand dieser Umrißinformation skaliert der Type Manager die Schrift auf die gewünschte Größe und füllt sie mit Pixeln auf.

Vorteil: Eine Schrift braucht für alle Schriftgrößen nur einmal digitalisiert zu werden. Nachteil: Der Rechenaufwand für die Ausgabe auf Bildschirm und Drucker ist erheblich; deshalb dauert beides länger.

TrueType-Schriften: Das sind die Schriften, die mit Windows 3.1 ausgeliefert werden. Die dahintersteckende Technologie ist ähnlich wie die der Adobe-Schriften, allerdings sind die Berechnungsgrundlagen etwas unterschiedlich.

Vor allem bei großen Schriftgraden kann es wegen dieser unterschiedlichen Berechnungsgrundlagen zu Abweichungen zwischen an sich identischen TrueType- und Adobeschriften kommen.

Wie ist der Text formatiert? - Schnellinfo per Mausklick

22

Gerade wenn Sie in einem Absatz mit vielen verschiedenen Eigenschaften gearbeitet haben (Zeichen- und Absatzformatierung, womöglich noch gemischt mit Formatvorlagen-Zuweisung), ist es nicht mehr ganz einfach zurückzuverfolgen, welche Eigenschaften genau in diesem Textbereich vorhanden sind.

Kontexthilfe mit dem Fragezeichen-Symbol benutzen

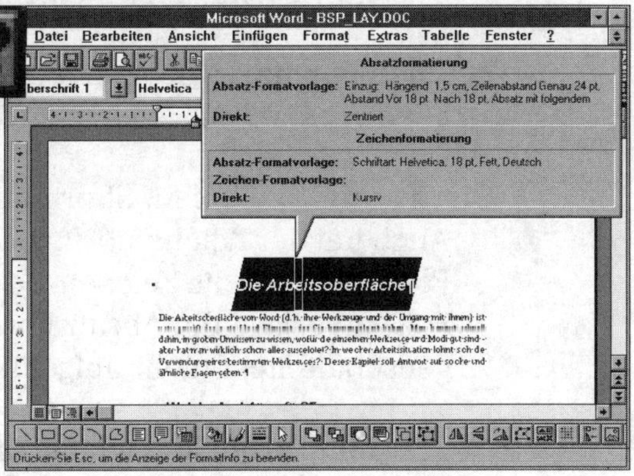

Umfassende und schnelle Informationen über die Eigenschaften eines Absatzes können Sie auf folgende Art bekommen: Klicken Sie auf das Icon ganz rechts oben in der Standardleiste; dem Mauszeiger wird daraufhin ein Fragezeichen angehängt. Mit diesem Fragezeichen klicken Sie dann auf den fraglichen Absatz, und Sie erhalten eine „Sprechblase" mit allen Eigenschaften.

Ein Druck auf die Esc-Taste befreit Sie von der Informationsquelle.

Die Informationen in der Sprechblase sind so zu verstehen:

Absatzformatierung

In diese Rubrik fallen die Eigenschaften, die immer nur ganzen Absätzen (und nicht etwa Teilen davon) zugewiesen werden können, wie zentriert, linker Einzug von 3 cm, Abstand nach unten etc.

Absatz-Formatvorlage Faßt die Eigenschaften zusammen, die die angeklickte Textstelle von der Absatzformatvorlage übernimmt (irgendeine ist immer zugewiesen, im Zweifelsfall die Vorlage „Standard").

Direkt Informiert über die direkt zugewiesenen Eigenschaften (also mittels Symbol, Shortcut oder Menü; jedenfalls nicht durch eine Formatvorlage). Wurde hier z. B. die Ausrichtung „Zentriert" zugewiesen, überschreibt diese Anweisung die in der Formatvorlage festgesetzte. Deshalb entfällt in diesem Fall die entsprechende Information bei *Absatz Formatvorlage*.

Zeichenformatierung

Hier dreht es sich um die Eigenschaften, die den Schriftzeichen, also möglicherweise auch nur begrenzten Teilen des Absatzes zugewiesen sind.

Absatz-Formatvorlage informiert über die durch die Absatz-Formatvorlage zugewiesenen Schrifteigenschaften.

Zeichen-Formatvorlage Irgendeine Absatz-Formatvorlage muß, eine Zeichen-Formatvorlage kann zugewiesen sein.

Direkt Mit Symbolen, Shortcut oder Menü zugewiesene Eigenschaften. Auch bei der Zeichenformatierung gilt wieder: Überschreibt die direkte Formatierung, die Zeichen- oder Absatzformatvorlage (oder die Zeichen-Formatvorlage die Absatz-Formatvorlage) wird, die überschriebene Eigenschaft nicht mehr aufgeführt.

! Im übrigen können Sie mit der gleichen Methode auch umfangreiche Hilfetexte zu jedem Symbol und jeder Menüoption einblenden: Klicken Sie einfach mit dem anhängenden Fragezeichen auf die fragliche Stelle.

Wenn WinWord nicht genug unterschneidet - Tricksen Sie (es aus)! 23

Wenn die automatische Unterschneidung die Buchstaben für Ihren Geschmack noch nicht eng genug zusammengezogen hat, können Sie noch stärker unterschneiden.

Manipulieren Sie die Laufweite

Markieren Sie die zu unterschneidenden Buchstaben und stellen Sie in der Registerkarte die Laufweite auf *Schmal*. Geben Sie im Feld rechts daneben einen entsprechenden Wert ein.

Manuelles Unterschneiden mit der Laufweiteneinstellung

1. Markieren Sie den schmaler zu setzenden Text. Unter Umständen kann es nötig sein, innerhalb eines Wortes nur die Problembuchstaben zu markieren und die restlichen Abstände nicht zu verändern.
2. Öffnen Sie die Dialogbox *Format Zeichen* und dort die Registerkarte *Abstand*.
3. Öffnen Sie die Liste *Laufweite* und klicken Sie auf *Schmal*. Geben Sie dann in dem Drehfeld *Um:* einen Punktwert ein.

Wirkungsbereich des Unterschneidens

Klicken Sie beim manuellen Unterschneiden irgendwo in den zu gestaltenden Bereich, wird das ganze betreffende Wort unterschnitten. Durch Markieren können Sie den Unterschneidungsbereich einschränken.

Weitere praktische Anwendungen von Unterschneidung/ Sperren

Unterschneidung und Sperren um einen bestimmten Punktwert können auch in anderen Situationen praktisch sein:

Um z. B. Fließtext so zu komprimieren, daß er noch auf eine Seite paßt, oder um in schmalen Spalten auf eine bestimmte Zeichenanzahl pro Zeile zu kommen.

Hierbei ist zu beachten, daß Sie bei Problembuchstaben und großen Schriften durchaus Werte zwischen 1 und 3 Punkt eingeben können. Wenn Sie mit Fließtext in normalen Größen arbeiten, sollten Sie eher Zurückhaltung üben und sich im Bereich weit unterhalb von einem Punkt bewegen. Das Schriftbild von kleinen Schriften wird durch zu starkes Unterschneiden nicht gerade ästhetischer.

Sperren und Unterschneiden kann als gestalterisches Mittel bei exotischen Layouts benutzt werden:

Gestaltungseffekte durch Änderung der Laufweite

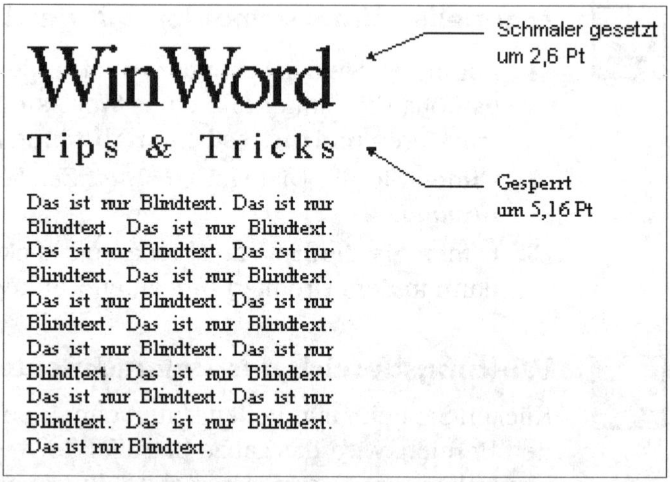

Eins und Eins... WinWord kann zählen

Zu Schreibmaschinenzeiten waren Aufzählungen vor allem davon abhängig, wie geschickt man mit Tabulatoren arbeiten konnte. Besonders Geübte waren auch durch ellenlange Aufzählungen oder gestaltete Aufzählungspunkte nicht aus der Fassung zu bringen. Dank WinWord 6 stehen derart kreative und übersichtliche Möglichkeiten jetzt schon per Mausklick zur Verfügung.

Aufzählungen ohne Mißverständnisse - Numerierungen mit Text gestalten

Man kommt bei der Arbeit mit Word recht schnell darauf, daß mit den entsprechenden beiden Icons sehr komfortabel Aufzählungsabsätze gestaltet werden können, numerierte und solche mit Blickfangpunkten.

Die automatische Numerierung mit einem Text ergänzen

Aufgabe 1: Stellen Sie im folgenden auf zwei Seiten dar, inwiefern Douglas Adams die dialektische Beziehung zwischen dem Universum und dem Zufall berücksichtigt.

Aufgabe 2: Was haben die Delphine mit dem Ganzen zu tun?

In der Registerkarte Numerierung „Text davor" setzen

Klicken Sie in der Registerkarte *Numerierung* (Dialogbox *Numerierung und Aufzählungen*) auf den Schalter *Bearbeiten*. Schreiben Sie den gewünschten Text in das Feld *Text davor*. Denken Sie daran, in der gleichen Dialogbox den Abstand zwischen Einzug und Text entsprechend zu erhöhen.

Individuelle Numerierung erstellen

1. Markieren Sie die Absätze, die Sie mit einer Numerierung samt Text davor versehen wollen. Dabei ist es egal, ob die Absätze schon numeriert sind oder ob es sich um „normale" Absätze handelt.
2. Klicken Sie mit der rechten Maustaste in den markierten Bereich und wählen Sie dann aus dem Kontextmenü die Option *Numerierung und Aufzählungen*.
3. Aktivieren Sie die Registerkarte *Numerierung* und klicken Sie auf den Schalter *Bearbeiten*.
4. Schreiben Sie in das Feld *Text davor* das Wort „Aufgabe" und vergessen Sie nicht das Leerzeichen danach.

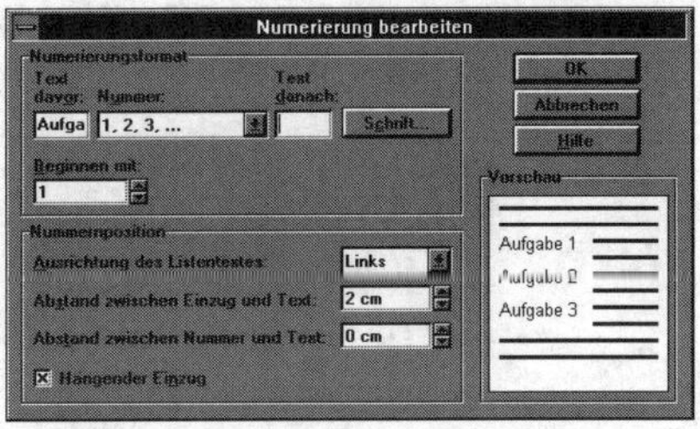

5. Erhöhen Sie den *Abstand zwischen Einzug und Text*. Wenn Sie das nicht tun, werden Ihre Absätze so aussehen:

Aufgabe 1: Stellen Sie im folgenden auf zwei Seiten dar, inwiefern Douglas Adams die dialektische Beziehung zwischen dem Universum und dem Zufall berücksichtigt.

Bei einer 10 Punkt großen Schrift und dem vorgestellten Wort „Absatz" liegen Sie hier mit einem Abstand von zwei cm richtig.

Der Abstand zwischen Einzug und Text bestimmt die Einrückung des Textes rechts vom Tabulator-Zeichen. Sie geben ein, wie weit der Absatz vom linken Seitenrand aus eingerückt werden soll - wobei natürlich die Zahl und das Wort davor am linken Rand stehen bleibt.

6. Die Option *Hängender Einzug* sollte unbedingt aktiv sein.

Weiter numerieren

Drücken Sie am Ende eines numerierten Absatzes auf die **Enter**-Taste, wird der nächste Absatz weiter numeriert.

Numerierung neu beginnen lassen

Klicken Sie dagegen auf einen beliebigen anderen Absatz und bedienen erneut die Numerierungs-Schaltfläche, beginnt die Numerierung von neuem (mit der Startzahl, die Sie zuletzt im *Numerierung bearbeiten*-Dialogfeld eingegeben haben).

Zwei sehr praktische Numerierungs-Funktionen sind ausschließlich über das Kontextmenü zu erreichen:

Numerierung überspringen

Ein Beispiel: Sie markieren den zweiten von drei numerierten Absätzen und wählen diese Option im Kontextmenü. Die Numerierung des markierten Absatzes wird gelöscht, und der folgende Absatz erhält die Nummer zwei. Wenn Sie an das Ende der Zeile springen und auf **Enter** drücken, ist der nächste Absatz nicht numeriert.

Numerierung beenden

Nehmen wir wiederum an, Sie klicken für den zweiten von drei numerierten Absätzen auf diese Funktion. Der markierte Absatz verliert seine Numerierung, und der folgende Listenabsatz wird auf „1“ heruntergesetzt, d. h., die Numerierung beginnt von vorn.

Das ist auch ein Mittel, mit dem Sie generell aus numerierten oder sonstigen Listen wieder normale Absätze machen können.

Die Numerierung kann auch in Formatvorlagen übernommen werden. Das ist gerade dann praktisch, wenn Sie häufig mit unterschiedlichen, speziellen Numerierungsarten arbeiten.

Hierarchisch numerieren leichtgemacht

25

In Schriftstücken wie Verträgen z. B. werden häufig hierarchische Numerierungen, verbunden mit unterschiedlich starken Einzügen benötigt:

Auch automatisch durchführbar: Hierarchische Numerierung

1. Festlegung der Grundleistungen für Gebäude

   1.1 Der Auftraggeber überträgt dem Auftragnehmer zunächst die Grundleistungen folgender Leistungsphasen gemäß dem §15 HaHaHa in dem nachstehend beschriebenen Umfang:

      1.1.1 Grundlagenermittlung

      1.1.2 Vorplanung

      1.1.3 Entwurfsplanung

      1.1.4 Genehmigungsplanung

   1.2 Über diese grundlegenden Leistungen hinaus können je nach Situation und Gewogenheit weitere zusätzliche Leistungen nach Absprache vergeben werden.

Benutzen Sie die Numerierungsoption „Gliederung"

Bereiten Sie die Absätze mit den entsprechenden Einzügen vor und markieren Sie sie. Klicken Sie auf der Registerkarte *Gliederung* in der Dialogbox *Numerierung und Aufzählungen* auf die gewünschte Numerierungs- und Einzugsart.

So erstellen Sie eine gegliederte Numerierung

Um eine gegliederte Numerierung wie die oben erwähnte zu erstellen, müssen Sie schon bei den Einzugswerten etwas beachten: Jeder Einzug muß mindestens 1,25 cm größer sein als der vorherige. Absätze, deren Einzüge nicht groß genug sind, erhalten die gleiche Gliederungsstufe wie der Absatz eine Ebene höher.

Ohne die richtige Vorarbeit gibt es Fehler in der Numerierung

1 Festlegung der Grundleistungen für Gebäude

2 Der Auftraggeber überträgt dem Auftragnehmer zunächst die Grundleistungen folgender Leistungsphasen gemäß dem §15 HaHaHa in dem nachstehend beschriebenen Umfang:

   2.1 Grundlagenermittlung

   2.2 Vorplanung

   2.3 Entwurfsplanung

   2.4 Genehmigungsplanung

   2.5 Über diese grundlegenden Leistungen hinaus können je nach Situation und Gewogenheit weitere zusätzliche Leistungen nach Absprache vergeben werden.

Wenn Sie häufiger mit derartigen Gliederungen arbeiten, sollten Sie sich einige Formatvorlagen mit den passenden Einzügen auf Lager legen.

Schnell sind Sie in diesem Fall allerdings auch mit den Einzugssymbolen aus der Symbolleiste - die springen nämlich genau in den richtigen Abständen.

1. Nachdem Sie die richtigen Einzüge zugewiesen haben, markieren Sie die zu gliedernden Absätze.
2. Öffnen Sie das Dialogfeld *Numerierung und Aufzählungen* - am schnellsten wohl mit Hilfe des Kontextmenüs.
3. Wählen Sie auf der Registerkarte *Gliederung* die gewünschte Numerierungs- und Einzugsart.
4. Sie könnten jetzt schon auf *OK* klicken, aber die Abstände zwischen Numerierung und eigentlichem Absatz würden Ihnen wahrscheinlich noch nicht gefallen:

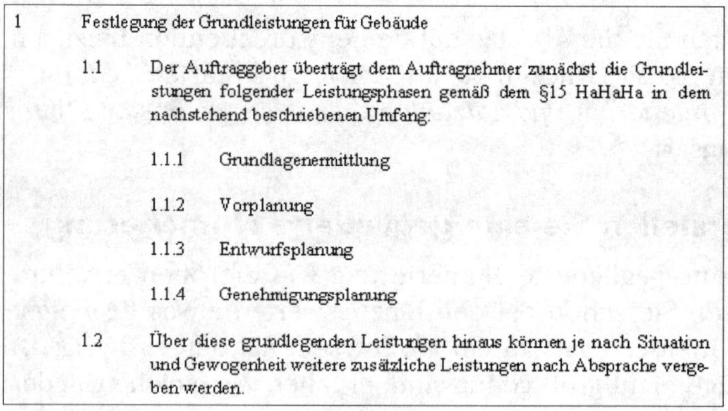

1 Festlegung der Grundleistungen für Gebäude

1.1 Der Auftraggeber überträgt dem Auftragnehmer zunächst die Grundleistungen folgender Leistungsphasen gemäß dem §15 HaHaHa in dem nachstehend beschriebenen Umfang:

1.1.1 Grundlagenermittlung

1.1.2 Vorplanung

1.1.3 Entwurfsplanung

1.1.4 Genehmigungsplanung

1.2 Über diese grundlegenden Leistungen hinaus können je nach Situation und Gewogenheit weitere zusätzliche Leistungen nach Absprache vergeben werden.

Gliederung mit Riesenabständen

5. Klicken Sie auf die Schaltfläche *Bearbeiten*, um die Einzugskombinationen nach Wunsch zu verändern.

   Die Bearbeitungsmöglichkeiten für Gliederungen entsprechen weitgehend denen der einfachen Numerierung, nur daß Sie die Optionen für alle Gliederungsebenen unterschiedlich vergeben können.

6. Stellen Sie jetzt den *Abstand zwischen Einzug und Text* für die einzelnen Gliederungsebenen ein; mit dem Listenfeld oberhalb des Vorschaufensters können Sie von Ebene zu Ebene wechseln. Für das oben aufgeführte Beispiel sollten Sie bei einer 10 Punkt großen Schrift jeder Ebene einen Abstand von 0,8 cm zuweisen.

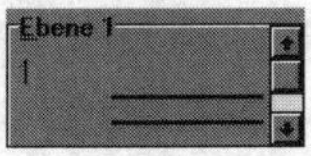

Das abgebildete Listenfeld brauchen Sie immer dann, wenn die Ebenen der Gliederung unterschiedliche Eigenschaften haben sollen. So soll z. B. häufig hinter der Zahl der ersten Ebene ein Punkt stehen, hinter den Zahlen der anderen Ebenen hingegen nicht. Oder der Einzug der dritten Ebene soll größer sein als der der ersten beiden. Wechseln Sie mit der Rolleiste zur gewünschten Ebene und stellen Sie die Eigenschaften ein.

Haben Sie einen Gliederungsabsatz markiert, bietet Ihnen das Kontextmenü zwei zusätzliche Funktionen, mit denen Sie seine Stellung in der Gliederungshierarchie beeinflussen können.

Höherstufen Numeriert z. B. den Unterpunkt 1.1 als Hauptpunkt 2. Der Einzug des Absatzes wird angepaßt und alle folgenden Numerierungen ebenfalls.

Zurückstufen Macht aus dem Absatz 1.1 den Unterunterpunkt 1.1.1. Auch hier werden Formatierung des Absatzes und folgende Numerierung angepaßt.

Die automatischen Gliederungsformate

Zur Vorbereitung der automatischen, hierarchischen Numerierung können Sie auch die automatischen Gliederungsformate von Word nutzen (Überschrift 1 bis Überschrift 9). Auch wenn es keine Überschriften sind, die Sie numerieren wollen: Sie können die entsprechenden Formatvorlagen ja modifizieren.

Nachdem Sie die Überschrifts-Formate zugewiesen haben, kommt ein neuer Befehl ins Spiel: *Überschriften numerieren*, abrufbar aus dem Kontextmenü oder auch aus dem Menü *Format*. Zum Ausführen dieses Befehls müssen die zu numerierenden Absätze nicht markiert sein. Die weiteren Bearbeitungsmöglichkeiten dieser Art von Numerierung sind mit denen der einfachen Gliederung identisch.

Diese zugegebenermaßen komfortable Funktion hat leider den Nachteil, das Arbeitstempo von Word zu drosseln. Ob Sie den Geschwindigkeitsverlust akzeptieren können, müssen Sie schon selbst ausprobieren.

Vorlagen und Co.

Vorlagen sind eines der wesentlichen Werkzeuge, die Ihnen Word zur Verfügung stellt, um die Arbeit mit Dokumenten zu rationalisieren: Vorlagen fassen mehrere Schritte zu einem zusammen. Neben diversen Tricks, die den Umgang mit Vorlagen erleichtern, gilt es allerdings erst einmal herauszufinden: Welchen Vorlagentyp (es gibt Zeichenformatvorlagen, Absatzformatvorlagen und Dokumentvorlagen) setzt man wofür ein?

Alle Zitate zentrieren, kursiv setzen und beidseitig einrücken - So geht's einfach und schnell

Wenn bestimmte Textstellen immer gleich aussehen sollen, ist es ein mühseliges Geschäft, jedesmal wieder sämtliche Eigenschaften nacheinander zuzuweisen. Noch ärgerlicher ist es, wenn Sie eine bestimmte Absatzart geduldig gestaltet haben und hinterher erkennen, daß eine andere Formatierung doch besser aussähe.

Stellen Sie eine entsprechende Absatz-Formatvorlage her und weisen Sie sie an den passenden Stellen zu

Formatieren Sie einen Absatz mit den herkömmlichen Mitteln so, wie Sie ihn haben wollen und markieren Sie ihn dann. Überschreiben Sie den alten Namen in der Formatvorlagenliste mit einem neuen. Weisen Sie die neue Formatvorlage überall, wo Sie wollen, mit Hilfe der Formatvorlagenliste oder mit einem Shortcut zu.

Formatvorlage blitzschnell erstellen

Absatzformatvorlagen sind Zusammenfassungen von Gestaltungs-Eigenschaften - in einer solchen Vorlage kann fast alles festgehalten werden, was Sie überhaupt gestalterisch mit Ihrem Text machen (Zeichenformatierungen, Abstände aller Art, Rahmen und Schattierungen, Numerierungen, Positionsrahmen...). Sie können diese Vorlage, wie der Name sagt, nur ganzen Absätzen zuweisen.

1. Weisen Sie dem Absatz die gewünschten Eigenschaften durch Direktformatierung zu.
2. Um ein neues Format zu erstellen, löschen Sie den Namen der bisher zugewiesenen Formatvorlage aus dem entsprechenden Listenfeld in der Symbolleiste und geben Sie den neuen Namen ein.

   ! Dieser Name kann 256 Zeichen lang sein und Leerzeichen enthalten. Weil die Formatvorlagenliste aber nur maximal ca. 30 Zeichen anzeigen kann, sollten Sie den Namen nicht zu lang machen.

   ! Wenn es sich bei den zugewiesenen Eigenschaften nur um Absatzformatierungen handelt, reicht es, wenn der Cursor vor dem Klick in das Listenfeld irgendwo im Absatz steht. Haben Sie dagegen auch etwas an der Zeichenformatierung geändert, sollten Sie den gesamten Absatz markieren.

   Wenn Sie mehrere Absätze markiert haben, werden bei der Erstellung der Formatvorlage die Merkmale des ersten markierten Absatzes berücksichtigt.

   Wenn Sie auch nur ein Zeichen mit einer anderen Zeichenformatierung versehen haben, und dieses Zeichen ist markiert, wird die Formatierung ebenfalls in die Formatvorlage übernommen.

3. Drücken Sie auf **Enter** oder klicken Sie irgendwo mit der Maus in den Textbereich.

Um eine Formatvorlage zu modifizieren, gehen Sie genauso vor, aber Sie klicken einfach nur in das Formatvorlagen-Listenfeld und bestätigen dann direkt, ohne etwas einzugeben. Eine Dialogbox fragt Sie dann danach, ob Sie die Formatvorlage tatsächlich modifizieren wollen.

! Klicken Sie in der Dialogbox für das Modifizieren auf die Option *der Markierung wieder zuweisen*, wird nicht nur die Änderung der Formatvorlage verhindert, sondern Ihr Absatz verliert dabei auch alle direkten Formatierungen.

Geschwindigkeitsvorteil bei Formatvorlagen-Änderung im nachhinein

Wenn Sie schon eine Formatvorlage zugewiesen haben, brauchen Sie nur einmal eine Änderung in der Vorlage vorzunehmen, und sämtliche Absätze im Dokument, denen diese Vorlage zugewiesen ist, werden automatisch angepaßt. Aber auch wenn Sie die Absätze erst im nachhinein mit einer Formatvorlage gestalten, sparen Sie noch erheblich Zeit.

Absatzformatvorlagen werden zunächst nur im jeweiligen Dokument gespeichert.

Formatvorlagen mit dem Menü

Sie können Absatz-Formatvorlagen auch mit dem Menü *Format Formatvorlage* erstellen und verfeinern. Das hat einige Vorteile:

- ➜ Sie können hier direkt auch Shortcuts zuweisen (mit dem Schalter *Shortcut* aus dem Menü *Neue Formatvorlage* bzw. *Formatvorlage bearbeiten).*
- ➜ Sie können hier in einem Arbeitsgang mehrere Vorlagen erstellen.
- ➜ Sie können mit diesem Menü Folgeformate und Basisformate definieren (mehr dazu auf den Seiten 89ff).

Ansonsten ist diese Methode aber etwas umständlich, um „eben mal" ein Format zu erstellen oder zu verändern. Auch ist die Vorgehensweise sehr abstrakt; im jeweiligen Vorschaufenster wird ja immer nur das Resultat einer Teil-Formatierung angezeigt - wie sich die Gesamtheit aller zugewiesenen Eigenschaften auswirkt, wird nirgendwo angezeigt.

Mitgelieferte Formatvorlagen

Einige Absatz-Formatvorlagen bietet Word Ihnen standardmäßig in jedem Dokument an; darüber hinaus stehen Ihnen mehr als 70 weitere mitgelieferte Vorlagen zur Verfügung. Mehr dazu auf Seite 86.

Zeichenformatierung ohne viel Laufarbeit für die Maus

Wenn immer mal wieder ein Wort fett gesetzt werden soll - kein Problem mit dem entsprechenden Icon. Wenn die Zeichenformatierung fett, kursiv und 14 Punkt groß wiederholt werden soll, ist das in unmittelbarer Nähe des Originals mit dem Pinsel-Icon einfach machbar. Wenn jedoch z. B. eine komplexe Zeichenformatierung über weitere Distanzen wiederholt werden soll oder alle fett gesetzten Stellen doch kursiv werden sollen, brauchen Sie ein anderes Werkzeug.

Stellen Sie Zeichenformatvorlagen her

Sie erzeugen eine Zeichenformatvorlage mit der Dialogbox *Format Formatvorlage Neu.* Klicken Sie dort in der Liste *Formatvorlagen-Typ* auf *Zeichen.* Sie können vor dem Öffnen der Dialogbox ein Beispielwort markieren oder das Format abstrakt komplett in der Dialogbox erstellen.

Der Weg zur Zeichenformatvorlage

Zeichenformatvorlagen beziehen sich auf Schrifteigenschaften, wie fett, kursiv, 18 Pt groß. Mehrere Eigenschaften können unter einem Namen zusammengefaßt und dann einem beliebig großen Textbereich zugewiesen werden.

1. Formatieren Sie ein Wort, wie Sie es haben wollen.
2. Markieren Sie es und öffnen Sie die Dialogbox *Format Formatvorlage Neu.*
3. Wählen Sie den Formatvorlagen-Typ *Zeichen* und vergeben Sie einen Namen für die Vorlage. Achten Sie dabei auf eine Mischung von Prägnanz und Kürze.
4. Wenn Sie das Zeichenformat mit einer Tastenkombination zuweisen wollen, klicken Sie auf den Schalter *Shortcut.*
5. Im Feld *Neuen Shortcut wählen* bedienen Sie die gewünschte Tastenkombination. Daraufhin wird darunter angezeigt, ob diese Kombination schon mit einem anderen Befehl belegt ist. Wenn ja, müssen Sie überlegen, ob Sie auf den Abruf des anderen Befehls via Shortcut verzichten können. Im Zweifelsfall drücken Sie auf die **Rück**-Taste, um die Tastenkombination zu löschen, und versuchen es mit einer anderen.

Wenn Sie die Eigenschaften für die Formatvorlage ganz oder teilweise mit dem Menü *Format Formatvorlage* zuweisen wollen, müssen Sie in der Dialogbox *Neue Formatvorlage* auf den Schalter *Format* klicken. Nach einem Klick auf *Zeichen* gelangen Sie in eine Dialogbox, in der Sie alle Zeichen-Eigenschaften einstellen können.

6. Die Zuweisung erfolgt mit der Formatvorlagenliste (Zeichenformatvorlagen erscheinen hier mit einer helleren Schrift als die anderen Vorlagen) aus der Formatierungsleiste oder mit einem Shortcut.

Zeichenformatvorlagen werden zunächst nur mit dem jeweiligen Dokument abgespeichert.

Ein Zeichenformat, die „Absatz-Standardschriftart", steht Ihnen von vornherein in jedem Dokument zur Verfügung.

So wird Schreiben nicht zur Fließbandarbeit

In vielen Ihrer Dokumente werden immer wieder die gleichen Elemente auftauchen: Die gleichen Absenderzeilen, die gleiche Schrift und Schriftgröße im Fließtext, Aufzählungsabsätze einer bestimmten Art, Floskeln wie „mit freundlichen Grüßen" etc. Sparen Sie sich die Arbeit, alle diese Elemente jedesmal wieder neu einzugeben bzw. herzustellen.

Erstellen und nutzen Sie Dokumentvorlagen

Erstellen Sie statt eines neuen Dokuments eine neue Dokumentvorlage (*Datei Neu,* Option *Vorlage*). Halten Sie hier alle Elemente fest, die Sie in Zukunft benötigen, und speichern Sie die Datei ab. Soll ein Dokument auf der neuen Vorlage beruhen, klicken Sie in der Dialogbox *Datei Neu* auf den richtigen Vorlagennamen.

Arbeit sparen - Dokumentvorlage erstellen

Von den drei Vorlagenarten greifen die Dokumentvorlagen am weitesten: Die beiden anderen Vorlagenarten sowie diverse andere Elemente können in ihr gespeichert werden. Sie stellen eine Art Maske dar, auf deren Basis Sie Ihre Dokumente aufbauen. In vielen Situationen kann Ihnen eine gut vorbereitete Dokumentvorlage den größten Teil der Arbeit abnehmen.

1. Erstellen Sie die Dokumentvorlage, indem Sie in der Dialogbox *Datei Neu* unten rechts die Option *Vorlage* aktivieren.
2. In der neuen Datei halten Sie jetzt die Elemente fest, die später standardmäßig bei Anwahl dieser Vorlage zur Verfügung stehen sollen:
   - Standardtext, wie zum Beispiel Briefkopf oder Absenderadresse, aber auch Kopf- und Fußzeilen, beispielsweise mit einer Seitennumerierung.
   - Zeichen- und Absatzformatvorlagen.
   - Seitenrandeinstellungen.
   - Sie können in Dokumentvorlagen AutoText-Einträge abspeichern. Damit sind häufig wiederkehrende Textelemente gemeint, die unter einem AutoText-Eintragnamen abgespeichert und an einer beliebigen Stelle im Text abgerufen werden können.
   - Makros (auch solche, die beim Erstellen eines Dokuments automatisch gestartet werden).
   - Menü- und Tastenbelegungen.
   - Symbolleisten.
   - Formularfelder. In Dokumenten mit solchen Feldern kann am eigentlichen Text nichts mehr geändert werden, nur an genau definierten Stellen ist noch eine Eingabe oder Auswahl möglich.
   - Felder, die in Form von Dialogboxen zu bestimmten Texteingaben auffordern.
3. Speichern Sie die Dokumentvorlage ab. Wenn Sie so vorgegangen sind, wie hier geschildert, wird die Datei automatisch mit der Endung .DOT (Dokumentvorlagen sind eigene Dateien mit dieser Endung) im richtigen Verzeichnis (C:\WINWORD\VORLAGEN, sonst wird die Vorlage in der Liste von *Datei Neu* nicht aufgeführt) gespeichert.
4. Um von den Vorteilen einer solchen Dokumentvorlage zu profitieren, wählen Sie in der Dialogbox *Datei Neu* die gewünschte Vorlage aus.

Überschreiben vermeiden

Wenn Sie das unbeabsichtigte Überschreiben von Standardtext vermeiden wollen (etwa beim Briefkopf), versetzen Sie diesen Text in die Kopfzeile (mehr dazu auf Seite 143).

Aus einem fertigen Dokument eine Vorlage machen

Wenn Sie schon ein Dokument haben, das als Vorlage nutzbar ist, weil alle wichtigen Elemente darin enthalten sind, können Sie auch im nachhinein eine Vorlage daraus machen. Wählen Sie dazu in der Dialogbox *Datei speichern* als Dateityp *Dokumentvorlage*. Automatisch schaltet Word zur richtigen Endung und in das richtige Verzeichnis um.

Mitgelieferte Dokumentvorlagen

Mit Word werden auch knapp 40 fertige Dokumentvorlagen geliefert, so daß Sie in vielen Fällen keine eigenen mehr zu erstellen brauchen. Zu den mitgelieferten Vorlagen zählen auch neun „Assistenten", stark automatisierte Vorlagen, die Sie dialoggesteuert zum fertigen Dokument bringen. Natürlich können Sie auch selbst Dokumentvorlagen erstellen oder bestehende verändern.

Die NORMAL.DOT - immer schon verknüpft

Mit einer Dokumentvorlage ist jedes Dokument von vornherein verknüpft, nämlich mit der NORMAL.DOT, die nur einige Standard-Einstellungen enthält. Sie können diese Vorlage - wie jede andere Vorlage - nach Ihren Wünschen verändern (*Datei öffnen, Dateityp Dokumentvorlage*). Außerdem können Sie beliebig viele andere Vorlagen mit Ihrem Dokument verbinden (dazu mehr auf der nächsten Seite).

Formatvorlagen - Alle im Blick

Bei der Arbeit mit Formatvorlagen kann eine permanente Orientierung darüber, welche Vorlage den Absätzen jeweils zugewiesen ist, recht nützlich sein.

Aktivieren Sie mit „Extras Optionen Ansicht" die Formatvorlagenspalte

Öffnen Sie aus der Normalansicht heraus die Registerkarte *Extras Optionen Ansicht*. Geben Sie dort bei der Option *Breite der Formatvorlagenanzeige* einen Wert von etwa 2 cm ein.

Der Word-Bildschirm mit aktivierter Formatvorlagenspalte

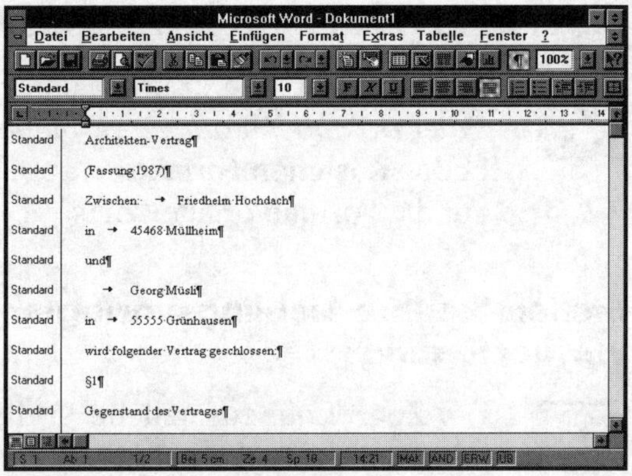

Diese Spalte ist ein in der Breite definierbares Fenster an der linken Seite des Bildschirms, das Sie darüber informiert, welche Formatvorlage den Absätzen in Ihrem Text jeweils zugewiesen ist.

Die Breite der Formatvorlagenspalte kann nachträglich leicht mit der Maus geändert werden: Bewegen Sie den Mauscursor auf den Trennstrich zwischen Spalte und Text. Haben Sie genau genug gezielt, nimmt der Cursor die Form eines nach rechts und links zeigenden Doppelpfeils an. Sie können nun die Formatvorlagenspalte mit gedrückter linker Maustaste erweitern oder verkleinern. Mehr als die Hälfte des Bildschirms steht Ihnen allerdings nicht zur Verfügung.

Wollen Sie die Spalte wieder verschwinden lassen, können Sie natürlich unter *Extras Optionen* als Wert wieder Null eingeben. Einfacher ist es, die Trennlinie zwischen Spalte und Text mit der Maus ganz an den linken Bildschirmrand zu ziehen.

Ein Doppelklick auf einen Vorlagennamen in der Formatspalte öffnet die Dialogbox *Format Formatvorlage*.

Offen für neue Verbindungen - Elemente anderer Dokumentvorlagen nutzen

30

Szenario: Ihre Datei basiert auf der NORMAL.DOT und Sie wollen zusätzlich Formatvorlagen und AutoText-Einträge aus einer anderen Vorlage nutzen. Oder Ihr Dokument ist ohnehin schon mit einer Dokumentvorlage verknüpft (außer der NORMAL.DOT; die ist ja immer mit im Spiel), und Sie wollen zusätzlich auf Elemente aus zwei oder drei anderen Vorlagen zugreifen.

Datei Dokumentvorlage verbindet mit einer weiteren Vorlage

Zum einfachen Verknüpfen einer zweiten Dokumentvorlage wählen Sie mit *Datei Dokumentvorlage/Verbinden* die gewünschte DOT-Datei. Klicken Sie in das Kästchen *Formatvorlagen automatisch aktualisieren*, damit Sie auch auf die Formatvorlagen dieser Dokumentvorlage zurückgreifen können.

Stellen Sie Ihre Lieblingsvorlagen allen Dokumenten zur Verfügung

Um Zugriff auf zusätzliche Vorlagen zu haben, fügen Sie diese über den entsprechenden Schalter der Dialogbox *Datei Dokumentvorlage* in die Liste *Globale Vorlagen und Add-Ins* der globalen Vorlagen ein.

Verknüpfen einer zweiten Dokumentvorlage

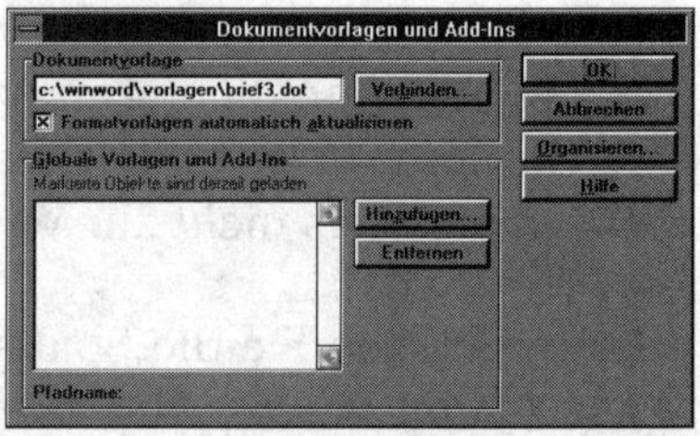

1. Öffnen Sie die Dialogbox *Datei Dokumentvorlage.*
2. Klicken Sie auf den Schalter *Verbinden* und wählen Sie die gewünschte DOT-Datei.
3. Klicken Sie bei Bedarf in das Kästchen *Formatvorlagen automatisch aktualisieren*, damit Sie auch auf die Formatvorlagen dieser Dokumentvorlage zurückgreifen können. Ansonsten stehen Ihnen nur die AutoText-Einträge, Makros und Symbolleisten der Vorlage zur Verfügung.

Formatvorlagen, die Sie bei der Arbeit mit dem Dokument erstellen, werden dadurch nicht in der Dokumentvorlage aktualisiert - es handelt sich hier also um eine Einbahnstraße.

Bei der Nutzung einer Dokumentvorlage werden die in ihr enthaltenen Elemente in das Dokument kopiert. Auch wenn Sie später eine andere Dokumentvorlage zuweisen, bleiben diese Elemente dem Dokument erhalten.

Die automatische Aktualisierung hat den Vorteil, daß Dokumente, denen die gleiche Dokumentvorlage zugewiesen ist (z. B. die Kapitel eines Buches), von seiten der Formatvorlage immer auf dem neuesten Stand sind.

Hier kann allerdings auch einiges schiefgehen. Vor allem, wenn Sie in bestimmten Kapiteln Formatvorlagen für besondere Gestaltungszwecke hergestellt haben, im nachhinein erst die Option für das Aktualisieren aktivieren und Ihre Formate dann mit anderen Formaten gleichen Namens aus der Dokumentvorlage überschrieben werden. Also: Aufpassen!

Hinzufügen mehrerer globaler Vorlagen

Um Zugriff auf zusätzliche Vorlagen zu haben, fügen Sie diese über den entsprechenden Schalter der Dialogbox *Datei Dokumentvorlage* in die Liste der globalen Vorlagen ein.

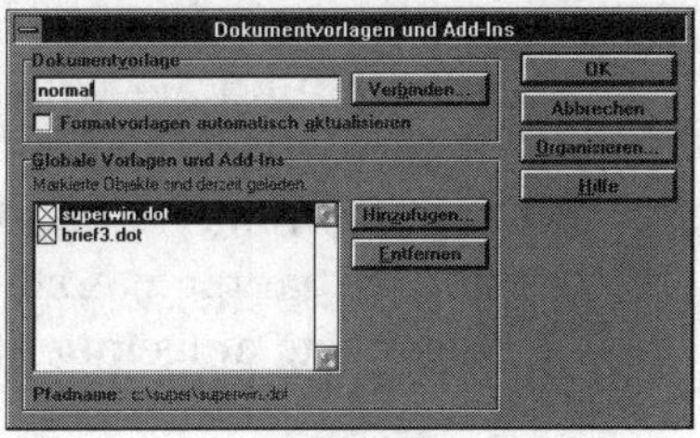

1. Öffnen Sie die Dialogbox *Datei Dokumentvorlage*.
2. Klicken Sie auf den Schalter *Hinzufügen*, um die gewünschte(n) Datei(en) in die Liste *Globale Vorlagen und Add-Ins* zu übernehmen.

Von den Dokumentvorlagen in der „Global"-Liste werden keine Formatvorlagen übernommen.

Wurden Dokumentvorlagen global verfügbar gemacht, stehen sie in der ganzen Word-Sitzung für alle Dokumente zur Verfügung. Beim nächsten Start stehen sie zwar noch in der Liste, sind aber nicht mehr aktiv. Um mehrere Vorlagen immer global zur Verfügung zu haben, kopieren Sie die entsprechenden DOT-Dateien in das Start-Verzeichnis von Winword (\WINWORD\START).

Konflikte zwischen verknüpften Dokumentvorlagen (etwa bei Shortcuts oder gleichnamigen Makros) werden von Word folgendermaßen unterbunden: Höchste Priorität hat die explizit mit *Datei Dokumentvorlage* verknüpfte Vorlage, dann kommt die NORMAL.DOT, dann die weiteren global hinzugefügten in ihrer Reihenfolge in der Liste.

Was nicht übernommen wird

Texte und Grafiken sowie Seiteneinstellungen (Seitenränder, Spaltenzahl, Papierformat etc.) aus Dokumentvorlagen, die Sie mit Ihrem Dokument verknüpfen (egal, ob durch *Verbinden* oder *Hinzufügen* zur Global-Liste), werden nicht übernommen.

Start ohne Vorlage

Um ganz ohne jede Vorlage zu starten, klicken Sie im Programm-Manager von Windows auf das WinWord-Icon und geben in der Dialogbox *Datei Eigenschaften* im Feld *Befehlszeile* „C:\WINWORD\WINWORD.EXE /A“ ein.

Formatvorlagen ohne Eigenleistung? - Gibt's auch

Vielleicht finden Sie die Herstellung von Formatvorlagen noch etwas kompliziert und Sie würden lieber auf Standardlösungen zurückgreifen oder Standardlösungen leicht verändern? Oder Sie haben schon bemerkt, daß in bestimmten Situationen ohnehin Formatvorlagen zugewiesen werden, die Sie gar nicht erstellt haben und die vorher auch nicht in der Formatvorlagenliste aufgetaucht sind (z. B. bei Kopf-/Fußzeilen und Fußnoten)?

Sie können die mitgelieferten Formatvorlagen benutzen und verändern

Klicken Sie bei gedrückter **Umschalt**-Taste auf den Listenpfeil der Formatvorlagenliste. In der Liste werden daraufhin die mitgelieferten Formatvorlagen mit aufgeführt.

Sobald Sie eines dieser Formate einmal zugewiesen haben, ist es in Ihr Dokument übernommen und taucht auch in der normalen Liste auf. Dann kann es natürlich auch bearbeitet werden.

Fünf der mehr als 70 automatischen Formate stehen Ihnen in jeder Datei direkt schon zur Verfügung: Das Format „Standard“, das erst einmal jedem Absatz zugewiesen wird, drei unterschiedlich gestaltete Überschriftenformate und ein Standard-Zeichenformat.

Die Zuweisung bestimmter anderer automatischer Formate nimmt Word selbständig vor, sobald Sie ein entsprechendes Textelement erzeugt haben: Weisen Sie Ihrem Dokument z. B. eine Kopfzeile zu, wird dieser augenblicklich das Format „Kopfzeile“ zugewiesen.

Die dritte Gruppe automatischer Formate sehen Sie erst nach dem Betätigen der **Umschalt**-Taste und klicken auf den Listenpfeil der Formatvorlagenliste. Auch diese Formate stehen Ihnen für die Gestaltung Ihres normalen Textes frei zur Verfügung.

Die Formatvorlagen aller drei Gruppen besitzen natürlich schon bestimmte Eigenschaften, die Sie aber jederzeit beliebig ändern können. Die Änderungen werden allerdings nur im jeweiligen Dokument festgehalten; im nächsten Dokument haben Sie wieder die ursprünglichen Vorlagen. Wie Sie veränderte oder neu geschaffene Formate auch in anderen Dokumenten nutzen können, erfahren Sie auf Seite 93.

Die folgende Abbildung bietet Ihnen einen Überblick über die Charakteristika der Formatvorlagen, die Sie im normalen Text anwenden können.

Textbeispiele für einige der mitgelieferten Formatvorlagen

Aufzählungszeichen	• Das·ist·nur·Blindtext,·der·zeigen·soll,·welche·Eigenschaften·Sie·mit·den·mitgelieferten·Formatvorlagen·zuweisen·können.¶
Aufzählungszeichen 2	• Das·ist·nur·Blindtext,·der·zeigen·soll,·welche·Eigenschaften·Sie·mit·den·mitgelieferten·Formatvorlagen·zuweisen·können.¶
Beschriftung	**Das·ist·nur·Blindtext,·der·zeigen·soll,·welche·Eigenschaften·Sie·mit·den·mitgelieferten·Formatvorlagen·zuweisen·können.¶**
Grußformel	Das·ist·nur·Blindtext,·der·zeigen·soll,·welche·Eigenschaften·Sie·mit·den·mitgelieferten·Formatvorlagen·zuweisen·können.¶
Liste	Das·ist·nur·Blindtext,·der·zeigen·soll,·welche·Eigenschaften·Sie·mit·den·mitgelieferten·Formatvorlagen·zuweisen·können.¶
Liste 2	Das·ist·nur·Blindtext,·der·zeigen·soll,·welche·Eigenschaften·Sie·mit·den·mitgelieferten·Formatvorlagen·zuweisen·können.¶
Listenfortsetzung	Das·ist·nur·Blindtext,·der·zeigen·soll,·welche·Eigenschaften·Sie·mit·den·mitgelieferten·Formatvorlagen·zuweisen·können.¶
Listenfortsetzung 2	Das·ist·nur·Blindtext,·der·zeigen·soll,·welche·Eigenschaften·Sie·mit·den·mitgelieferten·Formatvorlagen·zuweisen·können.¶
Listennummer	1. Das·ist·nur·Blindtext,·der·zeigen·soll,·welche·Eigenschaften·Sie·mit·den·mitgelieferten·Formatvorlagen·zuweisen·können.¶
Listennummer 2	2. Das·ist·nur·Blindtext,·der·zeigen·soll,·welche·Eigenschaften·Sie·mit·den·mitgelieferten·Formatvorlagen·zuweisen·können.¶
Standardeinzug	Das·ist·nur·Blindtext,·der·zeigen·soll,·welche·Eigenschaften·Sie·mit·den·mitgelieferten·Formatvorlagen·zuweisen·können.¶
Textkörper	Das·ist·nur·Blindtext,·der·zeigen·soll,·welche·Eigenschaften·Sie·mit·den·mitgelieferten·Formatvorlagen·zuweisen·können.¶
Textkörper-Einzug	Das·ist·nur·Blindtext,·der·zeigen·soll,·welche·Eigenschaften·Sie·mit·den·mitgelieferten·Formatvorlagen·zuweisen·können.¶
Titel	**Das·ist·nur·Blindtext,·der·zeigen·soll,·welche·Eigenschaften·Sie·mit·den·mitgelieferten·Formatvorlagen·zuweisen·können.¶**
Untertitel	*Das·ist·nur·Blindtext,·der·zeigen·soll,·welche·Eigenschaften·Sie·mit·den·mitgelieferten·Formatvorlagen·zuweisen·können.¶*
Zusatz 1	**Das·ist·nur·Blindtext,·der·zeigen·soll,·welche·Eigenschaften·Sie·mit·den·mitgelieferten·Formatvorlagen·zuweisen·können.¶**
Zusatz 2	Das·ist·nur·Blindtext,·der·zeigen·soll,·welche·Eigenschaften·Sie·mit·den·mitgelieferten·Formatvorlagen·zuweisen·können.¶

Formate im Überfluß? - So behalten Sie den Überblick 32

Je mehr Formatvorlagen Sie in einem Dokument oder in einer Dokumentvorlage abgespeichert haben, desto schwieriger ist es, den Überblick zu behalten.

Drucken Sie einen Überblick über die Formatvorlagen aus

Öffnen Sie die Dialogbox *Datei Drucken.* Wählen Sie in der Liste *Drucken:* den Eintrag *Formatvorlagen.*

Sie erhalten einen Ausdruck mit sämtlichen Formatvorlagen des Dokuments sowie deren Eigenschaften.

Kontrastprogramm - Formate aus anderen Vorlagen verwenden

33

Nehmen wir an, Sie haben Ihr Dokument mit Formatvorlagen gestaltet - das Ganze ist aber reichlich nüchtern geworden. Sie haben allerdings schon mal eine Dokumentvorlage mit phantasievolleren Formaten erstellt, deren Namen fast identisch sind. Wie Ihr Dokument wohl mit dieser Vorlage aussähe?

Oder sind Sie vielleicht erst auf der Suche nach einer geeigneten Dokumentvorlage für Ihren noch zu erstellenden Text?

Überblick mit dem Formatvorlagen-Katalog

Klicken Sie auf die Option *Formatvorlagen-Katalog* aus dem Menü *Format.* Wählen Sie aus der Liste links die Vorlage aus, über deren Formatvorlagen Sie sich informieren wollen.

Formatvorlagenkatalog verwenden

1. Öffnen Sie die Dialogbox *Format Formatvorlagen-Katalog.*
2. Wählen Sie aus der Dokumentvorlagen-Liste links oben die Vorlage, über die Sie sich informieren wollen.

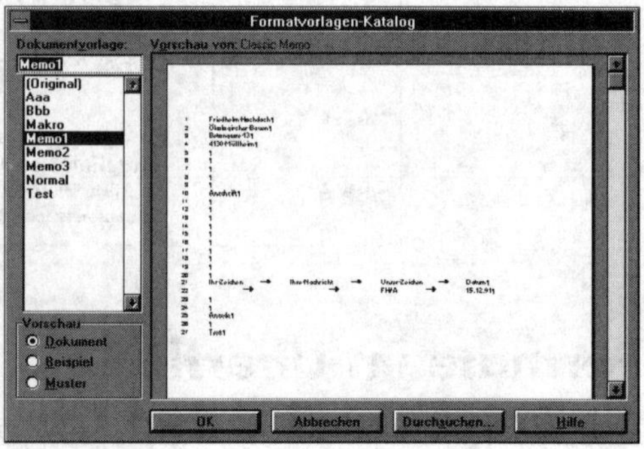

Im *Vorschau*-Fenster sehen Sie die Auswirkungen der in der Vorlage enthaltenen Formate.

Sie können sich diese Auswirkungen auf drei verschiedene Arten ansehen. Wählen Sie dazu aus der *Vorschau*-Gruppe unten links im Fenster die passende Option. *Dokument* zeigt, was die Formatvorlagen der gewählten Vorlage mit Ihrem konkreten Text anstellen würden - zumal wenn Sie dort schon Vorlagen gleichen Namens zugewiesen haben. *Beispiel* bringt ein mit den jeweiligen Vorlagen formatiertes Beispieldokument in das *Vorschau*-Fenster. *Muster* zeigt eine Liste aller Formatvorlagen, auch jeweils an einem Textbeispiel. Allerdings können Sie die letzten beiden Informationen nur bei Dokumentvorlagen abrufen, die entsprechend vorbereitet wurden.

3. Wenn Sie eine passende Dokumentvorlage gefunden haben, können Sie deren Formatvorlagen durch einen Doppelklick auf den Vorlagennamen in Ihre aktuelle Datei übernehmen. Ein Klick auf den Eintrag *Original* in der Vorlagenliste versetzt Ihr Dokument wieder in den alten Zustand.

Bestehende Formatvorlagen gleichen Namens werden überschrieben. Das Kopieren von Formaten über den Katalog bewirkt nicht eine Verknüpfung mit der Quell-Dokumentvorlage. Vielmehr bleibt die Verknüpfung mit der alten Vorlage bestehen.

Wenn das neue Format nur ein bißchen anders sein soll

34

Häufig kommt es vor, daß Sie eine nur geringfügig unterschiedliche Variante einer Formatvorlage brauchen: Z. B. ein Absatz mit Blickfangpunkt, aber ohne einen Abstand nach dem Absatz, für lange Auflistungen einzeiliger Absätze.

Außerdem hätte man die Problemstellung auch nennen können: „Ich wollte nur eine Formatvorlage ändern, warum hat es dabei noch drei weitere erwischt?" Warum diese beiden Probleme zusammengehören, werden Sie gleich sehen.

Erstellen Sie die neue Formatvorlage auf Basis der ähnlichen, schon existierenden

Weisen Sie dem Absatz zunächst die ähnliche Formatvorlage zu. Nehmen Sie dann die nötigen Änderungen vor und vergeben Sie einen neuen Namen; das neue Format beruht damit auf dem alten.

Mit Basisvorlagen arbeiten

Es gibt mehrere Varianten, um eine Formatvorlage auf Basis einer anderen zu erstellen.

- Bei der ersten weisen Sie dem Absatz zunächst die Vorbild-Formatvorlage zu, nehmen dann mit direkter Formatierung die Änderungen vor und überschreiben den alten Namen in der Formatvorlagen-Liste mit einem neuen.
- Bei der zweiten ist es egal, an welcher Stelle Ihr Cursor steht; Sie öffnen die Dialogbox *Format Formatvorlage.*
- Stellen Sie dann im Feld *Basiert auf* die Vorbild-Formatvorlage ein und vergeben Sie einen neuen Namen.

In der *Beschreibung* unten in der Dialogbox steht bisher nur der Name der Basis-Formatvorlage und ein Pluszeichen - mit anderen Worten: Das neue Format ist wie xy, plus der noch einzugebenden Änderungen.

- Klicken Sie auf den *Format*-Schalter und nehmen Sie mit Hilfe der Formatierungsoptionen die nötigen Änderungen vor.

Ein typischer Anwendungsfall für aufeinander basierende Vorlagen sind die *Überschriften 1-9*, die Sie als Formate für die Arbeit mit dem Gliederungsmodus verwenden. Jede der Überschriften 2-9 basiert auf der ersten, und es genügt z. B. die Veränderung der Schrift in *Überschrift 1*, um für alle anderen die Schriftart zu wechseln.

Verknüpfungen können sich über mehrere Ebenen ziehen. Das kann gerade bei Überschriftenhierarchien sehr sinnvoll sein:

Überschrift groß	Eingabe der Eigenschaften
Überschrift mittel	Überschrift groß + abweichende Eigenschaften
Überschrift klein	Überschrift mittel + abweichende Eigenschaften

Zum einen brauchen in diesem Beispiel so nur einige wenige Parameter neu angegeben zu werden. Zum anderen haben Sie einen Geschwindigkeitsvorteil, wenn Sie für alle Überschriften etwa eine andere Schrift einstellen wollen: Eine Schriftänderung im Format „Überschrift groß" zieht eine entsprechende Änderung in allen verknüpften Formaten nach sich, es sei denn, Sie haben in einem dieser Formate schon explizit eine andere Schrift angegeben.

Dieser Vorteil birgt aber eben auch eine Falle in sich: Wollen Sie nur die Schrift von „Überschrift groß" ändern, haben Sie dann die Nachbastelei in den anderen Formaten. Und wehe, wenn Sie den Zusammenhang der verknüpften Formate in einem solchen Fall vergessen...

Format verzweifelt gesucht - Eine vorhandene Vorlage fehlt in der Liste 35

Das kann passieren: Sie sind absolut sicher, daß Sie irgendwann die Formatvorlage „Fette Zwischenüberschrift" erzeugt haben und wollen Sie nun mit der Dialogbox verändern, einen Shortcut zuweisen etc... Aber in der Formatvorlagenliste taucht die Vorlage nicht auf.

Alle Formatvorlagen anzeigen lassen

Unterhalb der Formatvorlagenliste finden Sie das Listenfeld *Anzeigen*. Wählen Sie hier die Option *Alle Formatvorlagen* an, werden Sie das vermißte Exemplar wiederfinden können.

Die anderen beiden Optionen bewirken:

Benutzte Formatvorlagen Angezeigt werden nur die Vorlagen, die im aktuellen Dokument schon zugewiesen wurden. Haben Sie noch keine Zuweisungen vorgenommen, steht hier nur „Absatz-Standardschriftart" (Zeichenformat) und „Standard".

Benutzerdef. Formatvorlagen Nur die selbst erstellten Vorlagen erscheinen; im Zweifelsfall ist die Liste noch leer.

Falsche Formatierung trotz Formatvorlage - wie kommt's

Szenario: Sie haben eine Formatvorlage von zentriert auf linksbündig umgestellt. Einige Absätze, denen diese Formatvorlage zugewiesen ist, beharren aber beispielsweise hartnäckig auf ihrer zentrierten Ausrichtung.

Benutzen Sie in diesen Absätzen die Tastenkombination Strg+Q

Damit setzen Sie die Absätze auf die reine Formatvorlage zurück und entfernen jegliche direkte Formatierung.

Direktformatierung entfernen

Ursache ist in diesem Fall, daß die betroffenen Absätze nach der Formatvorlagen-Zuweisung zusätzlich direkt formatiert wurden (das kann einem im Eifer des Gefechts schon mal passieren). Bei der Änderung der Formatvorlage werden in diesen Absätzen die direkten Formatierungen beibehalten.

1. Klicken Sie in einen der betroffenen Absätze; das Formatvorlagenfeld zeigt die richtige Formatvorlage an - kein Hinweis darauf, daß hier etwas nicht stimmt.
2. Entweder Sie gehen jetzt den kurzen Weg: Dann drücken Sie einfach nur auf Strg+Q, um jede direkte Formatierung aus dem Absatz zu entfernen.

   Oder aber Sie weisen das gleiche Format noch einmal zu und erhalten daraufhin die Dialogbox *Formatvorlage erneut zuweisen*.

   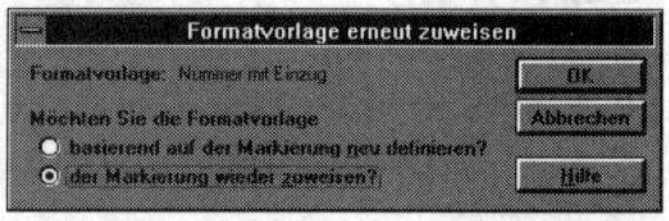

3. Wählen Sie die untere Option (*der Markierung wieder zuweisen*), um die direkte Formatierung zu entfernen. Mit der oberen Option ändern Sie die Formatvorlage nach dem Vorbild des markierten Absatzes.

Noch einige Informationen zum Zusammenhang von direkter Formatierung und Formatvorlagen:

→ Wird einem direkt formatierten Absatz (Zeichen u. Absatz) eine Formatvorlage zugewiesen, deren Eigenschaften differieren, gehen die Eigenschaften der Formatvorlage vor.

- ➜ Wenn Sie einen Absatz direkt formatieren, sind diese Änderungen noch nicht in die Vorlage aufgenommen. Um die Formatvorlage an die direkten Änderungen anzupassen, müßten Sie wieder in die Formatliste in der Absatzleiste klicken, **Enter** drücken und in der dann erscheinenden Dialogbox die Frage *basierend auf der Markierung neu definieren* mit *Ja* bestätigen.
- ➜ Nehmen Sie eine Änderung an einer Formatvorlage vor, wirkt sie sich nicht auf Absätze aus, denen diese Vorlage zwar zugewiesen wurde, die dann aber noch durch eine direkte Formatierung geändert wurden.
- ➜ Weisen Sie einem zusätzlich direkt formatierten Absatz eine andere Formatvorlage zu, wird sämtliche direkte Formatierung ohne weitere Abfrage gelöscht.

Das wichtigste Element ist immer in einer anderen Vorlage - Was dann?

Sie erstellen ein neues Dokument und bemerken dabei, daß viele der Elemente, die Sie benötigen, schon existieren: z. B. einige Formatvorlagen in der Dokumentvorlage *Protokol*, andere im Dokument *Maier5*, AutoText-Einträge in der Vorlage *Brief*, zwei Symbolleisten in *GESTALT.DOT* und so weiter. Warum das Rad immer wieder neu erfinden?

Kopieren Sie die Elemente mit der Organisieren-Funktion

Öffnen Sie die Dialogbox *Format Formatvorlage* und klicken Sie auf den Schalter *Organisieren.* Öffnen Sie neben der Ziel-Datei die jeweiligen Quelldateien und kopieren Sie, was Sie brauchen.

Vorlagenelemente in neuen Dokument-Welten

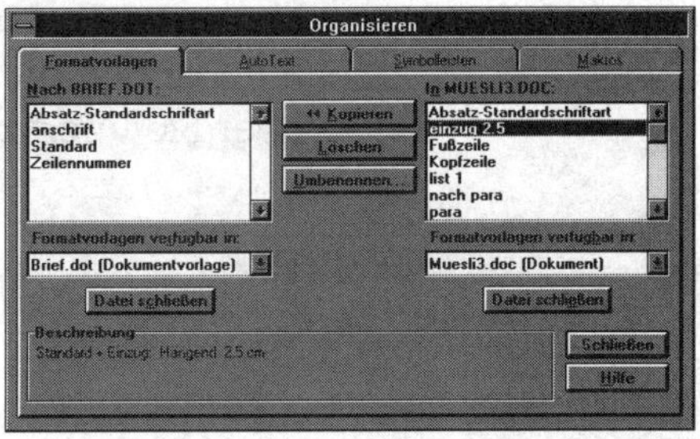

1. Aktivieren Sie die Option *Formatvorlage* aus dem Menü *Format.*
2. Klicken Sie auf den Schalter *Organisieren*, um diese Dialogbox zu erhalten:

   Sie haben zwei Listenfenster zur Verfügung: Eines zur Darstellung der Elemente der Quelldatei und eines für die Zieldatei. Welche dieser Dateien auf welcher Seite steht, ist völlig egal - das Fenster, in dem Sie ein oder mehrere Elemente markieren, wird automatisch zur Quelle.

Mögliche Quell- und Zieldateien können sämtliche DOC- und DOT-Dateien sein.

3. Mit den zwei Schaltern *Datei schließen* werden die Elemente der aktuellen Datei aus dem jeweiligen Listenfenster entfernt. Auf dem Schalter steht jetzt *Datei öffnen* und nach einem Klick darauf erhalten Sie eine Dialogbox zum Auswählen der Datei, die Quelle oder Ziel werden soll.

   Wie Sie den Registerkarten entnehmen können, lassen sich Formatvorlagen, AutoText-Einträge, geänderte oder selbsterstellte Symbolleisten und Makros kopieren.

4. Wählen Sie zunächst die richtige Registerkarte für die Elementart, die Sie kopieren wollen - Formatvorlagen, AutoText, Symbolleisten oder Makros. Die Dialogbox bleibt von der jeweiligen Auswahl grundsätzlich unbeeindruckt; nur der Inhalt der Listenfenster ändert sich.

   Zu jedem angewählten Element finden Sie unten in der Dialogbox eine Beschreibung.

   Sie können die Elemente einzeln kopieren oder in Verbindung mit **Strg**+**Umschalt**-Taste selektiv bzw. eine Reihe von Elementen markieren.

5. Haben Sie alles richtig eingestellt, markieren Sie das zu kopierende Element in der Quelldatei und klicken auf den Schalter *Kopieren.*

Sie können von der *Organisieren*-Box aus mit den gleichnamigen Schaltern auch Elemente löschen und umbenennnen. Das kann z. B. wichtig werden, wenn in der Zieldatei Formate mit gleichem Namen sind, die Sie erhalten wollen. Sollten Sie versuchen, ein Element zu kopieren, das in der Zieldatei schon existiert, fragt Word, ob Sie etwa die Formatvorlage xy überschreiben wollen. Die Entscheidung liegt dann bei Ihnen; entweder Sie benennen die betreffenden Formate der Zieldatei um oder Sie löschen die der Quelldatei, falls sie überflüssig sind - oder aber Sie überschreiben.

Die beim Organisieren hergestellte Verbindung ist nicht dynamisch. Das heißt, wenn Sie ein kopiertes Format im nachhinein verändern, wird diese Veränderung nicht automatisch in der Quell- oder Zieldatei nachgehalten. Um das zu erreichen, müßten Sie den Kopiervorgang in umgekehrter Richtung wiederholen.

Bei Liebe auf den ersten Blick - Aktuelle Dokumentvorlage fix ändern

Häufig fällt einem gerade beim Bearbeiten von Texten ein, daß diese oder jene Formatvorlage eigentlich immer in der gerade verknüpften Dokumentvorlage zur Verfügung stehen sollte oder daß man einfach die standardmäßig zur Verfügung stehende Schrift ändern möchte.

Formatvorlagen übernehmen

Sie können Formatvorlagen mit *Format Formatvorlage Bearbeiten* bzw. *Neu* in die Dokumentvorlage übernehmen, indem Sie die Option *Zur Dokumentvorlage hinzufügen* aktivieren.

Standardschrift ändern

Ändern Sie die Standardschrift der verknüpften DOT-Datei, indem Sie in der Dialogbox *Format Zeichen* zunächst die gewünschte Schrift einstellen und dann auf den Schalter *Standard* klicken.

AutoText-Einträge

AutoText-Einträge speichern Sie ohnehin in der aktuellen Dokumentvorlage ab. Wahlweise können Sie auch immer die NORMAL.DOT als Ziel nehmen.

Wenn Sie Dokumentvorlagen gründlich bearbeiten und möglicherweise auch Standardtext abspeichern wollen, müssen Sie sie mit *Datei öffnen* laden.

Mit der Option *Format Formatvorlage Organisieren* ist es von jedem Text und jeder Vorlage aus möglich, alle möglichen Elemente (bis auf Standardtext) in Dokumentvorlagen zu kopieren. Die Standard-Dokumentvorlage nimmt hier im übrigen keine Sonderstellung ein: Alle beschriebenen Bearbeitungsmethoden können Sie bei ihr genauso anwenden.

... at your fingertips - Formatvorlagen schneller aufrufen

Wenn Sie viel mit Formatvorlagen arbeiten, kann die Formatvorlagenliste schon recht lang werden. Wenn Sie dann eine bestimmte Vorlage suchen, kann das schon eine Zeitlang dauern.

Zuweisung durch Shortcuts

Weisen Sie den wichtigsten Formatvorlagen mit *Format Formatvorlage Shortcuts* Tastenkürzel zu.

Zuweisung durch Icons

Legen Sie die häufig benutzten Formatvorlagen mit *Extras Anpassen* auf Icons in eine eigene Symbolleiste.

Zuweisung durch Shortcuts

1. Öffnen Sie die Dialogbox *Format Formatvorlage*.
2. Klicken Sie in der Formatvorlagenliste auf der linken Seite die Vorlage an, der Sie ein Tastenkürzel zuweisen wollen.
3. Aktivieren Sie den Schalter *Bearbeiten* und klicken Sie in der sich daraufhin öffnenden Dialogbox auf den Schalter *Shortcut*.
4. Der Cursor blinkt direkt schon im richtigen Feld (*Neuen Shortcut wählen)*. Bedienen Sie jetzt einfach die zuzuweisende Tastenkombination.

   Wenn die Kombination schon einem anderen Befehl zugewiesen ist, informiert Word Sie darüber unterhalb des Feldes (*Derzeit zugeordnet zu:*). Ist die Kombination schon belegt, müssen Sie überlegen, ob Sie den ursprünglich zugewiesenen Befehl häufig aufrufen. Wenn ja, probieren Sie es mit einer anderen Tastenkombination, wenn nein, klikken Sie auf den Schalter *Zuordnen*.

Mögliche Tastenkombinationen sind folgende in Verbindung mit einer entsprechenden anderen Taste:

Strg	**Strg+Alt**
Strg+Umschalt	**Umschalt+Alt**
Strg+Umschalt+Alt	**Alt**

Zuweisung durch Icons

1. Legen Sie zunächst eine neue Symbolleiste an. Klicken Sie dazu auf *Ansicht Symbolleisten* und dort auf den Schalter *Neu*.
2. Vergeben Sie einen Namen, etwa „Gestaltung Prospekt“.

Sie gelangen automatisch in die Dialogbox *Anpassen*; auch die richtige Registerkarte *Symbolleisten* ist schon aktiv.

3. Blättern Sie in der Kategorien-Liste bis zur Option *Formatvorlagen* ganz unten.
4. Ziehen Sie die erste Formatvorlage auf die neue Symbolleiste.
5. Vor den Erfolg hat Word noch eine Dialogbox gesetzt: Wollen Sie vielleicht das Format in Form eines Icons abrufen? Sicherlich ist das nicht so sinnvoll, ein reiner Informationstext wäre besser. Editieren Sie also im Textfeld *Name der Textschaltfläche* den Formatvorlagennamen, im Zweifelsfall löschen Sie einfach nur den Zusatz „Formatvorlage“ weg.

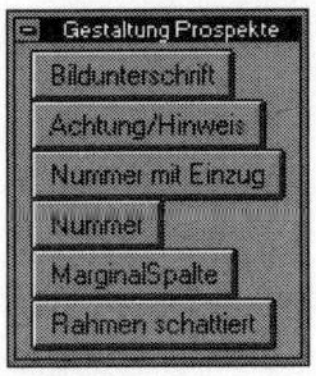

Die letzten beiden Schritte wiederholen Sie so lange, bis die wichtigsten Formatvorlagen in die Symbolleiste aufgenommen sind.

Der Abruf mit Shortcuts hat den Nachteil, daß es manchmal nicht so einfach ist, sich an die richtige Tastenkombination zu erinnern - gerade, wenn Sie in verschiedenen Dokumenten mit unterschiedlichen Formatvorlagennamen und Shortcuts arbeiten.

Wenn Sie den Icon-Weg gehen, bietet es sich an, für verschiedene Zwecke jeweils angepaßte Formatierungs-Symbolleisten herzustellen und die dann jeweils in den entsprechenden Dokumenten zu aktivieren. Abgespeichert wird die neue Symbolleiste in der NORMAL.DOT, aber von dort aus können Sie sie ja überallhin kopieren und, wenn Sie wollen, das Original aus der NORMAL.DOT löschen.

Mehr Informationen über die Modifizierung von Icon-Leisten finden Sie ab Seite 375.

Texte schnell und sinnvoll bearbeiten

Auch beim alltäglichen Bearbeiten von Text gibt es Tricks, wie Sie Fußangeln umgehen und Vorgänge beschleunigen können.

Gefräßig - Wenn der harte Seitenumbruch Trennstriche „frißt" 40

Weiche Bindestriche - d. h. die mit der Funktion *Silbentrennung* automatisch oder manuell erzeugten - werden weder angezeigt noch ausgedruckt, wenn danach ein erzwungener Seitenumbruch folgt.

Geben Sie einen harten Bindestrich ein

Dieser Programmfehler ist ein alter Bekannter, der schon in allen Word-Versionen sein Unwesen getrieben hat. Das einzige Mittel ist tatsächlich, vor dem erzwungenen Seitenumbruch einen harten Bindestrich (mit der - -Taste) einzugeben.

Keep Your distance! Abstände lockern den Text auf

In diesem Abschnitt lernen Sie einige Tricks kennen, wie Sie Ihren Text leicht durch sinnvoll plazierte Freiräume attraktiver gestalten und Sinnzusammenhänge verdeutlichen können.

Abstand halten ohne Leerzeilen - So leicht ist das 41

Probleme mit Leerzeilen als Abstandhalter zwischen den Absätzen können in etlichen Situationen auftreten:

Wenn der automatische Seitenumbruch von Word nun gerade vor einem Leerabsatz gesetzt wird, befindet sich dieser ganz oben auf der nächsten Seite, und der darunter stehende Absatz fängt zu tief an. Die Abstände Ihres Textes zum oberen Seitenrand werden ungleichmäßig.

Sie könnten nun den Leerabsatz löschen, aber was passiert, wenn auf der ersten Seite z. B. zusätzlicher Text eingegeben wird? Richtig, Text von der ersten Seite wird auf die zweite Seite verdrängt, und auf der zweiten Seite haben Sie jetzt zwei Absätze ohne Abstand dazwischen.

Szenario: Ihr Text soll nicht länger als eine Seite sein. Nach der Eingabe stellen Sie aber fest, daß einige Zeilen auf der zweiten Seite stehen, weil sie nicht mehr auf die erste paßten. Sie müssen also Platz schaffen. Text streichen dürfen Sie nicht. Ein wirksames Mittel wäre in diesem Fall eine Verkleinerung der Abstände zwischen den Absätzen.

Manchmal brauchen Sie einen genau definierten Abstand zwischen zwei Absätzen. Zum Beispiel: Sie wollen, daß unter dem Absenderfeld eines Briefes genau 3,25 cm Platz bis zur ersten Zeile des Empfängerteils gesetzt werden - mit Absatzendezeichen schlecht zu realisieren.

Benutzen Sie flexible Abstände

Löschen Sie überzählige Absatzendezeichen und weisen Sie den Absätzen mit der Dialogbox *Format Absatz* flexible Abstände zu.

So weisen Sie flexible Absatzabstände zu

1. Sollten sich überflüssige Absatzendezeichen in Ihrem Text befinden, können Sie diese am schnellsten mit der *Ersetzen*-Funktion (wechsle ^a^a durch ^a) löschen.
2. Markieren Sie Absätze, die einen Abstand bekommen sollen, und öffnen Sie das Menü *Format Absatz*.
3. Weisen Sie einen Abstand zu - und zwar am besten einen Abstand *nach* dem jeweiligen Absatz. Abstände vor den Absätzen haben unter anderem den Nachteil, daß sie nach einem erzwungenen Seitenumbruch zum Tragen kommen.

Gerade auch in Verbindung mit Formatvorlagen sind flexible vertikale Abstände praktisch. Durch das Ändern der Abstände in bestimmte Formatvorlagen können Sie selektiv und schnell die gewünschten Resultate erzielen - also etwa Platz sparen oder einen bestimmten Layoutfall im ganzen Dokument verändern (z. B. Überschriften, die näher am folgenden als am vorhergehenden Absatz stehen sollen).

Wenn der Absatzabstand größer ist als eingegeben

Da haben Sie in der Vorlage genau ausgemessen: 3,75 cm Abstand sollen es sein. Gewissenhaft haben Sie diesen Abstand mit *Format Absatz* definiert - und jetzt auf dem Ausdruck ist es auf einmal etwas mehr.

Bevor Sie die Blitzlösung lesen: Besser wäre es, wenn Sie es in diesem Fall nicht so genau nehmen.

Subtrahieren Sie den Durchschuß

Beträgt der Abstand z. B. 3,75 cm und der Zeilenabstand 14 Pt auf 12 Pt Schriftgröße, müssen Sie die Differenz zwischen den beiden zuletzt erwähnten Größen vom Abstand abziehen.

Abstandsberechnung ohne Probleme

Der Abstand zwischen zwei Absätzen wird nicht allein durch die Addition von möglicherweise vorhandenen Anfangs- und Endabständen bestimmt, sondern zusätzlich noch durch den Durchschuß des unteren Absatzes.

Im Gegensatz zum Zeilenabstand (der ja aus Versalhöhe der jeweiligen Schriftgröße plus dem realen Abstand zwischen den Zeilen besteht), beschreibt der Durchschuß nur den realen Abstand zwischen den Zeilen - bei einer 10 Punkt großen Schrift und 12 Punkt Zeilenabstand 2 Punkt.

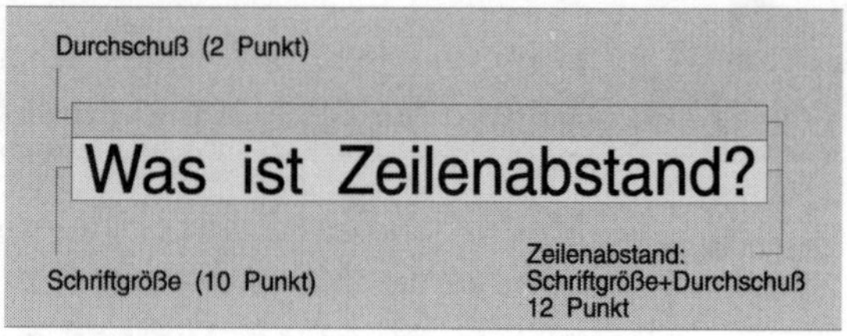

Diesen Abstand müssen Sie nun von dem gewünschten Absatzabstand abziehen, um auf den einzugebenden Wert zu kommen - aber leichter gesagt als getan. Schließlich haben Sie den Absatzabstand in Zentimetern eingegeben, und der Zeilenabstand wird in Punkt gerechnet. Möglicherweise wird er noch nicht einmal angegeben, wenn die Zeilenabstandsoption in *Format Absatz* auf *Einfach* steht: Dann errechnet Word nämlich selbständig den „optimalen" Zeilenabstand.

Der optimale Zeilenabstand wird mit 120 % der Versalgröße der Schrift berechnet. Bei einer 10 Punkt großen Schrift sind das natürlich 12 Punkt, aber beispielsweise bei einer 17 Punkt großen Schrift kommt man beim Rechnen schon ins Schwitzen.

Dieses Rätsel ist nicht einfach zu lösen:

1. Stellen Sie den Zeilenabstand des unteren Absatzes auf *Genau*, und geben Sie als Wert das ein, was Sie in etwa als 120 % der Schriftgröße ausgerechnet haben (bei 12 Punkt also ca. 14,5 Punkt).
2. Als nächstes sollten Sie den Durchschuß von Punkt in Zentimeter umrechnen und vom Abstand zwischen den Absätzen abziehen. Dabei kann Ihnen die folgende Tabelle helfen:

Punkt	**Millimeter**
1	0,351
2	0,702
3	1,053
4	1,404
5	1,755
6	2,106
7	2,457
8	2,808
9	3,159

Bei den Schriftgrößen-Angaben besteht einige Verwirrungsgefahr: Bei dem in der obenstehenden Tabelle, von Microsoft benutzten Maßsystem handelt es sich um den amerikanischen „Point“, der aber im Rahmen der Eindeutschung des Programms in „Punkt“ übersetzt wurde. So heißt aber auch schon die kleinste Einheit im europäischen Didot-System (ein Punkt gleich 0,376 mm). Also: Microsoft sagt „Punkt“, gemeint aber ist „Point“.

In manchen Fällen ist es weniger kompliziert, den unteren Absatz mit Hilfe eines Positionsrahmens an die gewünschte Stelle auf der Seite zu bewegen. Mehr zu diesem Thema auf den Seiten 164ff.

Flexible Absatzabstände? - Weg mit den Absatzzeichen!

Sie haben sich entschlossen, die Abstände zwischen den Absätzen in Ihrem Text nicht mit Absatzendezeichen, sondern mit flexiblen Abständen herzustellen? Das ist gut - aber Sie brauchen noch eine Methode, wie Sie schnell die überflüssigen Absatzendezeichen entfernen können.

Ersetzen von ^a durch ^a^a

Geben Sie in das *Suchen*-Feld der *Ersetzen*-Funktion „^a^a" ein und in das *Ersetzen*-Feld ein einfaches „^a". Lassen Sie die *Ersetzen*-Funktion bei Bedarf (wenn auch mal zwei oder mehr Leerabsätze folgen) mehrmals durchlaufen.

Ersetzen von Sonderzeichen

1. Öffnen Sie die Dialogbox *Bearbeiten Ersetzen.*
2. Das Sonderzeichen, mit dem Sie nach Absatzendezeichen suchen können, heißt „^a". Da Sie nach allen Stellen suchen wollen, an denen zwei davon unmittelbar hintereinander vorkommen (das zweite davon muß überflüssig sein), müssen Sie zwei dieser Sonderzeichen hintereinander eingeben. Entweder benutzen Sie dazu die Tastatur (Sie müssen dabei nach der Caret-Taste ein Leerzeichen eingeben, sonst bekommen Sie einen Accent circonflexe über dem „a"), oder Sie klikken auf den Schalter *Sonstiges* und wählen dort die Option *Absatzmarke.*
3. Setzen Sie auf die gleiche Art ein „^a" in das *Ersetzen durch*-Feld.

Sicherheitshalber sollten Sie den Ersetzendurchgang bestätigt beginnen (mit dem Schalter *Ersetzen*), wenn Sie sich nicht ganz sicher sind. Haben Sie sich vergewissert, daß genau die richtigen Elemente gelöscht werden, können Sie auf den Schalter *Alle ersetzen* klicken.

Sind nach dem Ersetzen-Vorgang noch nicht alle überflüssigen Leerabsätze gelöscht (weil zum Teil auch drei oder vier davon hintereinander standen), lassen Sie einfach noch einmal ersetzen.

Wenn Sie vor dem Klick auf den Schalter *Sonstiges* die Option *Mit Mustervergleich* aktivieren, erhalten Sie in der Liste zusätzlich sogenannte Operatoren. Mit deren Hilfe können Sie z. B. nach Zeichenfolgen suchen, die sich am Wortanfang oder -ende befinden oder innerhalb eines Suchbegriffs mehrere Möglichkeiten für einzelne Buchstaben festlegen („Finde Kasse und Masse, nicht jedoch Rasse und Tasse").

Auf die gleiche Weise wie oben geschildert, können Sie Ihren Text z. B. auch von überflüssigen Tabulatorzeichen säubern. Hintergrund: Wenn Sie Texte von Mitarbeitern übernehmen, die sich mit Word nicht so gut auskennen, oder die mit einer anderen Textverarbeitung gearbeitet haben, kann es sein, daß zwischen den Spalteneinträgen eines tabellarischen Textes jeweils mehr als ein Tabulatorzeichen steht. Wollen Sie daraus eine vernünftige Tabelle machen, müssen die überflüssigen Tabulatorzeichen vorher gelöscht werden.

Textarbeit erleichtern - Pfiffige Tips

Manchmal ist es gar nicht so leicht, einen Text auf einen Schlag zu schreiben; da gibt es Begriffe, die immer wieder vorkommen, oder Termini, deren Schreibweise wahrscheinlich immer falsch bleiben wird. Genauso kann es immer wieder vorkommen, daß bestimmte Textstellen gesucht werden müssen oder Sie zwei Versionen eines Textes vergleichen wollen.

Oje, bei Enter ist der markierte Absatz weg!

Stellen Sie sich vor, Sie möchten vor einem Absatz - der zufällig gerade markiert ist - einen Leerabsatz einfügen. Sie drücken also einmal auf die Enter-Taste. Als Resultat verfügen Sie jetzt zwar über einen Leerabsatz, aber der gesamte markierte Absatz ist verschwunden. Das ist zwar nicht irreparabel (es gibt ja das *Rückgängig*-Symbol), aber recht verwirrend.

Deaktivieren Sie die Option „Eingabe ersetzt Markierung"

Das ist passiert: Ihre Eingabe (des Absatzendezeichens) hat die Markierung (d. h. den ganzen Absatz) ersetzt. Deaktivieren Sie die entsprechende Option in der Dialogbox *Extras Optionen/Bearbeiten*.

Vielleicht sollten Sie diese Option generell ausgeschaltet lassen; mir scheint, die Risiken überwiegen die Vorteile.

Die Festplatte als Datenpool - Textteile aus mehreren Dokumenten zusammenfassen

Beim Schreiben eines Textes fällt Ihnen auf, daß Sie das meiste schon einmal geschrieben haben - dummerweise verteilt auf vier andere Dokumente. Sie können auch nicht alles aus den anderen Dokumenten brauchen, sondern eben nur bestimmte Stellen und beim Einsetzen in das neue Dokument soll auch alles schon an der richtigen Stelle landen.

Ziehen Sie die Textstellen mit Drag & Drop in Ihr Dokument

Sie können Text oder Grafiken mit Drag & Drop zwischen mehreren Word-Dokumenten hin und her schieben und so z. B. einfach eine Zusammenfassung der wichtigsten Stellen mehrerer Texte erstellen.

Dokumentübergreifendes Drag & Drop

1. Öffnen Sie alle benötigten Dokumente und arrangieren Sie sie möglichst übersichtlich auf dem Bildschirm. Zumindest eine vorläufige Ordnung können Sie mit *Fenster Alle anordnen* erreichen.

Textteile aus mehreren Dokumenten in einer Datei sammeln

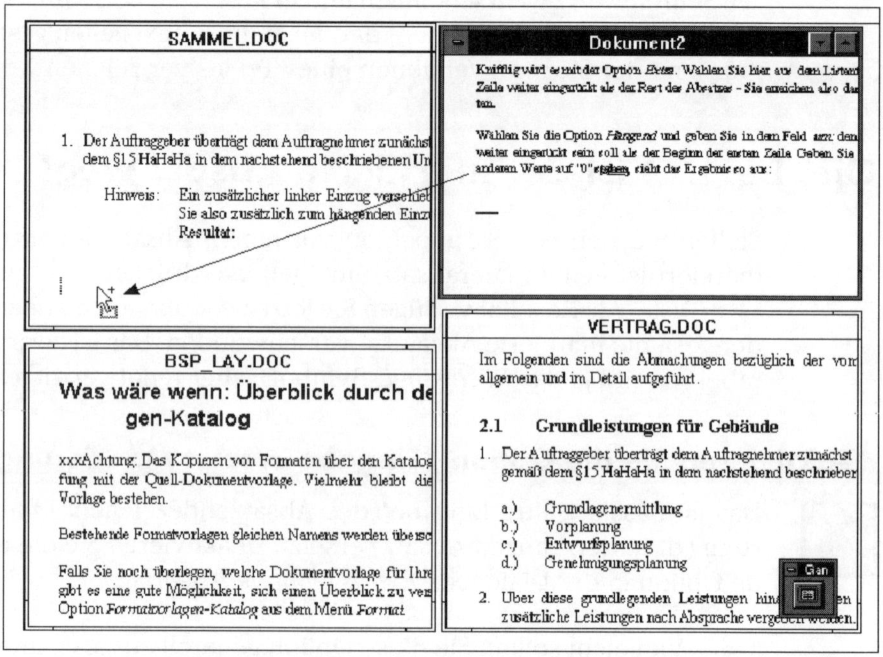

Das ist sicherlich einer der Fälle, in denen ein großer Monitor extrem nützlich ist. Wenn der Platz nicht reicht, schalten Sie alle nicht benötigten Symbolleisten aus und wählen Sie einen Zoom, mit dem Sie den Text so gerade eben noch lesen können. Eine weitere Alternative ist die Ansicht *Ganzer Bildschirm*.

2. Ziehen Sie die zu übernehmende Textstelle mit gedrückter linker Maustaste an die passende Stelle im „Sammeldokument". Halten Sie dabei die **Strg**-Taste gedrückt, wird das Element kopiert.

Die Möglichkeit, markierten Text oder Grafiken mit einfach gedrückter linker Maustaste an eine andere Stelle zu verschieben (Kopieren bei zusätzlich gedrückt **Strg**-Taste), wird normalerweise genutzt, um Text/Grafiken auf kurze Distanzen zu verschieben oder um an der Zwischenablage vorbei zu kopieren.

Der kopierte Text behält seine Formatierung bei, soweit er das kann. War ihm z. B. in der Quelldatei eine Formatvorlage zugewiesen, die es in der neuen Datei nicht gibt, paßt er sich dem neuen Text an. Wenn Sie Text ohne Absatzendezeichen kopieren, kann er zwar seine Zeichen- nicht aber seine Absatzformatierung transportieren.

Tapetenwechsel in Sekunden - Aus Fett mach' Kursiv!

46

Direkte Formatierungen lassen sich in kleineren Dokumenten schnell verändern, aber in größeren Texten müssen Sie schon einige Zeit suchen, bis Sie alle Stellen gefunden und geändert haben.

Formatvorlagen verwenden!

Sie sollten daher, wann immer es geht, anstelle von direkten Formaten die wesentlich einfacher handhabbaren Formatvorlagen verwenden. Dort können Sie durch einfaches Ändern der Vorlage den Text sofort umformatieren.

Nutzen Sie die Funktion Suchen/Ersetzen

Im Menü *Bearbeiten Ersetzen* können Sie durch die Schaltfläche *Format* festlegen, ob Sie eine

- Zeichenformatierung (Schriftart, Schriftgröße, fett, kursiv etc.),
- eine Absatzformatierung (Blocksatz, Einzüge, Tabulatorstopp etc.),
- eine Formatierung eines Textes mit einer Sprache
- oder aber einer Formatvorlage suchen wollen.

Geben Sie die jeweilige Formatierung an und ersetzen Sie sie durch das gewünschte Format.

Formatierungen suchen und durch andere ersetzen

1. Öffnen Sie das Menü *Bearbeiten Ersetzen*.
2. Positionieren Sie den Cursor im Eingabefeld *Suchen nach*.
3. Öffnen Sie über die Schaltfläche *Format* das Menü und wählen Sie aus, welche Art von Format Sie zu suchen wünschen.

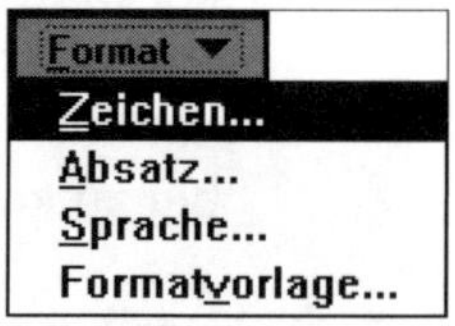

4. Wählen Sie das Format aus.
5. Geben Sie das Ersatzformat im Feld *Ersetzen durch* auf die gleiche Weise an.
6. Mit *Weitersuchen* wird die nächste Textstelle mit diesem Format aufgesucht und markiert; mit *Ersetzen* wird die Formatierung ersetzt, mit *Alle Ersetzen* werden alle zu ändernden Formatierungen ohne Nachfrage ersetzt.

Text und Formatierung ersetzen

Wenn Sie in den Feldern zusätzlich Text eingeben, wird nach Textteilen gesucht, die nur dann ersetzt werden, wenn sie die angegebene Formatierung aufweisen. So können Sie beispielsweise das Wort Computer in fetter Schrift durch das Wort *Computer* in kursiver Schrift ersetzen.

Auf die gleiche Weise können Sie Worte suchen und ersetzen, die eine bestimmte Zeichenformatierung *nicht* haben; wenn Sie über die Schaltfläche *Format* auswählen, daß Sie ein *Zeichen*format suchen wollen, werden die Optionen *Nicht fett* und *Nicht kursiv* angeboten.

Doch auch wenn Sie nach Text suchen, der eine der anderen Zeichenformatierungen *nicht* hat (durchgestrichen, hochgestellt, verborgen etc.), geht das ebenfalls. Wenn Sie nämlich über die Schaltfläche *Format* die Dialogbox für die zu suchende Formatierung öffnen, sind die Optionsfelder für die Zeichenformate bei *Andere Stilmerkmale* zum Zeichen einer *Indifferenz* schattiert eingefärbt, was heißen soll: Diese Formate werden beim Suchvorgang ignoriert.

Wenn Sie die einzelnen Felder anklikken, verwandeln sich die Optionsfelder in ein leeres Feld (Text hat diese Formatierung ausdrücklich *nicht*) oder in ein angekreuztes Feld (Text hat diese Formatierung). Auf diese Weise können Sie sehr feine Kriterien herausarbeiten; in der folgenden Abbildung wird nach dem Wort *Tennisplatz* gesucht, doch nur, wenn es *fett*, jedoch *nicht* durchgestrichen formatiert wurde. Die anderen Formate werden nicht überprüft.

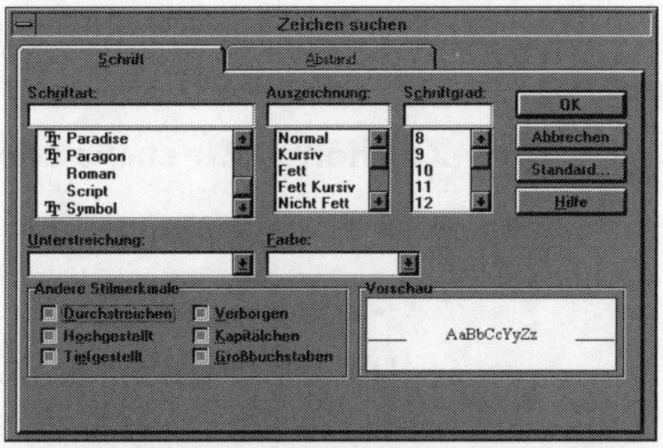

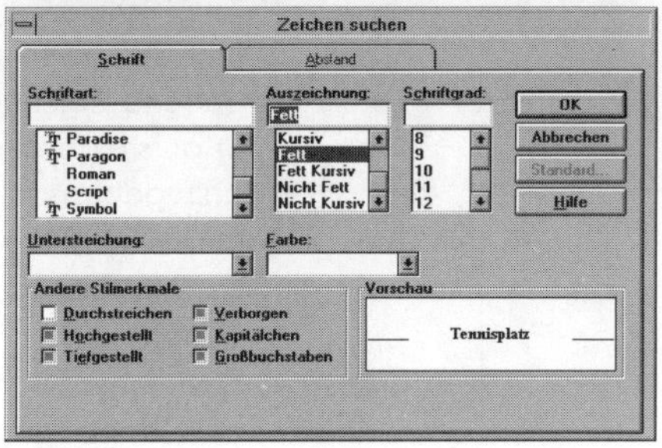

Wenn die Standardsuchfunktionen nach nirgendwo führen

Die Standardfunktionen des Suchens bzw. Ersetzens führen nicht immer zum Erfolg; es ist oft notwendig, die Suche noch detaillierter durchzuführen, die Kriterien noch enger zu formulieren.

Mustervergleich mit Joker- und definierten Zeichen durchführen

Verwenden Sie die Metazeichen, die WinWord erlaubt, um zusammen mit der Option *Mit Mustervergleich* eine verfeinerte Suche durchzuführen.

So geht's mit Mustervergleich

1. Positionieren Sie den Cursor an der Stelle, an der Sie die Suche beginnen möchten, oder markieren Sie den Text, in dem Sie die Suche durchführen wollen.
2. Aktivieren Sie die Option *Mit Mustervergleich.*
3. Verwenden Sie die unten angegebenen Zeichen, um Ihre Suche möglichst fein abzustimmen. Die Zeichen können auch in einem Ausdruck gemischt werden, wenn sie sich nicht logisch ausschließen.

Folgende Zeichen können Sie für die Suche verwenden:

Zeichen	Zu suchendes Element	Beispiel	...findet was?
?	Einzelnes Zeichen	Ge?d	*Geld, Gerd,* nicht aber *Geduld*
*	Beliebige Zeichenfolge	C*r	*Computer, Color, Cäsar*
(x)	Ein oder mehrere in der Klammer angegebene Zeichen	R(au)nd	*Rand* und *Rund,* nicht aber *Rind*
(a-z)	Eine in Klammern angegebene Zeichenfolge, die in aufsteigender Folge anzugeben ist	(R-U)orte	*Sorte* und *Torte,* nicht aber *Borte* und *Worte*
(!x)	Einzelnes Zeichen außer dem in Klammern angegebenen	(!L)and	*Rand, Wand* und *Band,* nicht aber *Land*
(!-x)	Einzelnes Zeichen außerhalb der angegebenen Gruppe von Zeichen	(!G-H)eld	Feld, aber nicht *Geld* und *Held*
{n}	n-maliges Vorkommen des vorstehenden Zeichens	Wal{2}	*Wall,* nicht jedoch *Wal*
{n,}	mindestens n-maliges Vorkommen des vorstehenden Zeichens	Kom{2,}a	*Komma,* aber nicht *Koma*
{n,m}	mindestens n-maliges und höchstens m-maliges Vorkommen des vorstehenden Zeichens	20{2,5}	*200* bis *200000,* nicht jedoch *20* oder *2000000*
@	Einmaliges oder mehrfaches Vorkommen des vorstehenden Zeichens	as@en	*Massen, fassen,* aber auch *rasen* und *Nasen*
<( )	Bestimmter Wortanfang	<(Nase)	*Nasenbein,* aber nicht *Pappnase*
( )>	Bestimmtes Wortende	(er)>	*Vater* und *Mutter,* nicht jedoch *erwischen* oder *ernst*

Die Operatoren der erweiterten Suche

Wenn Sie Klammern verwenden, können Sie die Reihenfolge der Ausführung festlegen. Dabei gilt wie in der Mathematik, daß geklammerte Ausdrücke vor nicht geklammerten Ausdrücken aufgelöst werden.

Wortbruch nicht nötig - Überschriften ganz ohne Trennung

48

Sie arbeiten mit der automatische Silbentrennung - dagegen läßt sich in der neuen Word-Version auch nicht mehr so viel sagen, weil die Silbentrennung hier deutlich besser geworden ist.

In Überschriften zum Beispiel stören Trennungen allerdings die Optik - wie kann man trotzdem den Rest automatisch trennen?

Schließen Sie Absätze von der Trennung aus

Aktivieren Sie für die entsprechenden Absätze - oder noch besser für die Formatvorlagen, die ihnen zugewiesen wurden - die Option *Keine Silbentrennung* in der Dialogbox *Format Absatz/Textfluß.*

Das stört beim Versionsvergleich - Hinzugefügtes ist durchgestrichen und Gelöschtes unterstrichen

49

Bearbeitete Version zuerst laden

Der Fehler ist nicht groß: Sie sollten lediglich nicht das Original laden und dann mit der bearbeiteten Version vergleichen, sondern genau umgekehrt vorgehen.

Der Versionsvergleich stellt eine gute und unkomplizierte Alternative zum normalen Überarbeiten geänderter Dokumente dar. Die Änderungen erfolgen ganz normal, d. h., nicht etwa im Überarbeitungsmodus. Änderungen lassen sich dann im nächsten Schritt genau wie üblich annehmen oder ablehnen.

Die einzige Voraussetzung: Die Dateinamen der verglichenen Dokumente müssen unterschiedlich sein; wenn nicht, sollten sich die Dokumenente in unterschiedlichen Verzeichnissen befinden.

Textstellen sammeln - Neue Kapitel aus alten Texten

Textstellen zu einem bestimmten Thema sind über den ganzen Text verstreut; Sie wollen sie alle sammeln und in einem eigenen Kapitel zusammenfassen. Mit der Zwischenablage und mit der normalen AutoText-Funktion ist das ein mühseliges Geschäft.

Benutzen Sie den Textbaustein „Sammlung"

Nehmen Sie die markierten Textstellen nacheinander mit **Strg+F3** in den Textbaustein „Sammlung" auf. Mit **Strg+Umschalt+F3** fügen Sie den Inhalt der Sammlung wieder in den Text ein.

Vorsicht, wenn Sie mit dem Textbaustein arbeiten, werden die markierten Passagen ausgeschnitten. Sie sollten daher den Ursprungstext nicht speichern, wenn Ihnen Ihre Daten lieb sind.

Texte sammeln in Perfektion

1. Markieren Sie die erste Textstelle.
2. Bedienen Sie die Tastenkombination **Strg+F3**, um den markierten Text in die Sammlung aufzunehmen.

   Auch wenn Sie nur einzelne Wörter in die Sammlung aufnehmen, werden die Sammlungseinträge immer durch Absatzendezeichen getrennt wieder eingefügt.

   Die Sammlung ist auch in der Lage, Grafiken akkumulativ aufzunehmen.

3. Wiederholen Sie das gleiche bei den restlichen Textstellen.
4. Um die Sammlung in den Text einzufügen und sie gleichzeitig zu löschen, geben Sie **Strg+Umschalt+F3** ein. Wenn Sie den Inhalt der Sammlung als Textbaustein behalten wollen, geben Sie entweder „Sammlung" ein und drücken dann auf **F3** oder wählen diesen Eintrag aus der Textbausteinliste.

Ist beim Einfügen die Option *Text mit Format* in der AutoText-Dialogbox aktiviert, erscheint der Sammlungstext mit den Gestaltungs-Eigenschaften, die er vor dem Ausschneiden hatte.

Wenn Textbausteine zu mühsam sind ...

Tauchen in Ihren Texten immer wieder die gleichen langen und/oder schwer zu schreibenden Begriffe (etwa Superazidität, Proportionalzählrohr, Heinz-Ernst von Müller-Lüdenscheidt) auf, dauert Ihnen vielleicht sogar der Griff zur F3-Taste zum Abruf eines Textbausteins zu lange. Besser wäre es, nach dem Kürzel direkt weiterschreiben zu können.

Benutzen Sie die AutoKorrektur als Floskelgenerator

Speichern Sie die fraglichen Begriffe in der AutoKorrektur-Liste ab und vergeben Sie ein Kürzel.

Floskeln per AutoKorrektur einsetzen

1. Öffnen Sie die Dialogbox *Extras AutoKorrektur.*
2. Schreiben Sie in das Feld *Ersetzen* die Abkürzung (also etwa „kmk" für „kretisch-mykenische Kultur") und in das Feld *Durch* den kompletten Begriff, maximal 256 Zeichen.
3. Wenn Sie, in den Text zurückgekehrt, das Kürzel eingeben und danach einfach weiterschreiben, wird nach dem Leerzeichen quasi hinter Ihrem Rücken der Ersatzbegriff in den Text gesetzt.

Zuwachs erwünscht - Begriffe schneller in die AutoKorrektur übernehmen

Die Neueingabe des Ersatzbegriffes in die AutoKorrektur-Box dauert ärgerlich lange, wenn Sie das Wort ohnehin schon (richtig oder falsch) in den Text geschrieben haben.

Vor Öffnen der Box Text markieren

Wenn Sie vor dem Öffnen der AutoKorrektur-Dialogbox den Ersatztext markieren, wird er automatisch in das richtige Feld übernommen.

Sie haben dann auch die Auswahl zwischen *Nur Text* und *Text mit Format.* Die letztere der beiden Funktionen hält das Zeichenformat des markierten Textbereiches fest und setzt dann in Zukunft immer schon das formatierte Wort in den Text ein.

Zeit gespart - Begriffe gleichzeitig korrigieren und in die AutoKorrektur aufnehmen

Wenn Sie jedesmal, wenn Ihnen beim Schreiben wieder ein „typischer“ Fehler unterlaufen ist, das Wort markieren und in die AutoKorrektur-Liste aufnehmen, kostet das Zeit und unterbricht den Schreibfluß.

Sie wollen die von einem Mitarbeiter korrigierte Version Ihres Textes mit dem Original vergleichen, laden das Original, klicken auf *Extras Überarbeiten Versionsvergleich* - und die Änderungsmarkierungen sind genau umgekehrt wie üblich.

Seitengestaltung

Blickfang - Das Layout ist entscheidend

Auf der Schreibmaschine war's ganz einfach: Da setzte man oben in der Mitte die Seitenzahl ein und unten die der Folgeseite und der Satzspiegel wurde von der Anschlagzahl bestimmt. Aber wie gestaltet man eine attraktive Seite mit WinWord? Eigentlich sollte der PC ja gerade solche Aufgaben übernehmen. Außerdem ist er sicherlich ein gutes Hilfsmittel zur Erstellung attraktiver Schriftstücke. Aber wie erreicht man, daß das Auge wirklich daran hängenbleibt?

Attraktive Dokumente? - Der richtige Satzspiegel bringt's

Die Layoutgestaltung beginnt bei der Einstellung der Seitenränder, denn bereits beim ersten Blick entscheidet der Leser, ob ihm eine Seite bzw. ein Text gefällt. Der falsche Satzspiegel kann den besten Text „unlesbar" machen.

Verwenden Sie folgende Seitenränder (Goldener Schnitt)

Seit Jahrhunderten gibt es die Regeln des „Goldenen Schnitts", mit denen sich leicht die richtigen Proportionen finden lassen. Die nachfolgenden Seitenrandeinstellungen entsprechen alle diesen Regeln. Wählen Sie *Datei/Seite einrichten*, setzen Sie die Registerkarte *Seitenränder* in den Vordergrund und übernehmen Sie eine für Sie passende Einstellung.

Seitenrand Links	Seitenrand Rechts	Seitenrand Unten	Seitenrand Oben
1,50	0,93	1,50	0,93
2,00	1,24	2,00	1,24
2,50	1,55	2,50	1,55
3,00	1,85	3,00	1,85
3,50	2,16	3,50	2,16
4,00	2,47	4,00	2,47

Seitenrand Oben	Seitenrand Unten	Seitenrand Links	Seitenrand Rechts
1,50	2,43	2,43	1,50
2,00	3,24	3,24	2,00
2,50	4,05	4,05	2,50
3,00	4,85	4,85	3,00
3,50	5,66	5,66	3,50
4,00	6,47	6,47	4,00

Sie können die Seitenränder auch selbst berechnen. Legen Sie den oberen Seitenrand fest, und berechnen Sie die restlichen Seitenränder wie folgt:

- SeitenrandOben (festlegen)
- SeitenrandUnten = SeitenrandOben * 1,618
- SeitenrandRechts = SeitenrandUnten
- SeitenrandLinks = SeitenrandUnten

Seitenränder per Makro berechnen lassen

Das umständliche Berechnen der Ränder und das Eintragen der Werte können Sie auch folgendem Makro überlassen.

```
Sub MAIN
Oben$ = InputBox$(„Der obere Seitenrand:", „Goldener Schnitt")
Unten$ = Str$(Val(Oben$) * 1.618)
Links$ = Oben$
Rechts$ = Str$(Val(Links$) * 1.618)
DateiSeiteEinrichten .SeitenrandOben = Oben$, .SeitenrandUnten = Unten$, .SeitenrandLinks = Links$, .Seiten-
randRechts = Rechts .GgbrSeiten = 0
End Sub
```

So erstellen Sie ein Makro zur Berechnung gegenüberliegender Seiten

Die Blitzlösungen beinhalten nicht die Möglichkeit, die Seitenränder für gegenüberliegende Seiten getrennt einzustellen. Das folgende Makro enthält die Option, die Seitenränder unterschiedlich zu errechnen.

1. Wählen Sie die Option *Makro* im *Extras*-Menü. Geben Sie dem Makro einen Namen (hier: *GoldenerSchnitt*) und öffnen Sie mit *Erstellen* das Makrofenster.
2. Geben Sie das folgende Programm zwischen *Sub Main* und *End Sub* ein.

```
Sub MAIN
On Error Goto Ende
If MsgBox(„Sollen die Seitenränder für gegenüberliegende Seiten eingestellt werden?", „Infobox Goldener
Schnitt", 36) = - 1 Then Goto ZweiSeiten

Oben$ = InputBox$(„Der obere Seitenrand:", „Eingabebox Goldener Schnitt")
Unten$ = Str$(Val(Oben$) * 1.618)
Links$ = Oben$
Rechts$ = Str$(Val(Links$) * 1.618)

DateiSeiteEinrichten .SeitenrandOben = Oben$, .SeitenrandUnten = Unten$, .SeitenrandLinks = Links$, .Seiten-
randRechts = Rechts$, .GgbrSeiten = 0
Goto Ende

ZweiSeiten:
Oben$ = InputBox$(„Der obere Seitenrand:", „Eingabebox Goldener Schnitt")
Unten$ = Str$(Val(Oben$) * 1.618)
Links$ = Oben$
Rechts$ = Str$(Val(Links$) * 1.618)
DateiSeiteEinrichten .SeitenrandOben = Oben$, .SeitenrandUnten = Unten$, .SeitenrandLinks = Links$, .Seiten-
randRechts = Rechts$, .GgbrSeiten = 1

Ende:
End Sub
```

3. Weil der Befehl *DateiSeiteEinrichten* nicht im Makrofenster zur Verfügung steht, können Sie das Makro erst testen, nachdem Sie das Makrofenster geschlossen haben. Wählen Sie *Datei/Schließen* und bestätigen Sie die Abfrage, ob das Makro gespeichert werden soll.

4. Prüfen Sie die korrekte Programmausführung. Wählen Sie *Extras/Makro* und klicken Sie doppelt auf den Makronamen.

Unter dem „Goldenen Schnitt" versteht man die Teilung einer Strecke in der Weise, daß sich die Länge der ganzen Strecke AB zur größeren Strecke AE verhält, wie diese zur restlichen Strecke EB.

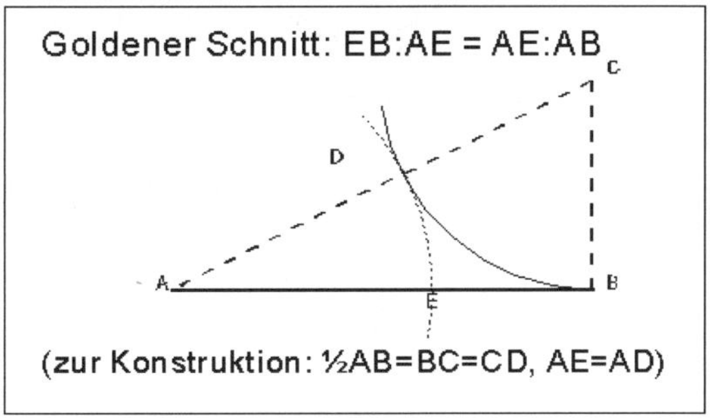

Überträgt man bei der Gestaltung der Seitenränder diese Proportion, verhalten sich die Kopf- und Seitenstege (oberer und rechter Rand) zu den Bund- und Fußstegen (linker und unterer Rand) annähernd wie 1:1,618 (reziprok 0,618:1). Soll ein Dokument ausgeglichen gestaltet werden, so ist der linke Seitenrand etwa 1,618 mal so breit zu wählen, wie der rechte, und der obere Rand ist ungefähr 0,618 mal so groß wie der untere. Sie müssen nur die Breite eines Randes festlegen, die restlichen Einstellungen ergeben sich aus der Proportion von allein. Wenn Sie gegenüberliegende Seiten gestalten, werden die Ränder gespiegelt.

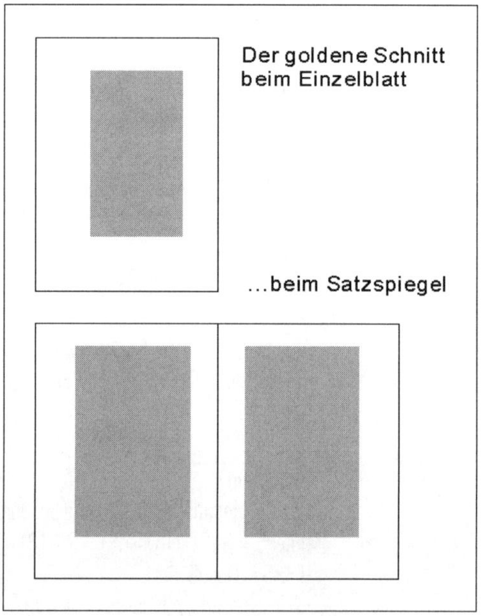

Zum Makroablauf

Programmbefehl	Ausführung
On Error Goto Ende	Wenn Sie die Eingabebox mit *Abbrechen* schließen, erhalten Sie normalerweise eine Fehlermeldung. Dieser Programmschritt verhindert dieses Meldung.
If MsgBox(„Sollen die Seitenränder für gegenüberliegende Seiten eingestellt werden?", „Infobox Goldener Schnitt", 36) = - 1 Then Goto ZweiSeiten	Das Makro fragt in einer Nachrichtenbox, ob die Seitenränder für gegenüberliegende Seiten errechnet werden. Wenn Sie *Ja* wählen, verzweigt das Programm zum Sprungziel *ZweiSeiten.*
Oben$ = InputBox$(„Der obere Seitenrand:", „Eingabebox Goldener Schnitt")	Die Eingabebox fragt nach der Größe des oberen Seitenrands und weist diesen Wert der Variablen *Oben$* zu.

Programmbefehl	Ausführung
Unten$ = Str$(Val(Oben$) * 1.618) Links$ = Oben$ Rechts$ = Str$(Val(Links$) * 1.618)	Hier werden die übrigen Seitenränder errechnet. WinWord verwaltet die eingegebenen Werte nicht als numerische Ausdrücke, sondern als String-Variable. Um die Multiplikation ausführen zu können, muß der String zunächst mit Val() in eine numerische Variable verwandelt werden. Der Befehl Str$() führt die entgegengesetzte Operation aus. In WinWord-Basic ist als Dezimaltrennzeichen nur der Punkt zugelassen.
DateiSeiteEinrichten .SeitenrandOben = Oben$, .SeitenrandUnten = Unten$, .SeitenrandLinks = Links$, .SeitenrandRechts = Rechts$, .GgbrSeiten = 0	Hier werden die Seitenränder in das Dialogfeld *Seite einrichten* eingetragen.

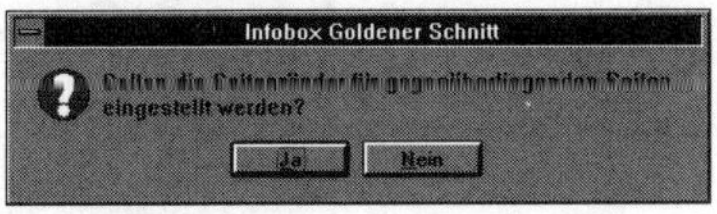

Wählen Sie hier eine Variante aus

Bestimmen Sie hier die Größe des oberen Seitenrands

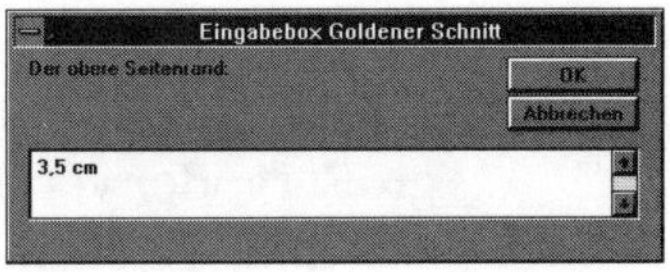

Neben den Seitenrändern können Sie auch alle anderen Eingabemöglichkeiten (z. B. Abstände von Kopf- und Fußzeilen, Bundsteg usw.) per Makrobefehl ausführen lassen. Das folgende Beispiel zeigt alle in diesem Dialogfeld möglichen Einträge. Die in Anführungsstrichen gesetzten Zahlen können (wie in dem Beispiel - erkennbar an der Kursivierung - geschehen) durch Variable ersetzt werden.

```
DateiSeiteEinrichten .Registerkarte =."0",
PapierGröße = „0",
.SeitenrandOben = Oben$,
.SeitenrandUnten = Unten$,
.SeitenrandLinks = Links$,
.SeitenrandRechts = Rechts$,
.Bundsteg = „0 cm",
.SeitenBreite = „21 cm",
.SeitenLänge = „29,7 cm",
.HochQuer = 0,
.ErsteSeite = 0,
.ÜbrigeSeiten = 0,
.AusrichtungVertikal = 0,
.AnwAuf = 4,
.GgbrSeiten = 1,
.AbstandKopfzeile = „1,25 cm",
.AbstandFußzeile = „1,25 cm",
.AbschnittsBeginn = 2,
.GeradeUngeradeSeiten = 0,
.ErsteSeiteAnders = 0,
.Endnoten = 0,
.ZeilenNr = 0,
.AnfangsNr = „",
.VomText = „",
.Zählintervall = „0",
.NumerierArt = - 1
```

Jede Infobox enthält unter anderem die Schaltfläche *Abbrechen*. Wenn Sie diese Schaltfläche betätigen, erhalten Sie ein Hinweisfeld mit einer Fehlermeldung. Sie können diese Meldung umgehen, wenn Sie dem Programm gleich zu Beginn die Zeile *On Error Goto Ende* hinzufügen.

Für eine gut gestaltete Seite ist das Verhältnis von bedruckter zu unbedruckter Fläche entscheidend für das Gesamtbild der Druckseite. In der Praxis haben sich unterschiedliche Seitenverhältnisse eingebürgert: 1:2, 3:4, 3:5 oder 5:9. Auf die Seitenränder kommt es dabei besonders an, weil sie die bedruckte Fläche (Satzspiegel) genau positionieren. Ideal ist, wenn sich der Satzspiegel in der Mitte der Seite befindet. Weil aber der optische Eindruck entscheidend ist, müssen Sie den unteren Rand größer wählen, als die anderen drei.

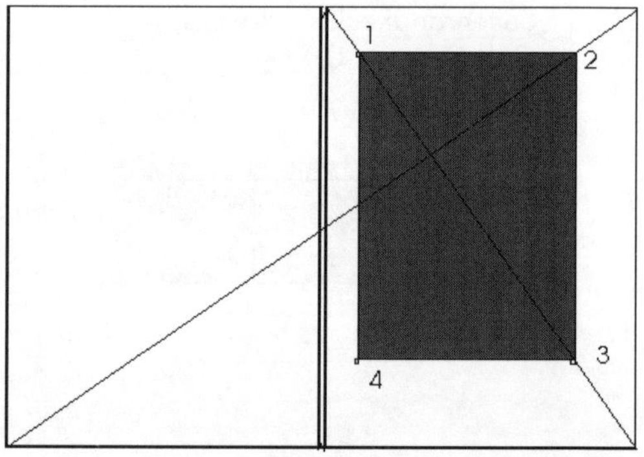

Aus zwei gegenläufigen Diagonalen ergeben sich die Fixpunkte für den Satzspiegel

Der Satzspiegel läßt sich auch grafisch ermitteln. Dieses Verfahren ist erheblich einfacher als die rechnerischen Lösungen. Mit einem Kopiergerät kann die Zeichnung ohne ständiges Neuzeichnen beliebig vergrößert oder verkleinert werden. Zeichnen Sie zwei gegenläufige Diagonalen und suchen Sie sich beliebige Fixpunkte auf den Diagonalen. Legen Sie den Punkt 1 willkürlich fest, und finden Sie die Punkte 2 bis 4 durch Zeichnen von parallelen Geraden zur Blattkante.

Nicht gerade höhere Mathematik, aber nützlich - mathematische Ausdrücke auch ohne Formeleditor

55

In vielen geschäftlichen, behördlichen oder schulischen Schreiben kommen einfache mathematische Ausdrücke (meist Bruchzahlen) vor, für die der Einsatz des Formelgenerators nicht lohnt.

Die Feldfunktion FORMEL ersetzt den Formeleditor

Die Feldfunktion *Formel* mit dem passenden Schalter setzt nach der Aktualisierung einen Ausdruck in die richtige Schreibweise um. Beispielsweise erzeugt der Ausdruck *{ Formel \F (3;4) }* die Bruchzahl. Erzeugen Sie mit **Strg**+**F9** eine leere Feldklammer, geben Sie die Funktion *Formel* ein und fügen Sie den Schalter und die Argumente hinzu. Drücken Sie **Umschalt**+**F9**, um die Feldfunktionsanzeige abzuschalten.

Die folgende Tabelle faßt die am häufigsten benötigten Schalter zusammen. (Offensichtlich verwenden WinWord für die Feldfunktion *Formel* und der *Microsoft-Formeleditor* eine ähnliche Syntax. Dies geht aus der Tatsache hervor, daß nach einem Doppelklick auf dem Feldergebnis der Formeleditor gestartet wird. Allerdings kommt es gelegentlich zu einer der berüchtigten *Allgemeinen Schutzverletzungen.*)

Schalter	Funktion
{Formel \F (z;n)}	erzeugt einen Bruchstrich
{Formel \I (a;b;c)}	erzeugt ein normales Integral
{Formel \r (3;a)}	erzeugt ein Wurzelzeichen (enthält die Formel nur ein Argument, steht es im Wurzelzeichen)
{Formel \A (a;b;c;d)}	erzeugt eine Matrix
{Formel \B \bc\[(\A(a;b;c))}	erzeugt eine eckige Klammer, die sich in der Höhe dem Ausdruck anpaßt

Alles im Rahmen halten - auch ganze Seiten 56

Zu den besonderen Gestaltungselementen eines Dokuments zählt eine Randlinie, die den Text einer Seite vollständig einrahmt. Solche Rahmenlinien werden beispielsweise bei der Erstellung von Zeitungsanzeigen, Einladungen oder Visitenkarten benötigt.

Eine einzellige Tabelle in der Kopfzeile rahmt präzise ein

Geben Sie die Höhe des oberen Seitenrands als negative Zahl ein. Für gleichen Abstand zwischen Text und Rahmen müssen die Abstände der Kopf-/Fußzeile zum Rand genauso groß sein wie für den oberen/unteren Rand. Wählen Sie *Ansicht/Kopf- und Fußzeile* und integrieren Sie in die Kopfzeile eine einzellige Tabelle. Errechnen Sie aus den Seitenrändern die Höhe des Satzspiegels und stellen Sie die Zellenhöhe danach genau ein. Formatieren Sie die Tabelle mit einer Rahmenlinie.

In der Clipart-Sammlung gibt's Rahmen für jeden Zweck

Gehen Sie wie eben beschrieben vor, fügen Sie aber statt der Tabelle eine Grafik aus der Clipart-Sammlung ein. Allerdings kann der Rahmen nicht im Seitenrand plaziert werden, der Textbereich ist je nach Rahmenbreite mehr oder weniger eingeschränkt. Sie können das Problem umgehen, indem Sie mit entsprechenden Absatzeinzügen links und rechts arbeiten. Eventuell verändern Sie für die Dauer des Projekts die Einstellungen in der Formatvorlage *Standard*.

Rahmen einfach mit MS-Draw zeichnen

Aktivieren Sie das Zusatzprogramm Microsoft Draw und zeichnen Sie ein transparentes Rechteck auf jede Seite, welches quasi „unter den Text" geschoben wird. Gezeichnet wird direkt im Text. Sie können Position und Größe des Rechtecks bestimmen, sowie Dicke und Farbe der Randlinien.

Rahmen mit der Tabellenfunktion erstellen

1. Klicken Sie doppelt auf dem Zeilenlineal (oder wählen Sie *Datei/Seite einrichten*) und legen Sie die Seitenränder fest. Wenn Sie im Eingabefeld für den oberen Seitenrand einen negativen Wert eingeben, können Sie die gesamte Seite für die Kopfzeile verwenden. Um einen ringsum gleichen Abstand zwischen Text und Rahmen zu erhalten, müssen Sie identische Werte für die Größe der Seitenränder (oben und unten) und die Kopf- und Fußzeilenabstände wählen.
2. Wählen Sie *Ansicht/Kopf- und Fußzeile*, klicken Sie das Tabellensymbol in der Standard-Symbolleiste an und erstellen Sie eine einzellige Tabelle (1*1-Tabelle).
3. Markieren Sie die Tabelle mit **Alt+5** (auf dem numerischen Block), drücken Sie die rechte Maustaste und wählen Sie den Befehl *Zellenhöhe und -breite*. Sie benötigen eine Tabelle mit genau eingestellter Zellenhöhe, die Höhe ergibt sich aus folgender Rechnung:

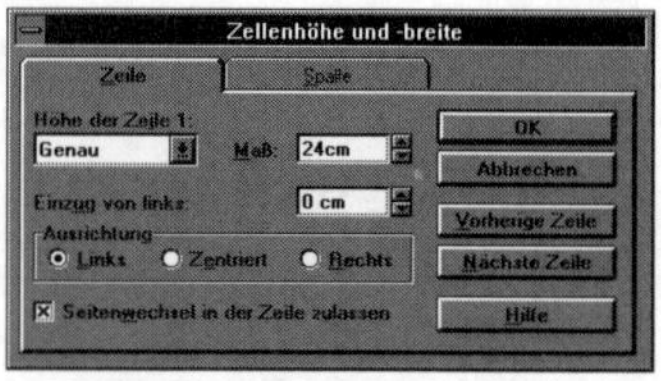

Höhe = 29,7 cm - (Seitenrand oben + Seitenrand unten)

4. Öffnen Sie die *Rahmen*-Symbolleiste. Wählen Sie die gewünschte Strichdicke und klicken Sie die Symbolfläche *Rahmenlinie außen* an. Die Randlinie ist jetzt fertig eingerichtet, wählen Sie *Schließen*, um zur normalen Ansicht zurückzukehren. Die graue Randlinie im Hintergrund bildet den Ganzseitenrahmen.

Möchten Sie die Formatierung wieder rückgängig machen, müssen Sie die Rahmenlinie entfernen und die Tabelle wieder in normalen Text umwandeln bzw. ausschneiden.

So geht's mit MS-Draw

1. Wählen Sie einen Zoomfaktor, bei dem Sie eine Seite vollständig einsehen können. Bei dieser Einstellung können Sie den Text nicht mehr korrekt erkennen, was jedoch bei der folgenden Tätigkeit nicht störend ist.

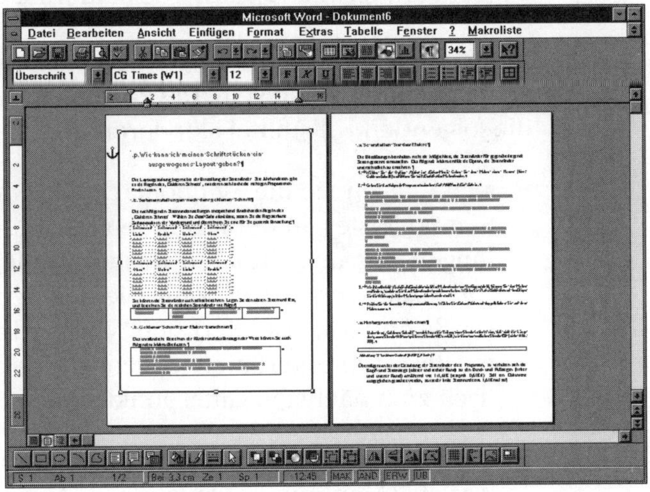

Der Ausgangsbildschirm mit der stark verkleinerten Textseite

2. Klicken Sie die Symbolfläche *Zeichnen* in der Standard-Symbolleiste an. Das Zeichnen ist nur in der Layoutansicht möglich. Wenn Sie sich in der Normalansicht befinden und ein Werkzeug in der Zeichnung-Symbolleiste anklicken, wechselt WinWord automatisch in die Layoutansicht.

3. Wählen Sie *Rechteck*-Werkzeug und beginnen Sie am linken oberen Seitenrand mit dem Zeichnen. Halten Sie die linke Maustaste gedrückt, während Sie den Zeiger in die gegenüberliegende Ecke bewegen. Orientieren Sie sich am „Gummibandobjekt", welches Größe und Positi-

on des späteren Rechtecks in der Vorschau zeigt. Sobald Sie die Maustaste loslassen, wird das Rechteck festgemacht.

4. Unmittelbar nach dem Zeichnen ist das Objekt automatisch markiert. Markierte Objekte können verschoben, oder wenn Sie sie an den Markierungspunkten anfassen, in der Größe verändert werden. Die veränderte Form des Mauszeigers unterstützt Sie beim Aufsuchen der Stellen, an denen eine Veränderung gelingt. Die Markierung geht verloren, sobald Sie mit dem Mauszeiger eine andere Stelle auf der Seite anklikken. Um das Objekt erneut zu markieren, müssen Sie einen Mausklick genau auf den Rechteckrahmen ausführen.

Geschlossene Grafikelemente (Rechteck, Ellipse usw.) können wahlweise mit einer Farbe vollständig gefüllt sein. Dies ist beispielsweise dann der Fall, wenn Sie nach dem Zeichnen des Rahmens den Text nicht mehr sehen können. Klicken Sie die Schaltfläche *Füllfarbe* in der Zeichnung-Symbolleiste an und wählen Sie im folgenden Farbenfeld die Option *Ohne*. Objekte ohne Hintergrundfarbe sind transparent.

In den meisten Fällen dürfte eine Positionierung des Rechtecks nach Augenmaß ausreichend sein. Die Positionierarbeit gelingt einfacher, wenn Sie die folgenden Hilfsmittel aktivieren:

Raster Klicken Sie die Symbolfläche *Am Raster ausrichten* an (Zeichnung-Symbolleiste). In der folgenden Dialogbox können Sie die Gittereinstellungen des unsichtbaren Rasters festlegen. Aktivieren Sie die Option *Am Raster ausrichten*. Wenn Sie das Rechteck verschieben oder in der Größe ändern, orientiert sich WinWord an den Einstellungen des Gittermusters. Die Gitterlinien wirken wie Magnete, die das Rechteck automatisch zum nächsten Gitterpunkt ziehen.

Textbegrenzungslinien Öffnen Sie in der Layoutansicht die Registerkarte *Ansicht* (Menüpunkt *Optionen* im *Extras*-Menü) und aktivieren Sie die Option *Textbegrenzungen*. WinWord grenzt den Textbereich durch graue Hilfslinien ein, an denen Sie sich bei Ihrer Arbeit orientieren können.

Mit Hilfe der Registerkarte *Größe und Position* ist auch ein millimetergenaues Positionieren des Rechtecks möglich. Klicken Sie doppelt auf das Rechteck oder wählen Sie den Menüpunkt *Zeichnungselement* im *Format*-Menü. Das folgende Beispiel zeigt, wie Sie den Rahmen genau in der Mitte der Seitenränder plazieren können. (Wählen Sie im Listenfeld *von:* die Einstellung *Seitenrand*.) Ein genaues Plazieren setzt vier Ausrechnungen voraus.

Weil Sie das Rechteck innerhalb der Seitenränder anordnen, müssen Sie in den Eingabefeldern *Horizontal* und *Vertikal* negative Zahlen eingeben. Wenn Sie zusätzlich Kopf- und Fußzeilen verwenden, geben Sie statt der oberen und unteren Seitenränder die Abstände der Kopf- und Fußzeilen zum Seitenrand ein. (Die in Klammern hinzugefügten Beispielzahlen gehen von einem Seitenrand von 3 cm aus.)

Horizontal halber linker Seitenrand (-1,5 cm)

Vertikal halber oberer Seitenrand (-1,5 cm)

Höhe Seitenhöhe - 0,5 * (Summe der Seitenränder oben und unten) (26,7 cm)

Breite Seitenbreite - 0,5 * (Summe der Seitenränder links und rechts) (18 cm)

Mit der Registerkarte *Linie* können Sie Linienart, -dicke und -farbe einstellen. Die Zeichnungselemente sind nur in der Layoutansicht sichtbar. Wenn Sie in die Normalansicht zurückschalten, können Sie die Rahmen nicht sehen.

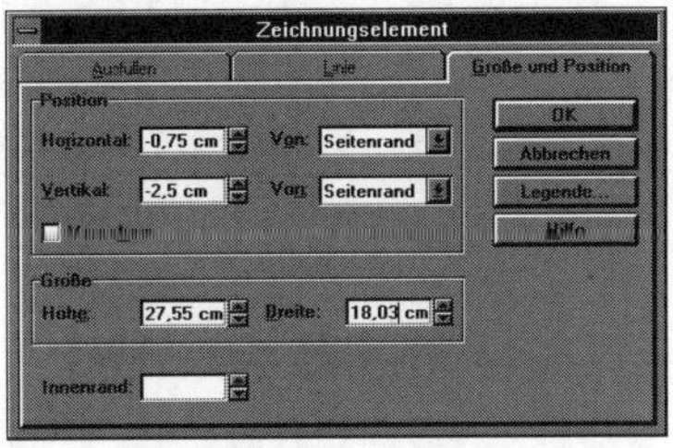

Bei mehrseitigen Dokumenten kopieren Sie den Rahmen mit Hilfe der Zwischenablage auf die übrigen Seiten. Diese Tätigkeit kann sehr einfach ausgeführt werden, wenn mehrere Seiten (möglichst alle) gleichzeitig auf dem Bildschirm zu sehen sind. Wenn Sie einen kleinen Zoomfaktor wählen, stellt WinWord auch in der Layoutansicht mehrere Seiten nebeneinander auf dem Bildschirm dar. Ein Wechseln in die Seitenansicht ist also nicht zwingend erforderlich.

1. Wählen Sie einen Zoomfaktor, bei dem Sie mindestens zwei Seiten des Dokuments einsehen können.
2. Markieren Sie das Zeichnungsobjekt und kopieren Sie es mit Hilfe der Zwischenablage.
3. Setzen Sie den Mauszeiger auf die Rechteckkopie und verschieben Sie das Objekt bei gedrückt gehaltener Maustaste auf die Nachbarseite. Wenn Sie die Rasterfunktion eingeschaltet haben, gelingt das genaue Positionieren auch bei hoher Verkleinerung. Wiederholen Sie den Vorgang so oft, bis alle Seiten des Dokuments mit einem Rahmen versehen sind.

Eventuell werden in der Layoutansicht neben den grafischen Objekten kleine Ankersymbole eingeblendet. Die Anzeige dieser Symbole kann auf der Registerkarte *Ansicht* (Menüpunkt *Extras/Optionen*) eingeschaltet werden. Jedes grafische Objekt hängt immer an einem Absatz, und der Verankerungspunkt wird durch das kleine Symbol gekennzeichnet. Näheres über die Bedeutung der Ankerpunkte erfahren Sie unter: *Eigenwillig - Beim Verschieben sucht sich ein Positionsrahmen immer einen neuen Ankerabsatz*.

Eventuell werden die Rahmenlinien nicht korrekt ausgedruckt. Dafür können folgende Einstellungen auf der Registerkarte *Drucken* (*Extras/Optionen*) die Ursache sein.

- Schalten Sie unter *Optionen für Ausdruck* das Kontrollkästchen *Konzeptausdruck* ab.
- Aktivieren Sie unter *Mit Dokument ausdrucken* das Kontrollkästchen *Zeichnungselement*.
- Werden trotz dieser Maßnahmen die Rahmenlinien nicht ausgedruckt, kann ein Mangel an freiem Arbeitsspeicher die Ursache sein.

Gedanken entwirren - Der richtige Einsatz von Gedanken-, Binde- und Trennstrichen 57

Sie können in WinWord verschiedene Stricharten zum Trennen und Binden von Wörtern verwenden. Die Striche sehen nicht nur unterschiedlich aus, sondern haben auch eine unterschiedliche Funktion, was bei falschem Einsatz leicht problematisch werden kann. Während der Duden zwischen Gedanken- und Bindestrich unterscheidet, also nur zwei Stricharten kennt, gibt es in der Typographie drei Stricharten: den Trennstrich (Bindestrich), den Halbgeviertstrich (Gedankenstrich) und den Geviertstrich.

So nutzen Sie die verschiedenen Stricharten

Die folgende Tabelle faßt die Stricharten zusammen. Sie können die Zeichen entweder mit einer Kurztaste oder dem Dialogfeld *Einfügen/Sonderzeichen* einfügen.

Strichart	Shortcut	Funktion
Gewöhnlicher Bindestrich (Trennstrich)	-	Verwenden Sie diesen Bindestrich zur Ergänzung, Verdeutlichung und Aneinanderreihung von Wörtern (z. B. Warenein- und -ausgang, Soll-Stärke, C-Dur-Tonleiter).
Bedingter Trennstrich	Strg+-	Mit einem bedingten Trennstrich können Sie eine „Soll-Trennstelle" in ein Wort einfügen. Wörter mit einem bedingten Trennstrich werden nur an dieser Stelle getrennt oder gar nicht. Bedingte Trennstriche sind auf dem Bildschirm nur sichtbar, wenn die Anzeige der Steuerzeichen aktiviert ist.
Geschützter Bindestrich	Strg+Umschalt+-	Wenn es die Position in der Zeile erfordert, werden Wörter mit einem Bindestrich an eben diesem Strich getrennt. Um die automatische Trennung zu verhindern, können Sie einen geschützten Trennstrich wählen. (Wählen Sie beispielsweise einen geschützten Trennstrich, wenn Sie verhindern möchten, daß der Name Müller-Lüdenscheid nach dem Bindestrich getrennt wird.)
Gedankenstrich (Halbgeviertstrich)	Strg+— num	Der Gedankenstrich steht vor und nach eingeschobenen Satzstücken oder wird zur Angabe von Wertebereichen genutzt. (z. B. „Politiker sagen – in der Öffentlichkeit – nur Dinge, die der Wähler hören möchte.", 12–14 Uhr). Gedankenstriche verhalten sich wie gewöhnliche Trennstriche, bei Bedarf wird an dieser Stelle der Text in die neue Zeile umbrochen. Um dies zu vermeiden, müssen Sie geschützte Leerstellen zwischen die Wörter und den Gedankenstrichen einfügen.
Langer Gedankenstrich (Geviertstrich)	AltGr+— num	Mit einem langen Gedankenstrich werden z.B.Preisauszeichnungen ohne Nullen (50,— DM) vorgenommen.

Geknickte Optik - WinWord hilft beim Falten

Schlecht gefaltete Briefe rücken Sie nicht unbedingt in das beste Licht, aber bei Briefbögen kann vielleicht noch ein Lineal helfen. Wenn Sie aber mal eben ein Faltblatt erstellen, das dann auch noch passende Seitenzahlen erhalten soll, wird es schon schwieriger.

Wie gedruckt - Falzmarken fürs Briefpapier

Geschäftsbriefe werden in der Regel auf DIN A4 großem Papier geschrieben und in einem Fensterbrief der Größe DL versandt. Dazu muß jede Seite zweimal vertikal gefaltet werden. Kleine Markierungen im Seitenrand können helfen, die Falzpositionen ohne Mühe zu erkennen.

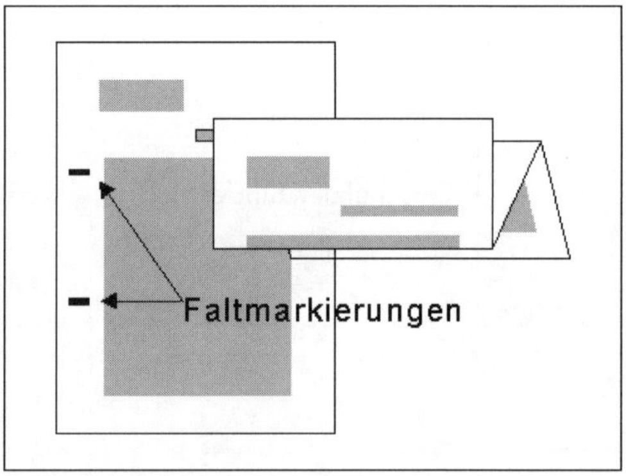

Fügen Sie Falzmarkierungen in der Kopfzeile ein

Fügen Sie einen Absatz mit einem *Abstand vor* von 8,9 cm (oder zwei) mit der Falzmarkierung in die Kopfzeile des Dokuments ein. Als Falzmarke kann beispielsweise der Gedankenstrich verwendet werden.

So erhalten Sie Falzmarkierungen auf jeder Seite

1. Wählen Sie *Datei/Seite einrichten*, und geben Sie im Eingabefeld: *oberer Seitenrand* einen negativen Wert (beispielsweise *-3,5 cm*) ein.
2. Wenn Sie den Kopfzeilenbereich nicht für andere Dinge benötigen, setzen Sie den Abstand zwischen Kopfzeile und Seitenrand auf *0 cm*. (Diese Einstellung reduziert später den Rechenaufwand.)
3. Öffnen Sie den Kopfzeilenbereich (Befehl *Ansicht/Kopf- und Fußzeile*) und geben Sie ein Zeichen für die Falzmarkierung ein.
4. Wählen Sie *Format/Absatz* und positionieren Sie den Absatz mit der Falzmarkierung wie folgt:

Abstand vor *8,9 cm* (Es wird eine Papiergröße von 297 mm (DIN A4) vorausgesetzt.)

Einzug links *-1,5 cm* (Der Zahlenwert ist negativ, weil die Falzmarkierung im linken Seitenrand gedruckt werden soll. Der Wert muß eventuell geändert werden, das hängt vom gewählten Seitenrand und vom eingesetzten Drucker ab.)

5. Wenn Sie eine zweite Falzmarke wünschen, drücken Sie zuerst **Enter** und geben anschließend noch ein weiteres Falzzeichen ein. Verlassen Sie den Kopfzeilenbereich, indem Sie im Textbereich doppelt auf die Maus klicken (oder *Schließen* in der Kopf- und Fußzeilen-Menüleiste wählen.)

Wenn Sie den Kopfzeilenbereich nicht nur für die Falzmarken benötigen, hängt der Abstand vor dem Absatz von der vorhandenen Kopfzeile und dem Abstand zur Papierkante ab. In diesem Fall müssen Sie eventuell etwas probieren. Schätzen Sie die Größe des Abstands, indem Sie sich am seitlichen Lineal orientieren.

Normalerweise wird für die Kopfzeile ein schmaler Bereich zwischen dem oberen Papierrand und der ersten Textzeile verwendet. Besteht die Kopfzeile aus mehreren Absätzen, kann es eventuell zu einer Überschneidung mit dem folgenden Text kommen. In diesem Fall vergrößert WinWord den eingestellten oberen Seitenrand automatisch. Diese Automatik können Sie außer Kraft setzen, indem Sie die Größe des oberen Seitenrands negativ wählen. Durch die negative Zahl wird der Abstand des Textes zur oberen Papierkante nicht beeinflußt (zwischen -3,5 cm und 3,5 cm besteht kein Unterschied, in beiden Fällen beträgt der Seitenrand 3,5 cm), allerdings können Sie jetzt die gesamte Seite für Ihre Kopfzeile verwenden. (Weitere Hinweise, wie Sie mit der Kopfzeile Ihre Dokumente gestalten können, finden Sie in den Tips auf den Seiten 136 bis 146.)

Als mögliche Falzmarkierungen bieten sich folgende Zeichen an:

Zeichen	Shortcut
Geviertstrich „—"	AltGr+— num
Halbgeviertstrich (Gedankenstrich) „–"	Strg+– num
Auslassungspunkte „…"	AltGr+.

Mehrere Seitenzahlen auf einem Blatt - DIN A4 zum Faltblatt machen

Bei einem Faltblatt wird ein einzelnes Blatt so gefaltet, daß daraus mehrere Seiten entstehen. Im einfachsten Fall müssen Sie dazu ein Blatt Papier genau in der Mitte falten. Die so entstehenden „Halbseiten" müssen korrekterweise je eine eigene Seitennummer erhalten.

Mit einer Feldfunktion kann man verschiedene Seitenzahlen auf einer Seite erzeugen

Müssen auf einer Seite beispielsweise zwei Seitenangaben geschrieben werden, muß zwischen *Seite 1 links*, *Seite 1 rechts*, *Seite 2 links*, *Seite 2 rechts* usw. unterschieden werden. Das ergibt für die linken Seitenabschnitte die Seitenfolgen 1, 3, 5, 7 usw., für die rechten Abschnitte die Seitenfolge 2, 4, 6, 8 usw. Die Nummernfolgen lassen sich durch folgende Gleichung beschreiben, die Sie als Feldfunktion in die Kopf- oder Fußzeile der ersten Seite integrieren müssen.

linker Seitenabschnitt	**rechter Seitenabschnitt**
Seitenzahlen: 1, 3, 5, 7 usw. {= 2*{SEITE}-1}	Seitenzahlen: 2, 4, 6, 8 usw. {= 2*{SEITE}-0}

Das Beispiel zeigt eine vierfach unterteilte Seite

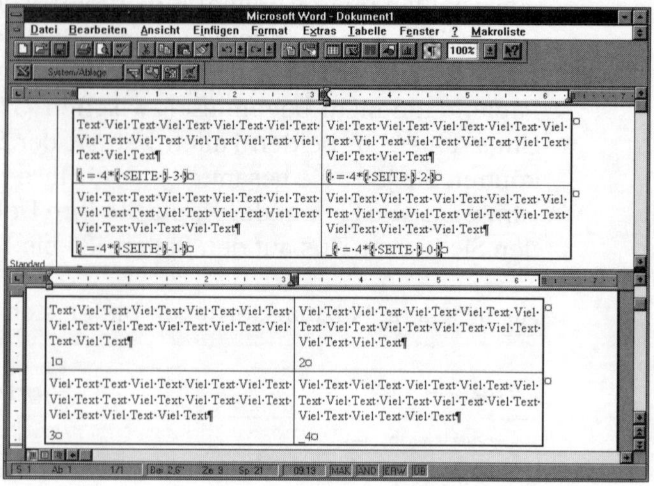

Für dreifach geteilte Seiten lauten die Gleichungen:

linker Seitenabschnitt	mittlerer Seitenabschnitt	rechter Seitenabschnitt
Seitenzahlen: 1, 4, 7, 10 usw. {= 3*{SEITE}-2}	Seitenzahlen: 2, 5, 8, 11 usw. {= 3*{SEITE}-1}	Seitenzahlen: 3, 6, 9, 12 usw. {= 3*{SEITE}-0}

Ob Eiskarte oder Werbebroschüre - So ermitteln Sie die richtige Seitenreihenfolge

Schriftstücke, die zu einem besonderen Anlaß geschrieben werden, verlangen nach einer besonderen Aufmachung. Broschüren, Preislisten oder Speisekarten sind nur einige Beispiele, für die die folgende Lösung Verwendung finden könnte .

Ein dreiteiliges Faltblatt durch Textverschiebung erstellen

Aktivieren Sie unter *Datei/Seite einrichten* die Option *Querformat.* Stellen Sie die Anzahl der Spalten ein und schreiben Sie den Text. Ganz gleich, ob Sie die Seiten nachher ein- oder zweimal falten wollen, in jedem Fall müssen Sie die Reihenfolge der Textblöcke vor dem Ausdruck genau klären. Das gelingt, wenn Sie die erste Spalte wie einen eigenständigen Textabschnitt auffassen und nachher vollständig an das Textende verschieben.

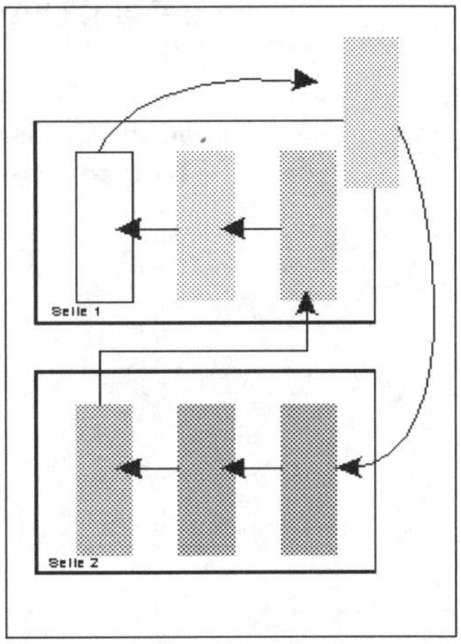

Versetzen Sie so die erste Textspalte an das Textende

Buchheftung mit richtiger Seitenreihenfolge

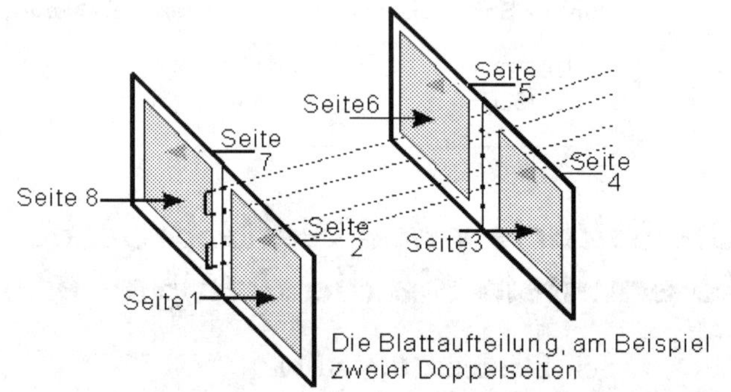

Die Blattaufteilung, am Beispiel zweier Doppelseiten

Wenn Sie eine größere Textmenge geordnet präsentieren möchten, bietet sich die Buchheftung an. Mehrere Seiten werden in der Mitte gefaltet und wie eine Zeitschrift mit Klammern zusammengefügt. Im Gegensatz zum Faltblatt müssen Sie hier alle Textspalten als eigenständige Abschnitte zusammenfassen und nach folgendem Plan umstellen.

So erstellen Sie die richtige Reihenfolge für ein Faltblatt

1. Öffnen Sie das Dialogfeld *Seite einrichten* (führen Sie einen Doppelklick auf dem Lineal aus), setzen Sie die Registerkarte *Papierformat* in den Vordergrund und schalten Sie die Option *Querformat* ein.
2. Klicken Sie das Spaltensymbol an und legen Sie die Anzahl der benötigten Textspalten fest.
3. Wenn Sie die Breite der Seitenränder und Textspalten einstellen, müssen Sie das spätere Falten der Seiten berücksichtigen. Am besten streben Sie einen überall gleichen Abstand zum Seitenrand (bzw. zur Faltkante) an. Die folgende Tabelle zeigt einige Beispiele.

Anzahl der Textspalten	**Seitenrand Links/Rechts**	**Abstand zwischen den Spalten**	**Spaltenbreite (alle Spalten gleich)**
2	1 cm	2 cm	12,9 cm
	1,5 cm	3 cm	11,9 cm
	2 cm	4 cm	10,9 cm
	2,5 cm	5 cm	9,9 cm
3	1 cm	2 cm	7,9 cm
	1,5 cm	3 cm	6,9 cm
	2 cm	4 cm	5,9 cm
	2,5 cm	5 cm	4,9 cm

4. Klicken Sie im horizontalen Zeilenlineal doppelt auf einen grauen Spaltenzwischenraum und geben Sie im folgenden Dialogfeld *Spalten* die Maßzahlen genau ein.

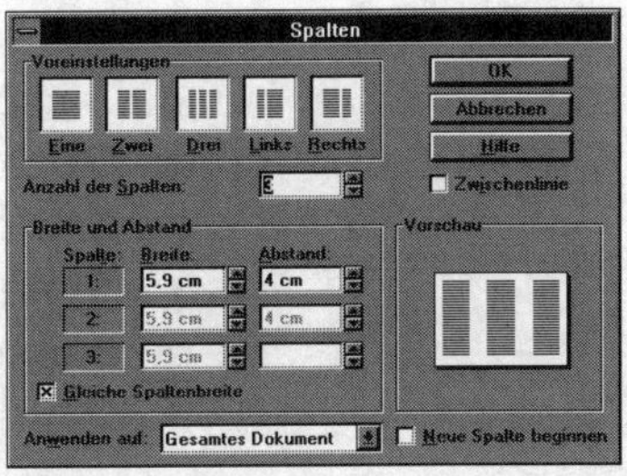

! Die weiteren Handlungsschritte führen Sie zweckmäßigerweise in der Layoutansicht aus. Wenn Sie zusätzlich die Anzeige der Textbegrenzungslinien einschalten (*Extras/Optionen*), können Sie die Textspalten in der richtigen Anordnung erkennen.

5. WinWord führt am Ende einer Textspalte selbständig einen Spaltenumbruch durch. Diese Automatik ist für die erste Textspalte jedoch völlig ungeeignet. Ganz gleich, welche Art von Faltblatt Sie herstellen möchten, die erste Textspalte muß später generell an das Textende verschoben werden (siehe Abbildung). Fügen Sie also deshalb rechtzeitig am Ende der ersten Textspalte mit **Strg+Umschalt+Enter** einen manuellen Spaltenwechsel ein. Die restlichen Spalten können normalerweise ohne manuellen Spaltenumbruch eingegeben werden, es sei denn, ein Spaltenumbruch ist aus anderen Gründen erforderlich.

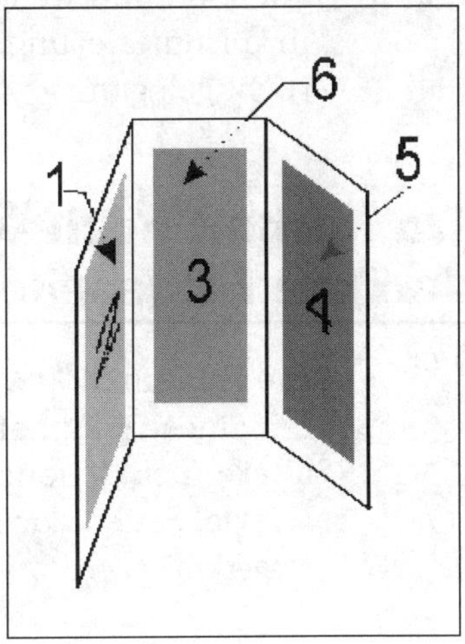

7. Das Versetzen führen Sie am sichersten mit Hilfe der Zwischenablage durch. Markieren Sie die erste Textspalte vollständig und wählen Sie *Ausschneiden*. Sie können jetzt beobachten, wie WinWord die restlichen Textspalten „nachführt“. Bewegen Sie die Schreibmarke mit **Strg+Ende** an das Textende und wählen Sie *Einfügen*. Eventuell müssen Sie noch einen manuellen Spaltenwechsel einfügen, wenn die Schreibmarke sich nicht am Anfang der letzten Textspalte befindet.

8. Schließlich müssen Sie die beiden Seiten nacheinander ausdrucken. Nach dem Ausdruck der ersten Seite müssen Sie das Blatt wenden und erneut in das Papiermagazin (oder Einzelblatteinzug) Ihres Druckers stecken.

Wenn in Ihrem Dokument Bilder, Tabellen, Gleichungen usw. fortlaufend beschriftet werden, kann durch das Verschieben der ersten Textspalte eventuell die Reihenfolge durcheinander kommen. Wenn Sie ganz sichergehen wollen, markieren Sie vor dem Verschieben das gesamte Dokument (**Strg+A**) und wandeln mit **Strg+Umschalt+F9** alle Feldinhalte in Textkörper um.

Seitennumerierung

Alle Ihre Dokumente haben fehlerfrei numerierte Seiten, weil Ihr Textprogramm das ganz wunderbar für Sie erledigt? Schön, aber wissen Ihre Leser auch, ob und welche Seiten folgen? Wenn Sie derartige Informationen für Ihre Numerierung benötigen, kommt sicherlich der eine oder andere Tip recht gelegen.

Da kommt noch was - Auf die Folgeseite hinweisen

Die Feldfunktion *{SEITE}* sorgt für eine fortlaufende Numerierung der Seiten eines Dokuments. In vielen Fällen ist die einfache Seitennumerierung aber unzureichend, wenn beispielsweise genau ersichtlich sein muß, aus wieviel Seiten das Dokument insgesamt besteht oder ob und welche Seite folgt.

Angabe der Gesamtseitenzahl mit der Feldfunktion ANZSEITEN

Die Feldfunktion *{ANZSEITEN}* gibt die Gesamtzahl der Seiten an. Wenn Sie den Ausdruck *Seite {SEITE} von {ANZSEITEN}* in die Kopf- oder Fußzeile integrieren, erreichen Sie eine Seitennumerierung in der Form *Seite 1 von 6, Seite 2 von 6* usw.

Feldfunktion	Feldinhalt (am Beispiel Seite 25)
Seite {SEITE} von {ANZSEITEN}	Seite 25 von 105
Text Text Text Text Text Text Text Text Text Text T	Text Text Text Text Text Text Text Text Text Text T
ext Text Text Text Text Text Text Text Text Text Tex	ext Text Text T Text Text Text ext Text Text Text Text Tex
t Text Text Text Text Text Text Text Text Text Text Text	t Text Text Text Text Text Text Text Text Text Text Text

Die Nummer der folgenden Seite wird mit einer Feldfunktion errechnet

Mit Hilfe der Feldfunktion *{= [Ausdruck]}* können beliebige Berechnungen ausgeführt werden. Die Feldfunktion *{= {Seite}+1}* gibt einen Wert aus, der um eins höher ist als die aktuelle Seitenzahl. Fügen Sie diese Feldfunktion in Kopf- oder Fußzeile ein.

Feldfunktion	**Feldinhalt (am Beispiel Seite 25)**
Seite {SEITE}	Seite 25
Text Text Text Text Text Text Text Text Text Text T	Text Text Text Text Text Text Text Text Text Text T
ext Text Text Text Text Text Text Text Text Text Tex	ext Text Text Text Text Text Text Text Text Text Tex
t Text Text Text Text Text Text Text Text Text Text Text	t Text Text Text Text Text Text Text Text Text Text Text
es folgt Seite {= {SEITE}+1}	es folgt Seite 26

So geben Sie Feldfunktionen ein

1. Das Einfügen und Bearbeiten von Kopf- und Fußzeilen gelingt nur in der Layoutansicht. WinWord wechselt automatisch in diese Ansicht, wenn Sie *Ansicht/Kopf- und Fußzeile* wählen. (Wenn Sie zu einem späteren Zeitpunkt die Kopf- und Fußzeilen nochmals bearbeiten möchten, genügt ein Doppelklick auf dem Bereich, welchen Sie bearbeiten möchten.)
2. Sie haben zwei Möglichkeiten, eine Feldfunktion einzufügen:

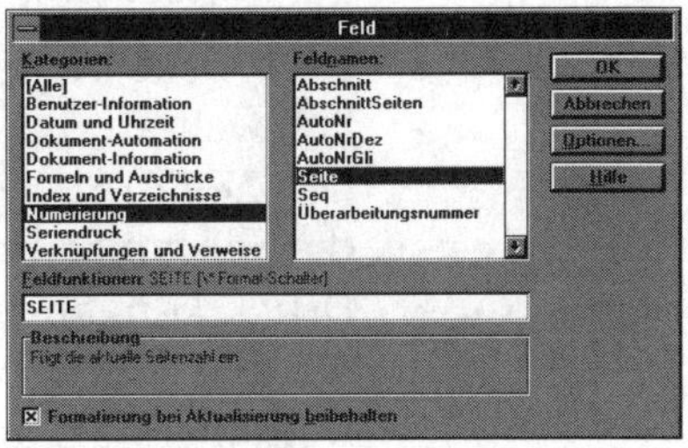

Mit dem Menü arbeiten Wählen Sie *Einfügen/Feld*, bestimmen Sie im folgenden Dialogfeld zunächst die Kategorie, aus der Sie eine Feldfunktion benötigen, und markieren Sie im Bereich *Feldnamen* die gewünschte Funktion. Achten Sie auf die kurzen Hinweise am unteren Dialogfeldrand. Fügen Sie nacheinander die Funktion *Seite* (Kategorie: *Numerierung*) und *Anzseiten* (Kategorie: *Dokument-Info*) ein.

Die Namen der markierten Feldfunktionen werden unterhalb der Listen nochmals in einem Textfeld angezeigt. Durch Anfügen eines Schalters können Sie die Ausführung der Feldfunktion näher beschreiben. Klicken Sie *Optionen* an, wenn Sie die Schalter lieber mit Hilfe eines Dialogfelds eingeben möchten.

Feldfunktionen über die Tastatur eingeben Zum Einfügen häufig benötigter Feldfunktionen können Sie Shortcuts verwenden (z. B. Alt+Umschalt+P für Feld *Seite* einfügen), anderenfalls müssen Sie die Feldfunktionen selbst eingeben. Mit Strg+F9 fügen Sie leere Feldklammern ein. Anschließend müssen Sie den Namen der Feldfunktion zwischen die Feldklammern schreiben. Drücken Sie F9, um die Anzeige zu aktualisieren und die Feldfunktionsanzeige abzuschalten.

3. Schreiben Sie vor und hinter den Feldklammern erklärende Texte, wie beispielsweise *Seite:* und *von*. (Fügen Sie die kommentierenden Texte nicht innerhalb der Feldklammern ein.)

Manuell eingegebene Feldfunktionen

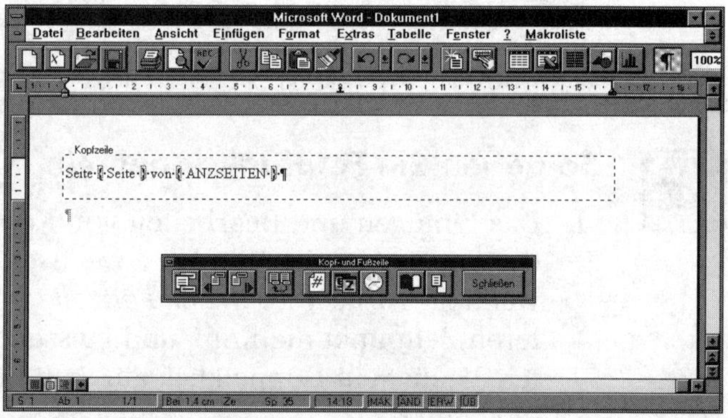

Die meisten Feldfunktionen werden nach einer Änderung nicht automatisch aktualisiert. Sehen Sie jetzt beispielsweise die Anzeige *Seite 2 von 2*, so bleibt die Anzeige erhalten, auch wenn Sie zwischenzeitlich weitere Seiten hinzufügen. (Eine Ausnahme macht nur die Funktion *Seite*.) Sie können die Anzeige manuell aktualisieren, wenn Sie die Schreibmarke in die Feldfunktion setzen und F9 drücken. Beim Druck können Sie wählen, ob alle Felder automatisch aktualisiert werden sollen, oder nicht. Aktualisiert werden die Felder sowohl im Dokument als auch im Ausdruck. Wählen Sie *Extras/Optionen* und setzen Sie die Registerkarte *Drucken* in den Vordergrund. Kreuzen Sie das Kontrollkästchen *Felder aktualisieren* an.

Nicht am Ende - Perfekte Seitenzählung am Schluß

Nachteilig ist bei den errechneten Lösungen, daß der Hinweis auf die nächste Seite auch am Ende des Dokuments erscheint, aber auch das können Sie vermeiden.

Die Feldfunktion WENN weist auf die Folgeseite hin

Die Funktion *{WENN Bedingung „Wahrtext" „Falschtext"}* führt zuerst einen Vergleich aus, von dessen Ergebnis die folgende Textausgabe abhängt. Ist beispielsweise die aktuelle Seitenzahl ungleich der Gesamtseitenzahl, wird der *Wahrtext* ausgegeben, im anderen Fall der *Falschtext.*

Feldfunktion	**Feldinhalt (am Beispiel Seite 25 von 26)**
Seite {seite} Text Text Text Text Text Text Text Text Text Text T ext Text Text Text Text Text Text Text Text Text Text Tex t Text Text Text Text Text Text Text Text Text Text {WENN {SEITE}<>{ANZSEITEN} „bitte umblättern" „dies ist die letzte Seite"}	Seite 25 Text Text Text Text Text Text Text Text Text Text T ext Text Text Text Text Text Text Text Text Text Tex t Text Text Text Text Text Text Text Text Text Text bitte umblättern

Feldinhalt (am Beispiel Seite 26 von 26)

Seite 26
Text Text Text Text Text Text Text Text Text Text T
ext Text Text Text Text Text Text Text Text Text Tex
t Text Text Text Text Text Text Text Text Text Text
dies ist die letzte Seite

Die Auszeichnung der Seitenzahlen ist identisch mit der aktuellen Formatierung der Feldfunktion (genauer, der Formatierung des ersten Zeichens nach der linken Klammer). Wenn Sie die Seitenzahlen in einer bestimmten Schrift und Größe ausgeben möchten, ist es am einfachsten, den vollständigen Ausdruck entsprechend zu formatieren.

Die Ausgabe der Seitenzahlen können Sie mit Hilfe von Feldschaltern steuern. Der Schalter * bestimmt die Formatierung der Ergebnisse (siehe folgende Abbildung). Wenn Sie im Dialogfeld *Einfügen/Feld* die Schaltfläche *Optionen* anklicken, können Sie die Schalter menügesteuert hinzufügen. (Beachten Sie, daß Sie die Berechnungen mit Seitenzahlen nur im Standardformat ausführen können.)

Beispiel	**Ausgabe**
{ SEITE * arabisch}	1, 2, 3, 4 _ (Standardformat)
{ SEITE * ALPHABET}	A, B, C, D _
{ SEITE * alphabet }	a, b, c , d _
{ SEITE * RÖMISCH }	I, II, III, IV _
{ SEITE * römisch }	i, ii, iii, iv _

Nach dem Umschalten auf die Ansicht der Feldfunktionen erscheint innerhalb der geschweiften Klammern die Information *FORMAT VERBINDEN. Diesen Schalter fügt WinWord bei vielen Feldfunktionen selbst hinzu. Er sorgt dafür, daß die manuelle Formatierung des letzten Feldergebnisses bei einer Aktualisierung des Feldes erhalten bleibt.

Bei der Bearbeitung kompliziert aufgebauter Feldfunktionen ist es mitunter lästig, zwischen der Funktionsansicht und den Feldergebnissen ständig mit **Umschalt**+**F9** hin und her zu schalten, um die korrekte Programmausführung zu testen. Wenn Sie den Bildschirm in zwei Ausschnitte teilen, können Sie in einem Ausschnitt die Feldfunktionen (stellen Sie hier unbedingt die Layoutansicht ein) und im anderen Ausschnitt die Ergebnisse betrachten.

Kopf- und Fußzeilen - Mehr als nur Information

In erster Linie sind Kopf- und Fußzeilen natürlich als Informationsträger für Seitenzahlen, Datum, Fußnoten oder ähnliches vorgesehen, aber richtig gestaltet geben sie der Seite erst das interessante Aussehen, das man mit einer professionellen Arbeit verbindet.

WinWord austricksen - Verschiedenartige Kopf- und Fußzeilen schon vor der Texteingabe festlegen 63

Jeder Anwender macht sich frühzeitig Gedanken über das Aussehen verschiedener Elemente, wie beispielsweise Kopf- und Fußzeilen. Leider ist es nicht möglich, Vorlagen für unterschiedliche Kopf- und Fußzeilen für die erste Seite bzw. für eine gerade und ungerade Seite zu erstellen, wenn das Dokument nur diese einzige Seite umfaßt (was aber der Fall ist, wenn Sie mit der Texterfassung noch gar nicht begonnen haben). Es ist zwar möglich, über den Befehl *Datei/Seite einrichten* (Registerkarte *Seitenlayout*) die Option *Unterschiedliche Kopf- und Fußzeilen* zu aktivieren, über den Menüpunkt *Ansicht/Kopf- und Fußzeile* ist aber dennoch nur die Bearbeitung der aktuellen Kopf- und Fußzeile möglich.

Eine leere Seite einrichten und später wieder löschen

Um das Problem zu lösen, fügen Sie zu Beginn einen manuellen Seitenumbruch ein, den Sie später wieder löschen. Sobald das Dokument mehr als eine Seite umfaßt, wird die Bearbeitung unterschiedlicher Kopf- und Fußzeilen möglich, vorausgesetzt, Sie haben die entsprechende Option im Dialogfeld *Seite einrichten* aktiviert.

Eine Vorlage mit unterschiedlichen Kopf- und Fußzeilen erstellen

1. Erstellen Sie ein neues Dokument und fügen Sie mit **Strg+Enter** einen manuellen Seitenwechsel ein. Wenn Sie vorhaben, die Optionen *Ungerade/Gerade Seiten* und *Erste Seite anders* zu kombinieren, müssen Sie zwei Seitenwechsel einfügen, also insgesamt drei Seiten erzeugen.
2. Wechseln Sie in die *Kopf- und Fußzeilen*-Ansicht und rufen Sie den Befehl *Seite einrichten* auf. Kreuzen Sie auf der Registerkarte die gewünschte Option (*Erste Seite anders* bzw. *Gerade/Ungerade Seite anders*) an. Wählen Sie bei Abschnittsbeginn *Neue Seite*.
3. Mit den Schaltflächen der *Kopf- und Fußzeilen*-Symbolleiste gelingt jetzt das Umschalten zwischen den verschiedenen Kopf- und Fußzeilenbereichen problemlos. WinWord positioniert die Kopf- und Fußzeilen in der Layoutansicht. Die dünne Rahmenlinie signalisiert Ihnen den zur Verfügung stehenden Platz. Innerhalb der Linie können Sie einen Hinweis lesen, welchen Kopf- oder Fußzeilenbereich Sie gegenwärtig bearbeiten.

4. Wenn Sie diese Tätigkeit beendet haben, können Sie den (die) manuell eingefügten Seitenwechsel wieder löschen und Ihre Arbeit als Dokumentvorlage sichern.

Dieses Beispiel zeigt, daß Updates nicht nur Verbesserungen mit sich bringen. In WinWord 2.0 war das Einrichten unterschiedlicher Kopf- und Fußzeilen viel einfacher geregelt. Der Menüpunkt *Ansicht/Kopf- und Fußzeile* erlaubte einen Wechsel zwischen den einzelnen Bereichen, unabhängig davon, wieviel Seiten das Dokument bereits umfaßt.

Die Kopf- und Fußzeilen per Makro generieren

Das folgende Beispiel ist bewußt einfach gehalten, weil über das endgültige Aussehen der Kopf- und Fußzeilen letztendlich Sie selbst entscheiden müssen. Es zeigt lediglich den Weg auf, in dem Sie eigene Gestaltungswünsche einbringen können.

1. Kernstück des Makros ist der Befehl *AnsichtNormalKopfzeileBereich*, mit dem Sie Art und Umfang der Kopf- und Fußzahlen unabhängig von Seitenzahl und sonstigem generieren können. Setzen Sie lediglich die Parameter richtig ein.

   ```
   AnsichtNormalKopfzeileBereich [.Art = Zahl] [, .ErsteSeite = Zahl] [GeradeUngeradeSeiten = Zahl]
   [, .AbstandKopfzeile = Text$] [, .AbstandFußzeile = Text$]
   ```

   Mit dem Argumenten *Art*, *ErsteSeite* und *GeradeUngeradeSeite* legen Sie fest, welche Ansicht dargestellt werden soll. Die folgenden Fallbeispiel zeigen die Variationsvielfalt:

Kopf- und Fußzeile	Art	ErsteSeite	GeradeUngeradeSeiten
Standard: alle Seiten erhalten die gleiche Kopf- bzw. Fußzeile	0 Kopfzeile 1 Fußzeilen	0 (Null)	0 (Null)
Nur erste Seite erhält eine gesonderte Kopf- und Fußzeile	0 Kopfzeile 1 Fußzeile 2 Erste Kopfzeile 3 Erste Fußzeile	1	0 (Null)
Gerade und ungerade Seiten erhalten unterschiedliche Kopf- und Fußzeilen	0 Gerade Kopfzeile 1 Gerade Fußzeile 2 Ungerade Kopfzeile 3 Ungerade Fußzeile	0 (Null)	1
Unterschiedliche Kopf- und Fußzeilen auf der erste Seite , sowie auf geraden und ungeraden Seiten.	0 Erste Kopfzeile 1 Erste Fußzeile 2 Gerade Kopfzeile 3 Gerade Fußzeile 4 Ungerade Kopfzeile 5 Ungerade Fußzeile	1	1

2. Geben Sie das Beispiel im Makrofenster ein. Es unterscheidet zwischen geraden und ungeraden Seiten und fügt mit *EinfügenFeldSeite* am linken bzw. rechten Seitenrand die Seitenzahl ein. Der Befehl *EinfügenFeld* erlaubt das Einbringen vieler Feldfunktionen (wie *beispielsweise EinfügenFeld .Feld = „DATEINAME „* oder *EinfügenFeld .Feld = „BENUTZERNAME „*. Schließen Sie das Fenster und testen Sie das Makro an einem Beispieldokument.

```
Sub MAIN

REM Gerade Kopfzeile einrichten
AnsichtNormalKopfzeileBereich .Art = 0, .ErsteSeite = 0, .GeradeUngeradeSeiten = 1
Einfügen „Seite:"
EinfügenFeldSeite
AusschnittSchließen

REM Ungerade Kopfzeile einrichten
AnsichtNormalKopfzeileBereich .Art = 2, .ErsteSeite = 0, .GeradeUngeradeSeiten = 1
Einfügen Chr$(9) + Chr$(9) + „Seite:"
EinfügenFeldSeite
AusschnittSchließen

End Sub
```

Wenn Sie Ihre Kopf- und Fußzeilen anders gestalten möchten, ändern Sie das Grundmuster nach Ihren Bedürfnissen ab.

Oben und unten makellos - Professionelle Seitengestaltung mit Kopf- und Fußzeilen

Kopf- und Fußzeilen führen häufig ein Schattendasein. Meist wird der Formatierung des Haupttextes große Beachtung geschenkt, und die unterstützende Funktion der Kopf- und Fußzeilen wird bei der Dokumentgestaltung völlig vergessen.

Durchaus möglich - Die Seitenzahl im Seitenrand drucken

Wenn Sie in die Kopf- oder Fußzeilenansicht wechseln, signalisiert Ihnen WinWord durch eine gestrichelte Rahmenlinie den zur Verfügung stehenden Bereich. Setzen Sie den Mauszeiger auf die Seitenrandbegrenzer im Lineal und ziehen Sie sie einfach in den Seitenrand hinein. Die Randlinie zur Markierung des Kopfzeilenbereichs bleibt zwar unverändert an ihrem

Platz, doch hat das keinen Einfluß auf den Ausdruck. Aus technischen Gründen müssen Sie allerdings einen Mindestabstand von einigen Millimetern zur Papierkante halten.

Erstellen Sie Rahmen und Schattierungen mit der Tabellenfunktion

Wenn Sie in Ihren Kopfzeilen attraktive Rahmen oder Schattierungen wünschen, bietet sich die Arbeit mit der Tabellenfunktion geradezu an. Erstellen Sie einfach im Bereich der Kopf- bzw. Fußzeile eine Tabelle, deren Aussehen nur von Ihren gestalterischen Vorstellungen abhängt. Jetzt können Sie nach Belieben mit Rahmen und Schattierungen arbeiten.

Kopf- und Fußzeilen mit der Tabellenfunktion gestalten

Wenig beachtet wird, daß im Kopf- und Fußzeilenbereich auch die Tabellenfunktion eingesetzt werden kann. Natürlich hat eine Tabelle im eigentlichen Sinne nichts in der Kopf- oder Fußzeile zu suchen, doch lassen sich mit der Tabellenfunktion sehr leicht Rahmen, Muster und Schattierungen erzeugen.

Eine Kopfzeile mit Pfiff

1. Öffnen Sie den Kopf- und Fußzeilenbereich.
2. Fügen Sie eine 2 x 2 Felder umfassenden Tabelle ein, und ziehen Sie das rechte Ende der Tabelle in den Seitenrand (bis unmittelbar vor die Papierkante). Ziehen Sie weiterhin die Spaltenbegrenzung auf den rech-

ten Seitenrand. Sie haben jetzt eine Tabelle mit stark unterschiedlichen Spaltenbreiten (die linke Spalte hat die Breite des Satzspiegels, die rechte Spalte fast die Größe des Seitenrands.).

3. Die untere Tabellenzeile soll keinen Text aufnehmen, sondern lediglich einen „dicken Unterstrich“ simulieren. Markieren Sie die Zeile vollständig und wählen Sie eine Zeilenhöhe von *Genau 5 pt* (ca. halbe Buchstabenhöhe). Achten Sie auf die Einstellung *Genau*, anderenfalls bleibt bei der Voreinstellung *Mindestens* alles beim alten. Die obere Zeile kann ebenfalls genau eingestellt werden, allerdings hängt das Maß von der gewählten Schriftgröße ab. (Kopfzeilen werden meist in einer etwas kleineren Schrift gedruckt als der übrige Text.)
4. Öffnen Sie die *Rahmen*-Symbolleiste, wählen Sie eine ca. 50%ige Schattierung für die komplette untere Zeile und stellen Sie in der oberen Zeile für die ganz rechts befindliche Zelle eine umgebende Randlinie her.
5. Schreiben Sie das Wort „Seite“ in die Zelle und fügen Sie gleich dahinter die Feldfunktion *Seite* ein.

Wenn Sie auf geraden und ungeraden Seiten mit spiegelbildlich angeordneten Seitenzahlen arbeiten, müssen Sie die Kopfzeile für die gerade Seite entsprechend ändern. Statt der Seitenzahlen können Sie auch Kapitelüberschriften oder andere Dokument-Informationen in das kleine Kästchen schreiben.

Sonderschichten - Mehrere Abschnitte machen mehrere Kopfzeilen erforderlich 65

Texte mit mehreren Kapiteln werden zumeist in Abschnitte unterteilt. Zusammen mit jedem Abschnittwechsel soll sich auch die Kopfzeile ändern, aber nach der Eingabe der ersten Kopfzeile erscheint dieser Text auch in allen anderen Abschnitten. Diese Automatik verhindert, daß die folgenden Abschnitte ohne Kopfzeile bleiben, bzw. daß die automatische Seitennumerierung über Abschnittwechseln unterbrochen wird.

Kopfzeilen abschnittweise von Hand erstellen und wechseln

Bewegen Sie die Schreibmarke in den ersten Abschnitt und legen Sie die Kopfzeile fest. Sie können feststellen, daß WinWord die Kopfzeile sofort auch auf die übrigen Abschnitte überträgt. Gehen Sie mit *Nächste Anzeigen* zur Kopfzeile des folgenden Abschnitts und lösen Sie die Verknüpfung, indem Sie *Wie vorige* anklicken. Leider löscht WinWord durch diese Aktion nicht die an dieser Stelle schon eingefügte Kopfzeile. Löschen Sie die falsche Kopfzeile und geben Sie eine neue passend zum Kapitel ein. Sie müssen die zuletzt ausgeführten Arbeitsschritte für jeden Abschnitt wiederholen.

Um die Verknüpfung zwischen den Kopfzeilen wieder herzustellen, müssen Sie die Symbolfläche *Wie vorige* nochmals anklicken. Anschließend werden Sie dazu aufgefordert, die Verknüpfung zu bestätigen. Wiederholen Sie den Arbeitsschritt mit jedem Abschnitt, für den Sie die Verknüpfung wieder herstellen möchten.

Die Kapitelüberschrift per Makro in die Kopfzeile integrieren

Oftmals ist es nötig, in die Kopfzeilen der einzelnen Abschnitte die Kapitelüberschriften zu wiederholen. Sie können im Prinzip wie eben beschrieben vorgehen. Wenn Sie die Kapitelüberschriften mit der Funktion *Format/Überschriften numerieren* erstellt haben, können Sie den Vorgang durch das folgende Makro rationeller organisieren. Das Makro sucht im Text nach der automatischen Formatvorlage „Überschrift 1“, kopiert die Kapitelüberschrift und fügt sie in die Kopfzeilenansicht wieder ein. Sie müssen lediglich zu Beginn des Makros WinWord mitteilen, in wie viele Abschnitte Sie Ihr Dokument unterteilt haben.

```
Sub MAIN
Num$ = InputBox$(„Wie viele Abschnitte enthält der Text?")
Num = Val(Num$)
BeginnDokument
For x = 1 To Num
BearbeitenSuchenFV .Formatvorlage = „Überschrift 1"
BearbeitenSuchen
BearbeitenKopieren
AnsichtKopfzeile
If x = 1 Then Goto Überspringen
KopfFußzeilenVerknüpfungUmschalten
MarkierungErweitern
MarkierungErweitern
```

```
MarkierungErweitern
BearbeitenLöschen
überspringen:
BearbeitenEinfügen
BearbeitenLöschen - 1
AnsichtKopfFußzeileSchließen
Next x
BeginnDokument
End Sub
```

Finger weg vom Logo - Den Briefkopf vor dem Überschreiben schützen

Für die Erledigung der geschäftlichen oder privaten Briefpost wird normalerweise ein eigens dafür gestaltetes Briefpapier verwendet. Beim Entwurf des Briefbogens sind neben einem gelungenen Design auch die DIN und postalische Vorschriften für Größe und Plazierung des Anschriftenfelds usw. zu berücksichtigen, aber wie schnell ist der gestaltete Briefkopf versehentlich überschrieben.

Den Briefkopf komplett in die Kopfzeile integrieren

Wählen Sie einen negativen Seitenrand oben und öffnen Sie den Kopfzeilenbereich. Positionieren Sie alle benötigten Elemente (Firmenlogo, vollständige Firmenadresse, Ort und Datum-Absatz usw.) in der Kopfzeile. Fügen Sie das Datum mit **Alt**+**Umschalt**+**D** als Feldfunktion ein. Stellen Sie in der normalen Textansicht beim ersten Absatz einen ausreichend großen Anfangsabstand ein, damit es zu keiner Überschneidung mit der Kopfzeile kommt. Speichern Sie dieses Briefmuster als Dokumentvorlage.

Einen Briefbogen als Kopfzeile gestalten

1. Entwerfen Sie zunächst in Form einer Handskizze das gewünschte Layout. Wenn Sie Briefumschläge mit einem Fenster für die Empfängeranschrift verwenden, müssen Sie dafür einen ca. 4 x 8 cm großen Raum freihalten. Dieser Raum gehört eigentlich zur Kopfzeile, aber weil Anschriftentexte wohl nicht breiter als 8 cm werden, können Sie ihn quasi doppelt nutzen und dort die Anschrift eintragen.

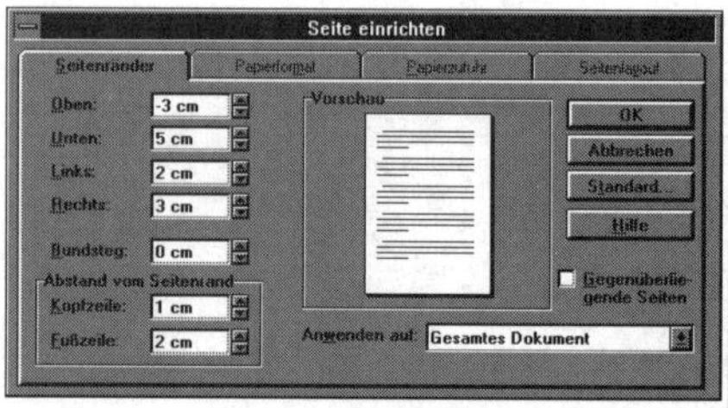

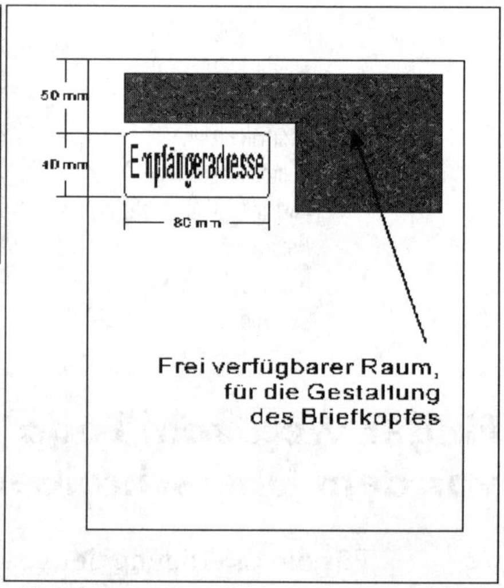

2. Öffnen Sie das Dialogfeld *Seite einrichten* und stellen Sie die Seitenränder sowie die Kopf- und Fußzeilenabstände ein (Orientieren Sie sich an der Skizze über die Größenverhältnisse).

3. Bei mehrseitigen Schriftstücken ist es meist üblich, die zweite und alle folgenden Seiten weniger aufwendig zu gestalten. Hier reicht oft eine einfach gestaltete Firmenanschrift mit Angabe der Seitennummer und des Druckdatums. Voraussetzung für eine unterschiedliche Kopf- und Fußzeilengestaltung ist ein mindestens zweiseitiges Dokument. Sie können WinWord ein mehrseitiges Dokument vortäuschen, indem Sie mit **Strg+Enter** einen manuellen Seitenwechsel einfügen. Jetzt können Sie problemlos für die erste und die folgenden Seiten unterschiedliche Kopf- und Fußzeilen kreieren. Den unnötigen Seitenwechsel können Sie später wieder löschen, ohne daß die Einstellungen verlorengehen.

4. Wählen Sie *Ansicht/Kopf- und Fußzeile* und legen Sie die Optionen für die Kopf- und Fußzeilen fest. Klicken Sie die Symbolfläche *Seite einrichten* an und kreuzen Sie im Bereich *Kopf- und Fußzeile* die Option *Erste Seite anders* an.

5. Gestalten Sie jetzt die unterschiedlichen Kopfzeilen. Sie können dafür beispielsweise die Zusatzprogramme *Microsoft Draw* und *Word-Art* einsetzen.

Sie können auf diese Weise auch ein Wasserzeichen auf jeder Seite plazieren, indem Sie beispielsweise auf der Seitenmitte eine Hintergrundgrafik anbringen, über die nachher der Text geschrieben wird.

Ein Gestaltungsvorschlag in zwei verschiedenen Ansichten (Layoutansicht, Kopf- und Fußzeilen-Ansicht)

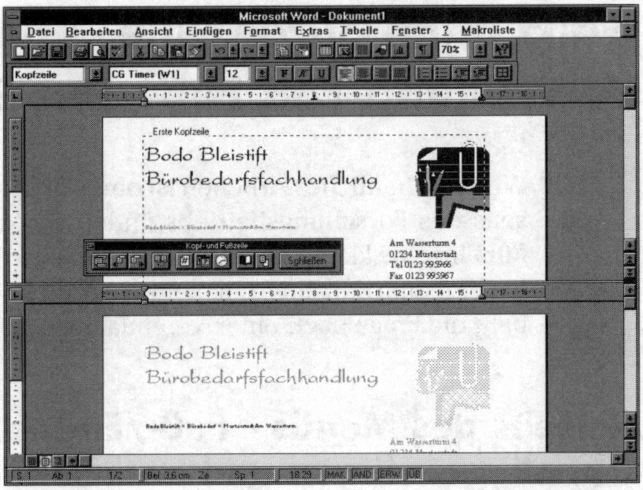

6. Den im Hintergrund befindlichen Briefkopf können Sie nur in der Layoutansicht sehen. Mit dem ersten Absatz in dieser Ansicht müssen Sie sicherstellen, daß sich die Empfängeradresse in dem kleinen Bereich des Brieffensters befindet. Das ist der Fall, wenn Sie für diesen Absatz einen ca. 2 cm großen Anfangsabstand wählen.

7. Speichern Sie diese Briefvorlage als Dokumentvorlage ab. Wählen Sie *Datei/Speichern unter*, geben Sie der Vorlage einen Namen und stellen Sie im Feld *Dateityp* die Option *Dokumentvorlage* ein.

! Für den Geschäftsbrief benötigen Sie natürlich auch einen Briefumschlag. Wie Sie die Funktion *Extras/Umschläge und Etiketten* nutzen können, erfahren Sie in den Tips auf den Seiten 218 und 273.

! Wenn Sie mit einem Fensterbriefumschlag arbeiten, können Sie sich das Beschriften des Umschlags ersparen. Damit aber dennoch der Absender zu erkennen ist, empfiehlt es sich, den Absender in kleiner Schrift der Empfängeradresse voranzustellen (siehe Beispiel).

Alfred Roßkamp Waldweg 4 01234 Musterstadt

Werner Schrödinger
Schulweg 19

11224 Musterburg

Ganz ohne Bürokratie - Die effiziente Verwaltung von Fuß- und Endnoten

Wissenschaftliches Arbeiten ist ohne Fußnoten undenkbar, aber selbst jenseits des Forschungsbetriebs finden sie immer mal wieder Anwendung. Für einzelne kleine Anmerkungen stellt der Menüaufruf sicher eine brauchbare Lösung dar, aber bei mehr als zehn Fußnoten in einem Text stellt sich bald die Frage nach einer Vereinfachung.

Jenseits des Menüs - Fuß-/Endnoten schneller einfügen und bearbeiten

66

Das Einfügen von Fuß- oder Endnoten, in denen Bemerkungen, Verweise o. ä. zum Text stehen, über den Menübefehl ist oft einfach zu umständlich, der Schreibfluß wird durch den Griff zur Maus eher behindert - und das sollte Ihren Gedanken nicht passieren.

Fuß- / Endnoten mit AltGr+F / E einfügen

Bewegen Sie die Schreibmarke an die Stelle im Text, an der Sie eine Fußnote einfügen wollen und drücken Sie AltGr+F (Endnoten: AltGr+E). WinWord wechselt in den Fußnotenausschnitt (Normalansicht) oder an den unteren Seitenrand (Layoutansicht). Geben Sie den Fußnotentext ein und wählen Sie *Schließen* bzw. klicken Sie doppelt auf das Fußnotenzeichen.

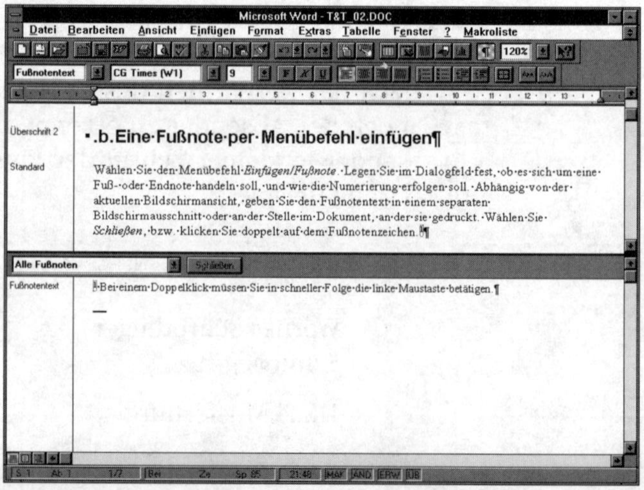

Ein geöffneter Fußnotenausschnitt

So bearbeiten Sie Ihre Fußnoten

Die folgende Tabelle faßt alle Möglichkeiten, wie Sie Fußnoten bearbeiten können, zusammen. Falls Sie die automatische Fußnotennumerierung verwenden, aktualisiert WinWord alle übrigen Fußnoten, sobald Sie eine Fußnote hinzufügen, löschen oder verschieben.

Dies wollen Sie tun	So wird's gemacht
Fußnote in der Normalansicht bearbeiten	Möchten Sie eine Fußnote zu einem späteren Zeitpunkt nochmals bearbeiten, müssen Sie das entsprechende Fußnotenzeichen im Text doppelt anklicken (oder wählen Sie *Ansicht/Fußnote*). In der Normalansicht zeigt WinWord die Fußnoten in einem separaten Fenster an. Befinden sich im geöffneten Fußnotenausschnitt bereits mehrere Fußnoten, zeigt WinWord im Textausschnitt genau diejenige Stelle an, in der sich die Schreibmarke im Fußnotenausschnitt befindet. Beide Bildschirmausschnitte arbeiten gewissermaßen synchron. Bearbeiten Sie die Fußnote und wählen Sie *Schließen* (oder klicken Sie doppelt auf das Fußnotenzeichen), um den Fußnotenausschnitt wieder zu schließen.
Fußnote in der Layoutansicht bearbeiten	In der Layoutansicht können Sie die Fußnoten direkt auf der Seite bearbeiten. Möchten Sie zum Textausschnitt wieder zurückkehren, müssen Sie das Fußnotenzeichen doppelt anklicken oder im Kontextmenü den Befehl *Gehe Zu Fußnote* wählen.
Eine Fußnote suchen	Wenn Ihnen die Suche im Text nach dem Fußnotenzeichen zu unbequem erscheint, können Sie für eines der folgenden Verfahren optieren: ➜ Wählen Sie *Ansicht/Fußnote*, um den Fußnotenausschnitt zu öffnen. ➜ Klicken Sie doppelt auf die Statuszeile (oder drücken Sie **F5**), wählen Sie im folgenden Dialogfeld das Element *Fußnote* und geben Sie die Fußnotennummer ein. Statt einer Fußnotennummer können Sie auch eine relative Sprungadresse eingeben. Wenn Sie das Eingabefeld unausgefüllt lassen, springt WinWord die Fußnoten nacheinander an.
Eine Fußnote löschen	Eine Fußnote können Sie löschen, indem Sie das Fußnotenzeichen im Text (nicht im Fußzeilenbereich) mit **Entf** oder *Ausschneiden* löschen.
Eine Fußnote umstellen	Wenn Sie Fußnoten umstellen möchten, markieren Sie das Fußnotenzeichen und ziehen es an den gewünschten Ort, oder verwenden Sie die Zwischenablage.
Eine Fußnote kopieren	Markieren Sie das Fußnotenzeichen, halten Sie **Strg** gedrückt, während Sie das Zeichen mit der Maus versetzen, oder verwenden Sie die Zwischenablage.

Dies wollen Sie tun	So wird's gemacht
Das Numerierungsformat ändern	Statt der voreingestellten Ziffernfolge 1, 2, 3 usw. können Sie im Dialogfeld *Fußnote/Endnote* unter *Optionen* ein anderes Numerierungsformat (beispielsweise a, b, c usw.) wählen. Alle bisher eingefügten Fußnotenzeichen werden nach der Änderung aktualisiert.
Die Formatierung der Fußnote oder des Fußnotenzeichens ändern	Die Formatierung der Fußnoten und der Fußnotenzeichen im Text wird in Formatvorlagen festgelegt. Wenn Sie sie verändern wollen, sollten Sie am besten aus dem Fußnotentext heraus die Option *Formatvorlage* im Kontextmenü aufrufen. Sofort erscheint das entsprechende Dialogfeld, und Sie befinden sich an der richtigen Stelle im Listenfeld *Formatvorlagen*. Über die Schaltfläche *Bearbeiten* haben Sie jetzt die Möglichkeit, das Format gezielt zu ändern.

Wenn der Fall eintritt, daß in einem Dokument alle Fußnoten gleichzeitig gelöscht werden sollen, müssen Sie die Fußnoten nicht einzeln suchen und löschen, sondern können einfacher folgendermaßen vorgehen: Setzen Sie die Schreibmarke mit **StrgPos1** an den Anfang des Textes und wählen Sie *Bearbeiten/Ersetzen*. Tragen Sie den Suchbegriff *^F* (WinWord-internes Fußnotenzeichen) ein. Lassen Sie das Feld *Ersetzen* leer und wählen *Sie Alles ersetzen*.

Abgrenzungstendenzen - Trennlinie und Text

67

Fußnoten werden durch horizontale Striche optisch vom übrigen Text getrennt. Normalerweise verwendet WinWord für Fußnoten eine ca. 5 cm lange Trennlinie. Werden Fußnoten auf der folgenden Seite fortgesetzt, grenzt auf der Folgeseite eine vom linken zum rechten Seitenrand reichende Trennlinie (sogenannte Fortsetzungstrennlinie) den Fußnotentext vom übrigen Text ab.

Eine Trennlinie kann kreativ gestaltet werden

Das Einstellen und Bearbeiten von Fußnotentrennlinien und Fortsetzungshinweisen erfolgt im Fußnotenausschnitt. Wählen Sie im Listenfeld am oberen Rand des Fußnotenausschnitts die Trennlinie aus, die Sie bearbeiten wollen. Führen Sie im Fußnotenausschnitt die Änderungen durch. Mit *Vorgabe* können Sie Ihre Änderungen wieder rückgängig machen.

Graue Schattierung als Trennlinie

Voraussetzung für das Umgestalten von Trennlinien ist das Vorhandensein von mindestens einer Fuß- oder Endnote.

1. Schalten Sie die Normalansicht ein, und öffnen Sie den Fußnotenausschnitt mit *Ansicht/Fußnote.*
2. Das Listenfeld im oberen Rand des Fußnotenausschnitts zeigt die Einstellung *Alle Fußnoten.* Klicken Sie neben dem Listenfeld und wählen Sie die Option *Fußnotentrennlinie.* Im Fußnotenausschnitt wird nun nicht mehr der Fußnotentext angezeigt, sondern die Standardtrennlinie.
3. Da die Standardlinie nicht geändert werden kann, ist sie für das folgende Experiment völlig wertlos und sollte deshalb entfernt werden.
4. Im Fußnotenausschnitt haben Sie die gleichen Formatierungsmöglichkeiten wie im übrigen Text. Sie können beispielsweise Tabstopps bestimmen und die Textausrichtung ändern. Eventuell kann bei der weiteren Arbeit die Anzeige eines Lineals hilfreich sein, welches Sie mit *Ansicht/Lineal* einblenden können.
5. Wünschen Sie beispielsweise eine graue Schattierung als Trennlinie, öffnen Sie mit der Schaltfläche *Rahmen und Schattierungen* die Symbolleiste *Rahmen* und wählen eine Schattierung. Wenn die Schattierung nicht vom linken bis zum rechten Seitenrand reichen soll, können Sie wie gewohnt mit den Symbolen im Zeilenlineal Einzüge in den Absatz einbringen.
6. Wählen Sie *Schließen* und betrachten Sie die Änderungen in der Layout- oder Seitenansicht.

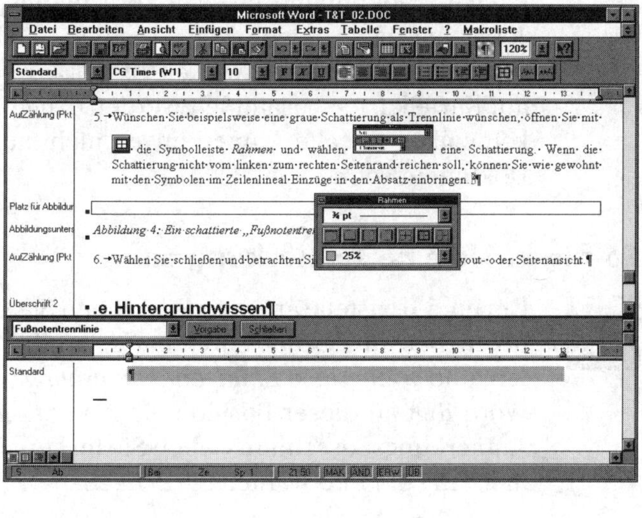

Ein schattierte „Fußnotentrennlinie“

Je nach Funktion können Sie zwischen insgesamt sechs Trennlinien wählen. Mit der Option *Vorgabe* können Sie eine Änderung wieder rückgängig machen und zu den Standardeinstellungen zurückkehren.

- ➜ *Fortsetzungstrennlinie*: Eine Linie zur Abtrennung von Fußnoten, die auf der folgenden Seite fortgesetzt werden müssen. Als Vorgabe dient eine von Seitenrand zu Seitenrand durchgehende Linie.
- ➜ *Fußnoten-Fortsetzungshinweis*: Hier können Sie durch einen kurzen Text (beispielsweise „Fortsetzung auf der nächsten Seite") darauf hinweisen, daß eine Fußnote auf der nächsten Seite fortgesetzt wird. Die Vorgabe enthält keinen Text.
- ➜ *Endnotentrennlinie*, *Endnoten-Fortsetzungstrennlinie* und *Endnoten-Fortsetzungshinweis* sind die äquivalenten Gegenstücke zu Fußnotenlinien und Hinweisen.
- ➜ *Eine Trennlinie unterdrücken*: Wenn Sie keine Trennlinie angezeigt haben möchten, können Sie folgenden Trick einsetzen: Wenn Sie sich in der Normalansicht im Fußnotenfenster befinden, können Sie aus dem Dropdown-Feld des Fensters den Eintrag *Fußnotentrennlinie* wählen. Diese Linie können Sie markieren und löschen.

Ein elektronischer Zettelkasten - die Anmerkungen

Längere Dokumente müssen sorgfältig geplant und vorbereitet werden. Jeder hat da so seine eigene Technik im Umgang mit den vielen Notizen und Textfragmenten entwickelt, die zur Vorbereitung irgendwo im Kopf oder auf Karteikarten gesammelt werden. Angesichts der späteren Verwertbarkeit sollten Sie alle Anmerkungen nicht auf Papier, sondern direkt in das Dokument schreiben.

So fügen Sie eine Anmerkung ein

Um eine Textstelle anzumerken, gehen Sie vor, wie beim Einfügen von Fußnoten. Setzen Sie die Schreibmarke an die Stelle, die Sie anmerken möchten, und wählen Sie *Einfügen/Anmerkung* (oder drücken Sie **AltGr+A**). WinWord fügt an dieser Position ein Anmerkungszeichen ein und öffnet den Anmerkungsausschnitt. Geben Sie im separaten Bildschirmfenster die Anmerkung ein und wählen Sie *Schließen*.

Ein Dokument mit geöffnetem Anmerkungsausschnitt

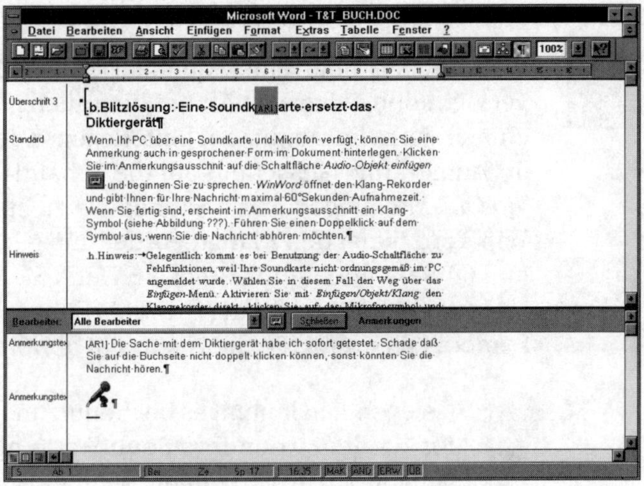

Anmerkungszeichen auffällig formatieren

Die Anmerkungszeichen sind nur sichtbar, wenn Sie unter *Extras/Optionen* auf der Registerkarte *Ansicht* die Option *Verborgener Text* einschalten. Damit die Zeichen nicht im allgemeinen Text untergehen, sollten Sie die Zeichen auffällig formatieren. Markieren Sie ein Anmerkungszeichen, öffnen Sie das Dialogfeld *Format/Formatvorlagen* und wählen Sie *Bearbeiten.* Wenn Sie über einen Farbbildschirm verfügen, sollten Sie die Anmerkungszeichen durch eine auffällige Farbe kennzeichnen, bei einem monochromen Bildschirm hat sich ein doppelter Unterstrich bewährt (diese Formatierung wird für gewöhnlich selten verwendet).

Anmerkungen ausdrucken

Um die Anmerkungen gesondert zu drucken, wählen Sie im *Drucken*-Menü (*Datei/Drucken*) die Option *Anmerkungen* im Listenfeld *Drucken.* Vor jeder Anmerkung fügt WinWord eine Feldfunktion ein, die die aktuelle Seite ermittelt, auf der diese Anmerkung zu finden ist. Diese Seitenangabe wird ebenfalls gedruckt. Eine andere Möglichkeit ist, die Anmerkungen im Anschluß an das Dokument ausdrucken zu lassen. Aktivieren Sie im Bereich *Mit Dokument ausdrucken* (Registerkarte *Drucken* im *Extras/Optionen*-Menü) die Option *Anmerkungen.*

Eine Soundkarte ersetzt das Diktiergerät

Wenn Ihr PC über eine Soundkarte und Mikrofon verfügt, können Sie eine Anmerkung auch in gesprochener Form im Dokument hinterlegen. Klicken Sie im Anmerkungsausschnitt auf die Schaltfläche *Audio-Objekt einfügen* und beginnen Sie zu sprechen. WinWord öffnet den Klangrecorder und gibt Ihnen für Ihre Nachricht maximal 60 Sekunden Aufnahmezeit. Wenn Sie fertig sind, erscheint im Anmerkungsausschnitt ein Klang-Symbol . Führen Sie einen Doppelklick auf dem Symbol aus, wenn Sie die Nachricht abhören möchten.

Gelegentlich kommt es bei Benutzung der Audio-Schaltfläche zu Fehlfunktionen, wenn Ihre Soundkarte nicht ordnungsgemäß im PC angemeldet wurde. Wählen Sie in diesem Fall den Weg über das *Einfügen*-Menü. Aktivieren Sie mit *Einfügen/Objekt/Klang* den Klangrecorder direkt, klicken Sie auf das Mikrofonsymbol und beginnen Sie zu sprechen. Mit *Datei/Beenden* gelangen Sie zum Text zurück.

- Das Anmerkungszeichen besteht aus den Initialen des Autors. (*Mit Extras/Optionen/Benutzer-Info* können Sie den Benutzernamen und die Initialen ändern.) Die Anmerkungszeichen werden von vorn bis hinten durchnumeriert ([ARo1], [ARo2] usw.). Wird ein Text von mehreren Autoren bearbeitet, kann jeder Mitautor seinen Namen und ein eigenes Initial im Dialogfeld *Benutzer-Info* eintragen. Im Anmerkungsausschnitt haben Sie dann die Möglichkeit, wahlweise nur die eigenen oder alle Anmerkungstexte zu sehen.
- Anmerkungen können nur innerhalb des Dokuments gelöscht werden. (Im Anmerkungsausschnitt können Sie nur den Anmerkungstext löschen.) Nachdem Sie ein Anmerkungszeichen gelöscht (oder eingefügt) haben, wird die Numerierungsfolge der übrigen Anmerkungen neu organisiert.
- Anmerkungen können im Text mit *Bearbeiten/Gehezu*, einem Doppelklick auf die Statuszeile oder **F5** angesprungen werden.

Tabellen unter WinWord

Aktion Schöne Tabellen - Tabellentext vertikal in den Zellen zentrieren

69

Vielleicht hat es Sie schon gestört, daß Ihr Tabellentext wesentlich näher am oberen Zellenrand als am unteren positioniert war (wenn die Absätze einen Abstand „nach" haben oder wenn Sie die Zeilenhöhe verändert haben), bzw. daß die Tabellenlinien zu dicht am Text anlagen.

Im Vergleich: Tabellen mit vertikal unzentriertem und zentriertem Text

3124	3455	2342	4633
3455	4633	3563	5475

3124	3455	2342	4633
3455	4633	3563	5475

So sieht es doch netter aus, oder?

Arbeiten Sie mit Abständen vor und nach den Absätzen

Weisen Sie den Absätzen in den Tabellen mit *Format Absatz* einen *Abstand vor* und einen *Abstand nach* zu. Mit einem Abstand von jeweils 6 Punkt werden Sie in den meisten Fällen brauchbare Resultate erzielen.

Tabellenbreite = Satzspiegel - Der Ausweg!

70

Wenn Sie eine neue Tabelle herstellen, werden deren Spalten erst einmal so breit gemacht, daß die Tabelle über die ganze Satzbreite geht. Das passiert, egal, ob Sie die Tabelle mit dem Icon oder mit dem Befehl *Tabelle Tabelle erstellen* erzeugen und unabhängig davon, ob Sie mit dem Gittermuster anfangen oder mit Text.

Weisen Sie beim Erstellen eine feste Spaltenbreite zu

Stellen Sie die Tabelle mit *Tabelle Text in Tabelle* her. Stellen Sie bei *Spaltenbreite* einen festen Zentimeterwert ein.

Nehmen Sie die Option „Optimale Breite"

Bedienen Sie sich der Option *Optimale Breite* in der Dialogbox *AutoFormat*, die via Schalter von der Dialogbox *Text in Tabelle umwandeln* zu erreichen ist. Die Breite der einzelnen Spalten wird daraufhin der Textmenge angepaßt - sicherlich die beste Lösung.

Die zu breiten Spalten kommen daher, daß Word versucht, die Breite der Spalten aus den vorgegebenen Tabulatorwerten zu errechnen. Wenn Sie explizit noch keine Werte gesetzt haben, hat Word bei der Errechnung der Spaltenbreiten erst mal sämtlichen zur Verfügung stehenden Raum genommen und die Spalten darauf verteilt.

Vorsicht beim Einfügen von Tabellentext - Erhalten Sie den ursprünglichen Inhalt

Sie wollen in einer Tabellenzelle Text ausschneiden und ihn in einer anderen Zelle dem dort stehenden Text hinzufügen. Das Ausschneiden funktioniert auch wie gewöhnlich, aber beim Einfügen an anderer Stelle könnten Sie unliebsame Überraschungen erleben: Der dort stehende Text wird gelöscht und durch den ausgeschnittenen ersetzt.

Nur Text markieren und vor dem Einfügen klicken

Achten Sie darauf, daß Sie beim Markieren das Zellenendezeichen nicht mit markieren und markieren Sie auch in der Ziel-Zelle nichts.

Das oben geschilderte Phänomen kann unter zwei Bedingungen auftreten:

- Sie haben nur Text (ohne Zellenendezeichen) markiert und fügen dann das Ausgeschnittene an anderer Stelle wieder in die Tabelle ein, nachdem Sie die komplette Zielzelle inklusive Endezeichen markiert haben. Das ist im übrigen unabhängig davon, ob in *Extras Optionen Bearbeiten* die Funktion *Eingabe ersetzt Markierung* aktiv ist oder nicht.
- Sie haben beim Markieren des auszuschneidenden Textes das Zellenendezeichen mit erwischt. In diesem Fall ist es egal, ob der Cursor beim Einfügen vor dem Text steht oder ob der Text markiert ist. Das hängt damit zusammen, daß Sie mit den Schneide- und Einfügen-Werkzeugen aus dem *Bearbeiten*-Menü Zellen mitsamt Inhalten an eine andere Stelle kopieren können, sogar dahin, wo bisher noch gar keine Tabelle war.

Machen Sie die Probe aufs Exempel: Markieren Sie eine einzelne Zelle und kopieren Sie sie. Setzen Sie Ihren Cursor nun in einen Leerabsatz und öffnen Sie das Menü *Bearbeiten*. Wie Sie sehen, ist der Menüpunkt *Einfügen* zu *Zellen einfügen* geworden. Wenn Sie diese Option anwählen, wird die von Ihnen vorher ausgeschnittene Zelle mitsamt Text in den Leerabsatz eingefügt.

Dieses Ausschneiden, Kopieren und Einfügen von Tabellenelementen funktioniert auch, und das ist wohl auch der Hauptanwendungszweck, mit ganzen Zeilen und Spalten. Auf diese Weise können Sie komfortabel die Reihenfolge der Tabellenzeilen und -spalten verändern: Schneiden Sie z. B. eine komplette Zeile aus und fügen Sie sie eine Zeile tiefer wieder ein. Was genau bei *Bearbeiten Einfügen* zu lesen ist, hängt davon ab, was Sie jeweils vorher ausgeschnitten oder kopiert hatten.

! Sie können so auch die gesamte Tabelle ausschneiden und an einer anderen Stelle wieder einfügen.

Zum Vergleichen - So kommt der Text in Parallelspalten

Für die direkte Gegenüberstellung von Textstellen (z. B. in zweisprachigen Texten) bietet sich das Nebeneinanderstellen von Absätzen an.

Absätze nebeneinander: Jede Gestaltung ist möglich

• Eine besondere Laufwerkart ist die sogenannte RAM-Disk: Dieses Laufwerk ist kein mechanisches, sondern ein elektronisches Laufwerk, das im Haupspeicher des Rechners simuliert wird.	• Un type de disque très spécial est le disque virtuel („RAM-Disk"), qui est en fait une simulation de lecteur dans la mémoire de l'ordinateur.

Machen Sie eine Tabelle aus den Absätzen

Markieren Sie die Absätze und verwandeln Sie sie mit *Tabelle Text in Tabelle.*

Absätze nebeneinander plazieren

Markieren Sie die Absätze, die Sie nebeneinander stellen wollen, und wandeln Sie mit *Text in Tabelle* um.

Hier müssen Sie aufpassen, was Sie in der Dialogbox *Text in Tabelle umwandeln* eingeben. Achten Sie darauf, daß bei den Trennzeichen die Option *Absatzmarken* aktiv ist. Auf jeden Fall müssen Sie die richtige Spaltenzahl einstellen, denn die wird erst einmal auf „1" stehen.

Text in Tabellen kann gestaltet werden wie jeder andere Text auch. Beachten Sie nur, daß Tabulatorzeichen, die Sie etwa für Absätze mit hängendem Einzug brauchen, mit **Strg+Tab** eingegeben werden müssen.

Falls Sie eine aus Absätzen gebildete Tabelle wieder in Text verwandeln wollen, sollten Sie in der Dialogbox *Tabelle in Text umwandeln* als Trennzeichen unbedingt wieder *Absatzmarken* anklicken.

Sie könnten Absätze auch mit Positionsrahmen oder mit Spalten nebeneinander setzen, aber die Tabellenfunktion ist hier wohl in den allermeisten Fällen das schnellste und einfachste Werkzeug.

Paralleltabellen - Wenn Sie nur eine Spalte aus einer Tabelle löschen wollen

Um Tabellen nebeneinander zu stellen, bietet es sich an, beide jeweils mit einem Positionsrahmen zu formatieren. Haben Sie dann beide richtig plaziert und Sie löschen in einer Tabelle eine Zeile oder eine Spalte, kann es passieren, daß das gleiche auch der zweiten Tabelle passiert.

Verschieben Sie eins der Verankerungssymbole

Da das Problem nur auftritt, wenn Sie beide Tabellen am gleichen Absatz verankert haben, ziehen Sie einfach den Anker von einer der Tabellen mit der Maus zu einem anderen Absatz.

Positionsrahmen an einem anderen Absatz verankern

1. Um eine Tabelle in einen Positionsrahmen einzufügen, markieren Sie sie und klicken auf *Einfügen Positionsrahmen.*
2. Wenn Sie das für beide Tabellen gemacht haben, verschieben Sie sie mit der Maus oder mit einer Werteingabe (*Format Positionsrahmen*) an die gewünschten Positionen.
3. Achten Sie darauf, wo beim Anklicken des Positionsrahmens jeweils das kleine Ankersymbol am linken Dokumentrand steht.
4. Um einen Positionsrahmen an einer anderen Stelle zu verankern, ziehen Sie einfach sein Ankersymbol mit der Maus zu einem anderen Absatz.

Mehr Informationen zu Positionsrahmen und zum Verankern finden Sie auf den Seiten 164ff.

So funktioniert es!

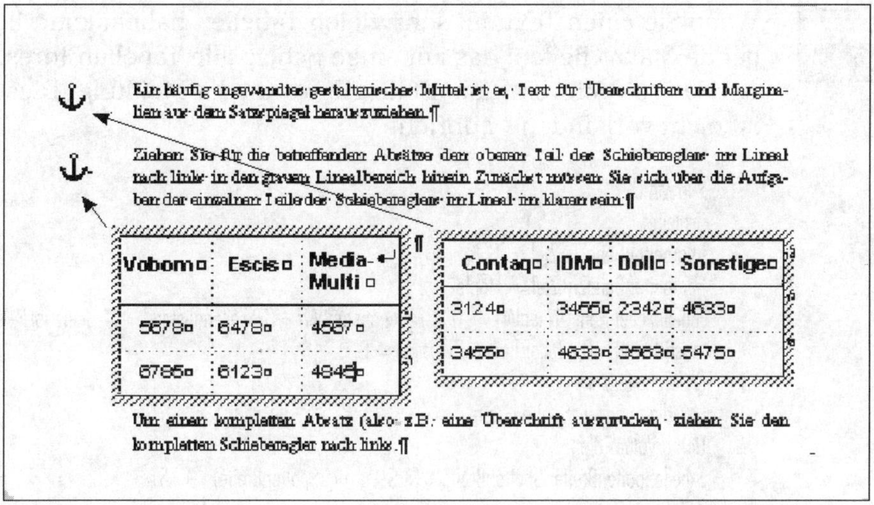

Durch das Verankern der Tabellen am gleichen Absatz werden beide zu einer Tabelle zusammengefügt - auch wenn das in der Layoutansicht nicht so aussieht. Schalten Sie jedoch in die Normalansicht, können Sie sich davon überzeugen. Deshalb wirkt sich auch eine Aktion für die eine Tabelle auf die andere aus: Weil die beiden nur scheinbar getrennt sind.

Jetzt paßt der Tabellenrahmen in den Satzspiegel

Wie bei normalen Textrahmen ragen auch die Rahmen von Tabellen links (und u. U. auch rechts) über den Satzspiegelrand hinaus. Während Sie das bei normalen Rahmen über einen größeren Absatzeinzug reparieren können, müssen Sie bei Tabellen anders vorgehen.

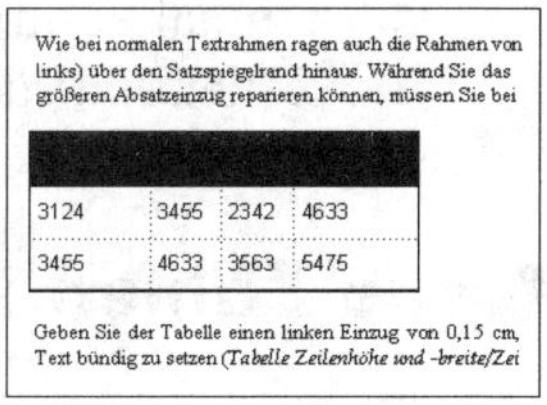

Tabelleneinzug und Verschmälerung der letzten Spalte

Geben Sie der Tabelle einen linken Einzug von 0,15 cm, um sie links mit dem übrigen Text bündig zu setzen (*Tabelle Zeilenhöhe und -breite/Zeile/ Einzug von links*).

Verringern Sie bei Bedarf die Breite der letzten Spalte um 0,15 cm (*Tabelle Zeilenhöhe und -breite/Spalte/Breite der Spalte x*).

Wenn Sie einen Text mit sehr vielen Tabellen haben, kann Ihnen das folgende Makro helfen, das auf einen Schlag alle Tabellen Ihres Dokuments der Satzspiegelbreite anpaßt und dann mit der Meldung „Diese Textmarke ist nicht vorhanden." abbricht.

```
Sub MAIN
Schleife:
BearbeitenGeheZu .Ziel = „t"
BearbeitenGeheZu .Ziel = „\table"
TabelleZeilenHöhe .LinealArt = „0", .ZeilenabstandArt = 0, .Zeilenabstand = „", .EinzugLinks = „0,15 cm",
.Ausrichtung = 0, .ZeilenTrennenZulassen = 1
EndeTabellenzeile
Dim dlg As TabelleSpaltenBreite
GetCurValues dlg
TabelleSpaltenBreite .SpaltenBreite = Str$(Val(dlg.SpaltenBreite) - 0.15)
ZeileUnten 1
Goto Schleife
End Sub
```

Nähere Informationen zum Eingeben, Speichern und Abrufen von Makros finden Sie ab Seite 311.

Wenn Sie Ihre Tabellen nur auf der linken Seite einrücken wollen, lassen Sie die Makrozeilen „EndeTabellenzeile" bis „TabelleSpaltenBreite .SpaltenBreite = Str$(Val(dlg.SpaltenBreite) - 0.15)" weg.

Nach dem Durchlaufen des Makros müssen Sie natürlich die Tabellen noch einmal kontrollieren, denn durch die geringeren Spaltenbreiten könnten Zeilenumbrüche innerhalb der Tabellen geändert worden sein.

Neue Zahlen, gleiche Summe - das geht

Sie arbeiten mit einer Word-Formel, um z. B. die Summe einer Spalte berechnen zu lassen. Ändern Sie jetzt eine der Zahlen in der Tabelle, stimmt das Ergebnis nicht mehr.

Im Gegensatz zu einer „richtigen" Tabellenkalkulation wie Excel aktualisiert Word die Berechnungen nicht automatisch.

Berechnungsfelder manuell aktualisieren

Um das Ergebnisfeld manuell zu aktualisieren, markieren Sie es und drükken auf die **F9**-Taste oder im Kontextmenü die Option *Feld aktualisieren.*

Das können Sie durchaus für mehrere Felder gleichzeitig machen: Haben Sie z. B. in der untersten Zeile Ihrer Tabelle mehrere Berechnungsfelder eingefügt, markieren Sie die ganze Zeile und drücken dann auf **F9**.

Grundsätzlich geht Word so vor, daß es bei der Berechnung mit der Zelle beginnt, die der Ergebniszelle am nächsten ist, und sich dann weiter vorarbeitet, bis es auf eine Zelle stößt, die leer ist oder Text enthält.

Wenn die Ergebniszelle ein Schnittpunkt aus einer Zeile und einer Spalte ist, die beide Zahlen enthalten, wird die Spalte berechnet.

Am schnellsten können Sie die Summenformel über ein Icon eingeben: In der Dialogbox *Extras Anpassen/Symbolleisten* finden Sie unter der Kategorie *Tabelle* ein entsprechendes Symbol.

Welche Adressen haben die Zellen einer Tabelle?

In der Tabellenkalkulation ist es einfach, die Adressen der Zeilen zu identifizieren. Doch in einer WinWord-Tabelle müssen Sie die einzelnen Zellen abzählen. Das ist mühsam und fehleranfällig.

Erstellen eines Makros zur Anzeige der Adressen

Ein Makro kopiert Ihre Tabelle in ein neues Dokument und versieht die einzelnen Zellen mit der korrekten Adresse. Wenn Sie diese adressierte Tabelle ausdrucken oder zusätzlich anzeigen lassen, wissen Sie immer, welche Zelle wie anzusprechen ist.

Makro zur Tabellenanalyse erstellen

Das Makro sieht folgendermaßen aus:

```
Dim Shared Spalte
Sub MAIN
'Aktuelle Tabelle wird kopiert
TabelleTabelleMarkieren
BearbeitenKopieren
DateiNeuStandard
BearbeitenEinfügen
BeginnDokument

'Anzahl Zeilen ermitteln
AnzahlZeilen = AuswInfo(15)

'Subroutine für Spaltenanzahl aufrufen
SpalteErmitteln

'Äußere Schleife: Zeilenweise abwärts
For x=1 To AnzahlZeilen

'Initialierung von ANSI-Wert 65 (Buchstabe A)
Zahl = 65

    'Innere Schleife: Spaltenweise Adresse einfügen
    For i = 1 To Spalte
        Zeile = AuswInfo(14)
        Einfügen Chr$(Zahl) + Str$(Zeile)
        'Zähler für ANSI-Wert um eins hochzählen
        Zahl = Zahl + 1
        ZeichenRechts 1
    Next i
ZeileUnten 1

'Subroutine für Spaltenanzahl aufrufen
SpalteErmitteln

Next x

z = MsgBox(„Datei jetzt drucken?", „Tabelle adressieren", 4)
If z = -1 Then DateiDruckenStandard
End Sub

Sub SpalteErmitteln
Pos = AuswInfo(12)
'Ermitteln, ob Cursor noch in Tabelle
If Pos = -1 Then
    EndeTabellenzeile
    Spalte = AuswInfo(17)
    BeginnTabellenzeile
End If
End Sub
```

Zuerst wird eine Variable *Spalte* mit *Dim Shared* als gemeinsam genutzte Variable definiert; dies ist nötig, da mit einer Subroutine gearbeitet wird, die die Anzahl der Spalten in der aktuellen Zeile ermitteln.

Wenn Sie das vergessen, wird der Wert zwar in der Subroutine geändert, jedoch wird der geänderte Wert nicht an das Hauptmakro zurückgegeben.

Das Makro kopiert zuerst die Tabelle, in der sich der Cursor befindet, in ein neues Dokument und bewegt den Cursor in die obere linke Zelle.

Mit der Funktion *AuswInfo()* wird dann die Zahl der Zeilen der Tabelle und für die erste Zeile die aktuelle Spaltenzahl ermittelt.

Für das Abzählen der Spaltenzahl (die bei zusammengefaßten Zeilen nicht immer gleich sein muß!) wird eine Subroutine gebildet, die für jede Spalte erneut die Spaltenzahl ermittelt. Da nicht bekannt ist, wie viele Spalten die Tabellenzeile hat, wird der Variablen *Zahl* der Wert 65 zugeordnet und mit der Funktion *Chr$()* der ANSI-Wert gebildet. In der inneren Schleife wird dieser Wert immer um eins hochgezählt. Auf diese Weise erhalten Sie alle notwendigen Buchstaben.

Da WinWord bis zu 31 Spalten erlaubt, werden die Spalten nach der Spalte Z nach der Excel-Kovention mit AA bis AE adressiert. Wenn Sie diese Möglichkeiten ebenfalls vorsehen wollen, fügen Sie vor der EINFÜGEN-Zeile eine IF-Konstruktion ein, die diese Adresse vergibt. Wir haben aus Platzgründen darauf verzichtet.

Mit *ZeichenRechts* wird jeweils in die nächste Tabellenzelle gesprungen. Es wird ausdrücklich nicht der Befehl *NächsteZelle* verwendet, da dieser Befehl in der letzten rechten Zelle eine weitere Zeile an die Tabelle angefügt, was auf diese Weise am einfachsten verhindert wird.

In der Subroutine wird so lange die Spaltenanzahl ermittelt, bis die äußere Schleife beendet ist, bis also die letzte Zeile erreicht ist.

Nachdem alle Adressen eingetragen sind, wird die Möglichkeit angeboten, die Tabelle sofort auszudrucken.

Beziehungskiste: Rechnen mit Zellbezügen ohne Koordinaten

Sie können auch Zahlen addieren, die sich nicht in unter- oder nebeneinanderstehenden Zellen befinden; das Ergebnisfeld kann sich dabei an jeder beliebigen Stelle befinden. Dazu müssen Sie allerdings etwas mehr über den logischen Aufbau von Tabellen wissen: Jeder Spalte ist ein Buchstabe und jeder Zeile eine Zahl zugewiesen. Mit Hilfe dieser „Bezüge" kann jede Zelle zweifelsfrei identifiziert werden. Das kann allerdings bei komplexen Tabellen schwierig werden, weil Ihnen nirgends eine Information über die Koordinaten angezeigt wird.

So sind Zeilen und Spalten organisiert

	A	B	C	D	E
1		Juni	Juli	August	September
2	1-10	34,55	67,50	66,35	45,30
3	11-20	45,40	69,90	70,77	67,35
4	20-30	39,90	63,85	71,90	65,10

Stellen Sie den Bezug mit Textmarken her

Weisen Sie der Bezugszahl eine Textmarke zu, die Sie dann in der Dialogbox *Tabelle Formel* mit dem entsprechenden Schalter in die Berechnung integrieren können.

Textmarken für Zellen vergeben

1. Markieren Sie die Zahl, die Sie in die Berechnung mit einbeziehen wollen (z. B. 0,15 für den Mehrwertsteuersatz).
2. Klicken Sie auf *Bearbeiten Textmarke*, vergeben Sie einen Namen (etwa „Mwst") und klicken Sie auf den Schalter *Hinzufügen*.
3. Stellen Sie Ihren Cursor in die Zelle, die das Ergebnis aufnehmen soll und öffnen Sie die Dialogbox *Tabelle Formel*.
4. Fügen Sie den Textmarkenverweis aus der entsprechenden Liste in die Formel ein. In der Praxis könnte das so aussehen:

```
=(Summe(über)*Mwst)+Summe(über)
```

Diese Formel berechnet eine Spaltensumme und ergänzt sie mit der Mehrwertsteuer.

Sie können Formeln generell kopieren - aber nicht immer ist es sinnvoll. Wenn Sie z. B. eine Summenformel wie

```
=Summe(B1:B3)
```

in die dritte Spalte kopieren, wird Ihnen das nichts nützen, denn die Bezüge im Feld werden nicht automatisch an die C-Spalte angepaßt.

DTP mit WinWord

Die „DTP“-Fähigkeiten von Word - damit sind die Funktionen gemeint, die Flexibilität bei der Gestaltung ermöglichen, so z. B. Mischung von Layouts mit unterschiedlicher Spaltenzahl auf einer Seite, frei auf der Seite positionierbare Rahmen mit Grafik oder Text, sowie generell das Einbinden und Bearbeiten von Grafiken.

Am richtigen Platz - Textstellen oder Grafiken auf der Seite fixieren

Bei flexiblen Layouts müssen Sie häufig mit Text- oder Grafik-Elementen das grundlegende Gestaltungsraster durchbrechen - also z. B. eine Überschrift im dreispaltigen Text, die sich über eine oder zwei Spalten zieht. Ein anderes Beispiel wäre eine Grafik, die in zwei Spalten ragt und vom Text umflossen wird.

Positionsrahmen sind unabhängig vom restlichen Layout

Man kommt schnell dahin, in groben Umrissen zu wissen, wofür die einzelnen Werkzeuge und Modi gut sind - aber hat man wirklich schon alles ausgeotet? In welcher Arbeitssituation ohnt sich die Verwendung eines bestimmten Werkzeuges? Dieses Kapitel soll Artwort auf solche und ähnliche Fragen geben.¶

eine der anderen Ansichtsarten, wenn es sich nicht umgehen läßt.¶

Polizei vor Rätsel¶

Fast alle Ansichtsarten lassen sich über das *Ansicht*-Menü aktivieren. Nur die Seitenansicht befindet sich im *Datei*-Menü.¶

Formatierer auf der Flucht vor Steuerfahndung¶

Mit Hilfe eines Positionsrahmens können Sie eine beliebig große Fläche in Ihrem Do-kument für Text oder Grafik reservieren. Postonsrahmen können frei mit der Maus verschoben, aber auch ganz präzise mit Werteingaben auf der Seite positioniert wer-den. Positionsrahmen Ausschnittsvergrößerung in Ordnung bringen.¶

Keine Grafiken im Ausdruck: 1. In den Druckeroptonen ist Konzeptdruck angewählt. 2. Das Kontrollkästchen Zeichnungselemente ist deaktiviert.¶

Verwenden Sie Positionsrahmen

Formatieren Sie den markierten Text mit *Einfügen Positionsrahmen.* Passen Sie die Schriftformatierung und die Rahmengröße Ihren Vorstellungen an. Positionieren Sie den Rahmen mit der Maus oder über die Eingabe von Werten in der Dialogbox *Format Positionsrahmen.*

Positonsrahmen einfügen

Die Lösung besteht in sogenannten Positionsrahmen, die Sie inhaltlich mit allen Word-Elementen füllen können und die den normalen Text auf der Seite verdrängen.

1.  Sie haben die Wahl: Entweder Sie erzeugen zuerst einen leeren Positionsrahmen und fügen dann den Text, ein oder Sie markieren einen schon geschriebenen Text und klicken dann auf das nebenstehende Symbol oder auf *Einfügen Positionsrahmen.*

   Wenn Sie häufiger mit Positionsrahmen arbeiten, sollten Sie das Einfügen mit einem Icon vornehmen. Je nach Word-Version ist es in der Symbolleiste *Zeichnung* integriert; wenn Sie die **Strg**- und die **Alt**-Taste gedrückt halten, können Sie es von dort aus mit gedrückter linker Maustaste auch in jede andere Symbolleiste kopieren. Ansonsten müssen Sie es mit *Extras Anpassen* (Kategorie *Einfügen*) in eine beliebige Symbolleiste ziehen.

2. Gestalten Sie den Text im Positionsrahmen nach Ihren Vorstellungen. Das Formatieren funktioniert in Positionsrahmen mit geringfügigen Einschränkungen genauso wie im normalen Text.

   Der Rahmen bildet jetzt sozusagen einen neuen, individuellen Satzspiegel. Er paßt sich auch der Textgröße an (falls Sie nachträglich noch mehr Text eingeben), wenn seine Höhe in der Dialogbox *Format Positionsrahmen* auf *Mindestens* oder *Auto* gestellt ist.

   Direkt nach dem Formatieren des Textes mit dem Positionsrahmen paßt sich der Rahmen dem Text an (auffällig, wenn dieser kürzer als die Spaltenbreite ist. Geben Sie dann allerdings in positionierten Text ein Absatzendezeichen ein, wird der Rahmen auf die Spaltenbreite gedehnt, und Sie müssen die Rahmenbreite regulieren.)

   Daß mit der Positionierung zugleich auch ein sichtbarer Rahmen zugewiesen wird, ist meistens lästig, aber nicht vermeidbar. Schalten Sie die Umrahmung bei Bedarf mit dem Icon ganz rechts in der Rahmen-Symbolleiste aus.

3. Sie können Größe und Position des Positionsrahmens mit der Maus oder durch die Eingabe von Werten verändern. Um einen Positionsrahmen mit der Maus zu verschieben, zielen Sie mitten in den Rahmen, klicken darauf und ziehen ihn an die gewünschte Position. Um

seine Größe zu ändern, ziehen Sie einen der Markierungspunkte in die gewünschte Richtung, bis die passende Größe erreicht ist.

Mehr zur Änderung von Größe und Position durch Eingabe von Werten auf Seite 167.

4. Sie sollten bei der Konzeption einer flexiblen Seite wie der im Beispiel die Option *Verschieben mit Text* in der Dialogbox *Format Positionsrahmen* deaktivieren. Erstens handelt es sich bei den positionierten Überschriften und Grafiken auf dieser Seite ohnehin um Elemente, die nicht an einer bestimmten Textstelle verankert zu sein brauchen, und zweitens kann die Verankerung beim Hantieren mit etlichen Positionsrahmen auch zu unerwünschten und schlecht kalkulierbaren Verschiebungseffekten führen.

Positionsrahmen auf einen Blick:

Mit Hilfe eines Positionsrahmens können Sie eine beliebig große Fläche in Ihrem Dokument für Text oder Grafik reservieren. Positionsrahmen können frei mit der Maus verschoben, aber auch ganz präzise mit Werteingaben auf der Seite positioniert werden. Positionsrahmen können von Text umflossen werden oder die ganze Seiten-/Spaltenbreite in Anspruch nehmen. Sie können unveränderlich an einer bestimmten Stelle stehen oder mit dem Text mitwandern. Es können auch mehrere Elemente zusammen in einen Positionsrahmen gepackt und dann zusammen bewegt werden. Sie können zuerst einen Positionsrahmen erzeugen und dann Text oder Grafik hineinpacken oder Sie legen Text oder Grafik nachträglich in einen Positionsrahmen.

Um den Inhalt eines Positionsrahmens wieder in normalen Text umzuwandeln, klicken Sie in der Dialogbox *Format Positionsrahmen* auf den Schalter *Positionsrahmen entfernen*. Alternativ bedienen Sie, während der Cursor im positionierten Absatz steht, die Tastenkombination **Strg+Q**, um den Absatz auf seine ursprüngliche Formatvorlage zurückzusetzen.

Wenn's genau sein soll - Exakte Bestimmung von Positionsrahmen

Um Größe und Position des Positionsrahmens zu bestimmen, können Sie die Maus benutzen. Dabei arbeiten Sie „pi mal Daumen“, und die Genauigkeit wird in der Regel zu wünschen übriglassen.

Geben Sie Werte in die Dialogbox „Format Positionsrahmen" ein

In der rechten Hälfte der Dialogbox *Format Positionsrahmen* stehen Ihnen diverse Möglichkeiten zur horizontalen und vertikalen Positionierung zur Verfügung. In der linken Hälfte können Sie Höhe und Breite bestimmen.

Nutzen Sie die Raster-Funktion des Zeichnen-Moduls

In der Zeichnungs-Symbolleiste finden Sie ein Icon, mit dem Sie Ihre Seite mit einem unsichtbaren Raster hinterlegen können. Frei verschiebbare Elemente wie Positionsrahmen rasten dann auf den Linien dieses Rasters ein.

Position und Größe per Dialogfeld festlegen

1. Markieren Sie den Positionsrahmen und öffnen Sie die Dialogbox *Format Positionsrahmen.*
2. Um die Breite des Positionsrahmens (und damit auch den Zeilenumbruch des enthaltenen Textes) oder seine Höhen zu ändern, geben Sie die genauen Werte unter *Breite* und *Höhe* ein.
   - ➜ Wollen Sie den Positionsrahmen der Spaltenbreite anpassen, können Sie diese in der Dialogbox *Format Spalten* ablesen.
   - ➜ Soll die Rahmenbreite jedoch der von zwei oder drei Spalten entsprechen, ist etwas Rechenarbeit nötig: Addieren Sie die Spaltenbreiten zum Spaltenabstand. Oder, falls sich der Positionsrahmen, wie im Fall der großen Überschrift ganz oben, über alle Spalten erstrecken soll, können Sie auch die eingestellten Seitenränder (im Beispiel links und rechts 1 cm) von der gesamten Seitenbreite (21 cm) subtrahieren.
3. Bei der Bestimmung der horizontalen Position empfiehlt sich im konkreten Beispiel zumeist die Option *Links Gemessen von Spalte*, da ja auch die Breite der Positionsrahmen am Ein- oder Mehrfachen der Spaltenbreite orientiert ist. Sie könnten hier natürlich auch wieder ein wenig mit den Seitenrändern rechnen und mit *Position xxx cm Gemessen von Seite* arbeiten.

4. Bei der vertikalen Positionierung wird es schon schwieriger. Um z. B. die Überschrift in der Blattmitte („Formatierer auf der Flucht...“) und die Grafik daneben an der gleichen Stelle auf der Seite beginnen zu lassen, können Sie so vorgehen:

Positionieren Sie zunächst den Rahmen mit der Überschrift mit Hilfe der Maus an der gewünschten Stelle. Öffnen Sie die Dialogbox *Format Positionsrahmen* und sehen Sie bei der vertikalen Position nach, wieviel Zentimeter der Rahmen *Gemessen von: Seite* gelandet ist. Den gleichen Wert weisen Sie dann auch dem Positionsrahmen mit der Grafik zu.

In Ihrer Dialogbox steht gar nicht „Gemessen von: Seite“, sondern „Gemessen von: Absatz“? In diesem Fall ist der Positionsrahmen noch mit einem Absatz im Normaltext verknüpft (das geschieht beim Erstellen des Positionsrahmens automatisch) und würde mit diesem mitwandern, wenn Sie den Ankerabsatz an eine andere Stelle bewegten. Weil das in diesem Beispiel nicht wünschenswert ist, deaktivieren Sie die Option *Mit Text verschieben* - dann wird auch vom Rand der Seite aus gemessen.

Raster-Funktion verwenden

Das Zeichnungs-Modul von Word stellt die Funktion zur Verfügung, frei verschiebbare Elemente an einem definierbaren Raster „magnetisch“ einschnappen zu lassen.

1. Klicken Sie auf das nebenstehende Icon und aktivieren Sie in der daraufhin erscheinenden Dialogbox das Raster. Wenn Sie wollen, können Sie auch den Abstand der Rasterlinien sowie den Nullpunkt verändern (letzteres sollten Sie für unser Beispiel auf keinen Fall tun).

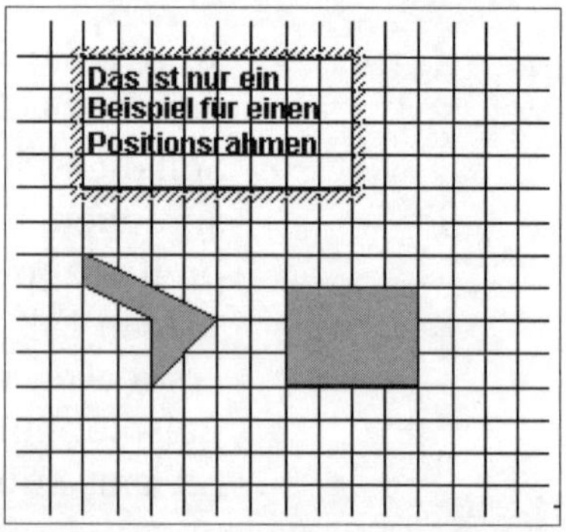

2. Lassen Sie die Positionsrahmen an den entsprechenden Rasterlinien „einschnappen“. Vor allem, um Positionsrahmen bündig über- oder nebeneinander zu setzen, ist die Methode zu empfehlen.

Für ein flexibles Layout können Sie auch die gesamte Seitengestaltung am Raster orientieren (Spaltenbreite und -abstand, Seitenränder, Höhe und Breite der Positionsrahmen) und dadurch bei der Positionierung der Elemente Zeit oder Genauigkeit gewinnen (je nachdem, wie Sie ansonsten vorgegangen wären).

Schön daneben: Texte und Grafiken neben dem Satzspiegel

Eine Möglichkeit, Marginalien (kommentierende Texte neben dem eigentlichen Satzspiegel) zu formatieren, ist das Herausziehen des hängenden Einzugs über den Satzspiegel heraus. Soll der Text in der Marginalie allerdings mehrzeilig sein oder handelt es sich um eine kleine Grafik, brauchen Sie ein anderes Werkzeug.

Richtige Marginalien mit dem Positionsrahmen

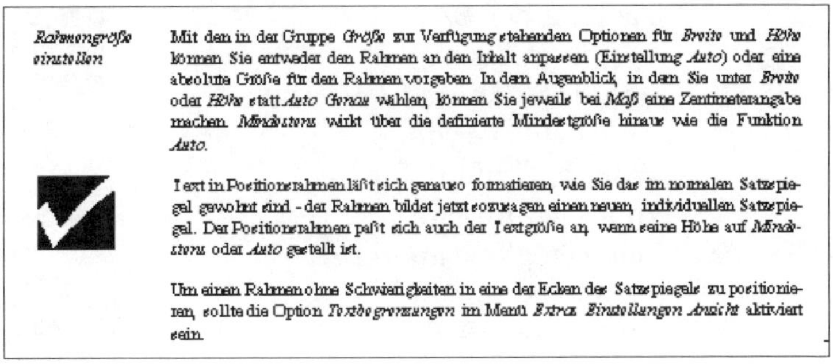

Rahmengröße einstellen

Mit den in der Gruppe *Größe* zur Verfügung stehenden Optionen für *Breite* und *Höhe* können Sie entweder den Rahmen an den Inhalt anpassen (Einstellung *Auto*) oder eine absolute Größe für den Rahmen vorgeben. In dem Augenblick, in dem Sie unter *Breite* oder *Höhe* statt *Auto* *Genau* wählen, können Sie jeweils bei *Maß* eine Zentimeterangabe machen. *Mindestens* wirkt über die definierte Mindestgröße hinaus wie die Funktion *Auto*.

Text in Positionsrahmen läßt sich genauso formatieren, wie Sie das im normalen Satzspiegel gewohnt sind - der Rahmen bildet jetzt sozusagen einen neuen, individuellen Satzspiegel. Der Positionsrahmen paßt sich auch der Textgröße an, wenn seine Höhe auf *Mindestens* oder *Auto* gestellt ist.

Um einen Rahmen ohne Schwierigkeiten in eine der Ecken des Satzspiegels zu positionieren, sollte die Option *Textbegrenzungen* im Menü *Extras Einstellungen Ansicht* aktiviert sein.

Positionsrahmenbreite am Papierrand orientieren

Weisen Sie dem Marginaltext einen Positionsrahmen mit einer genau festgelegten Rahmenbreite zu, der *Gemessen von: Seite* positioniert wurde.

Positionsrahmen im Seitenrand plazieren

Wie Sie anfangen, ist egal: Sie können entweder den Text markieren, der Marginal werden soll, und ihm dann den Positionsrahmen zuweisen, oder Sie können erst den Rahmen erzeugen und dann den Text hineinschreiben.

1. Möglichkeit:

1. Markieren Sie den Text und klicken Sie auf *Einfügen Positionsrahmen.*
2. Öffnen Sie die Dialogbox *Format Positionsrahmen.*

3. Wählen Sie aus der Liste *Breite* die Einstellung *Genau* und geben Sie einen Wert ein, den Sie an der Breite des Seitenrandes einerseits und dem Abstand vom Papierrand andererseits orientieren müssen.

Beispiel Ihr linker Seitenrand beträgt vier Zentimeter und das Marginal soll einen Zentimeter vom Rand entfernt anfangen - bleiben drei Zentimeter übrig. Tragen Sie jetzt als Breite des Positionsrahmens 2,5 Zentimeter ein, beträgt der Abstand vom rechten Rand des Marginals bis zum Satzspiegelrand noch 0,5 Zentimeter.

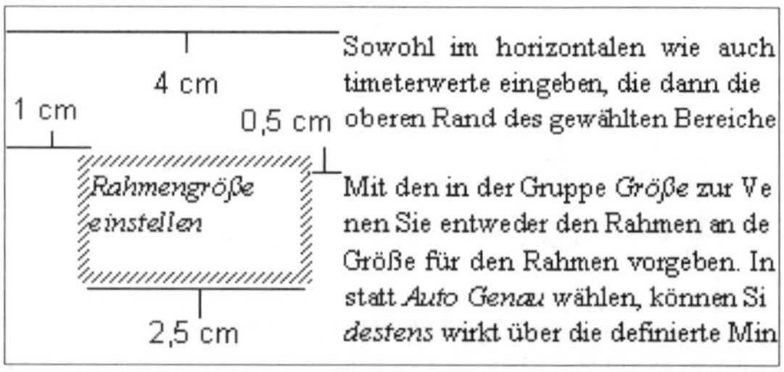

Wenn Sie die Einstellung bei *Breite* auf *Auto* lassen, scheint das zuerst nichts auszumachen (zumindest, wenn Sie nur wenig Text im Positionsrahmen stehen haben). Sobald Sie aber mehr Text in den Rahmen schreiben, schiebt sich dieser munter über den „normalen" Text.

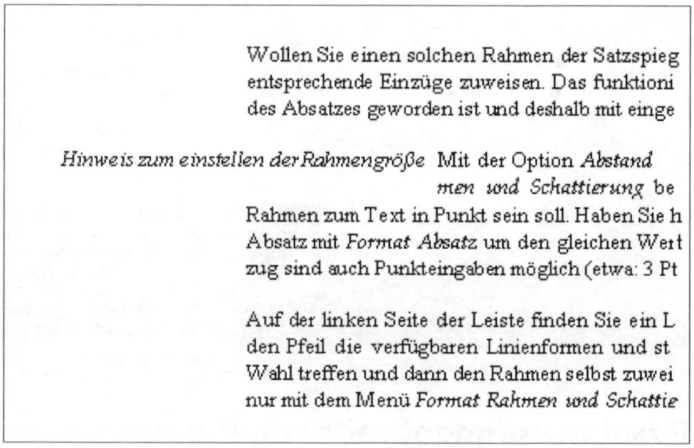

Um zu bestimmen, wie weit vom Rand entfernt der Marginaltext beginnen soll, geben Sie bei *Horizontal Position* einen Wert ein, also z. B. 1 cm. Bei *Gemessen von:* müssen Sie die Option *Seite* wählen, denn die bezieht sich auf den Rand des Blattes. Die Optionen *Seitenrand* und *Spalte* dagegen beziehen sich auf den Satzspiegel.

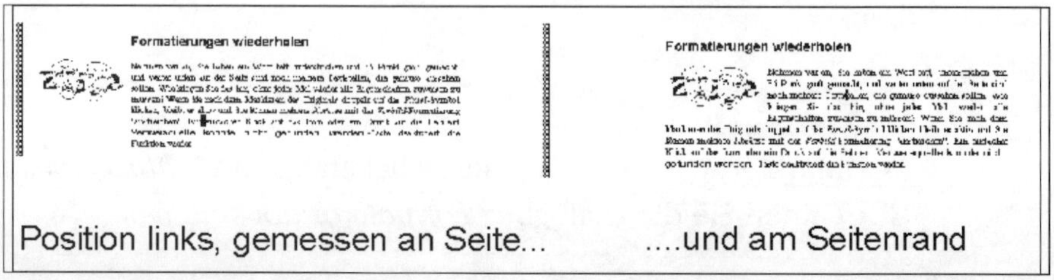

2. Möglichkeit

1. Erzeugen Sie erst einen leeren Positionsrahmen und schreiben Sie dann den Text hinein.
2. Ansonsten ist die Vorgehensweise ähnlich der der ersten Möglichkeit. Hier ist jedoch direkt schon eine genaue Breite eingestellt (die Sie allerdings wahrscheinlich noch korrigieren müssen), und der Wert bei *Vertikal Position Gemessen von: Absatz* wird mit ziemlicher Sicherheit nicht stimmen. Setzen Sie ihn auf Null.

Positionsrahmen mit dem Text mitwandern lassen

Egal, wie Sie es anstellen: Bei positionierten Absätzen, die auf bestimmte Stellen im Fließtext Bezug nehmen, sollte unbedingt die Option *Mit Text verschieben* in der Dialogbox *Format Positionsrahmen* aktiv sein.

Mit dieser Option entscheiden Sie, ob der Positionsrahmen an einer Stelle auf der Seite stehen und den Text an sich vorbeifließen lassen soll oder ob er mit dem Text mitlaufen darf. Tatsächlich tritt dieser Fall häufiger ein als das Fixieren eines Positionsrahmens; deshalb ist diese Funktion wohl auch voreingestellt.

Ein weiterer möglicher Anwendungsbereich: Ihr Text beschreibt eine eingebundene Grafik: „...wie das genau aussieht, können Sie der folgenden Abbildung entnehmen." Es wäre doch unangenehm, wenn sich dieser Hinweis auf Seite vier und die Abbildung dazu auf Seite zwei befände, oder?

Wechselwirkung: Marginalien gehören an den Außenrand

Bei beidseitig bedruckten Dokumenten arbeitet man häufig mit einem gespiegelten Layout - linker und rechter Seitenrand unterscheiden sich also jeweils bei linken und rechten Seiten. Eingestellt wird dieses Layout mit *Datei Seite einrichten Gegenüberliegende Seiten.*

Wenn Sie in einem solchen Layout mit Marginalien arbeiten, stoßen Sie auf ein Problem:

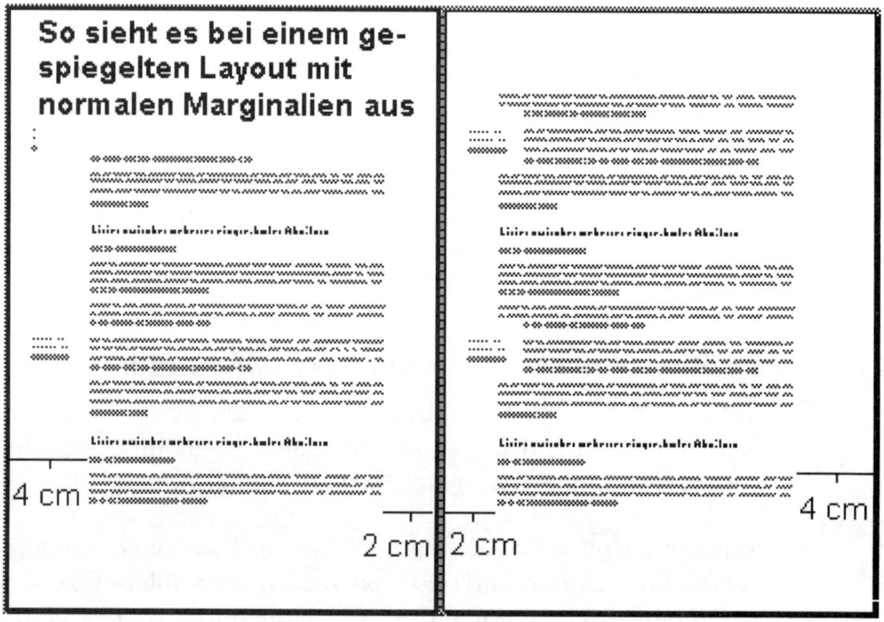

Die Marginalien auf den rechten Seiten stehen falsch

Positionieren Sie mit den Optionen „Innen" und „Außen"

Zumindest den Marginalien auf den rechten Seiten müssen Sie mit dem *Positionsrahmen*-Dialogfeld die horizontale Position *Außen* zuweisen. Stellen Sie einen *Abstand zum Text* ein; in unserem Beispiel 0,5 cm.

Marginalien immer außen erscheinen lassen

1. Die Marginalien für die linken Seiten können Sie entweder nach der oben beschriebenen Methode gestalten, oder Sie weisen ihnen mit *Format Positionsrahmen* bei *Horizontal Position* die Option *Innen* zu. Bestimmen Sie dann aber einen *Abstand zum Text* von (in unserem Beispiel) 0,5 cm.
2. Den Marginalien auf den rechten Seiten muß die Option *Außen* zugewiesen werden. Da Sie bei den nach außen gestellten Marginalien keinen Abstand vom Seitenrand eingeben können, sind Sie hier gezwungen, die horizontale Position auf der Seite mit der Option *Abstand zum Text* zu bestimmen (ebenfalls 0,5 cm).

Tip Richten Sie die Marginalien auf den rechten Seiten rechtsbündig aus.

Auswirkungen der Optionen „Innen“ und „Außen“

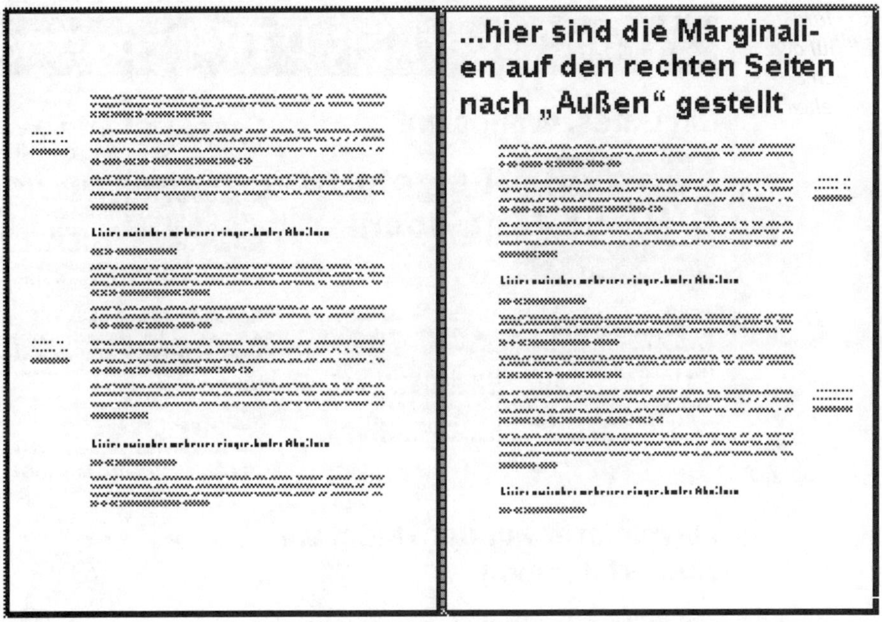

Tip Gerade bei der Gestaltung von Marginalien sollten Sie unbedingt mit einer Formatvorlage arbeiten. Das Herstellen einer solchen Vorlage auf Basis eines einmal formatierten Beispiels dauert nur eine Sekunde - und der Zeitgewinn schon bei der nächsten Marginalie ist beträchtlich.

So kommt der Spaltensatz in den Positionsrahmen

Vielleicht wollen Sie das Layout noch etwas flexibler gestalten, und in einen Teil des dreispaltigen Bereiches einen weiteren, kleineren dreispaltigen Bereich integrieren.

Mit Abschnittsformatierung geht das nicht. Drei Spalten in einem Positionsrahmen - das könnte die Lösung sein. Ist es aber nicht; in Positionsrahmen ist keine Spaltenformatierung möglich. Hier brauchen wir einen ziemlich ausgefallenen Trick.

Ein „Dreispalter“ in zwei Spalten

Word überholt DTP-Programme

Bill Gates: Wahnsinn!

Word

Es geht ja doch!

Computer flog in die Luft
Word Logic war installiert!

Gibt es Zusammenhänge?

Polizei vor Rätsel

Formatierer auf der Flucht vor Steuerfahndung

Angeblich in Südkalifornien gesehen

Und so reagieren die Kollegen: Weiter so

Dreispaltigen Text als OLE-Objekt in Positionsrahmen einfügen

Erstellen Sie einen Positionsrahmen in der passenden Größe. Fügen Sie dort ein Word-Dokument als Objekt ein. Gestalten Sie dieses Dokument dreispaltig und kehren Sie in den Ursprungstext zurück.

OLE-Objekt in den Positionsrahmen einfügen

1. Fügen Sie als erstes den Positionsrahmen ein.
2. Geben Sie ihm mit *Format Positionsrahmen* die richtige Größe. Die Höhe können Sie natürlich beliebig bestimmen, bei der Breite sollten Sie sich an das Spaltenraster halten. Merken Sie sich die Maße oder schreiben Sie sie auf - Sie werden gleich merken, warum.

   Im aktuellen Beispiel: Die Spalten sind 5,87 cm breit, der Spaltenabstand beträgt 0,7 cm. Beides zusammen = 12,44 cm = Positionsrahmenbreite.
3. Positionieren Sie den Rahmen an der richtigen Stelle. Wenn Sie sich an das Beispiel halten, ist das ganz einfach: *Horizontal Position Rechts Gemessen von Seitenrand* und *Vertikal Position Unten Gemessen von Seitenrand.*
4. Klicken Sie vor das Absatzendezeichen in den Positionsrahmen und klicken Sie auf *Einfügen Objekt.* Wählen Sie aus der Liste *Microsoft Word* 6.*0 Dokument.*
5. Es wird ein neues Dokument gestartet, das von vornherein als ein reiner „Ableger" des Ursprungs-Dokuments konzipiert ist.
6. Bringen Sie das Dokument mit *Datei Seite einrichten* auf die gleiche Größe wie den Positionsrahmen.
7. Schreiben Sie dann den Text (oder fügen Sie ihn aus einem anderen Dokument über die Zwischenablage ein) und gestalten Sie ihn - richtige Schrift, drei Spalten etc.
8. Klicken Sie dann auf *Datei Schließen und zurückkehren zu xxx.DOC.* Fertig.

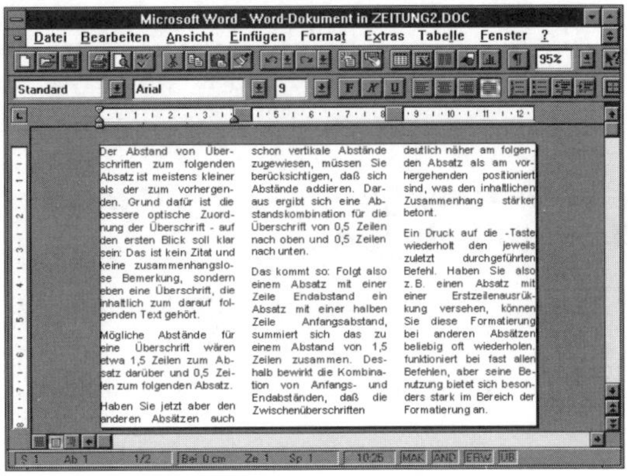

Der eingefügte Text wird ungefähr so behandelt wie eine Grafik, Sie können ihn zwar sehen und bewegen, aber Sie können ihn nicht bearbeiten. Dazu müssen Sie doppelt auf das OLE-Objekt klicken. Word öffnet daraufhin das eingebettete Dokument und Sie können es ändern.

Mehr zum Thema „Eingebettete Objekte“ finden Sie auf Seite 397.

Wie gerahmt - Rahmen dem Satzspiegel anpassen

Absätze mit Rahmen und Linien zu versehen, ist gerade mit der Rahmen-Symbolleiste sehr einfach. Allerdings haben die Word-Rahmen einen Mangel:

Generell erstreckt sich ein Rahmen um einen Absatz ohne Einzüge zunächst immer über etwas mehr als die Satzspiegelbreite, denn die Position Null wird weiterhin vom Text selbst eingenommen. Je größer der von Ihnen gewählte Abstand vom Rahmen zum Text ist, desto weiter ragt der Rahmen aus dem Satzspiegel hinaus.

Stört meistens: Der Rahmen geht über den Satzspiegel hinaus

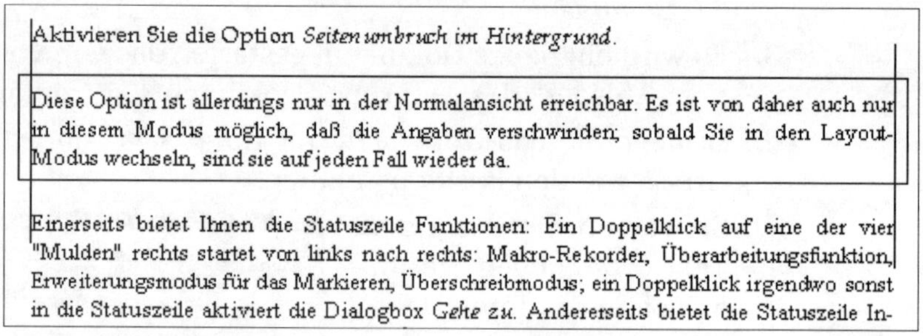

Aktivieren Sie die Option *Seitenumbruch im Hintergrund*.

Diese Option ist allerdings nur in der Normalansicht erreichbar. Es ist von daher auch nur in diesem Modus möglich, daß die Angaben verschwinden; sobald Sie in den Layout-Modus wechseln, sind sie auf jeden Fall wieder da.

Einerseits bietet Ihnen die Statuszeile Funktionen: Ein Doppelklick auf eine der vier "Mulden" rechts startet von links nach rechts: Makro-Rekorder, Überarbeitungsfunktion, Erweiterungsmodus für das Markieren, Überschreibmodus; ein Doppelklick irgendwo sonst in die Statuszeile aktiviert die Dialogbox *Gehe zu*. Andererseits bietet die Statuszeile In-

Die Einzüge genauso groß machen wie den Abstand von Text zu Rahmen

Weisen Sie dem umrahmten Absatz mit der Dialogbox *Format Absatz* als linken und rechten Einzug genau den Wert zu, den Sie unter *Format Rahmen und Schattierung* im Listenfeld *Abstand zum Text* finden.

Einzüge des Rahmens anpassen

Wollen Sie einen Rahmen der Satzspiegelbreite anpassen, müssen Sie dem Absatz entsprechende Einzüge zuweisen. Das funktioniert, weil der Rahmen zu einem Bestandteil des Absatzes geworden ist und deshalb mit eingerückt werden kann.

1. Mit der Option *Abstand zum Text* aus der Dialogbox *Format Rahmen und Schattierung* bestimmen Sie, wie groß der Abstand vom Rahmen zum Text in Punkt sein soll. Gehen wir davon aus, daß Sie hier 3 Pt eingegeben haben.
2. Öffnen Sie die Dialogbox *Format Absatz* und tragen Sie genau diesen Wert bei *Einzug Links* und *Einzug Rechts* ein. Punkteingaben sind hier möglich - allerdings müssen Sie hinter die Zahl noch „Pt" schreiben.

Die Funktion *Abstand zum Text* aus der Dialogbox *Format Rahmen und Schattierung* läßt sich auch benutzen, um den Abstand einzelner Linien zum Text einzustellen:

Absatz mit einer normalen Linie darüber

Bei diesem Absatz hat die Linie einen *Abstand zum Text* von 7 Pt.

Tip Auf der linken Seite der Rahmen-Symbolleiste finden Sie ein Listenfeld, das Ihnen nach einem Klick auf den Pfeil die verfügbaren Linienformen und -stärken anzeigt. Sie müssen zuerst hier Ihre Wahl treffen und dann den Rahmen selbst zuweisen; nachträglich können Sie die Linienart nur mit dem Menü *Format Rahmen und Schattierung* ändern.

Blickfang - Vertikale Striche neben dem Absatz in Texthöhe 83

Wenn Sie mit Abständen *vor* und *nach* arbeiten und dann neben einem solchen Absatz eine vertikale Linie stehen soll, die genauso hoch wie der Text ist, stoßen Sie auf dieses Problem:

Hier ist Tricksen angesagt: Vertikale Linie in Texthöhe

Dies ist ein Absatz mit 12 Pt Abstand nach oben und nach unten. Sie sehen schon, was dabei mit der vertikalen Linie passiert.

So sollte es eigentlich aussehen: Der Strich ist genauso hoch wie der Absatz selber. Dafür muß man allerdings etwas tricksen.

Das liegt daran, daß für diese Linien die Abstände *vor* und *nach* mitberechnet werden.

Verwenden Sie statt der Abstände vor und nach Leerabsätze

Reduzieren Sie die Absatzabstände der fraglichen Absätze auf 0. Fügen Sie an der passenden Stelle einen Leerabsatz ein (war vorher ein Abstand nach zugewiesen, müssen Sie den Leerabsatz natürlich unten einfügen). Um den Abstand nach unten (oder oben) jetzt noch zu variieren, müssen Sie den Leerabsatz entsprechend formatieren - am besten geben Sie den gewünschten Abstand mit *Format Absatz Zeilenabstand Genau* vor.

Trennschärfe - Im Rahmen Absätze horizontal abtrennen

Wenn Sie mehreren, aufeinanderfolgenden Absätzen einen Rahmen zuweisen, befinden sich diese Absätze alle innerhalb eines einzigen Rahmens, ohne abgrenzende Linien dazwischen.

Klick auf das Symbol Rahmenlinie innen

Klicken Sie (während die Absätze weiterhin markiert sind) auf das das Symbol *Rahmenlinie innen* in der Rahmen-Symbolleiste.

Anschmiegsam - In schattierten Absätzen klebt der Text am Rand

Wenn Sie versuchen, einem gerasterten Absatz, der keine Rahmenlinie außen hat, einen Abstand *vom Text* zuzuordnen, reagiert Word mit einer konsequenten Arbeitsverweigerung - der Rasterrand bleibt so dicht am Text wie zuvor.

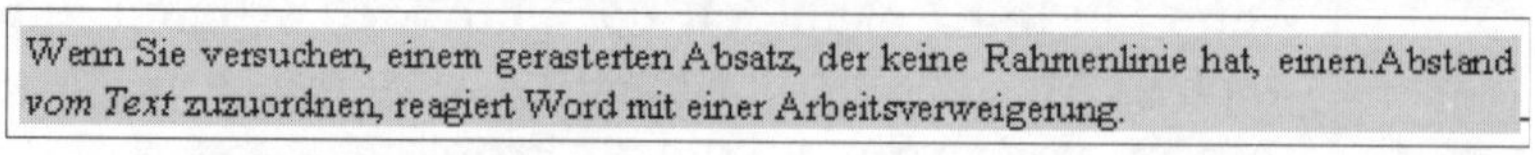
Wenn Sie versuchen, einem gerasterten Absatz, der keine Rahmenlinie hat, einen.Abstand *vom Text* zuzuordnen, reagiert Word mit einer Arbeitsverweigerung.

Arbeiten Sie mit einer weißen Außenlinie

Weisen Sie zunächst eine Außenlinie zu. Setzen Sie dann deren Farbe mit der Dialogbox *Format Rahmen und Schattierung* auf Weiß. Im nächsten Schritt bestimmen Sie in der gleichen Dialogbox den *Abstand zum Text.*

Wenn die Grafik den Druck verweigert 85

Da haben Sie die schönsten Grafiken in den Text integriert, und der Drucker weigert sich, sie auszugeben...

Optionen in Extras Optionen Drucken korrigieren

Zwei Optionen in der Dialogbox *Extras Optionen Drucken* können dafür verantwortlich sein:

- Der Konzeptdruck ist angewählt.
- Das Kontrollkästchen *Zeichnungselemente* ist deaktiviert.

Wie auf schlechten Fotos: Von Grafiken ist nur der untere Rand sichtbar 86

Es kann vorkommen, daß man nur den unteren Rand der Grafik sehen kann; klickt man aber auf die richtige Stelle, wird der Grafikrahmen sichtbar, der weit in den Text darüber hineinragt.

Die Grafik ist da, aber Sie sehen nur den unteren Teil

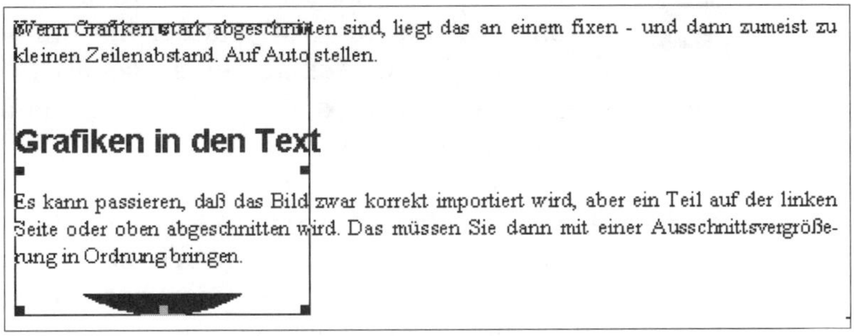
Wenn Grafiken stark abgeschnitten sind, liegt das an einem fixen - und dann zumeist zu kleinen Zeilenabstand. Auf Auto stellen.

Grafiken in den Text

Es kann passieren, daß das Bild zwar korrekt importiert wird, aber ein Teil auf der linken Seite oder oben abgeschnitten wird. Das müssen Sie dann mit einer Ausschnittsvergröße-rung in Ordnung bringen.

Stellen Sie den Zeilenabstand des Grafikabsatzes auf „Einfach"

Der Fehler ist hier mit Sicherheit, daß der Zeilenabstand des Absatzes, in den Sie die Grafik eingefügt haben, auf einen festen Wert eingestellt ist (z. B. genau 12 Pt). Ändern Sie die Zeilenabstandseinstellung in der Dialogbox *Format Absatz* auf *Einfach* oder *Mindestens*.

Der Grafikausschnitt stimmt nicht - und jetzt?

Es gibt einige Fälle, in denen man mit dem Grafikausschnitt unfrieden ist, weil er entweder zuviel oder zuwenig enthält:

- ➜ Es gibt Grafiktypen, denen beim Import ein nicht löschbarer Rahmen zugewiesen wird.
- ➜ Gerade, wenn Sie Bilder mit einem Handscanner gescannt haben, werden Sie häufig an den Bildrändern mehr Überstände haben, als Sie eigentlich wollten.
- ➜ Es kann passieren, daß das Bild zwar korrekt importiert wird, aber ein Teil auf der linken Seite oder oben abgeschnitten wird.

Ändern Sie den Ausschnitt der Grafik

Ziehen Sie mit gedrückter **Umschalt**-Taste am jeweils verantwortlichen Anfasser des Grafikrahmens.

So bringen Sie eine Grafik in Form

Wenn Sie eine Grafik beschneiden wollen, müssen Sie ganz ähnlich vorgehen wie bei der Größenänderung, nur daß Sie zusätzlich zum Ziehen des Anklickpunktes noch die **Umschalt**-Taste gedrückt halten. Damit auch deutlich wird, was Sie da tun, nimmt der Mauszeiger bei dieser Art von Aktion eine andere Form an.

Nach dem Loslassen beider Tasten werden Sie sehen, daß zwar die Größe der Grafik selbst diesmal gleich geblieben ist, daß sich aber der Rahmen, in dem sich die Grafik befindet, verändert hat. Bildlich gesprochen, verändern Sie die Größe einer Schablone und lassen sich so Ausschnitte der dahinterliegenden Grafik anzeigen. Beim Beschneiden einer Grafik zeigt Word in der Statuszeile an, wie viele Zentimeter Sie gekappt oder hinzugefügt haben.

Tip Um eine Grafik schnell wieder auf Original-Größe, -Proportion und -Ausschnitt zurückzusetzen, halten Sie die **Strg**-Taste gedrückt und klikken doppelt auf die Grafik.

Diagonalkreuz statt Grafik - Was ist passiert?

Grundsätzlich ist das sehr nützlich: Beim Einbinden von Grafiken können Sie die Abbildungen mit dem Word-Dokument verknüpfen, statt sie dort zu speichern. Der Vorteil: Die Word-Datei bleibt schön klein. Der Nachteil: Es gibt eine Fußangel.

Sie sind ganz sicher: Die mit Ihrem Text verknüpften Grafiken sind schon einmal angezeigt worden - und jetzt sind überall nur noch Platzhalter zu sehen.

Korrigieren Sie die Pfadangabe im Grafik-Feld

Ändern Sie den Pfad manuell im Feldtext oder mit *Bearbeiten Verknüpfen Quelle ändern*. Vergessen Sie danach die Aktualisierung nicht.

Verknüpfung im Feld bearbeiten

Die Ursache des Fehlers besteht darin, daß sich die Grafik mittlerweile in einem anderen Verzeichnis befindet als zum Zeitpunkt des Verknüpfens.

Beim Verknüpfen von Grafiken wird ein Grafikfeld angelegt, das etwa so aussieht:

```
Verknüpfung Grafik C:\\BUECHER\\HOTLINE\\P01.PCX\* Formatverbinden \d
```

Das Feldergebnis zeigt die Grafik selbst. Beim Betrachten des Feldtextes fällt auf, daß nicht nur der Grafikname, sondern auch die komplette Pfadangabe eingefügt wurde. Haben Sie die Grafik z. B. an eine andere Stelle kopiert, kann Word sie nicht mehr finden.

Um die Pfadangabe zu ändern, haben Sie zwei Möglichkeiten:

1. Die erste Möglichkeit bietet Ihnen die Dialogbox *Bearbeiten Verknüpfungen*. Markieren Sie die Grafik, deren Pfad Sie ändern wollen.
2. Klicken Sie auf den Schalter *Quelle ändern* und bestimmen Sie in der daraufhin erscheinenden Dialogbox Verzeichnis und Name der Datei.

1. Schneller geht es (gerade, wenn es sich um viele Grafiken handelt) manuell: Ändern Sie den Pfad im Grafikfeld, nachdem Sie den Feldtext mit dem Kontextmenü und *Feldfunktionen anzeigen* sichtbar gemacht haben.

2. Drücken Sie dann bei markiertem Feld auf die F9-Taste, um das Feld zu aktualisieren.

Befinden sich viele Grafiken in Ihrem Text, können Sie die Textänderung im Feld auch mit der *Ersetzen*-Funktion beschleunigen. Um die ganzen Grafikfelder zu aktualisieren, markieren Sie dann den gesamten Text und drücken auf die F9-Taste. Damit aktualisieren Sie natürlich alle Felder; wenn Sie sich auf die Grafikfelder beschränken wollen, öffnen Sie das *Bearbeiten Verknüpfungen*-Menü, markieren dort alle Grafiken und klicken auf den Schalter *Jetzt aktualisieren*. Allerdings: Ist Ihr Text sehr lang und enthält viele Grafiken, könnte Word mit einer Speichermangel-Meldung reagieren.

Eigenwillig - Beim Verschieben sucht sich ein Positionsrahmen immer einen neuen Ankerabsatz

Sie wollen einen Positionsrahmen an eine andere Stelle verschieben; dabei soll er aber mit dem gleichen Absatz verknüpft bleiben, dem er augenblicklich zugewiesen ist. Wenn Sie das versuchen, werden Sie beobachten, daß das Anker-Symbol während des Verschiebens zu anderen Absätzen wandert und schließlich neben dem Absatz stehenbleibt, der dem Positionsrahmen am nächsten ist.

Verankern Sie den Positionsrahmen

Markieren Sie den Positionsrahmen und öffnen Sie die Dialogbox *Format Positionsrahmen*. Unten rechts finden Sie die Option *Verankern*. Zurückgekehrt in den Text, wird der gewünschte Effekt durch eine Änderung im Anker-Symbol angezeigt: Rechts darüber befindet sich jetzt ein kleines Schloß.

Das gilt auch für Zeichenelemente, die schon direkt beim Erstellen auf ähnliche Art positioniert werden. Den Befehl zum Verankern finden Sie hier in der Dialogbox *Zeichnungselemente formatieren*.

Formulare

Formulare schnell entwerfen

Zumeist sind es immer die gleichen Abläufe, für die man sich irgendein Formular erstellt, oder aber irgendein Blöckchen erwirbt, das für genau diesen Zweck von einem Profi entwickelt worden ist. Leider haben diese Lösungen immer einen Haken: Wie können Sie sie mit dem Computer ausfüllen?

Rationalisierung - Immer die gleichen Textelemente in Standardbriefen

90

Nahezu 70 % des Schriftverkehrs lassen sich durch Formularfunktionen für einzelne Teile eines Briefes wie Ansprechpartner, Betreff o. ä. nahezu alle Korrespondenzvorgänge oder internen Ablagen vereinfachen. Doch wie erstellen Sie ein solches WinWord-Formular?

Verwenden Sie Formularfelder

Über das Menü *Einfügen Formular* fügen Sie ein Formularfeld Ihrer Wahl an der Cursorposition ein. Wählen Sie zwischen einem Textfeld, einem Kontrollkästchen und einer Dropdown-Liste aus; fügen Sie ggf. eine Hilfe für andere Anwender hinzu.

Nachdem das Dokument geschützt wurde, können Sie sich mit der Taste **Tab** oder den Cursortasten von Feld zu Feld bewegen und auf diese Weise das Formular komfortabel ausfüllen.

Doppelklick erspart Arbeit

Wenn Sie ein Formularfeld nachträglich bearbeiten wollen, können Sie die Dialogbox auch mit einem Doppelklick auf das Feld öffnen, anstatt das Menü *Einfügen Formularfeld* zu bemühen.

Formularfelder über das Menü einfügen

1. Erstellen Sie das Gerüst (s. u.) und positionieren Sie den Cursor an der Stelle, an der Sie das Feld einfügen wollen.

2. Mit *Einfügen Formularfeld* fügen Sie ein Formularfeld ein, nachdem Sie in der Dialogbox angegeben haben, welches der Felder Sie wünschen.

3. Über die Schaltfläche *Optionen* können Sie die Felder näher definieren, etwa welcher Art das Textfeld sein soll (Zahlen, Datum, berechnete Felder) oder welches Makro beim Eintritt oder Verlassen der Zelle gestartet werden soll.

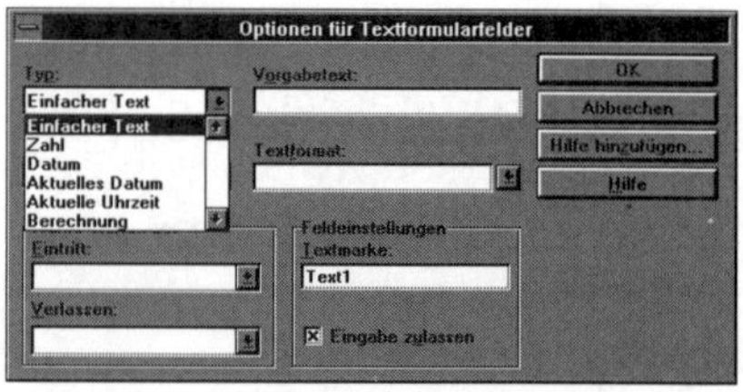

4. Über die Schaltfläche *Hilfe hinzufügen* aus der Dialogbox *Optionen* fügen Sie auf Wunsch eine Hilfe hinzu, die in der Statuszeile oder auch erst durch Drücken der Taste **F1** zu lesen ist, wenn das betreffende Feld markiert ist.

5. Nach Einfügen aller Felder des Dokuments müssen Sie es mit *Extras Dokument schützen* und in der Dialogbox angeben, daß Sie *Formulareingabe* zulassen wollen. Falls Sie ein Kennwort angeben, werden Sie zur Wiederholung des Kennwortes aufgefordert.

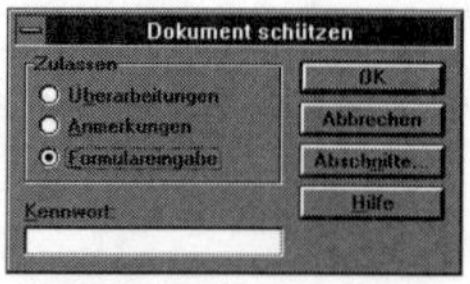

Sie haben folgende Möglichkeiten, ein Gerüst für ein Formular zu erstellen:

- Für ein Formular, das einen wiederkehrenden Text ausfüllt, etwa eine Mahnung, erstellen Sie einen normalen formatierten Text, in den Sie an den Stellen Formularfelder einfügen, die Ihnen entweder erlauben, Text aus vorgegebenen Elementen auszuwählen (Dropdown) oder an denen Sie Text Ihrer Wahl eingeben (Textfeld).
- Wenn Sie ein Formular mit umrahmten Feldern erstellen möchten, so empfiehlt es sich, eine Tabelle einzufügen und die Felder so zu umrahmen, daß sich das gewünschte Bild des Formulars ergibt. In die einzelnen Tabellenzellen werden dann die Formularfelder eingefügt.
- Falls Sie sich vorgenommen haben, ein vorgegebenes Formular mit dem PC auszufüllen – als Beispiel kann man hier einen Mahnbescheid oder die Formulare für die Einkommensteuer nennen –, müssen Sie die auszufüllenden Felder genau „treffen“. Hierfür empfiehlt es sich, mit *Einfügen Positionsrahmen* frei auf dem Dokument positionierbare Rahmen einzufügen, in die Formularfelder eingebracht werden.

Präzisionsarbeit - Formularfelder auf den Punkt genau positionieren

Tabellenfunktion verwenden

Erstellen Sie eine Tabelle und gestalten Sie durch das Verbinden von Zellen sowie die Rahmen- und Schattierungsfunktion das Formular. In die Tabellenzellen geben Sie nun Ihre Formularfelder ein.

Positionsrahmen aufziehen

Um ein Formular millimetergenau zu justieren, ziehen Sie für jedes Formularfeld bzw. für eine Gruppe von Formularfeldern einen Positionsrahmen auf und fügen die Formularfelder in diese Positionsrahmen ein. Mit *Format Positionsrahmen* können Sie diesen Rahmen exakt positionieren.

Tabelle einfügen und formatieren

1. Fügen Sie eine Tabelle ein, die so viele Spalten hat, wie Sie benötigen. Sollte sich herausstellen, daß die Anzahl Spalten nicht ausreicht, markieren Sie die Spalte mit *Tabelle Spalte markieren* und fügen mit *Tabelle Spalte einfügen* links von der markierten Spalte eine weitere Spalte ein.
2. Markieren Sie die Zellen, die Sie möglicherweise zu einer einzigen zusammenfassen wollen (dies geht nur horizontal!), und machen Sie mit *Tabelle Zellen verbinden* aus mehreren Zellen eine.
3. Wenn Sie nur eine Zelle in der Breite verändern wollen, so markieren Sie diese durch Anklicken und ziehen die Begrenzungslinie mit der Maus in der gewünschten Richtung.
4. Um weitere Zeilen am Ende anzufügen, bewegen Sie den Cursor in die äußerste rechte Zelle in der letzten Zeile und betätigen Tab. Es wird eine weitere Zeile mit der Formatierung der letzten Zeile angefügt.
5. Erstellen Sie auf diese Weise nach und nach ein Gerüst für das Formular.
6. Mit der Funktion *Format Rahmen und Schattierung* umrahmen Sie die Zellen, die als Formularfeld ausgedruckt werden sollen. Die nicht mit Linien versehenen Gitternetzlinien werden nicht gedruckt.
7. Bringen Sie in die einzelnen Zellen die Feldbeschriftung und das Formularfeld ein.

8. Nach Einfügen aller Felder des Dokuments müssen Sie es mit *Extras Dokument schützen* gegen Änderungen schützen und in der Dialogbox angeben, daß Sie *Formulareingabe* zulassen wollen. Falls Sie ein Kennwort angeben, werden Sie zur Wiederholung des Kennwortes aufgefordert.

Arbeiten mit Positionsrahmen

1. Wählen Sie für das Aufziehen eines Positionsrahmens den Menüpunkt *Einfügen Positionsrahmen.*
2. WinWord fragt, ob die Layoutansicht eingeschaltet werden soll, was Sie mit *Ja* beantworten.
3. Auf dem Dokument ziehen Sie mit dem Fadenkreuz an der gewünschten Stelle mit gedrückter Maustaste einen Positionsrahmen der gewünschten Größe auf.
4. Der Cursor blinkt in dem neuen Rahmen. Wenn Sie auf die Begrenzungslinien des Rahmens mit der Maus klicken, bekommt der Mauszeiger zusätzlich einen Vierfachpfeil: Jetzt können Sie den Positionsrahmen auf dem Dokument frei verschieben und so an seine endgültige Position bringen.
5. Da Sie auf diese Weise jedoch keinen genauen Rahmen erzeugen können, öffnen Sie die Dialogbox *Format Positionsrahmen* (der Cursor muß dafür in dem Positionsrahmen blinken, den Sie bearbeiten wollen).

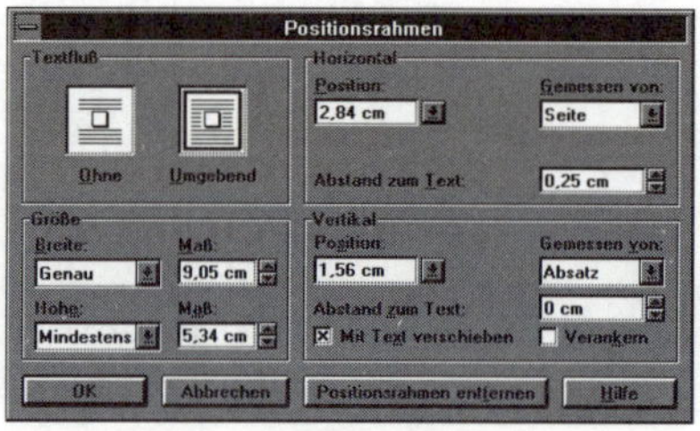

6. Geben Sie bei *Breite* und *Höhe* die genaue Größe des Rahmens an.
7. Bestimmen Sie mit *Position horizontal* und *Position vertikal* die genaue Position vom oberen Papier- oder Seitenrand.
8. Hier hat es sich als günstig herausgestellt, den Schreibrand (Option *Seite*) zu wählen, da Sie dann alle Rahmen durch sukzessives Verändern des oberen Randes über *Datei Seite einrichten* nach unten oder oben verschieben können; nur die relative Position zueinander muß stimmen.
9. Fügen Sie in den Positionsrahmen ein oder mehrere Formularfelder ein und legen Sie die notwendigen Parameter fest.
10. Auch hier: Um das Formular benutzen zu können, müssen Sie es mit *Extras Dokument schützen* schützen und in der Dialogbox angeben, daß Sie *Formulareingabe* zulassen wollen. Falls Sie ein Kennwort angeben, werden Sie zur Wiederholung des Kennwortes aufgefordert.

- Speichern Sie Ihre Formulare als Dokumentvorlage ab, indem Sie in der Dialogbox *Datei Speichern unter* den *Dateityp* DOT angeben; nun können Sie mit *Datei Neu* ein Dokument auf der Basis dieser Vorlage erstellen – Sie haben gleichsam einen „Abreißblock" mit unendlich vielen dieser Formulare erstellt.
- Hier die wichtigsten Tastenkombinationen für das Arbeiten in und mit Tabellen:

Taste / Tastenkombination	**Bewegung**
Tab	Springt von Feld zu Feld (vorwärts).
UmschaltTab	Springt von Feld zu Feld (rückwärts).
Alt+Ende oder Alt+1	Springt in die letzte Zelle der Zeile.
Alt+Pos1 oder Alt+7	Springt in die erste Zelle der Zeile.
Alt+Bild ↓ oder Alt+3	Springt in die letzte Zelle der Spalte.
Alt+Bild ↑ oder Alt +9	Springt in die erste Zelle der Spalte.
Strg+Tab	Tabulatorsprung innerhalb der Tabelle.

Tastenkombinationen für das Bewegen in einer Tabelle

Taste / Tastenkombination	**Markierung**
Umschalt+→ Umschalt+←	Markiert den Text in der Zelle zeichenweise.
Umschalt+Pos1 oder Umschalt+Ende	Markiert die gesamte Zelle.
Tab	Markiert den Text in der nächsten Zelle.
Umschalt+Tab	Markiert den Text der vorigen Zelle.
Alt+5	Markiert die gesamte Tabelle.

Tastenkombinationen für das Markieren in der Tabelle

Beachten Sie: Die angegebenen Zahlen beziehen sich ausschließlich auf die numerische Tastatur!

Tricks mit Formularen

Es gibt eine ganze Menge toller Möglichkeiten, die sich mit Formularen und deren Bausteinen schnell und einfach lösen lassen. Je tiefer Sie jedoch in die Formulareinstellung eindringen, desto öfter werden Sie auf kleine und große Probleme stoßen. Hier finden Sie Tricks und Möglichkeiten, viel mehr aus Ihren Formularen herauszuholen.

Auch für ganze Sätze! - Dropdown-Felder richtig einsetzen

92

Wenn Sie sich in der Dialogbox für die Erstellung eines Dropdown-Feldes einmal umsehen, werden Sie feststellen, daß das Feld für die Eingabe des Textes für die Beschriftung der einzelnen Optionen recht klein ist.

Größe spielt keine Rolle

Die Größe des Listenfeldes beschränkt Sie in der Eingabe nicht! Sie können ruhig längere Textsequenzen eingeben, um so einen „Textbaukasten" herzustellen.

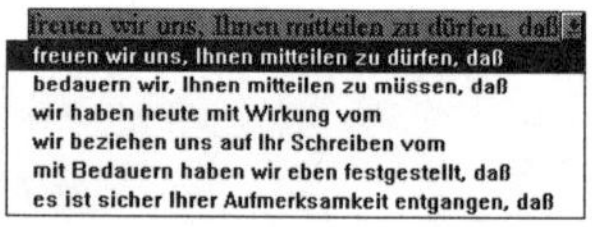

Aus der Reihe getanzt - Kontrollkästchen sind nicht synchron

93

Wenn Sie mehrere Kontrollfelder haben, so sind diese voneinander unabhängig; das Ankreuzen des einen deaktiviert die anderen nicht.

Ermitteln Sie die aktivierten Kästchen und deaktivieren Sie die anderen

Mit dem Befehl *AbrufenFormularFeldergebnis()* ermitteln Sie, welches der Kontrollkästchen aktiviert ist und deaktivieren alle anderen.

Beispiel Kontrollkästchen synchronisieren

Das folgende Makro, das Sie dem Formularfeld beim Verlassen des Feldes zuordnen, prüft, ob das Kontrollkästchen aktiviert ist und deaktiviert in diesem Falle alle anderen:

```
Sub MAIN
If AbrufenFormularFeldergebnis(„Kontrollkästchen1") = 1 Then
        BestimmenFormularFeldergebnis „Kontrollkästchen2", 0
        BestimmenFormularFeldergebnis „Kontrollkästchen3", 0
        BestimmenFormularFeldergebnis „Kontrollkästchen4", 0
        BestimmenFormularFeldergebnis „Kontrollkästchen5", 0
End If
EndSub
```

Wenn das Formularfeld mit dem Textmarkennamen *Kontrollkästchen1* aktiviert ist, werden alle anderen auf Null gesetzt, also deaktiviert. Beachten Sie, daß Sie die Textmarkennamen verwenden, die Sie vergeben – nur wenn Sie keine eigenen Namen vergeben, wird *Kontrollkästchen1* verwendet. Das Makro läuft auch nur dann einwandfrei, wenn die Anzahl der angegebenen Kontrollkästchen im Makro mit der Anzahl der existierenden Kästchen übereinstimmt. Für die anderen Kontrollfelder verfahren Sie ebenso:

```
Sub MAIN
If AbrufenFormularFeldergebnis(„Kontrollkästchen2") = 1 Then
        BestimmenFormularFeldergebnis „Kontrollkästchen1", 0
        BestimmenFormularFeldergebnis „Kontrollkästchen3", 0
        BestimmenFormularFeldergebnis „Kontrollkästchen4", 0
        BestimmenFormularFeldergebnis „Kontrollkästchen5", 0
End If
EndSub
```

Berechnete Felder in Formularen funktionieren nicht

Wenn Sie ein berechnetes Feld erstellen, wird nicht korrekt gerechnet, wenn Sie die Textmarken für die Berechnung verwenden.

Nicht die Namen der Textmarken, sondern Zelladressen verwenden

Wenn Sie die Felder in eine Tabelle eingebracht haben, sollten Sie nicht die von WinWord beim Einfügen des Formularfeldes automatisch erstellte Textmarke für die Berechnung verwenden, sondern die Zelladressen (wie in einer Tabellenkalkulation). Bei der korrekten Adressierung der Zellen hilft Ihnen das pfiffige Makro auf Seite 159.

Beispiel Erstellen eines Rechnungsformulars

Nehmen wir an, Sie wollen folgendes Rechnungsformular erstellen:

- Stück
- Artikelnummer
- Bezeichnung
- Einzelpreis
- Gesamt

Folgende Felder fügen Sie ein:

Stück Hier empfiehlt sich ein Textfeld vom Typ *Zahl*, wobei Sie mit der Maximallänge eine Plausibilitätsprüfung einfügen können, wie weiter unten beschreiben.

Artikelnummer Wenn Ihre Artikelnummern nur aus Zahlen bestehen, können Sie hier ein Textfeld vom Typ *Zahl* verwenden, ansonsten ist ein normales Textfeld nötig.

Bezeichnung Nur wenn wenige Artikel verkauft werden, kann hier ein Listenfeld viel Arbeit ersparen, ansonsten ist ein Textfeld das Richtige.

Einzelpreis Ein Textfeld vom Typ *Zahl*, wobei das Format *#.##0,00* richtig ist.

Gesamt Hier wollen Sie aus Stückzahl und Einzelpreis den Gesamtpreis berechnen. Dafür fügen Sie ein berechnetes Feld ein (Typ *Berechnung*), dessen Ausdruck für unser Beispiel so aussehen müßte: = PRODUKT(B1;B4).

Sie können anstelle der Funktion *PRODUKT()* auch die Formel

```
=B1 * B4
```

verwenden.

Wenn Sie berechnete Felder benutzen, sollten Sie die Option *Felder aktualisieren* auf der Registerkarte *Drucken* in *Extras Optionen* aktivieren.

Da dies jedoch für alle Dokumente gilt (und das Ergebnis erst nach dem Ausdruck angezeigt wird), ist es wesentlich sinnvoller, mit einem Makro das Formularfeldergebnis aktualisieren zu lassen. Für unser obiges Beispiel müssen Sie dem Feld *Einzelpreis* folgendes Makro beim Verlassen zuordnen:

```
SubMain
BestimmenFormularFeldergebnis „Text5"
End Sub
```

In unserem Beispiel gehen wir davon aus, daß die Formularfelder mit den Textmarken *Text1* usw. gekennzeichnet wurden.

Die Null als Anführer - Seriennummer im richtigen Zahlenformat

95

Wenn Sie eine Seriennummer in einem Formularfeld eingeben wollen, sind die vorgegebenen Zahlenformate ungeeignet, da diese die führenden Nullen abschneiden.

Zahlenformat selbst definieren

Das Formular-Modul benutzt hinsichtlich des Zahlenformates das entsprechende Excel-Modul; Sie können also hier wie dort das Zahlenformat

000 000

erstellen. Die Nullen im Zahlenformat geben an, daß die Null ausgegeben wird, das Lattenkreuz # definiert, daß die Null nicht ausgegeben wird.

Beispiel Zahlenformat mit führender Null

Folgendes Beispiel macht das vielleicht noch deutlicher: Das Zahlenformat

#.###,##

würde einen Wert 0,1 als

,1

ausgeben, da das Lattenkreuz die (eigentlich nicht notwendige) Null unterdrückt. Das Zahlenformat

#.##0,00

dagegen weist WinWord an, die Null als letzte Stelle vor dem Komma anzugeben und in jedem Fall auch zwei Nachkommastellen zu verwenden.

30. Februar? Plausibilität einer Formulareingabe prüfen

Es ist für das Ausfüllen von Formularen – insbesondere bei Zahlenfeldern – wichtig, die Plausibilität einer Eingabe zu überprüfen.

Die Funktion AbrufenFormularFeldergebnis$() zur Prüfung benutzen

Wenn Sie mit *AbrufenFormularFeldergebnis$()* das Ergebnis des Feldes (den vorgenommenen Eintrag) durch ein Makro überprüfen lassen, können Sie verhindern, daß nicht plausible Werte eingetragen werden, etwa eine Postleitzahl, die größer als 99999 ist oder ein zu hoher Rechnungswert.

Beispiel Die Überprüfung einer Eingabe

1. Erstellen Sie folgendes Makro – wir nennen es für unser Beispiel *Feld-Prüfung* – im Makrofenster und speichern Sie es ab.

```
Sub MAIN
Wert$ = AbrufenFormularFeldergebnis$(„Text1")
Wert = Val(Wert$)
If Wert > 10 Then
        MsgBox „Der Wert " + Wert$ + „ ist zu hoch!"
End If
End Sub
```

2. Erstellen Sie das Formularfeld und weisen Sie im Feld *Makro starten bei Verlassen* dieses Makro zu.

   Beachten Sie, daß in unserem Makro der Bezug auf den Textmarkennamen *Text1* eingebracht ist. Sie müssen bei Ihrem Makro natürlich den Textmarkennamen eintragen, den das Feld hat!
3. Legen Sie die anderen Feldparameter fest.
4. Beenden Sie mit *OK*.

Wenn Sie nun in das mit dem Makro überwachten Feld den Wert 11 eintragen, wird dies beanstandet.

Der Knoten im Taschentuch - Hinweise zu bestimmten Einträgen

Wie erreichen Sie es, daß bei einem bestimmten Eintrag in ein Formularfeld ein Hinweis eingeblendet wird?

Ein Makro mit AbrufenFormularFeldergebnis vergleicht und informiert

Der Makrobefehl *AbrufenFormularFeldergebnis* erlaubt Ihnen, einen Vergleich mit *If* durchzuführen und eine Hinweisbox anzeigen zu lassen.

Beispiel Eine Eingabe ist unzulässig

Das Makro soll abfragen, ob im Feld *Kundennummer* eine bestimmte Nummer eingegeben wurde. Wenn ja, soll die Meldung erscheinen, daß der Kunde nicht beliefert werden darf:

```
Sub MAIN
KDNummer = AbrufenFormularFeldergebnis$(„Text1“)
If KDNummer$ = „4456“ Then
 MsgBox „Kunde ist gesperrt. Nicht beliefern!“,64
End If
End Sub
```

Die Syntax ist leicht erkennbar: Nach dem Namen des Befehls wird in Klammern der Textmarkenname angegeben, der dem Formularfeld zugewiesen wurde. Nachdem Sie das Makro im Makrofenster als Makro *Sperren* erstellt haben, ordnen Sie es dem Formularfeld zu:

1. Fügen Sie das Formularfeld wie gewohnt mit *Einfügen Formularfeld* in das Dokument ein.
2. Über die Schaltfläche *Optionen* öffnen Sie die Dialogbox.
3. Im Feld *Verlassen* geben Sie an, welches Makro beim Verlassen des Feldes gestartet werden soll. Wenn Sie auf die Schaltfläche rechts neben dem Listenfeld klicken, werden alle Makros der aktiven Dokumentvorlage angezeigt.

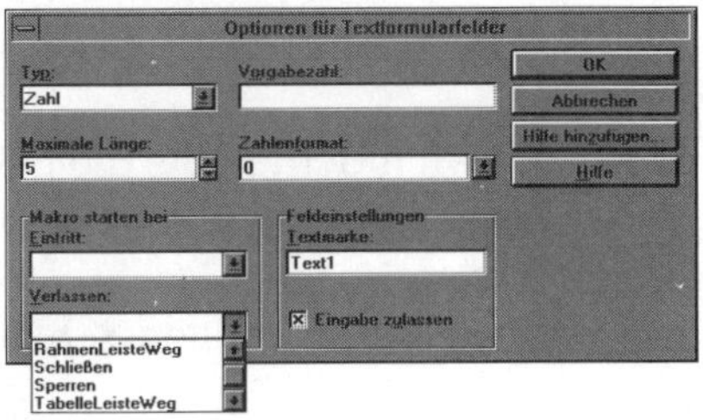

4. Beenden Sie die Eingabe mit *OK*.

Natürlich können Sie das noch etwas aufwendiger gestalten, indem Sie eine Liste von mehreren gesperrten Kunden einlesen und mit der eingegebenen Nummer vergleichen.

Den Textmarkennamen erfahren Sie, wenn Sie das Formularfeld doppelt anklicken. Dort wird er im Feld *Textmarke* angegeben.

Eine andere Möglichkeit wäre, beim Eintritt in das Feld eine Liste aller gesperrten Kunden anzuzeigen.

So läßt sich Text abhängig vom Inhalt eines Formularfeldes ausgeben

Die einzelnen Formularfelder sind zuerst einmal voneinander isolierte Eingaben. Zumeist ändert sich mit einer bestimmten Eingabe der Wert anderer Felder bzw. er muß dann festgelegt werden.

Ergebnisse eines Feldes abfragen und dann andere Ergebnisse festlegen

Mit *AbrufenFormularFeldergebnis* fragen Sie ab, welches Ergebnis ein Feld geliefert hat und legen mit *BestimmenFormularFeldergebnis* das Ergebnis des anderen Feldes fest. So können Sie Ergebnisabhängigkeiten festlegen.

Beispiel Briefanrede passend auswählen

In unserem Beispiel haben wir ein Dropdown-Feld erstellt, das die Ergebnisse für die Anrede liefert. Das Formularfeld wurde der Textmarke *Dropdown1* zugewiesen.

- Frau
- Herrn
- Firma

Nun möchten Sie die Briefanrede in Abhängigkeit von diesem Feld automatisch erstellen lassen:

Die dafür nötigen Schritte:

1. Erstellen Sie das folgende Makro:

```
Sub MAIN
If AbrufenFormularFeldergebnis$(„DropDown1") = „Herrn" Then
    BestimmenFormularFeldergebnis „Text3", „Sehr geehrter Herr"
ElseIf AbrufenFormularFeldergebnis$(„DropDown1") = „Frau" Then
    BestimmenFormularFeldergebnis „Text3", „Sehr geehrte Frau"
Else
    BestimmenFormularFeldergebnis „Text3", „Sehr geehrte Damen und Herren"
End If
End Sub
```

2. Legen Sie ein Formularfeld vom Typ *Text* an und bestimmen Sie, daß beim Eintritt in dieses Feld das Makro ausgeführt werden soll. In unserem Beispielmakro wurde dem Feld die Textmarke *Text3* zugewiesen.
3. Für den Namen des Adressaten können Sie ein REF-Feld verwenden: Wenn der Name des Adressaten in der Textmarke *Text2* festgehalten wurde, so lautet das entsprechende Feld

```
{REF Text2}
```

Beim Drucken wird dort automatisch der Name des Adressaten eingetragen. Wenn Sie mehr als drei Möglichkeiten abfragen, müssen Sie die *Select...Case*-Anweisung verwenden (siehe Kapitel „Makros: Programmierte Helferlein").

AbrufenFormularFeldergebnis() liefert den Wert eines Kontrollkästchens oder eines Dropdown-Feldes, nicht aber eines Textfeldes.

- Für ein Kontrollkästchen-Formularfeld wird der Wert 0 geliefert, wenn das Kontrollkästchen nicht aktiviert ist, und 1, wenn es aktiviert ist.
- Für ein Dropdown-Formularfeld wird 0 (Null) geliefert, wenn das erste Element markiert ist, und 1, wenn das zweite Element markiert ist etc.

AbrufenFormularFeldergebnis$() liefert als Ergebnis eine Zeichenfolge, die der Einstellung des mit der Textmarke angegebenen Formularfelds entspricht.

- Für ein Kontrollkästchen-Formularfeld wird die Zeichenfolge „0" geliefert, wenn das Kontrollkästchen nicht aktiviert ist, und „1", wenn es aktiviert ist. Beachten Sie für die weitere Verwendung, daß dies eine Zeichenkette ist, keine Zahl.
- Für ein Dropdown-Formularfeld wird der Eintrag geliefert, der zur Zeit markiert ist, also in unserem Beispiel „Herrn" oder „Frau".
- Für ein Text-Formularfeld wird der aktuelle Texteintrag geliefert.

Wenn der Schreibfluß versiegt - Hilfe mit den Programmhilfen

Lexikon und Co.

Das Lexikon und die anderen Programmhilfen ersetzen fast den alten Duden, der immer noch neben dem Computer liegt, aber leider passiert es im Eifer des Gefechts immer wieder, daß aus Tippfehlern wahre Stolpersteine oder aus Fremdwörtern Rechtschreibhürden werden.

Falsche Wörter im Lexikon? - Das Wörterbuch bearbeiten

Wenn Sie ein falsches Wort irrtümlich aufgenommen haben, müssen Sie es im Lexikon wieder löschen.

Mit Extras Optionen Rechtschreibung Benutzerwörterbuch aufrufen

In der Dialogbox *Extras Optionen* können Sie das Wörterbuch anklicken und mit der Schaltfläche *Bearbeiten* in WinWord laden.

Wenn's häufiger vorkommt - Erweiterung DIC mit WinWord verknüpfen

Im Datei-Manager wird über den Menüpunkt *Datei verknüpfen* festgelegt, welches Programm gestartet wird, wenn Sie eine derartige Datei doppelt anklicken. Weisen Sie der Erweiterung DIC das Programm WinWord zu.

Dialogbox Optionen nutzen

1. Mit *Extras Optionen* öffnen Sie die Dialogbox, in der die Optionen für die Rechtschreibprüfung festgelegt werden.

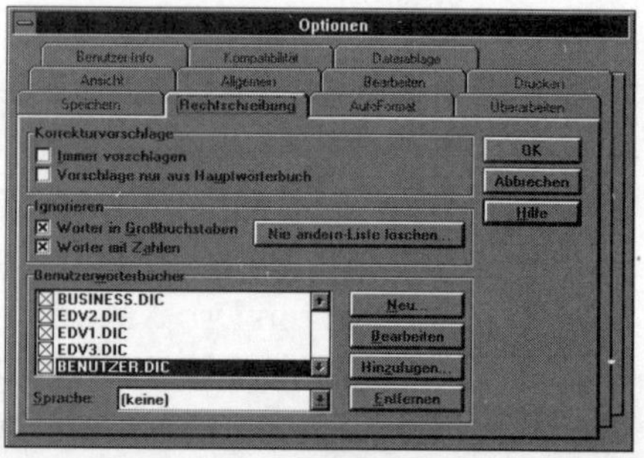

2. Markieren Sie im Feld *Benutzerwörterbücher* das gewünschte Wörterbuch – sollte es in dieser Liste nicht auftauchen, so fügen Sie es mit *Hinzufügen* der Liste hinzu.
3. Öffnen Sie es und nehmen Sie die gewünschten Änderungen vor.

Die vorgeschriebene Sortierung ist

- Sonderzeichen $ % & _ /
- Zahlen 1 2 3
- Großbuchstaben A - Z
- Kleinbuchstaben a - z
- Große Umlaute Ä Ö Ü
- Kleine Umlaute ä ö ü

Beachten Sie, daß Sie die Sortierung des Wörterbuchs peinlich genau einhalten müssen. Daher ist es angeraten, Begriffe nicht im Wörterbuch einzutragen, sondern durch eine Rechtschreibprüfung korrekt aufnehmen zu lassen.

Ein Wörterbuch wird ab der Stelle ignoriert, ab der die Markierung nicht mehr stimmt.

Das nervt - Wenn das Wörterbuch über jedes Fremdwort stolpert

100

Jeder Fachbuchautor kennt das Problem: In den Texten tauchen Elemente auf, die nicht oder nach einem anderen Wörterbuch überprüft werden sollen, etwa Makro- oder Programmierungsbefehle, aber auch selten benutzte Spezialwörter oder Formeln.

Wörter ignorieren

Markieren Sie die betreffenden Wörter und weisen Sie ihnen im Menü *Extras Sprache* das Format *Keine Überprüfung* zu; sie werden dann bei der Rechtschreibprüfung ignoriert.

Formatvorlage benutzen

Es ist wesentlich komfortabler, derartigem Text eine eigene Formatvorlage zuzuweisen, die dieses Format *Keine Überprüfung* enthält.

Für diese Wörter Spezialwörterbuch anlegen

Wenn Sie auf eine Rechtschreibprüfung dieser Textelemente nicht verzichten wollen, legen Sie für diese Elemente ein eigenes Lexikon an und weisen ihm eine Sprache zu, die Sie nicht benutzen, etwa *Dänisch*. Anschließend weisen Sie dem Text, den Sie mit dem Spezialwörterbuch überprüfen wollen, diese Sprache zu.

Spezialwörterbuch anlegen

1. Öffnen Sie ein neues WinWord-Dokument.
2. Geben Sie in der Dialogbox *Speichern unter* bei *Dateityp* an, daß Sie es als *Nur Text* speichern wollen.
3. Speichern Sie es im Verzeichnis MSAPPS\PROOF oder im WinWord-Programmverzeichnis mit der Erweiterung DIC ab.
4. Öffnen Sie die Dialogbox *Extras Optionen* und wählen Sie die Registerkarte *Rechtschreibung* aus.
5. Dort fügen Sie das Wörterbuch mit *Hinzufügen* der Liste der verfügbaren Wörterbücher hinzu.
6. Markieren Sie das neue Wörterbuch.
7. Weisen Sie ihm mit *Sprache* eine Sprache zu, die Sie normalerweise nicht verwenden, etwa *Dänisch*.
8. Im Text formatieren Sie die Textelemente, die nur mit diesem Wörterbuch überprüft werden sollen, über das Menü *Extras Sprache* mit dieser Sprache.

Ein neues Lexikon muß immer als *Nur-Text* abgespeichert werden. Daher dürfen Sie auch in einem Wörterbuch keine Formatierungen (fett, kursiv, Seitenränder etc.) vornehmen, da WinWord dies nicht im *Nur-Text-Format* abspeichern kann. In diesem Falle erscheint als Sicherheitsabfrage diese Meldung:

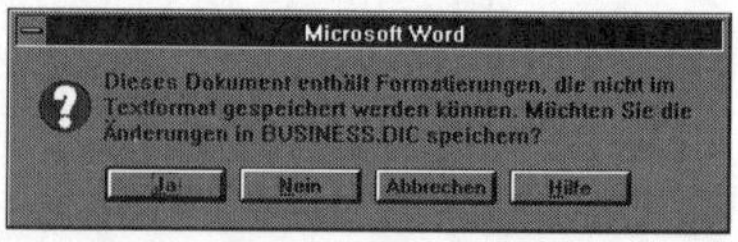

Wenn Sie diese Abfrage bejahen, kann diese Datei danach nicht mehr als Wörterbuch verwendet werden!

WinWord ignorant - Wie sich Wörter im Hauptwörterbuch einfach übergehen lassen

Manchmal sind im Hauptwörterbuch mehrere Schreibweisen enthalten, die man nicht akzeptiert, etwa das gängige *telefonieren*, was Sie vielleicht durch *telephonieren* ersetzen möchten.

AutoKorrektur anlegen

Nehmen Sie das Wort in die AutoKorrektur auf, dann wird es bereits bei der Erfassung in die entsprechende Schreibweise umgewandelt.

Ausschlußwörterbuch anlegen

Erstellen Sie, wie oben (Seite 198) beschrieben, eine *Nur-Text*-Datei, die den gleichen Namen wie das Hauptwörterbuch hat, vergeben Sie jedoch als Erweiterung EXC. In diese Datei schreiben Sie alle Wörter des Hauptwörterbuchs, die Sie sich dennoch bei einer Überprüfung vorlegen lassen wollen. Speichern Sie die Datei im gleichen Verzeichnis ab, in dem sich das Hauptwörterbuch befindet.

Ausschlußwörterbuch anlegen

1. Öffnen Sie ein neues WinWord-Dokument.
2. Geben Sie in der Dialogbox *Speichern unter* bei *Dateityp* an, daß Sie es als *Nur Text* speichern wollen.
3. Speichern Sie es in dem Verzeichnis, in dem sich das Hauptwörterbuch befindet, unter dem gleichen Namen wie das Hauptwörterbuch ab. Wenn das Hauptwörterbuch MSSP_GE.LEX ist, vergeben Sie den Namen MSSP_GE.EXC.

Wenn Sie eine Überprüfung ohne das Ausschlußwörterbuch vornehmen wollen, müssen Sie es vorübergehend umbenennen oder in ein anderes Verzeichnis verschieben.

Sprachlos - Das Wörterbuch zum „Reden" bringen 102

Es kann vorkommen, daß das Wörterbuch nicht mehr funktioniert, sei es, daß Begriffe nicht mehr gefunden oder falsch einsortiert werden.

Das Wörterbuch wurde nicht als Nur-Text-Datei gespeichert

Wenn das Wörterbuch mit Formatierungen, also als normaler WinWord-Text gespeichert wurde, kann es nicht mehr für eine Rechtschreibprüfung benutzt werden. Laden Sie daher das fragliche Wörterbuch und speichern Sie es explizit im Format *Nur Text* ab.

Wörterbuch neu aufnehmen

Wenn die Sortierung nicht mehr stimmt und das Wörterbuch sehr durcheinander geraten ist, bleibt Ihnen keine andere Wahl, als das Wörterbuch in eine DOC-Datei umzubenennen und mit der Option *Extras Rechtschreibung* alle nunmehr unbekannten Wörter in ein neues Wörterbuch aufzunehmen.

Das Aufnehmen in ein Wörterbuch kann Ihnen auch kein Makro abnehmen, da es außer dem Befehl *ExtrasRechtschreibung* keine anderen Befehle gibt, die *während* der Rechtschreibprüfung den Ablauf steuern.

Singles only - Der Thesaurus erkennt keine Pluralbegriffe 103

Es ist ein altbekanntes Problem: Um das Thesaurus-Lexikon nicht zu sehr aufzublähen (und weil die Pluralbildung im Deutschen alles andere als computerfreundlich ist...), erkennt der Thesaurus Pluralbegriffe nicht.

Singularbegriff überprüfen lassen

Lassen Sie nur die Singularversion des Wortes, für das Sie ein Synonym suchen, überprüfen.

Singularbegriff angeben

Wenn Sie den Cursor in einem Wort plazieren, das in seiner Pluralform verwendet wird, kommt es oft zu den im Deutschen notwendigen Mißverständnissen:

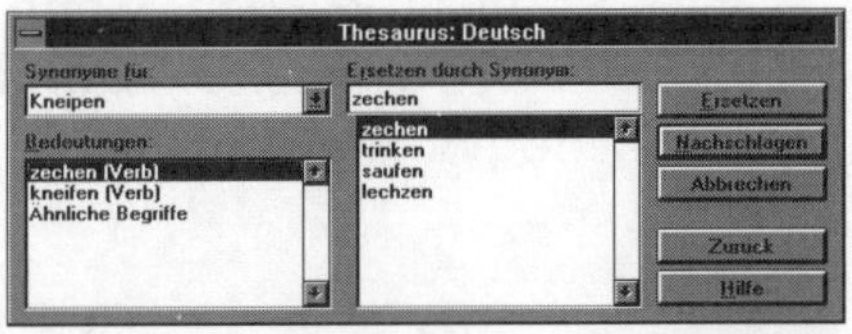

Dem können Sie auf eine einfache Art und Weise abhelfen: Anstatt das Wort als Singularversion in den Text zu schreiben und dann überprüfen zu lassen, tragen Sie es im Feld *Ersetzen durch Synonym* ein...

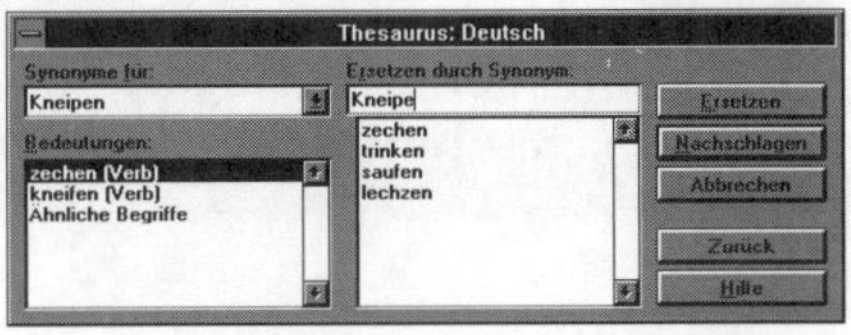

...und klicken auf die Schaltfläche *Nachschlagen*. Sofort wird Ihnen die korrekte Liste gezeigt:

Trennungsspektrum - Vom Zweck der Silbentrennzone

Es ist an sich so einfach: Die Silbentrennzone ist die Zone, in der getrennt wird. Oder vielleicht doch nicht?

Eher umgekehrt...

Die Silbentrennzone ist der Bereich, in dem ein Wort vor dem Trennen sicher ist. Er bestimmt, wieviel Platz maximal am Ende der Zeile zusätzlich zum Rand frei bleiben darf – ein schmaler Bereich verringert also den Flattersatz am rechten Rand, ein größerer Bereich führt zu weniger Trennungen. Wenn Sie dort das Minimum von 0,25 cm angeben, wird die maximale Trennung durchgeführt.

Das Wort *Silbentrennzone* impliziert also das Gegenteil von dem, was es wirklich bedeutet.

Die Silbentrennung von WinWord hat eine häßliche Macke: Wenn das Wort, das zu trennen ist, in Anführungszeichen oder in Klammern steht, wird es weder von der Online-Trennung noch von der manuellen Trennung erfaßt. Abhilfe: Text manuell mit Strg+— trennen.

Das Trennzeichen, das die automatische Silbentrennung einfügt, können Sie nicht löschen. Wenn Sie eine Trennung nicht wünschen, müssen Sie für den *ganzen Absatz* das Absatzformat *Keine Silbentrennung* zuweisen und per Hand mit **Strg**+— eigene Trennstriche einfügen.

Europa ruft - Fremdsprachige Texte prüfen

In mehrsprachigen Texten sollen ebenfalls Silbentrennung und Rechtschreibprüfung, aber nach landesspezifischen Regeln, durchgeführt werden.

Sprache mit Extras Sprache zuweisen

Weisen Sie den fremdsprachigen Passagen des Textes über das Menü *Extras Sprache* eine Sprache zu. WinWord verwendet dann die betreffenden Lexika bzw. die Dateien mit den Informationen zur Silbentrennung.

Zuweisen der Sprache

1. Markieren Sie die fremdsprachige Textpassage.
2. Weisen Sie über das Menü *Extras Sprache* die betreffende Sprache zu.
3. Wenn Sie eine Sprache öfter benutzen, sollten Sie dafür eine Formatvorlage erstellen.

Standardmäßig werden die Wörterbücher und Silbentrennungen für die englische und französische Sprache mitgeliefert.

Weitere Sprachen (nahezu alle westeuropäischen) sind bei Microsoft erhältlich.

Indizes und Verzeichnisse - Wegweiser für Jedermann

Die Qualität eines Stichwortverzeichnisses erkennen Sie schon beim ersten Suchen - aber wissen Sie auch, wieviel Arbeit in den paar unscheinbaren Seiten am Buchende steckt? Vielschreiber arbeiten deshalb ihre Einträge oftmals schon beim Schreiben ein.

Ähnlich wichtig ist das Inhaltsverzeichnis, denn es ist eigentlich der erste Eindruck eines Buches nach dem Aufschlagen des Einbands.

Ab in die Liste - Auch andere Textstellen sollen ins Inhaltsverzeichnis

106

Sie möchten anderen Text als den in der Überschrift in das Inhaltsverzeichnis aufnehmen.

Text mit Feld INHALT festlegen

Wenn Sie das Feld *INHALT* einfügen, können Sie anderen Text oder zusätzliche Eintragungen ins Inhaltsverzeichnis erzwingen. Dabei können Sie diese Einträge *zusätzlich* zu den Eintragungen mit den Formatvorlagen *Überschrift 1* bis *Überschrift 9* machen oder das Inhaltsverzeichnis ausschließlich mit Feldeinträgen zusammentragen lassen.

Festlegung mit der Feldfunktion

1. Markieren Sie den Text, den Sie in ein Inhaltsverzeichnis aufnehmen wollen.
2. Betätigen Sie die Tastenkombination **Umschalt+Alt+O**, um die Dialogbox für den Eintrag eines Feldes aufzurufen.
3. Geben Sie dort den Text ein, der im Inhaltsverzeichnis erscheinen soll, wenn es nicht der gesamte markierte Text sein soll.

Rechte Maustaste

Wenn Sie dort mit der rechten Maustaste klicken, können Sie über das Kontextmenü eine Zeichenformatierung für den Eintrag festlegen!

4. Legen Sie ein Erkennungszeichen fest, das ab diesem Zeitpunkt verwendet wird. Auf diese Weise können Sie mehrere unterschiedliche Verzeichnisse erstellen. Wenn Sie einen anderen als den Buchstaben C verwenden, müssen Sie das Inhaltsverzeichnis über die Registerkarte *Abbildungsverzeichnis* zusammenstellen lassen.
5. Legen Sie die Ebene fest.
6. Mit *Festlegen* beenden Sie die Eingabe. Das Dialogfeld bleibt geöffnet, so daß Sie mehrere Einträge gleichzeitig festlegen können.
7. Nachdem Sie alle Einträge gemacht haben, wählen Sie die Schaltfläche *Schließen*. Das Feld wird als verborgener Text eingefügt. Wenn Sie auf der Registerkarte *Extras Optionen Ansicht* die Option *Verborgener Text* deaktiviert haben, ist der Eintrag unsichtbar.

8. Nun müssen Sie noch in der Dialogbox *Einfügen Index und Verzeichnisse* auf der Registerkarte *Inhaltsverzeichnis* die Schaltfläche *Optionen* wählen und die Option *Verzeichniseintragsfelder* aktivieren. Wenn Sie ausschließlich diese Art der Zusammenstellung wünschen, müssen Sie die Option *Formatvorlagen* deaktivieren.

Wenn Sie das Inhaltsverzeichnis selbst mittels der Felder einfügen wollen, gehen Sie wie folgt vor:

1. Fügen Sie mit Strg+F9 ein Feld ein.
2. Geben Sie den Namen des Feldes – also INHALT – sowie in Anführungszeichen den Text ein, den Sie im Inhaltsverzeichnis wünschen.
3. Fügen Sie die gewünschten Schalter (s. u.) hinzu.
4. Aktualisieren Sie das Feld mit F9 .

Nach dem Einfügen des Inhaltsverzeichnisses aktualisieren!

Wenn Sie das Inhaltsverzeichnis am Anfang des Textes eingefügt haben, hat sich dadurch eine Verschiebung des Textes (und damit der Überschriften oder Felder) ergeben. Daher müssen Sie nach dem Einfügen bereits eine erste Aktualisierung durchführen, damit die neuen Seitenzahlen bekannt sind. Sollten Sie den *Seitenumbruch im Hintergrund* deaktiviert haben (Registerkarte *Allgemein* der Dialogbox *Extras Optionen*), müssen Sie vor dem Aktualisieren mit *Extras Seitenumbruch* einen Seitenumbruch durchführen lassen.

Die möglichen Schalter des Feldes INHALT:

\f Eintrag Definiert den Eintrag als spezifischen Typ. Verwenden Sie diesen Schalter zusammen mit einem Buchstaben, um etwa ein Abbildungsverzeichnis oder ein Verzeichnis der Tabellen zu erstellen. Wenn Sie beispielsweise ein Verzeichnis aller Abbildungen eines Dokuments erstellen möchten, markieren Sie die einzelnen Einträge mit einem Feld wie

```
{INHALT „Abbildung 1" \f a}
```

wobei „a“ Abbildungseinträge bezeichnet.

\l Ebene Definiert die Überschriftebene des Eintrags. Ein INHALT-Eintrag der Gliederungsebene 4 kann mit

{INHALT „Daten eingeben" \l 4}

markiert werden. Hierbei ist anzumerken, daß WinWord über die oben beschriebene Technik die Ebene in Anführungszeichen schreibt, was jedoch nicht nötig ist.

\n Unterdrückt die Seitenzahl für den Eintrag.

Mehr als nur eine Seite - Einen Seitenbereich im Index angeben

Häufig möchte man bei einem wichtigen Begriff im Index angeben, auf wie vielen aufeinanderfolgenden Seiten das betreffende Stichwort behandelt wird:

Festplatte formatieren 16 - 56

Seitenbereich mit Textmarke angeben

Legen Sie für den Seitenbereich, der im Inhaltsverzeichnis erscheinen soll, eine Textmarke fest und geben Sie in der Dialogbox an, daß der diese Textmarke umfassende Bereich angegeben werden soll. Wenn Sie das Feld per Hand erstellt haben, verwenden Sie den Schalter

\r „Textmarkenname"

Seitenbereich per Textmarke festlegen

1. Markieren Sie den Bereich, der im Index angegeben werden soll. Dabei muß sich die Markierung nur *auf* der Seite befinden.
2. Mit *Bearbeiten Textmarke* legen Sie für diesen Bereich eine Textmarke an. Wenn Sie die Option *Seitenbereich* aktiviert haben, suchen Sie sich aus dem Listenfeld diese Textmarke aus.

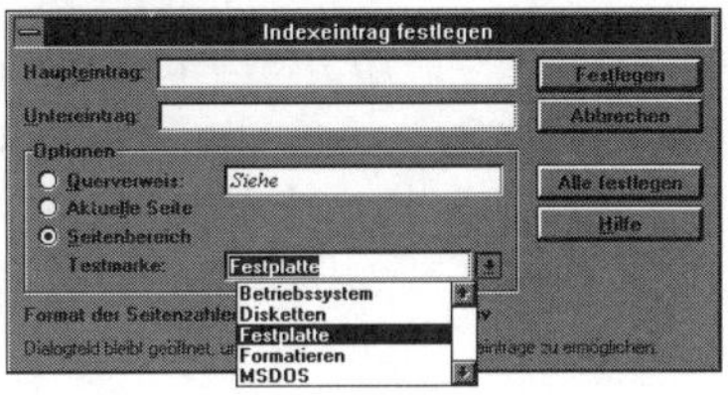

Wenn Sie den Index zusammentragen, wird der Bereich, den die Textmarke umspannt, als Seitenbereich angegeben; da die Textmarke an den Text gebunden ist und dadurch mit verschoben wird, ist dieser Bereich immer korrekt.

Information verteilen - Indexeinträge für unterschiedliche Verzeichnisse

Möglicherweise ist es sinnvoll, ein Feld in den Text einzufügen und dadurch den Indexeintrag festzulegen, da dies durch Schalter variabler gestaltet werden kann.

Index-Feld XE verwenden

Mit dem XE-Feld (Eingabe mit *Einfügen Feld* oder per Hand) und Angabe der Begriffe, die aufgenommen werden sollen, legen Sie einen Indexeintrag fest. Der Text für den Index wird in Anführungszeichen angegeben. Wenn Sie einen Untereintrag bezeichnen möchten, geben Sie den Text für den Haupteintrag und den für den Untereintrag (bis zur Untereintragsebene) durch Doppelpunkt (:) getrennt an.

Index-Eintrag XE über das Menü einfügen

1. Rufen Sie das Dialogfeld *Feld* mit *Einfügen Feld* auf.
2. Wählen Sie in der Liste *Kategorien* den Eintrag *Index und Verzeichnisse* und in der Liste *Feldnamen* den Eintrag *XE*.
3. Im Eingabefeld unter *Kategorien* sehen Sie jetzt den ersten Eintrag *XE*. Klicken Sie einmal in das Eingabefeld und geben Sie dann den Text für den Haupt- und Untereintrag ein.
4. Weitere Schalter können Sie jetzt direkt in das Eingabefeld eintragen oder aber über die Schaltfläche *Optionen* zu einem Dialogfeld wechseln, in dem Sie die Schalter gezielt auswählen. Dazu erhalten Sie auch immer eine kurze Erklärung, welche Wirkung ein Schalter hat.
5. Aktualisieren Sie das Feld mit **F9**, das daraufhin verborgen formatiert wird. Wenn Sie in *Extras Optionen* auf der Registerkarte *Ansicht* angegeben haben, daß *Verborgener Text* nicht angezeigt werden soll, verschwindet der Eintrag.

Index-Feld per Hand einfügen

1. Positionieren Sie den Cursor an der Stelle, deren Seitennummer im Index erscheinen soll.
2. Fügen Sie mit **Strg+F9** ein Feld ein.
3. Geben Sie den Namen des Feldes (XE) und den Eintrag in Anführungszeichen an:

   {XE „Festplatte“}

4. Wenn der Eintrag ein Untereintrag eines anderen sein soll, sind die einzelnen Ebenen durch einen Doppelpunkt zu trennen:

   {XE „Festplatte:Formatieren“}
   Auch mehrere Ebenen sind möglich:
   {XE „Festplatte:Formatieren:Formatierung rückgängig machen“}

5. Aktualisieren Sie das Feld mit **F9**, das daraufhin verborgen formatiert wird. Wenn Sie in *Extras Optionen* auf der Registerkarte *Ansicht* angegeben haben, daß *Verborgener Text* nicht angezeigt werden soll, verschwindet der Eintrag.

Folgende Schalter können Sie bei der Verwendung des XE-Feldes benutzen:

\ b	Formatiert die Seitenzahl des Indexeintrags fett. Der Schalter entfernt das Format, wenn die Seitenzahl durch die Index-Formatvorlage bereits fett formatiert ist.
\ f	Definiert eine Eintragsart. Das Feld {XE „Festplatte" \f „b"} wird beispielsweise nur in einen Index aufgenommen, der vom Feld {INDEX \f „b"} eingefügt wird. Als Standard-Eintragsart wird „i" verwendet.
\ i	Formatiert die Seitenzahl des Indexeintrags kursiv. Wenn die Formatvorlage bereits kursiv formatiert ist, wird die Formatierung entfernt.
\ r	Fügt den Seitenbereich ein, der durch die anzugebende Textmarke für das Feld markiert ist. Das Feld {XE „Festplatte" \ r FestplatteSeiten} liefert im Index beispielsweise ein Ergebnis wie Festplatte.......23-67.
\ t	Fügt an Stelle der Seitenzahl den Text ein, der dem Schalter in Anführungszeichen folgt. Das Feld {XE „Massenspeicher" \ t „Siehe Festplatte"} liefert im Index beispielsweise das Ergebnis Massenspeicher, siehe Festplatte.

Mehr als eine Alternative - Index durch Felder erstellen

Mit den Feldfunktionen können Sie das Einfügen eines Indexes sehr genau steuern.

Das INDEX-Feld verwenden

Fügen Sie das Feld INDEX ein und legen Sie mit den verschiedenen Schaltern die Ausführungsart genau fest.

So geht's per Feld

1. Blenden Sie verborgenen Text im Menü *Extras Optionen* auf der Registerkarte *Ansicht* aus.
2. Positionieren Sie den Cursor an der Stelle, deren Seitennummer im Index erscheinen soll.
3. Fügen Sie mit **Strg**+**F9** ein Feld ein.
4. Geben Sie den Namen des Feldes (INDEX) ein und fügen Sie einen Schalter (s. u.) Ihrer Wahl hinzu.
5. Mit **F9** aktualisieren Sie das Feld.

Natürlich können Sie die Einfügung des Feldes auch über die Menübefehle veranlassen. Allerdings werden Sie mit wachsender Routine das mühselige „Durchhangeln" von Dialogfeld zu Dialogfeld eher umständlich finden. Mit der folgenden Liste der zur Verfügung stehenden Schalter kommen Sie viel schneller zum Ziel.

\ b	Erstellt einen Index nur für den Teil des Dokuments, der durch die angegebene Textmarke markiert ist. Die Textmarke wird nicht in Anführungszeichen gesetzt.
\ c	Erstellt einen Index mit mehreren Spalten pro Seite. Das Feld {INDEX \ c 3} erstellt beispielsweise einen dreispaltigen Index. Maximale Spaltenanzahl ist 4.
\ d	Wird zusammen mit \s verwendet und definiert die Trennzeichen, die zwischen einer Folgennummer und einer Seitenzahl eingefügt werden sollen.
\ e	Definiert die Trennzeichen, die zwischen einem Indexeintrag und dessen Seitenzahl eingefügt werden sollen. Als Standard-Trennzeichen werden zwei Leerzeichen verwendet.

\ f	Erstellt einen Index ausschließlich unter Verwendung der angegebenen Eintragsart. Das Ergebnis des Feldes {INDEX \f „A"} enthält beispielsweise nur Einträge, die mit einem XE-Feld markiert sind, etwa {XE „Markieren von Text" \f „A"} Als Standard-Eintragsart wird „i" verwendet.
\ g	Definiert die Trennzeichen, die in einem mehrere Seiten umfassenden Bereich verwendet werden.
\ h	Fügt zwischen den einzelnen Gruppen von Anfangsbuchstaben im Index eine Überschrift ein, die mit der Formatvorlage *Indexüberschrift* formatiert ist. Die Überschrift ist in Anführungszeichen anzugeben. Als Überschrift kann verwendet werden: ➜ Der Buchstabe der entsprechenden Gruppe, wobei der Buchstabe auch mehrfach erscheinen kann. WinWord zeigt für jede alphabetische Gruppe im Index automatisch den richtigen Buchstaben an. ➜ Ein beliebiges anderes Zeichen. ➜ Eine Leerstelle.
\ l	Definiert die zwischen Seitenzahlen zu verwendenden Trennzeichen, wenn ein Eintrag auf mehreren Seiten vorhanden ist. Maximal können fünf Zeichen verwendet werden, die in Anführungszeichen stehen müssen. Als Standard-Trennzeichen werden ein Komma und eine Leerstelle verwendet.
\ p	Beschränkt den Index auf die angegebenen Buchstaben. Das Feld {INDEX \ p a-d} erzeugt nur einen Index für die Buchstaben A bis D. Wenn Sie auch Indexeinträge aufnehmen möchten, die nicht nur mit Buchstaben, sondern auch mit anderen Zeichen beginnen, geben Sie ein Ausrufezeichen (!) an. Das Feld {INDEX \ p !-n} erzeugt zum Beispiel einen Index, der alle Sonderzeichen sowie die Buchstaben A bis N umfaßt.
\ r	Zeigt Untereinträge in derselben Zeile wie den Haupteintrag an. Ein Feldergebnis wäre beispielsweise der Eintrag Festplatte: Formatieren, 16; Einbauen, 56; Controller, 78
\ s	Wenn diesem Schalter eine Folgenbezeichnung folgt, wird die Folgennummer zusammen mit der Seitenzahl angezeigt. Auf diese Weise können Sie einen kapitelweisen Index erstellen. Mit dem Schalter \d legen Sie statt des Bindestrichs ein anderes Trennzeichen fest.

Die Seriendruckfunktion kann mehr

Serienbriefe sind eine der Standardanwendungen für Textverarbeitungsprogramme, seit Jahren werden sie alljährlich verbessert, aber außer Mailing-Büros und Firmen findet kaum jemand so recht Gefallen an den Möglichkeiten. WinWord ist angetreten, den zweifelhaften Ruf der Bedienerfreundlichkeit dieser Funktionen radikal zu verbessern.

Nur für gute Kunden - Bedingter Ausdruck eines Serienbriefes

Nicht immer soll jeder Datensatz ausgedruckt werden, etwa wenn Sie eine Marketing-Aktion nur auf einen gewissen Kundenkreis beschränken wollen.

Vergleich mit dem ÜBERSPRINGEN-Feld

Das ÜBERSPRINGEN-Feld vergleicht zwei Elemente (s. u.) und druckt den Serienbrief mit diesem Datensatz aus, wenn der Vergleich *Wahr* ist; ist er *Falsch*, wird der Serienbrief mit diesem Datensatz nicht ausgedruckt.

Datensätze überspringen

Sie möchten verhindern, daß ein Werbebrief an Kunden mit einem Umsatz unter 5.000 DM geschickt wird:

1. Fügen Sie am Anfang des Seriendokuments ein Feld mit **Strg+F9** ein.
2. Tragen Sie wie gewohnt den Namen des Feldes ein.
3. Geben Sie den ersten Ausdruck ein. Dies kann eine Textmarke, ein Text, eine Zahl, eine Formel oder ein Feld (auch ein verschachteltes) sein. Ausdrücke, die mehr als ein Wort umfassen, müssen in Anführungszeichen gesetzt werden.

   Geben Sie einen Operator an (s. u.).
4. Geben Sie den zweiten Ausdruck ein – es sind dieselben Elemente erlaubt, wie beim ersten Ausdruck. Auch hier: Ausdrücke, die mehr als ein Wort umfassen, müssen in Anführungszeichen gesetzt werden.
5. Aktualisieren Sie das Feld mit **F9**.

In unserem Beispiel würde das Feld

{ÜBERSPRINGEN {SERIENDRUCKFELD Umsatz} < 5000}

lauten, wenn Sie überprüfen wollen, ob der Umsatz im Feld *Umsatz* (in der Steuerdatei also) kleiner 5.000 DM ist. Hier handelt es sich also um den Vergleich eines Feldergebnisses mit einer Zahl. Diese Zahl von Ausdruck 2 können Sie auch in eine Textmarke einbringen.

- Ein ÜBERSPRINGEN-Feld darf nicht in Fuß- oder Endnoten, Anmerkungen sowie in Kopf- und Fußzeilen verwendet werden.
- Auch in einer Steuerdatei für einen Serienbrief oder zusammen mit dem Feld NÄCHSTER darf das Feld nicht verwendet werden.
- Folgende Operatoren sind erlaubt:

=	Gleich
>	Größer als
<	Kleiner als
>=	Größer oder gleich
<=	Kleiner oder gleich
<>	Ungleich

- Der Operator muß von Zahlen, Formeln und Textmarkennamen durch eine Leertaste getrennt werden.
- Bei Zahlen wird ein Zahlenvergleich kein Stringvergleich durchgeführt. Die Zahlen 5000 und 5.000,00 werden also als gleich ausgewertet.

Nützliche Ideen rund um die Seriendruckfunktion

Manchmal braucht man nur einen kleinen Anstoß, um aus einer bekannten Funktion völlig neue Möglichkeiten zu entwickeln. Wahrscheinlich fallen Ihnen beim Lesen ganz andere Dinge ein, die Sie mal mit Seriendruckfunktionen machen könnten.

Mal was anderes - Videocassetten mit der Serienbrieffunktion beschriften

111

Wer Ordnung in seine Videosammlung (es kann auch der Diskettenkasten sein) bringen will, benötigt beschriftete Aufkleber, die an der Rückseite jeder Kassette angebracht werden. Wenn Sie keine passenden Etiketten im Handel finden, drucken Sie statt dessen auf gewöhnlichem Papier und greifen zu Schere und Klebstoff.

Etiketten nachträglich anpassen

Bei der Lösung des Problems müssen Sie gleich zwei Hürden überwinden: Die Etikettengröße hat mit 14 cm x 2,0 cm ein ungewöhnliches Maß, so daß Sie mit der Option *Benutzerdefiniert* arbeiten müssen. Bei der extremen Breite bietet es sich an, die Seite im Querformat zu verwenden. Leider wird diese Ausrichtung von WinWord in der Etikettenfunktion ebensowenig unterstützt, wie das Setzen von Tabulatoren. Arbeiten Sie deshalb zunächst mit der Standardeinstellung und korrigieren Sie die nicht unterstützten Funktionen in einem weiteren Arbeitsschritt.

Selbstgemachte Videoetiketten

1. Öffnen Sie ein neues Dokument, aktivieren Sie den Seriendruck-Manager und wählen Sie *Erstellen/Adreßetiketten*.
2. Erstellen Sie eine neue Datenquelle (*Daten importieren/Datenquelle erstellen*) mit vielleicht folgenden Feldnamen: Titel, Kategorie, Hauptdarsteller, Spielzeit und Jahr. Geben Sie ein paar Beispieldatensätze ein.
3. Die Bearbeitung des Hauptdokuments beschränkt sich auf Auswahl der Etikettendetails und die Plazierung der Seriendruckfelder. Weil Sie in der Liste der fertigen Zweckform-Etiketten kein passendes Muster finden, müssen Sie die Option *benutzerdefiniert* verwenden. Übernehmen Sie folgende vorläufige Einstellungen.

   Vertikalabstand = Etikettenhöhe = 2 cm
   Horizontalabstand = Etikettenbreite = 10 cm
   pro Zeile 2 Etiketten
   pro Spalte 10 Etiketten

4. Plazieren Sie im Dialogfeld *Etiketten erstellen* die Seriendruckfelder. Eine übersichtliche Präsentation der Informationen ist nur durch eine tabellarische Anordnung gewährleistet (siehe folgende Abbildung).

Innerhalb des Eingabefelds können Sie aber nur mit **Strg+Tab** Standard-Tabulatorsprünge setzen. (Das genaue Positionieren der Tabmarken erfolgt später.)

! Erstellen Sie das Muster sehr sorgfältig. Nachträgliche Korrekturen lassen sich nur schwer realisieren, so daß meist ein völliger Neubeginn die bessere Wahl ist.

Beispiel-etiketten

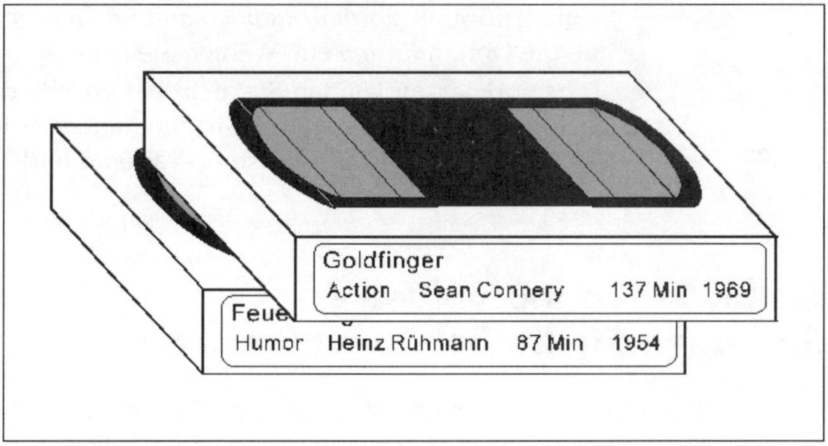

5. Die Vorbereitungen sind jetzt abgeschlossen, und die fertigen Etiketten können Sie sich mit *Hauptdokument/Bearbeiten* ansehen. Schalten Sie die *Seriendruck-Vorschau* ein, damit Sie sich vom ungefähren Aussehen der Etiketten ein Bild machen können. Eventuell kann das Aussehen noch nicht voll befriedigen, weil die Etikettenbreite noch nicht angepaßt wurde und die Standardtabstopps wirksam sind.

Die fast fertigen Etiketten in der Vorschau

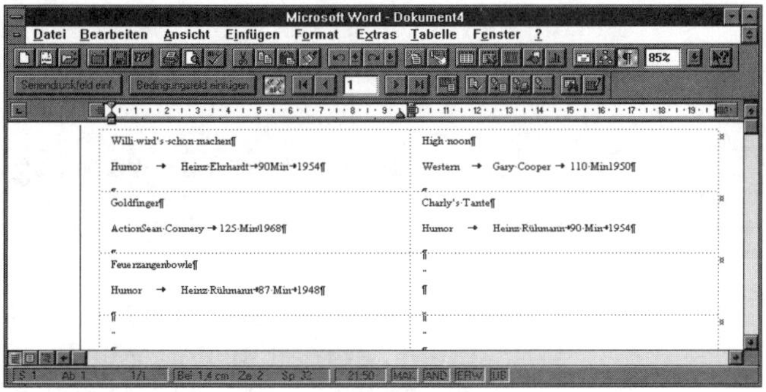

6. Führen Sie jetzt folgende Änderungen durch:

- ➜ Wählen Sie *Datei/Seite einrichten* und ändern Sie die Papierausrichtung auf *Querformat.*
- ➜ Markieren Sie die gesamte Tabelle und wählen Sie *Tabelle/Zeilenhöhe und -breite.* Aktivieren Sie die Registerkarte *Spalte* und setzen Sie die Spaltenbreite auf 14 cm fest.
- ➜ Rahmen Sie die Etiketten mit einer Doppellinie ein. Wählen Sie den Menüpunkt *Format/Rahmen und Schattierungen* und schalten Sie die Option *Kasten* ein. Wählen Sie die Option *Doppellinie.*
- ➜ Tabstoppmarken können Sie nicht bei vollständig markierter Tabelle einfügen. Markieren Sie nacheinander beide Spalten, wählen Sie die gewünschte Tabstopp-Variante und setzen Sie die benötigten Tabulatoren.

Gelbe Seiten individuell - So bauen Sie Ihr Telefonverzeichnis

Wenn Sie einen umfangreichen Adressenbestand für Werbezwecke einsetzen, ist der Serienbrief nur eine von vielen Möglichkeiten. Oftmals ist der direkte Weg zum Kunden viel erfolgversprechender. Telefonmarketing nennt man das wohl, wenn Sie Ihre Kunden einfach einmal anrufen. Dazu benötigen Sie eine Liste mit allen Namen und Telefonnummern.

Erstellen Sie einen Katalog

Besonderes Kennzeichen der Option *Katalog*: Alle Datensätze kommen in ein und dasselbe Dokument. Diese Besonderheit müssen Sie bei der Plazierung der Seriendruckfelder berücksichtigen. Drücken Sie am Ende der Serienfelder **Enter**, wenn jeder Datensatz ein eigener Absatz werden soll.

Ein Telefonverzeichnis für den täglichen Einsatz

1. Erstellen Sie ein neues Hauptdokument und wählen Sie die Variante *Katalog.*

2. Öffnen Sie eine vorhandene Datenquelle, in der die gewünschten Informationen enthalten sind. Ein Telefonverzeichnis ist völlig wertlos, wenn die Daten nicht in alphabetischer Reihenfolge ausgegeben werden. Führen Sie deshalb eine Sortierung durch. Markieren Sie das Sortierkriterium und wählen Sie die aufsteigende Sortierfolge. Gehen Sie so vor: Wählen Sie *Datenquelle/Bearbeiten* und lassen Sie die Daten in Tabellenform anzeigen. Markieren Sie die Spalte mit den Nachnamen und aktivieren Sie die Sortierfunktion *aufsteigend*.

3. Gehen Sie zurück zum Hauptdokument. Telefonverzeichnisse werden üblicherweise mehrspaltig bei geringer Schriftgröße erstellt. Fügen Sie im Hauptdokument die Seriendruckfelder wie in folgender Abbildung zu sehen ein und formatieren Sie so:

- ➜ zweispaltig Textspiegel
- ➜ Schriftgrad 9 pt
- ➜ rechtsbündiger Tabstopp bei ca. 7 cm Füllzeichen: Unterstrich
- ➜ Seriendruckfeld Nachname in Fettdruck

Ein mögliches Telefonverzeichnis

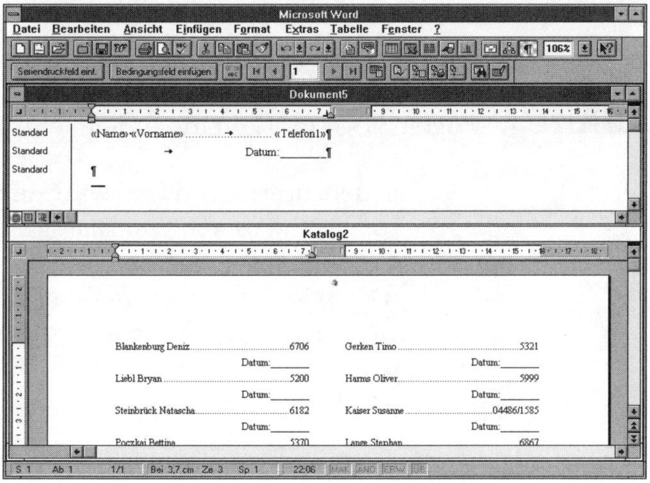

Normalerweise läuft ein Seriendruck so ab: WinWord füllt das erste Dokument mit dem ersten Datensatz, dann kommt das zweite Dokument mit dem zweiten Datensatz an die Reihe und so fort, bis das letzte Dokument mit dem letzten Datensatz geschrieben ist. Dieser übliche Ablauf wird durch die Feldfunktion {NÄCHSTER} unterbrochen. Jetzt folgt im selben Dokument der nächste Datensatz. Die Zeilen müssen sich so oft wiederholen, bis die Seite voll ist. In der Seriendruckvariante *Katalog* erledigt WinWord diese Arbeit automatisch.

Vielfältiger als man denkt - Flexible Serienfunktionen mit Zahlencodes

In Datenbanken werden oftmals keine vollständigen Anredeformen gespeichert, sondern meist nur Stellvertreterzeichen, die erst im Serienbrief übersetzt werden. Das geschieht aus akutem Speichermangel. Der Zuordnungscode könnte vielleicht so aussehen:

Zahlencode	Anrede
1	Sehr geehrte Eheleute
2	Sehr geehrter Herr
3	Sehr geehrte Frau

Perfekte Anrede - WinWord denkt mit

1. Fügen Sie in Ihr Hauptdokument ein *Wenn_Dann_Sonst-Feld* ein.

In dem dreiteiligen Feld wird zunächst eine Bedingung überprüft, so, wie Sie es auch im Dialogfeld *Abfrage-Optionen* gesehen haben. Abhängig vom Ausgang dieser Überprüfung wird entweder die Option wie im *Dann-Bereich* festgelegt ausgeführt (wenn die Überprüfung mit *Ja* beantwortet wurde) oder die Alternative aus dem *Sonst-Bereich* (wenn die Überprüfung mit *Nein* beantwortet wurde).

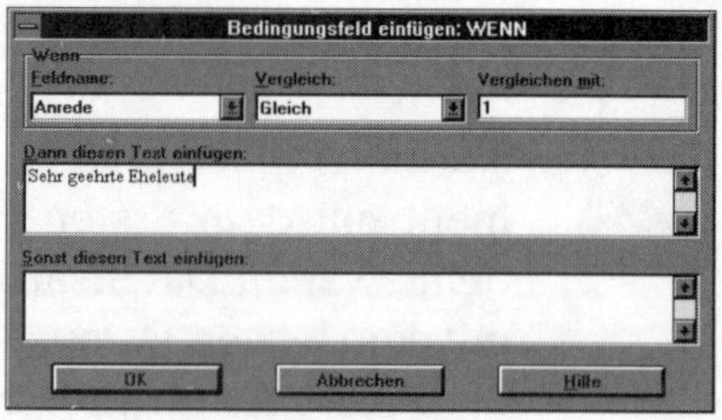

2. Im folgenden Dialogfeld stellen Sie zunächst die Vergleichsbedingung ein und nachfolgend die beiden Alternativtexte in den Eingabefeldern. Da WinWord nur einen Vergleich zur Zeit ausführen kann, müssen Sie das Problem in zwei Stufen lösen. Lassen Sie das *Sonst-Feld* noch unausgefüllt. Darin werden Sie gleich die zweite Stufe der Abfrage manuell eintragen.
3. Wenn Sie das Ergebnis in der Feldfunktionsansicht betrachten (drükken Sie **Alt+F9**), erkennen Sie sofort das Bauprinzip. Nach der Vergleichsbedingung folgen, in Anführungsstrichen eingeschlossen, die beiden Alternativtexte.

{WENN {SERIENDRUCKFELD Anrede} = 1 „Sehr geehrte Eheleute" „"}

4. An Stelle eines Alternativtextes kann aber wiederum eine *Wenn_Dann_Sonst*-Beziehung stehen. Setzen Sie die Schreibmarke zwischen die Anführungsstriche, und wählen Sie erneut *Bedingungsfeld einfügen/Wenn_Dann_Sonst.* Tragen Sie die beiden restlichen Alternativtexte ein. (Zum besseren Erkennen wird im folgenden Beispiel die eingeschachtelte Funktion durch Fettschrift besonders hervorgehoben.)

{WENN {SERIENDRUCKFELD Anrede} = 1 „Sehr geehrte Eheleute“ „{WENN {SERIENDRUCKFELD Anrede} = 2 „Sehr geehrter Herr“ „Sehr geehrte Frau“}“}

Schulzeugnisse - kein Problem für die Serienbrieffunktion?

Manchmal müssen Sie mehr als nur drei Möglichkeiten abdecken. Ein typisches Beispiel sind Schulzeugnisse mit dem Notenspektrum. Für die notwendige Verwaltung der Schulnoten sorgt eine Datenmaske, für den Zeugnisdruck die WinWord Seriendruckfunktion. Die üblichen Zeugnisnoten von 1 bis 6 sind nur Ersatz für die Beurteilungen *sehr gut, gut, befriedigend* usw. Sollen alle Zensuren durch eine Wenn_Dann-Beziehung ersetzt werden, ergibt sich eine fast nicht mehr zu überschauen Gesamtformel, aber es geht.

1. Beginnen Sie mit der Zensur und stellen Sie die folgende Funktion her:

{WENN {SERIENDRUCKFELD Unterrichtsfach} = 1 „sehr gut“ „“}

2. Setzen Sie für die nächste und alle weiteren Zensuren die Schreibmarke immer genau zwischen die Anführungstriche im *Sonst*-Bereich, und wiederholen Sie das Einfügen der Formel.

{WENN {SERIENDRUCKFELD Unterrichtsfach} = 1 „sehr gut“ „{WENN {SERIENDRUCKFELD Unterrichtsfach} = 2 „gut“ „“}“}

3. Setzen Sie den Vorgang bis zur vorletzten Alternative fort, und füllen Sie in der Schlußformel letztendlich den *Sonst*-Bereich mit der letzten Alternative.

...{SERIENDRUCKFELD Unterrichtsfach} = 5 „mangelhaft“ „ungenügend“}“}“}“}

Das Feld *Wenn_Dann_Sonst* können Sie auch in der etwas kürzeren *Wenn_Dann*-Form anwenden, wenn Sie die Alternative *Sonst* einfach unausgefüllt lassen. Möchten Sie beispielsweise die Seriendruckfunktion zur Erstellung von Rechnungen nutzen, könnten Sie die Einräumung eines Rabatts von der Höhe des Rechnungsbetrags abhängig machen. Sehen Sie das folgende Beispiel:

```
{WENN {SERIENDRUCKFELD Rechnungsbetrag} > 1000 „Sie erhalten einen Rabatt von 10%" „"}
```

Im umgekehrten Fall können Sie auch das *Dann*-Feld unausgefüllt lassen. Mit der Änderung der Postleitzahlen sind die kleinen Anhängsel an den Ortsnamen zwar überflüssig geworden, viele schreiben sie aber dennoch. Wenn Ihre Datenbank beispielsweise die Felder *Wohnort* und *Ortsteil* enthält, können Sie mit der folgenden Formel beide Angaben durch einen Bindestrich voneinander abgrenzen. Im Falle, daß das Feld *Ortsteil* leer ist, wird der Bindestrich nicht gedruckt.

```
{SERIENDRUCKFELD Wohnort}{WENN {SERIENDRUCKFELD Ortsteil} = „" „"
„ – {SERIENDRUCKFELD Ortsteil }"}
```

Seriendruck für Profis - So geht's

Gut gemachte Serienbriefe erkennt man erst auf den zweiten Blick, und dann hat sich die Botschaft schon ins Gedächtnis geschlichen. Aber wie erstelllt man einen guten Serienbrief? Der gelungene Brieftext muß von Ihnen stammen, aber bei nahezu allen anderen Dingen assistiert WinWord mit dem Seriendruck-Manager nach Kräften.

Zeitsparend - Serienbrief und Umschläge in einem Durchgang

WinWord trennt streng zwischen Serienbriefdokumenten und Dokumenten, die nur Briefumschläge drucken. Wenn Sie die Option *Extras/Umschläge und Etiketten* einsetzen, können Sie Briefumschlag und Dokument miteinander verbinden. Das ist auch beim Seriendruck möglich.

Briefumschlag und Dokument traulich vereint

Erstellen Sie ein gewöhnliches Seriendokument. Wählen Sie den *Menüpunkt Extras/Umschläge und Etiketten*. Lassen Sie im folgenden Dialogfeld das Empfängerfenster unausgefüllt und wählen Sie *Mit Dokument verbinden*. Vor dem Serienbrief wird nun ein weiterer Abschnitt für den Briefumschlag eingefügt. An die Stelle der leeren Empfängeradresse können Sie nun die Seriendruckfelder Name, Anschrift usw. einfügen.

Jedem Empfänger sein Firmenlogo - So wird jedes Mailing zum Top-Erfolg

Bisher war nur die Rede davon, daß die Seriendruckfelder durch Textinformationen ersetzt werden. Das ist aber nur die halbe Wahrheit, da Sie praktisch alle möglichen Objekte in der Datenquelle speichern und mit dem Hauptdokument verbinden können. Zum Beispiel alle Objekte, die Sie mit WordArt, Draw oder Graph erstellt haben.

Grafische Elemente direkt in die Datenquelle einfügen

Für die vereinfachte Dateneingabe können Sie die Hilfe einer Datenmaske in Anspruch nehmen. Wenn Sie Grafiken, OLE-Objekte oder andere Nicht-Text-Informationen in der Datenquelle speichern möchten, geht das nicht mehr, und Sie müssen dafür die Tabellenform wählen. Setzen Sie die Schreibmarke an die Einfügestelle und wählen Sie den gewünschten Menüpunkt im *Einfügen*-Menü.

Wenn's schiefgeht - Rückwärtsgang einlegen

Wenn Ihnen ein Serienbrief nicht auf Anhieb gelingt, können Sie natürlich alles löschen oder *Schließen* wählen, ohne das Dokument zu speichern. Damit geht aber Ihre ganze Arbeit verloren. Viel besser ist es, aus dem Seriendokument wieder ein gewöhnliches Textdokument zu machen.

Machen Sie aus dem Seriendokument ein gewöhnliches Dokument

Aktivieren Sie den Seriendruck-Manager und wählen Sie *Erstellen/Standard-Word-Dokument wieder herstellen*. Die Umwandlung löst automatisch die Verbindung zur Datenquelle.

Wechseln Sie die Datenquelle

Ein Hauptdokument kann immer nur mit einer Datenquelle verbunden sein. Wenn Sie die Option *Daten importieren/Datenquelle öffnen* erneut wählen, wird die Verbindung zur bisherigen Datenquelle abgebrochen und eine Verbindung zur neuen Quelle aufgebaut.

Im Gegenzug kann eine Datenquelle aber mit mehreren Hauptdokumenten verbunden sein.

Manchmal hilft nur Handarbeit - So kommen Sie an die Steuersatzquelle

Wenn Sie einen Serienbrief schreiben, möchten Sie eventuell auf einen externen Adressenbestand zurückgreifen. Vielleicht steht Ihnen eine Datentabelle zur Verfügung, die mit irgendeinem anderen Programm erstellt wurde, welches die Daten als Textdokument speichern kann, aber nicht auch die dazugehörigen Feldnamen.

Erstellen Sie den Steuersatz ohne Seriendruck-Manager

Erstellen Sie ein neues Dokument, und geben Sie in einer einzigen Textzeile alle Feldnamen ein. Trennen Sie die Feldnamen durch Tabsprünge oder ein anderes Trennzeichen (siehe Hintergrundinformationen auf Seite 222) voneinander, und setzen Sie am Zeilenende mit **Enter** einen harten Zeilenumbruch. Dieses Dokument müssen Sie nur noch abspeichern, um es nutzen zu können.

Eine Steuersatzquelle öffnen, die nicht mit dem Seriendruck-Manager erstellt wurde

Der einzige Unterschied zwischen einem normalen Dokument und einer vom Seriendruck-Manager erstellten Steuersatzquelle ist der, daß Sie in einem Dialogfeld die verwendeten Trennzeichen und das Datensatzendezeichen einstellen müssen. Aktivieren Sie den Seriendruck-Manager, wählen Sie *Daten importieren/Steuersatz-Optionen* und im folgenden Dialogfeld *Öffnen*. Nachdem Sie die Datei ausgewählt haben, wird ein Ausschnitt aus der Steuersatzquelle angezeigt. Ändern Sie die Trennzeichen bei Bedarf ab. Ausschlaggebend sind die Trennzeichen in der Datenquelle, nicht in der Steuersatzdatei.

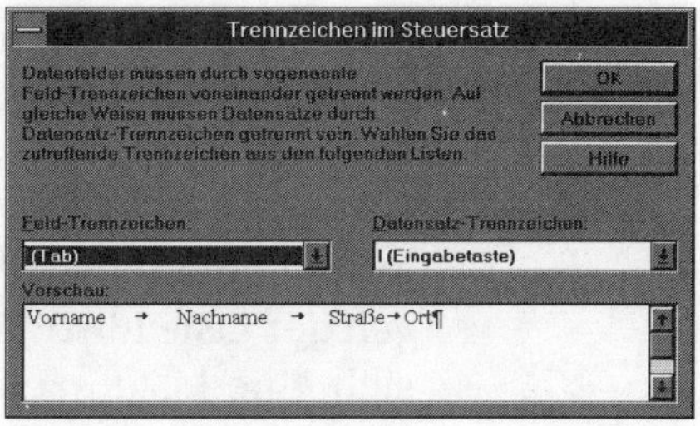

Das Dialogfeld „Trennzeichen im Steuersatz“

Eine Steuersatzquelle ohne Seriendruck-Manager erstellen

1. Informieren Sie sich über die Struktur der Datenquelle. Sie müssen wissen, in welcher Reihenfolge Sie die Daten empfangen. Wenn Sie die Daten beispielsweise in der Reihenfolge Vorname, Nachname erwarten, kommt es später zu einem ziemlichen Durcheinander, wenn diese Informationen in der Datenquelle gerade andersherum gespeichert sind. Weiterhin müssen Sie herausfinden, wie viele Datenfelder sich im Datendokument befinden.
2. Erstellen Sie eine neue Textdatei mit den Namen der Datenfelder. Dabei müssen die Namen nicht mit den Feldnamen in der Ursprungsdatei übereinstimmen (wahrscheinlich kennen Sie die auch gar nicht). Die Steuersatzdatei besteht nur aus einem einzigen Satz, eben der Auflistung der Feldnamen. Schließen Sie die Liste mit **Enter** ab.
3. Eine Formatierung können Sie durchführen, ist aber ohne Belang. Speichern Sie die Datei im WinWord-Format oder als reines Textdokument.

Den Seriendruck-Manager für die Erstellung einer Steuersatzquelle einsetzen

1. Bevor Sie eine Datenquelle oder Steuersatzquelle bearbeiten können, müssen Sie ein Hauptdokument erstellen oder öffnen. Wählen Sie *Extras/Seriendruck*, und erstellen Sie eventuell zuerst ein Hauptdokument.
2. Klicken Sie im Bereich Datenquelle auf die Schaltfläche *Daten importieren* und wählen Sie die Option *Steuersatz-Optionen*.
3. Wählen Sie im folgenden Dialogfeld *Erstellen*, um eine neue Steuersatzquelle anzulegen. (Mit *Öffnen* weisen Sie WinWord an, eine vorhandene Steuersatzdatei zu öffnen, die Sie beispielsweise ohne Seriendruck-Manager erstellt haben.)
4. Mit dem Dialogfeld *Steuersatz-Optionen* können Sie auf einfache Weise die Feldnamentabelle erstellen. Im Listenfeld *Feldnamen im Steuersatz* finden Sie einen Katalog der gängigen Feldnamen, wie sie in Adreßverwaltungen immer wieder benötigt werden. Markieren Sie in der Liste

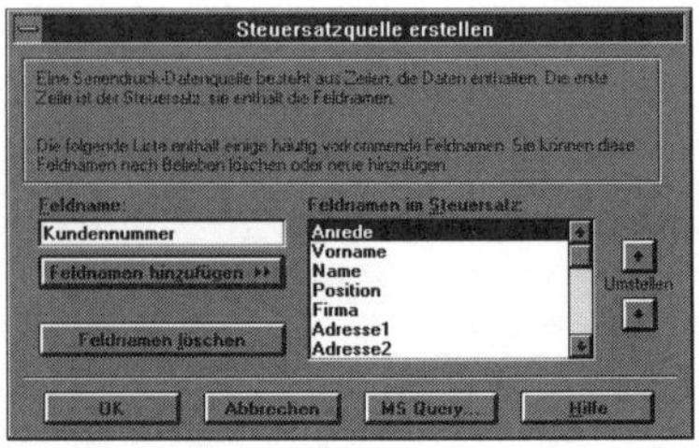

diejenigen Feldnamen, die Sie nicht benötigen, und wählen Sie *Feldnamen löschen*. Im Textfeld *Feldname* können Sie neue Feldnamen eingeben und anschließend mit *Feldnamen hinzufügen* der Liste hinzufügen. Erstellen Sie sich eine Liste nach Ihren Bedürfnissen, und beenden Sie den Vorgang mit *OK*.

Die Feldnamen in der Steuerzeile müssen in der gleichen Reihenfolge sein, wie die Spalten in der Datenquelle, die Sie zusammen mit der Steuersatzquelle verwenden. Auf die Reihenfolge der Feldnamen können Sie mit zwei Umschaltpfeilen Einfluß nehmen.

Ein Feldname kann bis zu 40 Zeichen enthalten, muß mit einem Buchstaben beginnen und kann sonst Buchstaben, Zahlen oder Unterstreichungszeichen (_) enthalten. Leerzeichen können nicht verwendet werden.

5. Die Liste wird als Textdokument gespeichert (geben Sie Dokumentname und Pfad ein) und automatisch mit dem Hauptdokument verbunden.

Beim Seriendruck benötigen Sie zwei Dokumente:

- Das *Hauptdokument*, enthält den Text und die Grafiken, die in jedem Dokument gleich sind.
- Die *Datenquelle* enthält die Informationen, die sich von Dokument zu Dokument ändern.

Genaugenommen kommt noch eine dritte Komponente hinzu, der *Steuersatz*. Typisch für jede Datenquelle ist die Verwaltung der Informationen in Tabellenform. Durch die gitterartige Anordnung in Zeilen und Spalten lassen sich die Informationen eindeutig identifizieren.

- Die Informationen einer Zeile bilden eine Einheit und werden mit *Datensatz* bezeichnet.
- Jeder Datensatz ist in einzelne Elemente (Spalten) unterteilt, den *Datenfeldern*.

Die erste Zeile einer Datentabelle wird *Steuersatz* genannt. Sie macht nichts anderes, als die einzelnen Felder der Tabelle mit einem Namen zu belegen, damit nachher beim Mischen der Daten die Serienfunktion weiß, welche Informationen an welcher Stelle im Hauptdokument übernommen werden sollen.

Nur die *erste* Zeile einer Tabelle kann die Steuersatzfunktion übernehmen. Vor dieser Zeile darf auch keine Leerzeile stehen, anderenfalls können die Informationen in dieser Tabelle nicht korrekt gelesen und übertragen werden.

Datentabelle und Steuersatz müssen nicht zwangsläufig eine Einheit bilden. Der Steuersatz kann auch außerhalb der Tabelle in einer eigenständigen Datei gespeichert sein. Diese sogenannte *Steuersatzquelle* (oft auch *Steuersatzdatei* genannt) enthält nur eine einzige Zeile, in der die Namen der Tabellenspalten (durch Tabsprung oder Semikolon getrennt) gespeichert sind.

Im folgenden Beispiel werden die beiden Varianten dargestellt:

Vollständige Datenquelle mit Datentabelle und Steuersatz

Alle Informationen sind durch Tabstopps getrennt, am Ende einer Zeile wird ein harter Zeilenumbruch ausgeführt. Die erste Zeile enthält die Namen der Datenfelder.

Nummer	Artikel	Einheit	Preis
234	Star01	Stück	5,78DM
34	Lab/65	Stück	12,56DM
0409	Mix/6	Palette	45,60DM
045	Maxi64	Palette	3,66DM

Datenquelle ohne Steuersatz

Enthält eine Datenquelle keinen Steuersatz, müssen Sie in einem zusätzlichen Arbeitsschritt selbst eine Steuersatzdatei anlegen.

234	Star01	Stück	5,78DM
34	Lab/65	Stück	12,56DM
0409	Mix/6	Palette	45,60DM
045	Maxi64	Palette	3,66DM

Die Steuersatzdatei zum obigen Beispiel

Die Feldnamen sind durch Tabstopps getrennt, am Ende der Zeile wird ein harter Zeilenumbruch ausgeführt.

Nummer	**Artikel**	**Einheit**	**Preis**

Steuersatzquellen werden meist benötigt, wenn Sie fremde Datenquellen einsetzen, die keinen Steuersatz mitliefern, oder wenn Sie eine Steuerzeile für mehrere Datenquellen verwenden wollen. In diesem Fall müssen Sie die Steuerzeile nicht für jede Datenquelle neu definieren und können Änderungen an der Steuerzeile einfacher ausführen.

Es ist nie zu spät - Den Ausdruck in letzter Sekunde verändern

Wenn Sie einen Serienbrief schreiben, sind eventuell viele Details, wie die aktuellen Umsatzzahlen des Kunden, noch nicht bekannt. Sie können dem Dokument auch Felder beigeben und WinWord damit anweisen, Informationen unmittelbar vor dem Ausdruck abzufragen und im Dokument zu verwerten.

Das Frage- oder Eingeben-Feld ermöglicht aktuelle Zusätze

Sie haben zwei Möglichkeiten, während des Seriendrucks Text in das Hauptdokument einzugeben. Mit *Eingeben* weisen Sie WinWord an, den Seriendruck zu unterbrechen, um zusätzlichen Text einzugeben. Möchten Sie diese Information mehrfach im Dokument plazieren, können Sie unnötige Mehrfacheingaben vermeiden, wenn Sie das Feld *Frage* wählen. Diese Option ordnet den eingegebenen Text einer Textmarke zu, deren Inhalt an allen Stellen im Dokument gedruckt wird, wo diese Textmarke eingefügt ist.

Zusätzliche Informationen erst kurz vor dem Drucken eingeben

Ein gewöhnliches Geschäftsschreiben ist immer nach den gleichen Regeln aufgebaut, welche in den DIN-Normen nachzulesen sind. Das Anschriftenfenster umfaßt ca. neun Zeilen. Die beiden ersten Zeilen enthalten postalische Bestandteile über die Art der Versendung (Warensendung, Drucksache, Einschreiben usw.). Diese Information soll erst unmittelbar vor dem Ausdruck eingegeben werden.

1. Bringen Sie die Schreibmarke an die entsprechende Position, und klicken Sie auf die Schaltfläche *Bedingung einfügen*. Wählen Sie die Option *Eingeben*.
2. Im folgenden Dialogfeld haben Sie die Möglichkeit, eine Mitteilung an den Anwender zu schreiben, die ihm sagt, was er überhaupt eingeben soll.
3. Im Feld *Standard-Eingabetext* können Sie eine sinnvolle Voreinstellung eingeben, die WinWord einsetzt, wenn der Anwender keine Eingaben macht.

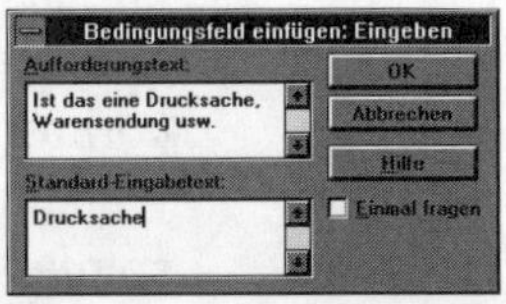

4. Wenn Sie das Kontrollkästchen *Nur einmal fragen* ankreuzen, wird das Eingabefeld nur einmalig beim ersten Brief gezeigt und die Eingabe bei jedem weiteren Exemplar übernommen.

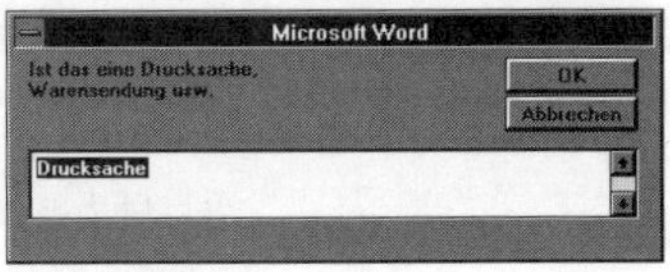

Mit der Textmarke eine Entscheidung fordern

Mit Textmarken können Sie zwei Problemfelder abdecken. Der Inhalt der Textmarke kann an mehreren Stellen innerhalb des Dokuments ausgewertet werden. Sie können den Inhalt einer Textmarke innerhalb einer *Wenn_Dann_Sonst*-Beziehung auswerten und damit das Druckergebnis beeinflussen.

1. Definieren Sie am Anfang eines Dokuments eine Textmarke. Klikken Sie auf *Bedingungen einfügen* und wählen Sie die Option *Frage*.
2. Das Dialogfeld enthält drei Eingabeaufforderungen:

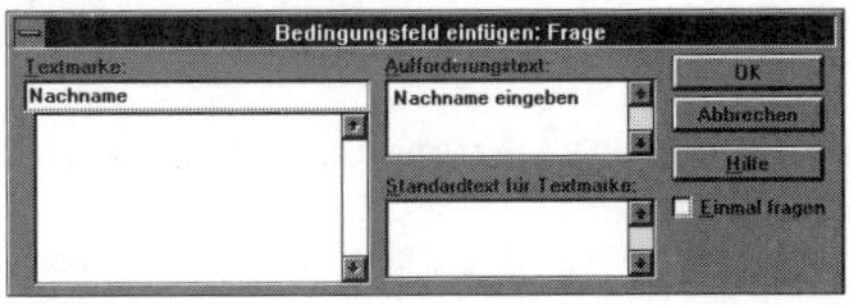

Textmarke Geben Sie hier den Namen der Textmarke ein, oder wählen Sie eine vorhandene Marke aus.

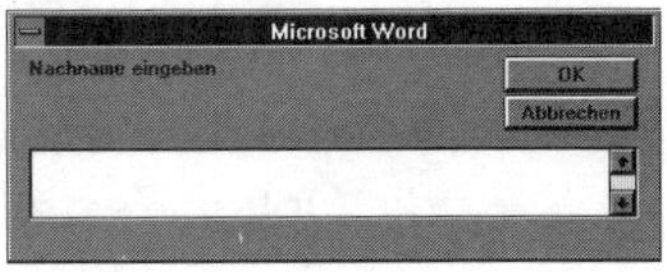

Aufforderungstext Hier können Sie einen Mitteilungstext schreiben, der den Anwender zu einer Eingabe auffordert.

Standardtext für Textmarke Geben Sie hier den Wert ein, den die Textmarke erhalten soll, für den Fall, daß der Anwender keine Eingaben macht. Textmarken, die Sie in Ihrem Dokument verwenden, müssen auch definiert sein. Findet WinWord im Dokument eine nicht definierte Textmarke, folgt ein entsprechender Fehlerhinweis. Aus diesem Grund sollten Sie dieses Feld möglichst immer mit einer sinnvollen Standardeinstellung ausfüllen.

3. Einen Bezug zu den Textmarken stellen Sie im Hauptdokument mit Feldklammern her. Fügen Sie mit **Strg**+**F9** eine leere Feldklammer ein, und schreiben Sie den Namen der Textmarke zwischen die Klammern. Möchten Sie die Textmarke in eine *Wenn_Dann*-Beziehung einbinden, können Sie nicht mit dem Menü arbeiten, sondern müssen die Formel vollständig über die Tastatur eingeben. Sehen Sie die folgenden Beispiele:

{FRAGE Nachname „Nachname eingeben:"}
{FRAGE Vorname „Vorname eingeben:"}

{FRAGE Adresse „Adresse eingeben:"}

{Vorname} {Nachname}
{Adresse}

Sehr geehrter Herr {Nachname}

{FRAGE Punktzahl „Welche Punktzahl hast du erreicht?"}

Lieber Sportsfreund, du hast insgesamt {Punkte} erreicht.
{WENN Punktzahl > 100 „Du bist Spitze!" „Du mußt noch üben."}

Das *Eingeben*-Feld sieht bei eingeschalteter Feldfunktionsanzeige so aus:

{EINGEBEN „Ist das eine Drucksache, Warensendung usw." \d „Drucksache" \o}

Mit dem Schalter \d und nachfolgendem Text geben Sie eine Eingabe vor. Der Schalter \o bewirkt die einmalige Abfrage.

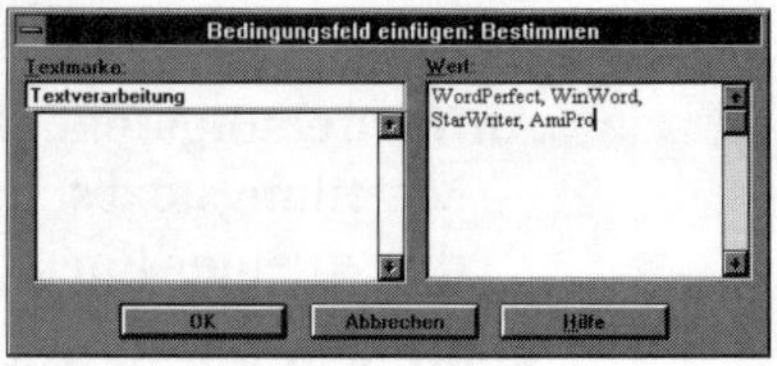

Alternativ zum *Frage*-Feld können Sie den Wert einer Textmarke auch direkt im Hauptdokument vermerken. Wählen Sie die Option *Textmarke bestimmen*. Geben Sie im folgenden Dialogfeld einen Textmarken-Namen ein, und weisen Sie dieser Textmarke einen Wert zu.

{BESTIMMEN Textmarke „Wert der Textmarke"}

Kein Mailing - kein Serienbrief? - Falsch!

Bestellen Sie auch manchmal etwas bei Versendern mit einem richtigen Brief; nicht oft, nur so alle paar Monate? Dann legen Sie natürlich keine Adressendatei an, denn es wird ja immer nur ein Brief ausgegeben.

Die Brieferstellung ist komfortabel mit FRAGE und EINGEBEN

Erstellen Sie ein neues Hauptdokument. Wählen Sie keine Datenquelle aus und erstellen Sie auch keine neue. Klicken Sie statt dessen sofort auf *Bearbeiten* (Hauptdokument). Schreiben Sie den Brief, und arbeiten Sie statt mit Seriendruckfeldern mit den Feldern *Frage* und *Eingeben*. Dann werden die variablen Informationen unmittelbar nach dem Ausdruck abgefragt.

Große Dokumente - Nur die Übersicht bewahren!

Kleine Briefe sind ja flott geschrieben, und wenn mal etwas falsch ist, findet man den Fehler eigentlich schon auf den ersten Blick. Große Dokumente sind da viel problematischer: Fehlersuche oder Textredaktion erfolgen auf unzähligen Seiten, und wenn dann noch Verzeichnisse erstellt werden sollen, können Sie sich mühsam durch den Text kämpfen, oder aber alle WinWord-Fuktionen clever einsetzen.

Texte rationell bearbeiten

Steht auf Seite 3 das gleiche wie auf Seite 27? Diese Frage können Sie durch Hin-und-Her-Scrollen beantworten - oder Sie vergleichen beide Passagen direkt auf dem Bildschirm. Wenn eine bestimmte Information noch öfter vorkommt, reicht allerdings die Teilung nicht mehr aus, dann helfen Ihnen Tastenkombinationen und Makros, den Überblick zu bewahren.

Weitblick - Mehrere Textstellen gleichzeitig bearbeiten

120

Wer einmal einen Text mit mehreren Hundert Seiten erstellt hat, weiß, wie unhandlich der Text mit zunehmender Größe wird. Auch das Bewegen mit Textmarken hilft da nicht weiter, denn wenn Sie zwei Formulierungen vergleichen wollen, die eben nicht auf eine Bildschirmseite zu bringen sind, ist das Bewegen im Text oftmals die Haupttätigkeit.

Bildschirm horizontal teilen

Ziehen Sie den schwarzen Balken oberhalb des Aufwärtspfeils im rechten Rollbalken mit der Maus an die gewünschte Position, oder rufen Sie über das Menü *Fenster Teilen* diese Funktion auf. Die Linie wird mit den Cursortasten verschoben und mit **Enter** fixiert. Mit **F6** oder Mausklick wechseln Sie von einem Fenster ins andere.

Mehrere Fenster einrichten

Mit *Fenster Neues Fenster* erstellen Sie ein neues Textfenster, das die gleiche Datei enthält. Auf diese Weise können Sie theoretisch unbegrenzt viele Ausschnitte in ein eigenes Fenster laden und mit **Strg+F6** in das nächste bzw. mit **Umschalt+Strg+F6** in das vorige Fenster springen. Über das Menü *Fenster* haben Sie einen sequentiellen Zugriff.

Nur zwei Fenster anordnen

Wenn Sie mehr als zwei Fenster eingerichtet haben und dann die Fenster mit *Fenster Alle anordnen* anordnen lassen, wird es schnell sehr unübersichtlich. Sie können diese Schwierigkeit aber mit einem Trick umgehen: Wenn Sie nur zwei Fenster anordnen wollen, müssen Sie alle anderen Fenster auf Symbolgröße reduzieren, dann ordnet WinWord nur die noch in Normaldarstellung vorhandenen Fenster an.

Bildschirm teilen

1. Ziehen Sie den schwarzen Balken am oberen Rand des vertikalen Rollbalkens mit gedrückter Maustaste an die gewünschte Position und lassen dort los.
2. Ein Doppelklick auf den Balken führt eine Teilung des Bildschirms exakt in der Mitte durch.
3. Eine einmal erstellte Teilung kann auf die gleiche Weise wieder aufgehoben werden: Ein Doppelklick entfernt die Bildschirmteilung; Sie können auch die Linie über den unteren oder oberen Rand hinausziehen.

Wenn Sie den Bildschirm mit der Tastatur teilen wollen, gehen Sie wie folgt vor:

1. Rufen Sie den Menüpunkt *Fenster Teilen* auf.
2. Bewegen Sie die Linie mit den Cursortasten an die gewünschte Position, und betätigen Sie **Enter** an der Position, an der Sie den Bildschirm teilen wollen.
3. Legen Sie für die einzelnen Ausschnitte ggf. fest, ob Sie für einen oder alle beide das Lineal aus- oder einblenden wollen, um so mehr Platz für Ihren Text zu haben.

Beachten Sie: Obwohl Sie in zwei Ausschnitten arbeiten, wird jede Änderung im einen Ausschnitt natürlich sofort in den anderen übernommen, da es sich um ein und denselben Text handelt.

Zwei Ausschnitte in der Layoutansicht

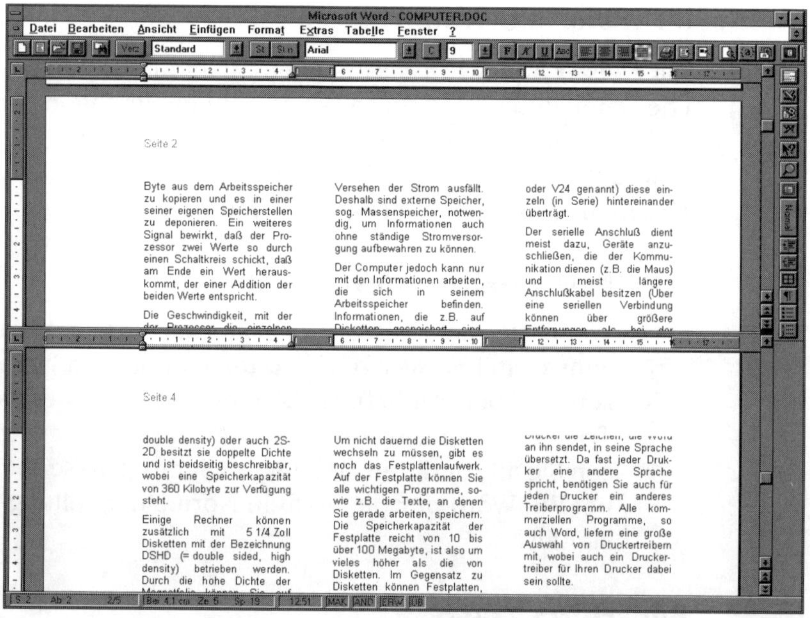

Mehrere Fenster einrichten

1. Mit *Fenster Neues Fenster* erstellen Sie ein neues Fenster desselben Dokuments, der Cursor steht am Anfang des Dokuments, der Name im Fenstertitel wird mit einem Doppelpunkt und einer Zahl ergänzt.

   Wenn Sie nun den Cursor bewegen, wird für das aktive Fenster ein anderer Bildschirmausschnitt eingestellt als für die dahinter liegenden.

2. Mit **Strg**+**F4** oder **Strg**+**W** können Sie jedes Fenster schließen, ohne daß Sie zum Speichern aufgefordert werden. Lediglich vor dem Schließen des letzten Fensters dieses Textes werden Sie gefragt, ob Sie speichern wollen.

Die Funktion *GeheZu*, die Sie mit **F5** aufrufen, bezieht sich immer auf das Fenster oder den Ausschnitt, in dem Sie gerade arbeiten.

Wenn Sie mit einer Bildschirmteilung arbeiten, verhalten sich die Ausschnitte wie verschiedene Fenster:

- Sie können für einen oder beide Ausschnitte das Lineal ein- und ausschalten.
- Sie können im einen das Feldergebnis und im anderen die Feldfunktion anzeigen lassen.

- Sie können in einem Ausschnitt die Layoutansicht, im anderen die Normalansicht wählen.
- In einem Ausschnitt arbeiten Sie an der Gliederung, im anderen ist der normale Text angezeigt.

Mit *Fenster Alle anordnen* werden die geöffneten Fenster alle am Bildschirm aufgeteilt, mit den Funktionen *Vollbild* (**Strg**+**F10**) und *Wiederherstellen* (**Strg**+**F5**) schalten Sie das aktive Fenster auf die gesamte Bildschirmgröße bzw. wieder zurück in die alte Fensterdarstellung.

Mit **F2** verschieben Sie markierten Text (oder ein anderes markiertes Textelement), ohne die Zwischenablage zu benutzen: Bewegen Sie die nunmehr graue Schreibmarke an die gewünschte Position und betätigen Sie **Enter**. Der markierte Text wird an die neue Position verschoben, wobei ein automatischer Ausgleich der Leerstellen erfolgt.

Mit **Umschalt**+**F2** kopieren Sie markierten Text auf die gleiche Weise: Markieren, die Tastenkombination betätigen, die Zielposition aufsuchen und dort **Enter** betätigen.

- Das Kopieren oder Verschieben mit der Zwischenablage oder den Tasten **F2** bzw. **Umschalt**+**F2** funktioniert zwischen Ausschnitten exakt in der gleichen Weise, wie es innerhalb eines Dokuments funktioniert.
- Das Kopieren und Verschieben mit „Drag & Drop" ist auch zwischen Ausschnitten möglich.

Wo war das noch? Schnell zu einer bestimmten Stelle springen

121

Manchmal wollen Sie nur ein paar Seiten zurück, um zu korrigieren, danach suchen Sie umständlich die letzte oder eine andere, wichtige Position.

Umschalt+F5 verwenden

Mit **Umschalt**+**F5** springen Sie die jeweils letzten drei Bearbeitungsstellen an. Nutzen Sie als Eselsbrücke, daß mit **F5** die Funktion *GeheZu* aufgerufen wird.

Springen zwischen mehreren Fenstern

Das Anspringen der letzten drei Bearbeitungsstellen funktioniert auch zwischen mehreren geöffneten Fenstern! Und: Sie können diese Methode mit der unten beschriebenen zusammen benutzen.

Textmarke per Makro setzen

Wenn Sie sich eine bestimmte Textstelle „merken" wollen, erstellen Sie ein Makro, das eine Textmarke setzt (s. u.) und machen sich dabei zunutze, daß das Setzen einer bereits existierenden Textmarke die alte Textmarke automatisch löscht.

In der Gliederungsansicht Kapitel oder Unterkapitel ansteuern

Schalten Sie in die Gliederungsansicht, und positionieren Sie den Cursor mit der Maus in der Überschrift des Kapitels, in das Sie sich bewegen wollen, und wechseln Sie wieder in die Normalansicht.

Makro aufzeichnen

Sie haben zwei Möglichkeiten, dieses Makro zu erstellen: Zum einen können Sie es aufzeichnen, zum anderen können Sie den Makrotext im Makro-Bearbeitungsfenster erstellen.

Wenn Sie das Makro aufzeichnen wollen, gehen Sie so vor:

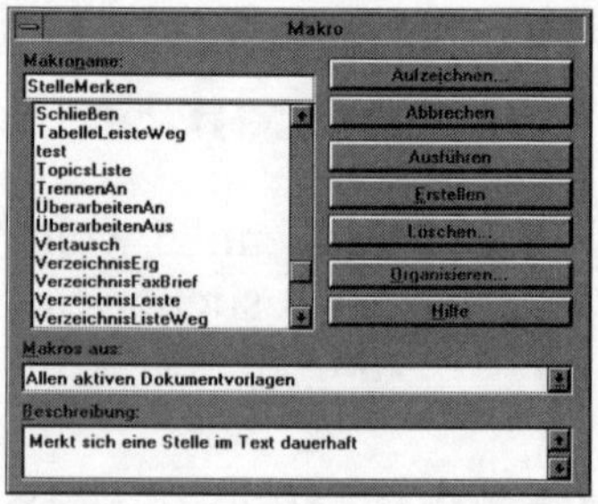

1. Mit *Extras Makro* öffnen Sie die Dialogbox für die Makrobearbeitung.
2. Vergeben Sie einen Namen, der keine Leertaste oder Sonderzeichen enthalten darf. Als recht praktisch hat sich erwiesen, im Namen jeweils wieder groß zu beginnen, wenn ein neues Wort anfängt, in unserem Beispiel nennen wir es *StelleMerken*.
3. Vergeben Sie eine *Beschreibung*, um auch noch nach drei Wochen zu wissen, was das Makro macht.
4. Legen Sie fest, in welcher Vorlage Sie das Makro speichern wollen: Speichern Sie es ohne Angaben ab, wird es in allen aktiven Dokumentvorlagen gespeichert, wenn Sie das Makro nur in einer bestimmten Vorlage wünschen, geben Sie diese an.

5. Nach Klick auf *Aufzeichnen* wählen Sie entweder einen Menüpunkt, eine Tastenkombination oder eine Schaltfläche aus – wenn Sie das Makro oft benutzen, ist eine Tastenkombination die bessere, weil schnellere Aufrufmöglichkeit. Wir haben gute Erfahrungen mit der Kombination **Strg**+^ für das erste Makro (Textstelle merken) und **Umschalt**+**Strg**+^ für das zweite Makro (Textstelle aufsuchen) gemacht.

Tastenkombination sorgfältig auswählen

Achten Sie bitte darauf, daß Sie eine Kombination wählen, die Sie sich gut merken können und die noch nicht durch eine andere Funktion belegt ist – im Feld *Derzeit zugeordnet zu* wird Ihnen die derzeitige Belegung angezeigt.

6. Führen Sie nun alle Funktionen für das Setzen der Textmarke aus, und beenden Sie das Makro danach mit dem Menüpunkt unter *Extras Makro* oder durch Anklicken der Schaltfläche mit dem viereckigen Symbol in der Makro-Symbolleiste. Beim Aufzeichnen des Makros dürfen Sie auch die Maus benutzen.

In unserem Beispiel haben wir die Textmarke *HicEtNunc* für „hier und jetzt" genannt, was Sie nicht davon abhalten sollte, einen anderen Namen zu wählen.

Als nächstes erstellen Sie auf die gleiche Weise ein Makro, das diese Textmarke automatisch aufsucht. Dabei wählen Sie nach der Funktion **F5** für *GeheZu* aus, daß Sie die Textmarke *HicEtNunc* anspringen wollen:

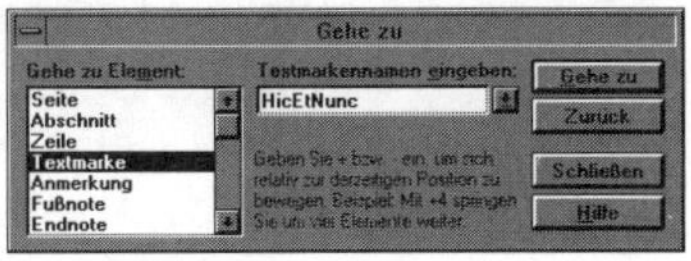

Makro im Bearbeitungsfenster erstellen

Um ein Makro im Makro-Fenster zu erstellen, ist der Weg ähnlich:

1. Mit *Extras Makro* öffnen Sie die Dialogbox für die Makrobearbeitung.

2. Vergeben Sie einen Namen, der keine Leertaste oder Sonderzeichen enthalten darf, wie wir es oben beschrieben haben.

3. Vergeben Sie eine *Beschreibung*.

4. Legen Sie fest, in welcher Vorlage Sie das Makro speichern wollen.

5. Bestimmen Sie, wie Sie das Makro aufrufen wollen.

6. Klicken Sie auf *Erstellen* – diese Schaltfläche ist nur sichtbar, wenn Sie einen neuen Namen vergeben. Geben Sie einen Namen für ein vorhandenes Makro an, können Sie dieses nur bearbeiten oder löschen.

7. Im Makrofenster geben Sie den Makrotext ein, wobei Sie sich keinerlei Schreibfehler erlauben dürfen. In unserem Beispiel muß der Text so aussehen:

```
Sub MAIN
    BearbeitenTextmarke .Name = „HicEtNunc", .SortNach = 0, .Hinzufügen
End Sub
```

Die beiden Befehle *Sub MAIN* und *End Sub* müssen Sie nicht mehr eintippen, sie sind im Fenster bereits vorgegeben.

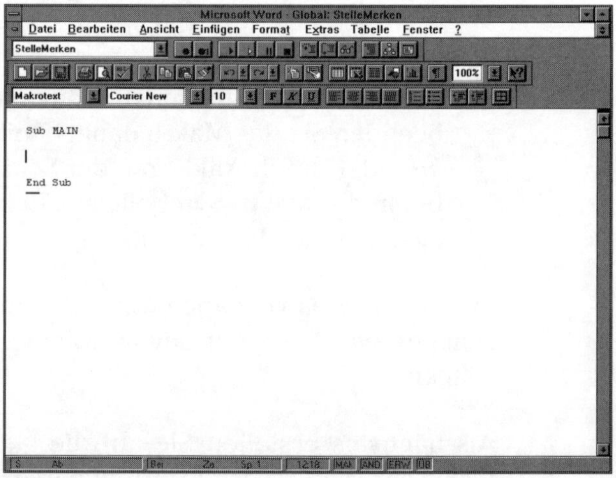

8. Mit **Strg+F4** oder **Strg+W** schließen Sie das Makrofenster; die nachfolgende Sicherheitsabfrage beantworten Sie mit *Ja*.

Makro überprüfen

Nach der Erstellung eines Makros sollten Sie es *unbedingt* überprüfen, bevor Sie es das erste Mal einsetzen.

9. Erstellen Sie auf die gleiche Weise ein Makro, das die Textmarke für Sie aufsucht. Die Syntax lautet

```
Sub MAIN
    BearbeitenGeheZu .Ziel = „HicEtNunc"
End Sub
```

Gliederungsansicht verwenden

Die Gliederungsansicht zeigt die Überschriften bis zu der Ebene an, die Sie in der Symbolleiste durch Anklicken der Schaltfläche mit der Zahl auswählen.

1. Blenden Sie also durch Klick auf die jeweilige Zahl die Überschriftebene des Textes ein, in die Sie sich bewegen wollen.
2. Klicken Sie mit dem Mauszeiger in die Überschrift und positionieren Sie damit den Cursor dort.
3. Schalten Sie in die Normalansicht zurück.
4. Bewegen Sie sich zu der Textstelle unterhalb der Überschrift.

Wenn zum Zeitpunkt der Zuweisung eine Textstelle beliebiger Größe markiert ist, wird die Stelle erneut markiert, wenn Sie die Textstelle wieder mit der Funktion *GeheZu Textmarke* ansteuern. Damit lassen sich sehr schön wiederkehrende Markierungen (etwa für einen Ausdruck) durchführen.

Im Makrofenster wird eine weitere Symbolleiste eingeblendet, die es Ihnen erlaubt, das Makro, das Sie gerade erstellt haben, schrittweise zu prüfen, weitere Makros aufzurufen, einen Kommentar einzugeben etc. Lesen Sie unter *Die beliebtesten Fehler bei Makros* nach, was es mit diesen Schaltflächen auf sich hat.

So müssen Sie Textstellen nicht immer wieder neu markieren

122

Häufig stellt man fest, daß man eine bestimmte Markierung bereits zum x-ten Male macht, sei es, weil man eine Textstelle ständig zum Ausdruck markiert, sei es, weil ein Text zum Verschieben markiert werden muß.

Markierung als Textmarke definieren

Markieren Sie die Textstelle und halten Sie sie als Textmarke fest; wenn Sie mit der Funktion *GeheZu* die Textmarke anspringen, wird die Markierung wiederholt.

Festlegen einer Markierung als Textmarke

1. Markieren Sie den Text.
2. Mit *Bearbeiten Textmarke* oder **Umschalt+Strg+F5** öffnen Sie die Dialogbox für das Erstellen von Textmarken.
3. Geben Sie der Textmarke einen Namen.
4. Beenden Sie die Aktion mit *OK*.

Die Textmarke ist unsichtbar an den *Text* angebunden; wenn Sie also Text aus dem Bereich der Textmarke herauslöschen, wird beim Anspringen der Marke der verbleibende Rest markiert. Nur wenn Sie von Anfang bis Ende der Textmarke markieren und den Text entfernen, ist die Textmarke gelöscht.

Wenn Sie die Begrenzung der Textmarke sichtbar machen wollen, aktivieren Sie in *Extras Optionen* auf der Registerkarte *Ansicht*, daß Sie die *Textmarken* anzeigen lassen wollen; die Marken werden dann an Anfang und Ende mit einer eckigen Klammer markiert.

Vielseitig einsetzbar - Die „Suchen und Ersetzen"-Funktion

Nutzen Sie Suchen/Ersetzen nur, um fehlerhafte Begriffe auszutauschen? Dann entgeht Ihnen möglicherweise eine ganze Menge Komfort, denn mit dieser altgedienten Programmfunktion sind noch ganz andere Dinge möglich.

Störenfriede - Raus mit den harten Seitenumbrüchen

Man hat es zwar einmal gelernt (in einem schlauen Buch, einem Seminar oder durch einen Fehler), doch im Eifer des Gefechts kommt es immer wieder vor: Der eifrige Autor setzt während der Erfassung des Fließtextes bereits feste Seitenumbrüche, die jedoch später aufgrund des sich ändernden Textes wieder gelöscht werden müssen.

Funktionszeichen mit Ersetzen tauschen

Mit der Funktion *Ersetzen* können Sie Funktionszeichen durch andere ersetzen. Die Schaltfläche *Sonstiges* im Menü *Bearbeiten Ersetzen* erlaubt, sowohl im Feld *Suchen nach* als auch im Feld *Ersetzen durch*, entsprechende Funktionszeichen einzufügen.

Feste Seitenumbrüche löschen

1. Positionieren Sie den Cursor mit **Strg+Pos1** am Anfang des Textes.
2. Öffnen Sie das Menü *Bearbeiten ersetzen.*
3. Der Cursor blinkt im Feld *Suchen nach* – geben Sie dort mit ^m an, daß Sie den manuellen Seitenumbruch löschen wollen. Beachten Sie: Nach Eingabe des Zeichens Carét ^ müssen Sie die Leertaste betätigen, damit das Zeichen ausgegeben wird.
4. Das Eingabefeld für *Ersetzen durch* lassen Sie leer und geben damit an, daß Sie den Umbruch ersatzlos streichen wollen.
5. Mit Klick auf *Alle ersetzen* starten Sie den Vorgang.

Natürlich müssen Sie für diese Vorgehensweise die Stellvertreterzeichen kennen, die WinWord erlaubt. Wenn Sie einmal ein Zeichen nicht wissen, bietet WinWord Ihnen eine Hilfe an.

Wenn Sie in der Dialogbox *Ersetzen* die Schaltfläche *Sonstiges* betätigen, öffnet sich ein Menü, das Ihnen sowohl für den Such- als auch für den Ersatztext alle Funktionen anbietet und die betreffenden Zeichen in das Eingabefeld einträgt.

Wenn Sie dann auf *Ersetzen* oder *Alle ersetzen* klicken, wird entweder Schritt für Schritt oder aber ohne Nachfrage ersetzt.

In diesem Zusammenhang ist es vielleicht wichtig zu wissen, daß die Funktion *Rückgängig*, die Sie entweder über das Menü *Bearbeiten*, über die Schaltfläche in der Symbolleiste oder aber die Tastenkombination **Alt+Rück** aufrufen, *alle* Ersetzungen rückgängig macht, die in diesem Durchgang durchgeführt wurden und nicht – wie man meinen könnte – die letzte.

Wenn Sie jedoch einmal eine Übersicht über die möglichen Zeichen für das Suchen und Ersetzen von Funktionen (bzw. Funktionszeichen) benötigen, so finden Sie sie ebenfalls hier.

In der folgenden Tabelle sind alle Funktionen aufgeführt, nach denen Sie suchen und die Sie durch andere ersetzen können. In der äußersten rechten Spalte können Sie feststellen, ob das Zeichen nur für *Suchen nach* verwendet werden kann (S) oder ob es sowohl für *Suchen nach* als auch für *Ersetzen durch* benutzt werden kann (S/E). Bei einigen kann das Zeichen nur für *Ersetzen durch* verwendet werden (E).

Die Zeichen für Suchen oder Ersetzen von Funktionen

Zeichen	Suche nach	S/E
^a	Absatzende	S/E
^b	Abschnittswechsel	S
^c	Inhalt der Zwischenablage	E
^d	Feld	S
^e	Endnotenzeichen	S
^f	Fußnotenzeichen	S
^g	geschütztes Leerzeichen	S/E
^l	Leerfläche	S
^m	manueller Seitenwechsel	S/E
^n	Spaltenwechsel	S/E
^r	Grafik	S
^s ^&	Suchtext als Ersatztext	S/E
^t	Tabulatorsprung	S/E
^z	Zeilenwechsel	S/E
^-	weicher Trennstrich	S/E
^—	geschützter Trennstrich	S/E
^+	Langer Gedankenstrich	S/E
^?	beliebiges Zeichen	S
^#	beliebige Ziffer	S
^$	beliebiger Buchstabe	S
\	Formelzeichen	S
^&	Inhalt des Feldes *Suchen nach*	E
^^	Carét-Zeichen	S/E
^5	Anmerkungszeichen	S
^0*nnn*	ANSI-Zeichen mit der Nummer *nnn*	S/E

Beachten Sie, daß die Buchstaben *immer* klein geschrieben werden müssen!

Für viele Fälle kann die etwas unbeachtete Option ^& ober ^s sehr hilfreich sein: Wenn nämlich der Ersatztext den Suchtext beinhaltet, so können Sie sich Schreibarbeit sparen. Wenn Sie etwa *Computer* durch *Computeranlage* ersetzen wollen, geben Sie als Suchtext *Computer* an, doch als Ersatztext reicht die Angabe von *^&anlage.*

Die Gliederung - Unverzichtbar für das Textverständnis

Jeder, der einen längeren Text schreibt, hat beim ersten Mal sein ganz persönliches System, diesen Text zu gliedern. Das kann auf einem Blatt Papier genausogut geschehen wie direkt im PC. Dabei hat die Gliederung mit dem PC durchaus nicht zu unterschätzende Vorteile.

Alles klar! Größere Dokumente sinnvoll gliedern

Je größer ein Dokument, je umfangreicher der Text wird, desto schwieriger wird es für den Autor, den Überblick zu behalten, sich sinnvoll im Text zu bewegen und den Text ggf. in seiner Struktur zu bearbeiten.

Gliederungsebenen über Formatvorlagen für Überschriften zuweisen

Weisen Sie den Überschriften die Formatvorlagen *Überschrift 1* bis *Überschrift 9* zu. Dadurch werden den Überschriften automatisch die richtigen Gliederungsebenen (auch für das Inhaltsverzeichnis) zugewiesen.

So klappt die Ebenenzuweisung

1. Positionieren Sie den Cursor in der Überschrift, der Sie eine Gliederungsebene zuweisen wollen.
2. Wenn Sie eine Überschrift der Ebenen 1 - 3 formatieren wollen, weisen Sie ihr die Formatvorlage zu, indem Sie die Nummer der Ebene zusammen mit der Taste **Alt** betätigen. Die Ebenen 1 - 3 sind bereits auf diese Weise belegt, ab der Ebene 4 müssen Sie es über *Extras Anpassen* nachträglich einrichten, daß die Formatvorlagen *Überschrift 4* etc. ebenfalls auf Tastendruck erreichbar sind.

   Die Formatvorlagen sind auch bereits formatiert, doch selbstverständlich können Sie die Formate jederzeit Ihren Wünschen anpassen; die Vorgehensweise haben wir weiter unten beschrieben.
3. Um eine Ebene neu festzulegen, reicht es aus, wenn Sie den Cursor in die Überschrift setzen und die neue Ebene mit der Tastenkombination zuweisen.
4. Um in die Gliederungsansicht zu schalten, wählen Sie diese entweder mit der Tastenkombination **Strg+Alt+G** oder bedienen sich des Menüs *Ansicht Gliederung*.

Standardmäßig zeigt WinWord nur die Überschriften der Ebenen 1 bis 3 an, was jedoch nicht heißt, daß Sie nur diese benutzen dürfen; der einzige Grund dafür ist, daß das Listenfeld mit den verfügbaren Formatvorlagen nicht mit nicht benutzten Vorlagen überfrachtet werden soll.

Um eine weitere Ebene – etwa die Ebene *Überschrift 4* – einzuführen, verfahren Sie wie folgt:

1. Positionieren Sie den Cursor in dem Absatz, dem Sie diese Formatvorlage zuweisen wollen.
2. Halten Sie **Umschalt** gedrückt und öffnen Sie das Listenfeld auf der Formatierungs-Symbolleiste, das zusammen mit **Umschalt** *alle* verfügbaren Formatvorlagen anzeigt.
3. Wählen Sie dort *Überschrift 4* aus.
4. In der Formatvorlagen-Spalte am linken Bildschirmrand (die es dafür natürlich geben muß!) klikken Sie doppelt auf den Namen der Formatvorlage – es öffnet sich die Dialogbox für das Bearbeiten und Erstellen von Formatvorlagen. Wenn Sie die Formatvorlagen-Anzeige einschalten wollen, können Sie dies über *Extras Optionen* auf der Registerkarte *Ansicht*.

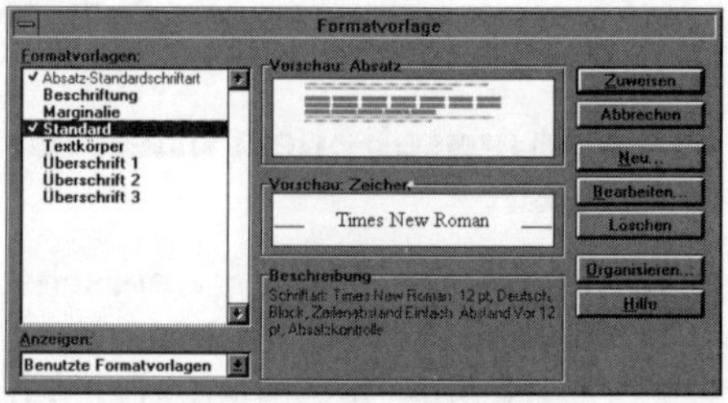

5. Die Vorlage ist markiert; weisen Sie ihr nun über *Bearbeiten* die gewünschten Formate zu. Die Dialogboxen für die Bearbeitung der Formatvorlage sind exakt die gleichen wie bei der direkten Zuweisung des Formats über das Menü *Format*, nur daß die Formatierung für die Formatierungsschablone gilt.

   Wenn Sie die Formatierung der Überschrift in *allen* auf der aktiven Dokumentvorlage basierenden Dokumenten benutzen wollen, dürfen Sie auf keinen Fall vergessen, die leider etwas unscheinbare Option *Zur Dokumentvorlage hinzufügen* zu aktivieren; wenn Sie das vergessen sollten, gilt diese Vorlage nur für das aktive Dokument.
6. Mit *Schließen* wird die Dialogbox geschlossen und die Änderung in die Formatvorlage übernommen, mit *Zuweisen* werden die Änderungen übernommen und die Vorlage auf den markierten Absatz angewendet. Wenn Sie also dem aktiven Absatz die Vorlage nicht zuweisen wollen, benutzen Sie die Schaltfläche *Schließen*.

Drucken der Gliederung

Es wird in der Gliederungsebene das ausgedruckt, was Sie am Bildschirm sehen, also auch die Überschriften ohne Textkörper mit allen Einrückungen. Ausnahme: Die Anzeige der ersten Zeile — in diesem Fall wird der Text gegliedert ausgedruckt, jedoch die kompletten Absätze.

Mit dem Menüpunkt *Format Überschriften numerieren* weisen Sie den Überschriften automatisch Nummern zu (siehe *Hierarchisch numerieren leichtgemacht*).

Bildchen, wechsel dich - Flink zwischen Gliederung und Normalansicht hin- und herschalten

125

Wenn Sie sehr intensiv mit der Gliederung arbeiten, werden Sie feststellen, daß das Einschalten der Gliederungsansicht nicht sehr komfortabel ist. Außerdem müssen Sie nach dem Aufruf jedesmal neu evtl. unerwünschte Ebenen ausblenden, weil die jeweils zuletzt gewählte Einstellung erhalten bleibt.

Schaltfläche zum Aufruf der Gliederungsansicht einrichten

Es ist zwar im horizontalen Rollbalken eine Schaltfläche für die Gliederungsansicht enthalten, doch wird dieser Rollbalken von den meisten Anwendern ausgeschaltet, damit sie mehr Platz für Text haben. Blenden Sie den horizontalen Rollbalken aus, und erstellen Sie für das Schalten in die Gliederungsansicht eine eigene Schaltfläche.

Makro verwenden

Das folgende Makro löst beide Probleme: Es überprüft, ob die Gliederungsansicht aktiv ist. Wenn ja, wird zurück in die Normalansicht geschaltet. Ist sie nicht aktiv, wird sie eingeschaltet und alle Ebenen bis zur Ebene 3 werden ausgeblendet. Durch Ändern der Zahl können Sie das Makro anpassen.

```
Sub MAIN
If AnsichtGliederung() = - 1 Then
    AnsichtNormal
Else
    AnsichtGliederung
    EinblendenEbene3
EndIf
End Sub
```

Schaltfläche zuweisen

Leider hat man bei Microsoft für die Gliederungsansicht eine vorgefertigte Schaltfläche vergessen, was jedoch nicht so dramatisch ist, da Sie für alle Funktionen vorgefertigte Blanko-Schaltflächen benutzen oder Textschaltflächen erstellen können.

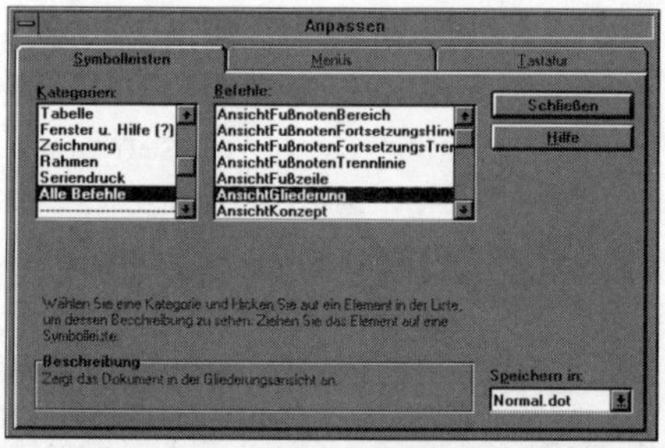

1. Öffnen Sie mit *Extras Anpassen* die Dialogbox für das Organisieren der Arbeitsumgebung und wählen die Registerkarte *Schaltflächen*.
2. Unter *Kategorien* wählen Sie, daß Sie alle Befehle sehen wollen (weil es, wie gesagt, keine vorgefertigte Standardschaltfläche gibt).
3. Im Feld *Befehle* bewegen Sie sich so lange nach unten, bis der Befehl *AnsichtGliederung* sichtbar ist.
4. Ziehen Sie diesen nun mit der Maus auf eine der geöffneten Symbolleisten an seine Zielposition und lassen dort los.
5. Es öffnet sich eine Dialogbox mit den freien, von Microsoft vorgefertigten Schaltflächen, aus denen Sie sich nun eine durch Anklikken und Auswahl durch *Zuordnen* aussuchen.

6. Sie können jedoch auch eine Schaltfläche mit einem Text erstellen; dafür geben Sie direkt nach dem Öffnen der Dialogbox (eine Text-Schaltfläche ist vorausgewählt) im Eingabefeld *Name der Textschaltfläche* einen Namen ein, der im Hinblick auf weitere Schaltflächen nicht zu lang sein sollte.

Schaltfläche für Normalansicht in Symbolleiste Gliederung kopieren

Wenn Sie in der Gliederungsansicht arbeiten, ist es sicher ganz praktisch, wenn die Symbolleiste *Gliederung* die Schaltfläche für das Schalten in die Normalansicht enthält, zumal dort noch viel Platz ist. Installieren Sie also die Schaltfläche *AnsichtNormal* wie oben beschrieben in der Symbolleiste für die Gliederungsansicht.

Eine andere Variante ist die Abfrage, bis zu welcher Ebene angezeigt werden soll, wobei wir in diesem Beispiel die Möglichkeiten auf zwei reduzieren:

```
Sub MAIN
Begin Dialog BenutzerDialog 308, 80, „Gliederung"
    GroupBox 10, 6, 138, 50, „Gliederungsebenen"
    OptionGroup .Gruppenfeld1
        OptionButton 20, 18, 39, 16, „&3", .Optionsfeld1
        OptionButton 20, 35, 39, 16, „&4", .Optionsfeld2
    OKButton 175, 12, 120, 21
    CancelButton 175, 38, 120, 21
End Dialog
If AnsichtGliederung() = - 1 Then
    AnsichtNormal
Else
    Dim Dlg As BenutzerDialog
    If Dialog(Dlg) Then
        If Dlg.Gruppenfeld1 = 0 Then
            AnsichtGliederung
            EinblendenEbene3
        Else
            AnsichtGliederung
            EinblendenEbene4
        End If
    End If
End If
End Sub
```

Wenn Sie dieses Makro aufrufen, erscheint diese Dialogbox, die Ihnen die Möglichkeit der Auswahl zwischen den Ebenen 3 und 4 läßt.

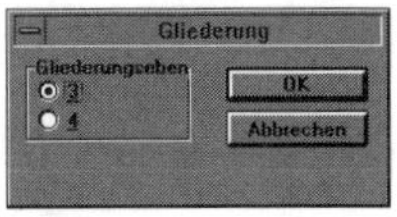

Wenn Sie die Einrückung von 1,25 cm (siehe unten) für zu groß halten (weil Sie möglicherweise sehr viele Ebenen verwenden), ergänzen Sie das Makro vor dem Beginn des Benutzerdialogs um diese Zeilen

```
FormatTabulator .Position = „", .StandardTabs = „0,5 cm", .Ausrichten = 0, .Füllzeichen = 0
```

Vergessen Sie jedoch bitte nicht, die Standardtabstopps am Ende des Makros wieder auf den Normalwert zurückzustellen.

Text umstrukturieren leichtgemacht

Nur in den seltensten Fällen ist die Struktur eines Textes auf Anhieb so, wie der Autor (oder andere) es sich wünschen. Da muß ein Kapitel vor ein anderes verschoben werden, oder es muß eine Überschrift mit weiteren Unterüberschriften versehen werden.

Verschieben von Text in der Gliederungsansicht

Blenden Sie in der Gliederungsansicht alle Unterebenen samt Fließtext aus, und verschieben Sie die Überschrift mit der Maus oder den Schaltflächen. Beachten Sie, daß der ausgeblendete Text und ausgeblendete Überschriften mitverschoben werden.

Verändern der Überschriftebene in der Gliederungsansicht

Wenn Sie eine Überschrift eine Ebene nach oben oder unten verschieben wollen, benutzen Sie die dafür vorgesehenen Schaltflächen oder die Tastenkombinationen.

Wenn Sie eine Überschrift wieder in normalen Fließtext umwandeln wollen, weisen Sie ihr die Formatvorlage *Standard* zu.

Verschieben von Text

Das Verschieben von Text geschieht am einfachsten mit der Maus:

1. Blenden Sie mit den Schaltflächen *Plus* oder *Minus* alle Textelemente aus, die Sie mit verschieben wollen.

   Dazu ein Beispiel: Wenn Sie die *Überschrift 2.1* nach der *Überschrift 2* mit der *Überschrift 2* zusammen verschieben wollen, muß die *Über-*

schrift 2.1 ausgeblendet werden. Wenn Sie das nicht tun, so verschieben Sie nur die Überschrift, nicht aber die Überschriften der Ebenen darunter.
Regel: Der Text zu einer Überschrift wird *immer* mitverschoben, die darunterliegenden Ebenen werden dagegen nur verschoben, wenn sie ausgeblendet sind.

2. Bewegen Sie den Mauszeiger auf das Plus- oder Minuszeichen vor der Überschrift (als Zeichen dafür, daß diese Überschrift weitere Überschriften oder Fließtext enthält oder nicht). Der Mauszeiger verwandelt sich in einen Vierfach-Pfeil.
3. Drücken Sie die linke Maustaste und verschieben Sie den Pfeil in die gewünschte Richtung. Orientieren Sie sich dabei an dem Strich, der sich durch das Dokument bewegt.
4. Lassen Sie an der gewünschten Position los.

Wenn Sie die Tastatur benutzen wollen, verwenden Sie folgende Tastenkombinationen:

Tastenkombination	**Bedeutung**
Umschalt+Alt+↑	Verschiebt die Ebene, in der sich der Cursor befindet, samt Text und ausgeblendeten weiteren Überschriften nach oben.
Umschalt+Alt+↓	Verschiebt die Ebene, in der sich der Cursor befindet, samt Text und ausgeblendeten weiteren Überschriften nach unten.

Die Tastenkombinationen für das Umstrukturieren von Text

Verändern der Überschriftebenen

Auch das Herauf- oder Herabstufen von Überschriften in andere Ebenen oder das Umwandeln einer Überschrift in normalen Fließtext geschieht am zweckmäßigsten mit der Maus.

Wenn Sie die Tastatur benutzen wollen, verwenden Sie folgende Tastenkombinationen:

Tastenkombination	Bedeutung
Umschalt+Alt+←	Stuft die Überschrift, in der sich der Cursor befindet, oder die markierten Überschriften um eine Ebene nach oben; aus *Überschrift 2* wird *Überschrift 1*.
Umschalt+Alt+→	Herunterstufen um eine Ebene.
Umschalt+Strg+N	Umwandeln einer Überschrift in Fließtext um Zuweisung der Formatvorlage *Standard*.

Die Tastenkombinationen für das Verändern der Überschriftsebenen

So kommt Ordnung ins Dickicht der Ebenen

Manchmal ist die Darstellung der Gliederungsansicht noch nicht übersichtlich genug, insbesondere, wenn Sie mit sehr vielen Ebenen arbeiten müssen.

Farbige Formatierung für die unterschiedlichen Ebenen

Formatieren Sie während der Erfassung des Textes und der Arbeit an der Struktur die einzelnen Überschriftebenen farbig, sie heben sich dann sehr viel besser voneinander ab.

So kommt Farbe ins Spiel

Um einer Überschriftebene ein Format zuzuweisen, haben Sie mehrere Möglichkeiten. Die erste ist diese:

1. Bewegen Sie den Cursor in die betreffende Überschrift.
2. Im Menü *Format Formatvorlage* geben Sie an, daß Sie die Formatvorlage *Bearbeiten* wollen.
3. Wenn Sie die Änderung für alle späteren Dokumente auf der Basis der aktiven Dokumentvorlage übernehmen wollen, aktivieren Sie die Option *Zur Dokumentvorlage hinzufügen*. Wenn Sie diese Option nicht aktivieren, gilt die Änderung nur für das aktuelle Dokument.
4. Über *Format Zeichen Farbe* weisen Sie eine Farbe zu, die nicht zu hell sein sollte, damit sich die Farbe am Bildschirm und beim Ausdruck kontrastreich abhebt.
5. Mit zweimal *OK* und *Zuweisen* beenden Sie den Vorgang.

Eine zweite Möglichkeit ist auch sehr praktisch:

1. Sie weisen einer Überschrift per Hand (also über das Menü *Format Zeichen*) eine Farbe zu.
2. Weisen Sie dann im Listenfeld der Formatvorlagen der Überschrift ihre alte Vorlage zu. WinWord gibt Ihnen nun die Auswahl, entweder die Formatvorlage mit den neuen Formaten zu versehen oder aber die alte Formatvorlage zuzuweisen.

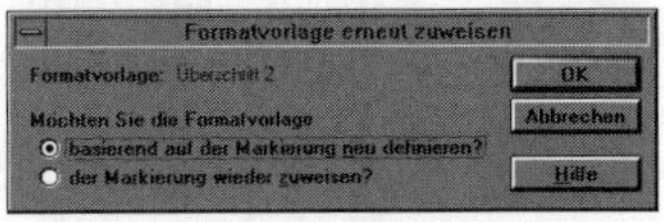

3. Mit *OK* übernehmen Sie die Formate in die Formatvorlage.

Beachten Sie, daß dies jedoch nur für das aktuelle Dokument gilt; wollen Sie die Änderung grundsätzlich durchführen, so verwenden Sie die oben beschriebene Methode.

Zahlgewordene Logik - Überschriften einfach mit einer Gliederungsnumerierung versehen

In größeren Texten werden Überschriften i. d. R. numeriert, was jedoch immer mit sehr viel Arbeit verbunden ist, denn wenn sich der Text ändert – neue Textelemente hinzukommen und andere gestrichen werden –, müssen alle Numerierungen wieder auf den neuesten Stand gebracht werden.

Automatische Numerierung mit Format Überschriften numerieren

Der Menüpunkt *Format Überschriften numerieren* versieht die Überschriften, die mit den Formatvorlagen *Überschrift 1* bis *Überschrift 9* formatiert wurden, automatisch mit einer Numerierung, deren Format Sie in weiten Grenzen festlegen können.

Numerierung mit den Feldern AUTONRDEZ und AUTONRGLI

Wenn Sie diese Art der Numerierung nicht durchführen wollen, bietet sich die Numerierung mit den Feldern AUTONRDEZ oder AUTONRGLI an; erstere erstellt eine Numerierung des Formats 1., 1.1., 1.1.1, während die andere die klassische Form I., A, 1. etc. erstellt.

Automatische Numerierung

Um Überschriften eines Dokuments automatisch numerieren zu lassen, gehen Sie wie folgt vor:

1. Wählen Sie in der Dialogbox *Format Überschriften numerieren* die Art der Numerierung aus.

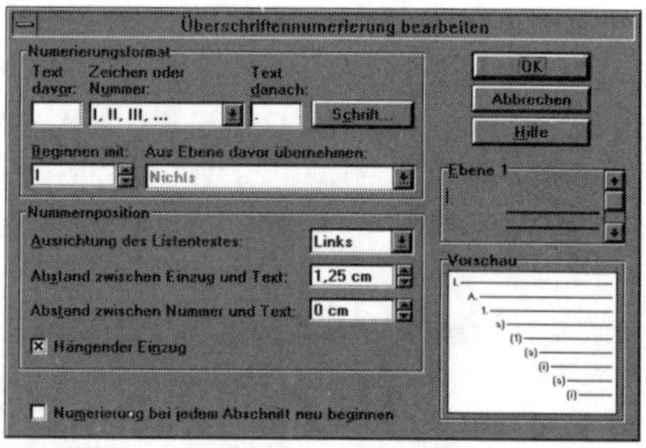

2. Über die Schaltfläche *Bearbeiten* können Sie die Überschriften gestalten, also den Zusatztext der Nummer (*Kapitel*, *Teil* etc.), den Abstand zwischen Nummer und Text sowie über die Schaltfläche *Schrift* das Zeichenformat der Nummer, also Schriftart und -farbe.

3. Mit *OK* beenden Sie die Eingabe.

Es ist ein selbst unter Profis weitverbreiteter Irrtum, daß die Numerierung der Überschriften über das Menü *Format Überschriften numerieren* erst hinzugefügt werden kann, wenn sich bereits Überschriften im Text befinden – wenn Sie eine automatische Numerierung eingerichtet haben, wird jeder neuen Überschrift bereits die richtige Nummer zugeordnet.

Numerierte Überschriften

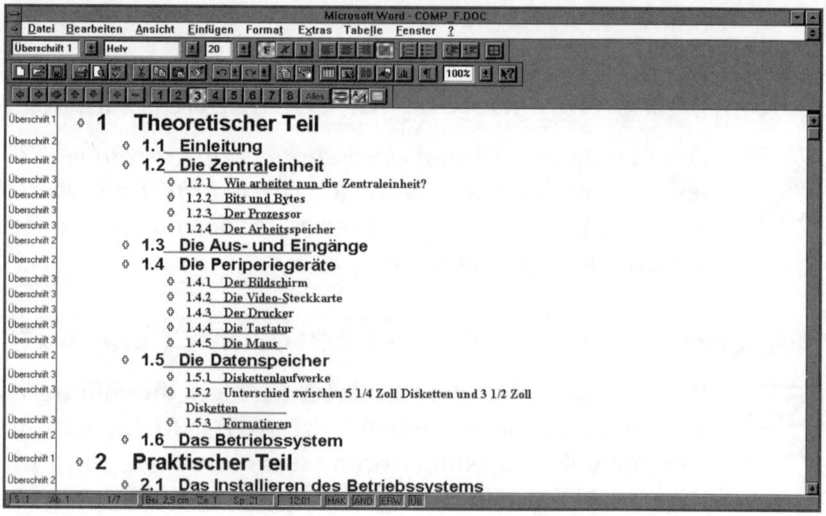

Leider hat man das Entfernen der Überschrift etwas aufwendiger gestaltet: Entweder wählen Sie in der Dialogbox *Format Überschriften numerieren* die Funktion *Löschen* – besser: Sie zeichnen sich das als Makro auf und installieren dafür unter *Überschriften numerieren* im Menü *Format* einen eigenen Menüpunkt *Überschrift entfernen*.

Numerierung mit Feldern

Wenn Sie die Numerierung mit Feldern durchführen wollen, verfahren Sie wie folgt:

1. Positionieren Sie den Cursor in der ersten Überschrift.
2. Fügen Sie mit **Strg+F9** ein Feld ein.
3. In die geschweiften Klammern fügen Sie den Feldnamen ein; entweder verwenden Sie AUTONRDEZ für die dezimale Numerierung oder AUTONRGLI für die klassische (und etwas antiquierte) Gliederung mit römischen Zahlen, Buchstaben und arabischen Zahlen.

   Aktualisieren Sie das Feld mit **F9**.
4. Markieren Sie nun das erste Feld und nehmen es als AutoText-Eintrag auf. Dafür öffnen Sie das Menü *Bearbeiten AutoText* und vergeben einen aussagefähigen Namen. Wenn Sie wollen, können Sie diesem AutoText-Eintrag danach über *Extras Anpassen* auch noch eine Tastenkombination zuweisen.
5. Fügen Sie den AutoText-Eintrag in jeder Überschrift ein.

Beide Felder werden immer automatisch auf die Ebene der Überschrift formatiert; wenn Sie also eine Überschrift heraufstufen, wird die Form der Nummer und die Nummer selbst sofort dieser neuen Ebene angepaßt, doch damit nicht genug: Alle anderen Nummern werden sofort angepaßt, ein Aktualisieren mit **F9** ist also nicht nötig.

Da die automatische Numerierung eine dynamische Programmfunktion ist (und nicht ein statisches Feld), verbraucht sie je nach Größe des Textes und Anzahl der Überschriften enorm viel Rechenleistung. Prüfen Sie also, ob die Numerierung mit Feldern nicht ggf. die bessere Lösung ist.

Sollte nach dem Einfügen und Aktualisieren des Feldes die Fehlermeldung

Fehler! Textmarke nicht definiert

erscheinen, haben Sie sich bei der Eingabe des Feldes vertippt.

Schalten Sie in diesem Falle mit Umschalt+F9 die Feldfunktionen ein, und korrigieren Sie das Feld bzw. seinen Namen. Sollte sich dagegen mit F9 gar nichts tun, so haben Sie statt des Feldergebnisses die Feldfunktion eingeschaltet, die Sie mit Umschalt+F9 wieder ausschalten.

Wie Finger an einer Hand - Zentral- und Filialdokument

Zentral- und Filialdokument bilden zusammen eine ganz neue WinWord-Funktion, die gerade Vielschreiber großer Texte bald zu schätzen wissen. Denn jetzt ist es endlich möglich, den Text in kleine „Häppchen" zerlegt zu bearbeiten und dabei immer den Gesamttext im Blick zu behalten.

Wie der Ochs vorm Mammutdokument - Jetzt ist Schluß damit

Wenn Sie mit sehr großen Dokumenten (> 200 Seiten) arbeiten, die Abbildungen, Beschriftungen und eine automatische Numerierung der Überschriften enthalten, wird selbst der schnellste Rechner stark beansprucht.

Dokument in Filialdokumente aufteilen

In der Gliederungsansicht blenden Sie mit der äußersten rechten Schaltfläche weitere Schaltflächen ein. Mit der Schaltfläche *Filialdokument erstellen* teilen Sie das aktuelle Dokument in einzelne Filialdokumente auf, die Sie dann einzeln (und mit erheblichem Performancegewinn) bearbeiten können.

Ein großes Dokument aufteilen

1. Weisen Sie den einzelnen Überschriften des Dokuments die Formatvorlagen *Überschrift 1* bis *Überschrift 9* zu, die WinWord beim Aufteilen in Filialdokumente verwendet.
2. Schalten Sie in die Gliederungsansicht und rufen Sie entweder über die Schaltfläche ganz rechts oder das Menü *Ansicht Zentraldokument* die zusätzlichen Schaltflächen auf.
3. Blenden Sie alle Überschriftebenen, die Sie nicht benötigen, sowie den Fließtext aus. Wenn Sie beispielsweise die Ebenen 1 und 2 jeweils in Filialdokumente aufteilen wollen, blenden Sie durch Klick auf die Schaltfläche *2* oder durch Umschalt+Alt+2 den Textkörper und die Überschriften unterhalb der Ebene 2 aus.

In der folgenden Abbildung haben wir den Fließtext und untergeordnete Überschriften aus Gründen der besseren Übersicht bis einschließlich der Ebene 4 ausgeblendet:

Ein Text in der Gliederungsansicht

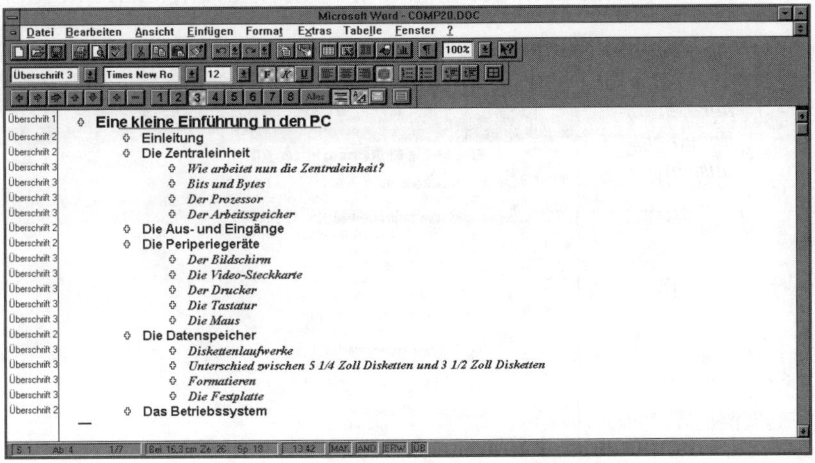

4. Markieren Sie die Überschriften, die Sie als einzelne Filialdokumente ausgliedern wollen. Beachten Sie bitte, daß Sie als erste Überschrift eine Überschriftebene wählen, die WinWord am Anfang des Filialdokuments verwenden soll. Wenn Sie beispielsweise als erste Überschrift eine Überschrift der Ebene 1 markieren, wird bei jedem Vorkommen der Formatvorlage *Überschrift 1* ein neues Filialdokument begonnen. Um alle Überschriften der Ebene 2 samt untergeordneten Ebenen in Filialdokumente aufzuteilen, haben wir die Ebenen 2 und 3 markiert. Die Ebene 1 wurde nicht markiert; sie wird daher auch nicht ausgegliedert und bleibt fester Bestandteil des Zentraldokuments.

Die korrekte Markierung

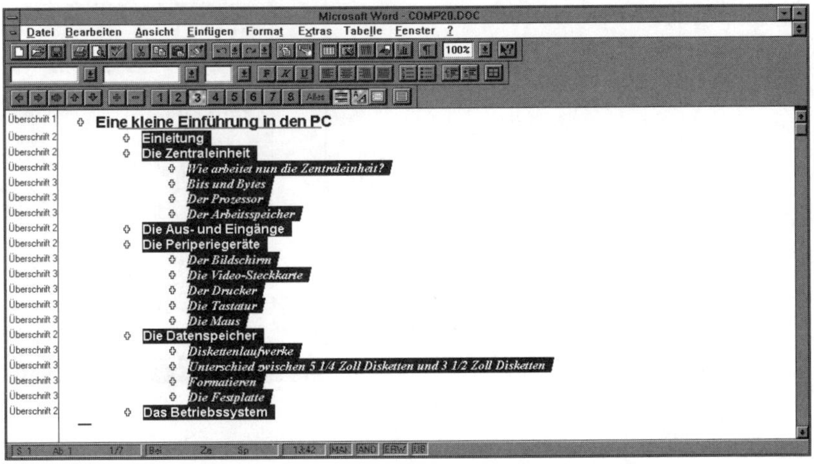

5. Klicken Sie auf die Schaltfläche *Filialdokument erstellen*. Dadurch machen Sie das aktuelle Dokument automatisch zum Zentraldokument, in dem alle integrierten Filialdokumente mit einem entsprechenden Symbol in der linken oberen Ecke angezeigt werden.

Die Filialdokumente in der Zentraldokumentansicht

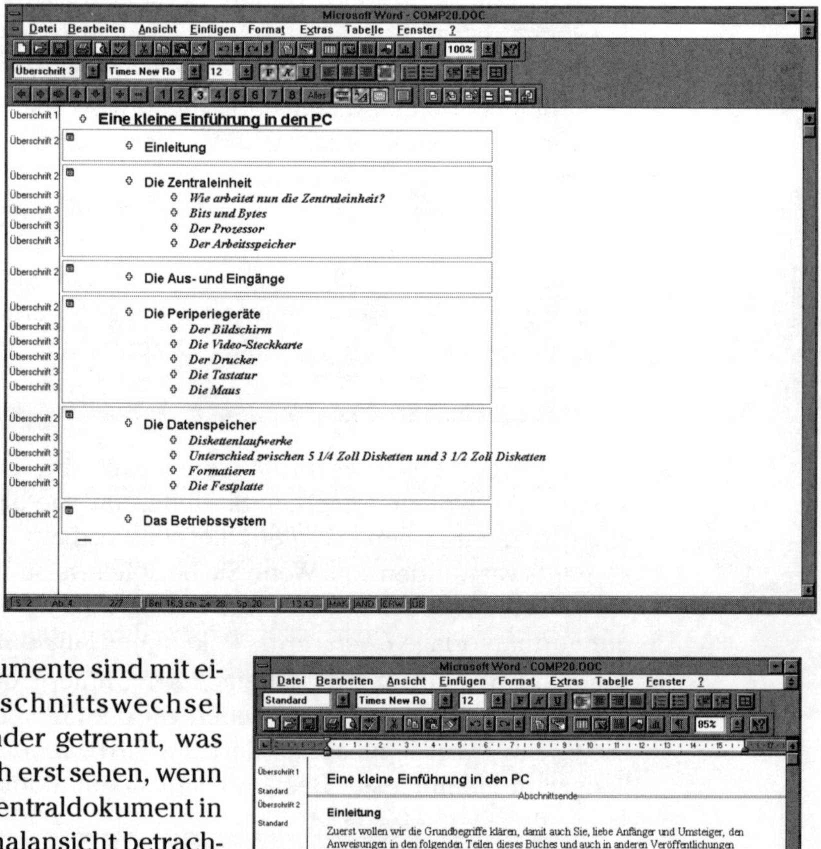

Alle Dokumente sind mit einem Abschnittswechsel voneinander getrennt, was Sie jedoch erst sehen, wenn Sie das Zentraldokument in der Normalansicht betrachten:

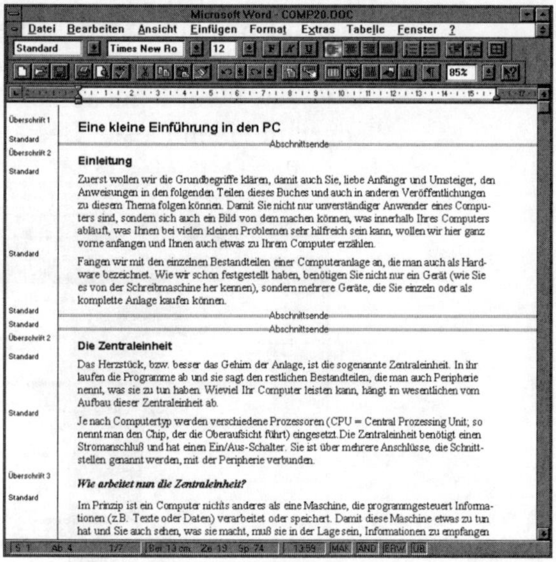

Die Abschnittswechsel

6. Wenn Sie das Dokument abspeichern, werden alle Filialdokumente mit einem Namen gespeichert, der aus der ersten Überschrift gebildet wird. Diesen Namen dürfen Sie nicht ändern, auch ein Verschieben der Dateien in andere Verzeichnisse ist nicht erlaubt.

7. Wollen Sie das Zentraldokument auch abspeichern, wählen Sie den Menüpunkt *Speichern unter*.

8. Wenn Sie das Filialdokument bearbeiten wollen, klicken Sie auf das Symbol links oben. Das Filialdokument wird als normales Dokument geöffnet; Sie können es bearbeiten, formatieren etc. Wollen Sie die Arbeit an diesem Filialdokument beenden, schließen Sie es wie gewohnt; jede Änderung wird in das Zentraldokument übernommen.

➜ Wenn Sie im Zentraldokument das Filialdokument bearbeiten und die beiden Dokumente mit verschiedenen Formatvorlagen formatiert wurden, überschreiben die Formate des Zentraldokuments die des Filialdokuments.

➜ Sollen die Abschnittseigenschaften (Kopf- und Fußzeile, Art der Numerierung, Randmaße, Ausrichtung der Seite etc.) des Filialdokuments im Zentraldokument erhalten bleiben, legen Sie sie im Filialdokument fest; wollen Sie für alle Filialdokumente einheitliche Abschnittseigenschaften festlegen, müssen diese im Zentraldokument eingestellt werden.

➜ Der Abschnittswechsel zwischen den Filialdokumenten ist fortlaufend, beeinflußt die Seitenzahl also nicht.

➜ Wenn Sie auf Elemente innerhalb der Filialdokumente einen Querverweis erstellen wollen, müssen diese Verweise im Zentraldokument erstellt werden.

➜ Das Inhaltsverzeichnis kann nur im Zentraldokument erstellt werden.

➜ Ein Index, der auf alle Filialdokumente verweist, muß ebenfalls im Zentraldokument zusammengetragen werden.

➜ Sie können auch ein neues Dokument erstellen, es als Zentraldokument abspeichern und die gewünschten Filialdokumente nach und nach eingliedern.

➜ Ein Zentraldokument darf nicht größer als 32 MByte werden, wobei Grafiken nicht mitgerechnet werden.

➜ Die Anzahl der Filialdokumente ist auf 80 begrenzt.

Sprung in den Datenpool - Filialdokumente einfügen

Nur in einem Zentraldokument werden die Querverweise, die Inhalts- und Abbildungsverzeichnisse sowie der Index der einzelnen Filialdokumente korrekt zusammengetragen. Also werden Sie alle Dokumente des Projekts in das Zentraldokument einbringen.

Dokumente per Mausklick in das Zentraldokument einfügen

Die Schaltfläche *Filialdokument einfügen* (dritte von links) gibt Ihnen Gelegenheit, die Datei anzugeben, die Sie an der Cursorposition in das Zentraldokument einfügen wollen.

Verwenden Sie das RD-Feld

Mit dem RD-Feld können Sie Verzeichnis-Einträge aus anderen Dokumenten übernehmen.

Dokumente hinzufügen

1. Positionieren Sie den Cursor an der Position, an der Sie das Filialdokument einfügen wollen.
2. Schalten Sie in die Ansicht *Ansicht Zentraldokument*.
3. Nach Betätigung der Schaltfläche *Filialdokument einfügen* wählen Sie wie gewohnt das Dokument aus, das nunmehr als Teil des Zentraldokuments verwaltet werden soll.

Das RD-Feld einfügen

1. Fügen Sie das Feld {VERZEICHNIS} ein.
2. Fügen Sie unterhalb dieses Feldes mit Strg+F9 ein Feld ein.
3. Geben Sie den Namen des Feldes (RD) ein.
4. Geben Sie nach einer Leertaste und in Anführungszeichen den Pfad zu der Datei an, die beim Erstellen eines Inhaltsverzeichnisses oder eines Index mit aufgenommen werden soll. Dabei muß der Backslash \ für die Trennung der Bestandteile des Pfades doppelt eingegeben werden, also

   { RD „C:\\WINWORD\\TEXTE\\KAP2.DOC"}

5. Fügen Sie auf diese Weise alle Dateien an, aus denen das Verzeichnis zusammengestellt werden soll.

- Die Verknüpfung mit einem RD-Feld kann nicht wieder aufgehoben werden.
- Das Ergebnis des Feldes wird als verborgener Text eingefügt.
- Sorgen Sie dafür, daß aus den Dateien die korrekten Seitenzahlen durch Festlegen der logischen Seiten übernommen werden können. Normalerweise beginnt ein Dokument mit der Seite 1, was jedoch in einem solchen Falle unerwünscht ist. Legen Sie dafür mit *Einfügen Seitenzahlen Format* die jeweils korrekte Folge-Seitenzahl fest.

Wachstum stoppen - Wenn ein Filialdokument zu groß wird

Wenn Sie ein Filialdokument erstellen, so ist dessen Größe nicht immer absehbar; sollte es während der Texterfassung zu groß werden, ist der Vorteil der Arbeit mit Filialdokumenten in der Zentraldokumentansicht schnell wieder dahin.

Teilen Sie das Filialdokument weiter auf

Wenn das Filialdokument zu groß werden sollte, wechseln Sie in die Zentraldokumentansicht und teilen von dort aus das Filialdokument in weitere Filialdokumente auf.

Aufteilen eines Filialdokuments

1. Wechseln Sie in die *Ansicht Zentraldokument.*
2. Markieren Sie dort alle Überschriften, ab der WinWord ein Filialdokument erstellen soll; blenden Sie dafür ggf. Überschriften aus.
3. Über die Schaltfläche *Filialdokument erstellen* erstellen Sie weitere Filialdokumente. Beim Abspeichern vergibt WinWord als Dateiname die ersten Zeichen der Überschrift und fügt Zahlen zur Unterscheidung hinzu.

So kommt Ordnung in die Bilder - Beschriftungen

Den Satz über die Aussagekraft eines Bildes im Verhältnis zu normalem Text kennen Sie zur Genüge, aber was sagt ein Bild, dessen Nutzen keiner auf den ersten Blick erkennt? Vielleicht wollen Sie ja sogar irgendwann noch einmal auf das Bild verweisen, dazu brauchen Sie dann auch noch einen Titel oder besser - weil viel leichter auffindbar - eine Nummer.

Tabelle, Grafik und Co.: Textelemente beschriften - so geht's

Wenn Ihr Text Abbildungen, Tabellen oder Fotos enthält, müssen diese meist beschriftet werden.

Automatische Beschriftung

Wenn Sie im Menü *Einfügen Beschriftung* die Schaltfläche *AutoBeschriftung* betätigen, legt Ihnen WinWord alle registrierten OLE-Anwendungen vor. Sie können sich dort aussuchen, welche Elemente WinWord automatisch beschriften soll und wo diese Beschriftung plaziert werden soll.

Beschriftung über die Beschriftungs-Funktion einfügen

Über den Menüpunkt *Einfügen Beschriftung* können Sie auf Beschriftungen für *Abbildung*, *Tabelle* und *Gleichung* zugreifen oder sich eine eigene Beschriftungsserie einrichten (siehe unten). Der Vorteil: Sie müssen das durch diese Funktion eingefügte SEQ-Feld nicht aktualisieren, die Nummern werden von WinWord neu hochgezählt.

Beschriftung mit einem SEQ-Feld

Erfinden Sie eine selbstdefinierte Beschriftungsserie, etwa {SEQ Tab} für die Numerierung von Tabellen. Wann immer Sie dieses Feld einfügen, wird nach dem Aktualisieren der Wert um 1 hochgezählt.

Beschriften per Menü-Befehl

Wenn Sie über das Menü *Einfügen Beschriftung* eine Beschriftung einfügen, wird diese immer sofort aktualisiert.

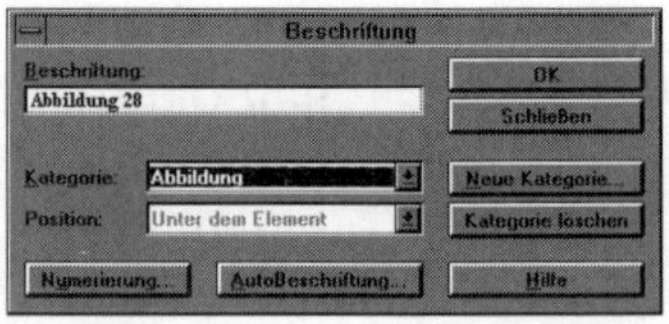

1. Positionieren Sie wie gewohnt den Cursor.
2. Im Menü *Einfügen Beschriftung* wählen Sie die Art der Beschriftung. Falls es die Serie nicht gibt – etwa die Serie *Photo* –, erstellen Sie mit *Neue Kategorie* eine neue Beschriftungsserie.
3. Wählen Sie ggf. mit der Schaltfläche *Numerierung* die Art der Numerierung aus. Hierbei können Sie eine etwaige Numerierung der Überschriften in die Nummer der Beschriftung einbeziehen.
4. Mit *OK* wird die korrekte Beschriftung eingefügt.

SEQ-Feld einfügen

1. Positionieren Sie den Cursor an der Stelle, an der die Beschriftung eingefügt werden soll.
2. Fügen Sie mit **Strg**+**F9** ein Feld ein.
3. Fügen Sie den Feldnamen SEQ in beliebiger Schreibweise ein.
4. Nach einer Leertaste geben Sie den Namen an, den Sie fortan für diese Serie verwenden wollen. Diesen Namen müssen Sie nun für jedes weitere Element verwenden.
5. Beenden Sie die Feldeingabe durch das Aktualisieren mit **F9**.

Die Beschriftung wird automatisch mit der Formatvorlage *Beschriftung* formatiert, deren Formate Sie mit *Format Formatvorlage Bearbeiten* ändern können. Wenn die Änderung dauerhaft, also auch für alle weiteren Dokumente, durchgeführt werden soll, ist die Option *Der Dokumentvorlage hinzufügen* zu aktivieren.

Der Name der Beschriftungsserie, die Sie mit SEQ-Feldern durchführen, muß mit einem Buchstaben beginnen und darf maximal 40 Zeichen umfassen, wobei Buchstaben, Ziffern und der Unterstrich eingegeben werden dürfen, andere Zeichen sind nicht erlaubt. Um beispielsweise eine Reihe von Abbildungen zu numerieren, können Sie als Name die Zeichen *Abb* verwenden.

Beachten Sie, daß Sie den Namen der Serien *exakt* wiederholen müssen; wenn Sie nach dem Feld {SEQ Abb} das Feld {SEQ Abb.} verwenden, fängt WinWord eine neue Serie an!

Wenn Sie eine Serie verwenden, sollten Sie das Feld (egal, ob Funktion oder Ergebnis) markieren und als AutoText-Eintrag festhalten. Wenn Sie den Baustein in den Text einbringen, wird das Feld mit seiner Funktion eingefügt.

Wenn sich das SEQ-Feld in Kopfzeilen, Fußzeilen, Anmerkungen oder Fußnoten befindet, wirkt sich die resultierende Folgenzahl nicht auf die SEQ-Feldnumerierung im Text aus. Dort wird also eine eigene Numerierungsserie geführt.

Folgende Schalter können Sie verwenden:

\c	Fügt die zuletzt verwendete Folgenzahl erneut ein. Dieser Schalter eignet sich dazu, Kapitelnumerierung in Kopf- oder Fußzeilen zu setzen.
\h	Verbirgt das Feldergebnis. Dieser Schalter eignet sich sehr gut dazu, Querverweise mit Hilfe der SEQ-Felder zu erstellen.
\l	Fügt die nächste Folgenzahl ein (Standardeinstellung).
\r	Setzt die Folgenzahl auf die Nummer zurück, die zusätzlich angegeben werden muß. Durch {SEQ Abbildung \r 5} wird die Numerierung der Abbildungen bei 5 begonnen.

Freiheit für Datenjongleure - Automatische Beschriftungsserie festlegen

133

WinWord kann Textelemente automatisch beschriften, doch wie soll die Beschriftung für die verschiedenen Elemente durchgeführt werden? Wie erkennt WinWord, welches Objekt wie beschriftet werden soll?

Automatische Beschriftung konfigurieren

In der Dialogbox *Einfügen Beschriftung AutoBeschriftung* aktivieren Sie die betreffende Option und legen zu der soeben aktivierten Option die *Kategorie* und die *Position* fest.

Konfiguration der AutoBeschriftung

1. Öffnen Sie die Dialogbox *Einfügen Beschriftung.*

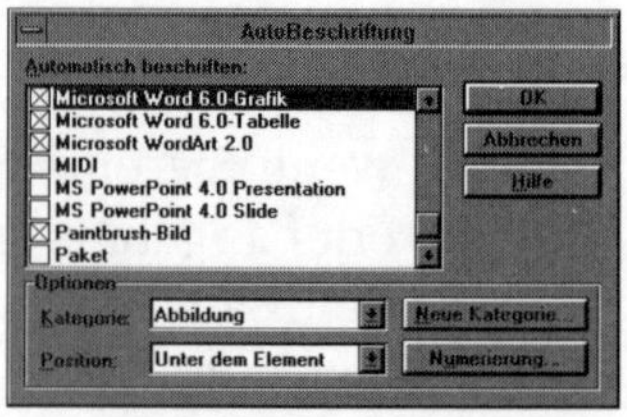

2. Öffnen Sie mit der Schaltfläche *AutoBeschriftung* die nächste Dialogbox.

3. Durch Anklicken wählen Sie die Anwendung.

4. Zu jeder Auswahl, die Sie oben treffen, wählen Sie unten die Kategorie aus. Auch hier können Sie eigene Kategorien erstellen und die Objekte diesen Kategorien zuordnen. Für die normale Beschriftung erstellte neue Kategorien werden hier ebenfalls angezeigt.

5. Legen Sie ggf. fest, daß Sie die Kapitelnummern einbeziehen wollen.

6. Mit *OK* beenden Sie die Eingabe.

- Wenn Sie die *AutoBeschriftung* wählen, müssen Sie für das Einfügen von Grafiken aus *Paintbrush* die Option *Microsoft Word 6.0 - Grafik* auswählen, damit die Grafik von WinWord erkannt und beschriftet wird.
- Wenn eine Anwendung und ihre Objekte nicht im Menü aufgeführt wird, ist sie nicht als OLE-Anwendung registriert. Sie müssen diese Anwendung in diesem Falle über den Registriereditor als OLE-Anwendung registrieren oder die Anwendung erneut installieren.
- Wenn Sie der automatischen Beschriftung eigene Beschriftungen per Hand hinzufügen wollen, machen Sie mit **Alt+F9** die Feld*funktionen* sichtbar und übernehmen den Namen der Serie; am besten machen Sie aus einem der automatisch eingefügten Felder einen AutoText-Eintrag.
- Die Möglichkeit, in der Dialogbox *Einfügen Beschriftung* die Option *Position* zu benutzen, ist nur gegeben, wenn ein Element *komplett* markiert ist. Handelt es sich um eine Grafik, müssen Sie sie vorher einmal anklicken, handelt es sich um eine Tabelle, muß diese komplett markiert sein.

Für besondere Objekte - Neue Beschriftungsserie erfinden

Es ist oft eine andere Beschriftung als die Standardbeschriftung nötig.

Eigene Beschriftungsserie einrichten

Wenn Sie statt der Standardbeschriftung *Tabelle* eine Beschriftung *Tab.* einrichten wollen, wählen Sie mit der Schaltfläche *Neue Kategorie* aus, daß Sie eine neue Kategorie erstellen wollen.

Eine neue Beschriftungsserie erstellen

1. Positionieren Sie den Cursor unter dem zu beschriftenden Textelement.
2. Öffnen Sie das Menü *Einfügen Beschriftung* und wählen aus, daß Sie eine *Neue Kategorie* erstellen möchten.
3. Geben Sie den Namen der neuen Kategorie an.
4. Beenden Sie die Eingabe mit *OK*.

- Die Standardbeschriftungen *Abbildung*, *Tabelle* und *Gleichung* können nicht gelöscht werden.
- Wenn Sie den Namen der Serie ändern wollen – etwa das Feld {SEQ Tabelle} in {SEQ Tab}, so können Sie dafür die *Ersetzen*-Funktion benutzen. Vorher müssen Sie jedoch mit **Alt+F9** die Feld*funktion* sichtbar machen.
- Die neue Beschriftungskategorie kann ebenfalls für ein Verzeichnis herangezogen werden; wenn Sie in der Dialogbox *Einfügen Index und Verzeichnisse* die Registerkarte *Abbildungsverzeichnis* nach vorne holen, können Sie die selbstdefinierte Kategorie dort für ein Verzeichnis auswählen.

Wo hab ich das nur schon mal gesehen? - Querverweise

Jeder Autor würde sich darüber freuen, wenn er wüßte, daß der Leser den bisherigen Teil des Textes so gut kennt, daß Rückgriffe unnötig werden. Leider ist das so gut wie nie der Fall, und der Trend zum selektiven Lesen hält unvermindert an. Wenn Sie also auch diesen Lesern das Leben erleichtern wollen, fügen Sie die entsprechenden Verweise in Ihre Texte ein.

Ein Bild sagt mehr ... Verweisen Sie auf eine Beschriftung

Wenn Sie im Text auf eine beschriftete Tabelle oder Abbildung verweisen möchten, so können Sie diese Verweise kaum als normalen Text einfügen, da Verweise nach mehrmaligen Änderungen des Textes wahrscheinlich nicht mehr stimmen.

Querverweis über eigene Funktion einfügen

Mit der Funktion *Einfügen Querverweis* fügen Sie einen Querverweis an der Cursorposition ein, der auf eine der Beschriftungskategorien, aber auch auf Überschriften, Anmerkungen, Textmarken oder Fußnoten verweisen kann.

Querverweis als Feld einfügen

Wenn Sie Querverweise als Feld einfügen wollen, verwenden Sie dafür die Felder REF (für das Einfügen eines Textes), SEITENREF für den Verweis auf eine Seite sowie das Feld FUSSENDNOTEREF für den Verweis auf eine Fuß- oder Endnote.

Die Querverweisfunktion benutzen

1. Positionieren Sie den Cursor an der Stelle, an der der Querverweis erstellt werden soll.
2. Geben Sie den Fließtext ein *(siehe auch die Abbildung).*
3. Wählen Sie die Funktion *Einfügen Querverweis.*
4. Geben Sie an, auf welches Element Sie verweisen wollen, etwa auf eine *Abbildung.* Hierbei können Sie aus allen Kategorien der Beschriftungen (auch auf selbsterstellte Kategorien) sowie auf Überschriften etc. verweisen.

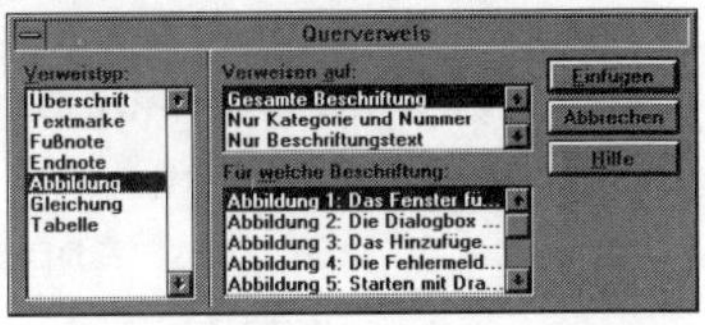

5. Geben Sie im Feld *Verweisen auf* an, ob Sie die gesamte Beschriftung (Kategorie, Nummer und von Ihnen eingegebener Zusatztext), nur die Kategorie und die Nummer oder aber nur die Nummer als Ergebnis des Verweises haben möchten. Wenn Sie als Text *siehe auch die Abbildung* eingegeben haben, so brauchen Sie beispielsweise die Kategorie *Abbildung* nicht mehr. Auch ein Verweis auf die Seitenzahl ist möglich.
6. Im Listenfeld *Für welche Beschriftung* suchen Sie sich die Beschriftung aus, auf welche sich der Verweis beziehen soll. Dabei hilft Ihnen sicherlich, daß neben der Nummer die ersten Buchstaben des Beschriftungstextes zu lesen sind.
7. Mit *Einfügen* wird der Verweis eingefügt.
8. Stellen Sie den Verweis ggf. mit weiterem Zusatztext fertig *(siehe Abbildung 2, die das Erscheinungsbild deutlich darstellt).*

Wenn Sie zusätzlich auf die Seitenzahl verweisen wollen – etwa der Art *Siehe Abbildung 1 auf Seite 28* – , so müssen Sie einen weiteren Verweis einbringen.

1. Dafür positionieren Sie den Cursor an der Stelle, an der die Seitenzahl der Abbildung erscheinen soll.
2. In der Dialogbox *Einfügen Querverweis* geben Sie, wie oben beschrieben, an, daß Sie auf die Abbildung verweisen möchten, doch im Feld *Verweisen auf* geben, daß Sie auf die Seitenzahl verweisen wollen.

Verweise mit Feldern

Wie Sie eigene Verweise mittels der Feldfunktionen erzeugen, besprechen wir anhand eines Beispiels: Sie wollen einen Verweis auf eine Abbildung und einen Verweis auf die Seite erstellen, auf der sich diese Abbildung befindet.

1. Markieren Sie den Teil der Beschriftung, der im Verweis erscheinen soll. Wenn die ganze Beschriftung, also inkl. Kategorie, Nummer und Text erscheinen soll, markieren Sie alles.
2. Weisen Sie der Markierung mit *Bearbeiten Textmarke* eine Textmarke zu, in unserem Beispiel nennen wir sie *ABB_GOLFBALL.*

   Verwenden Sie auf keinen Fall Nummern, da diese durch die Beschriftung erzeugt werden sollen, sondern verwenden Sie Namen, die auf den Inhalt der Abbildung verweisen.
3. Positionieren Sie den Cursor an der Stelle, an der Sie einen Verweis auf diese Abbildung einbringen wollen.
4. Erstellen Sie den Fließtext für den Querverweis, also *siehe* oder *Beachten Sie bitte auch.*
5. Fügen Sie mit **Strg**+**F9** ein leeres Feld ein.
6. Geben Sie den Feldnamen REF sowie den Namen der Textmarke an – in unserem Falle hieße das Feld {REF ABB_GOLFBALL}.
7. Aktualisieren Sie das Feld mit **F9** .
8. Geben Sie den zusätzlichen Fließtext ein, also *auf Seite.*
9. Fügen Sie ein weiteres Feld mit **Strg**+**F9** ein, in das Sie SEITENREF und den Namen der Abbildung eingeben. Das Feld muß nach dem Erstellen so aussehen: {SEITENREF ABB_GOLFBALL}.
10. Aktualisieren Sie auch dieses Feld mit **F9.**

WinWord markiert das gesamte Element (Überschrift, Beschriftung), auf das Sie verweisen, mit einer REF-Textmarke, deren Name mit einem Unterstreichstrich beginnt und die daher in der Liste für *GeheZu* oder für das Bearbeiten einer Textmarke nicht sichtbar ist.

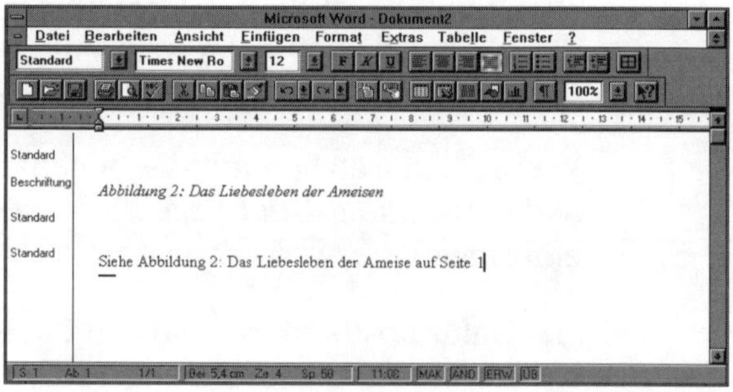

Mit **Alt+F9** machen Sie die Feldfunktionen sichtbar, die dieses Ergebnis liefern.

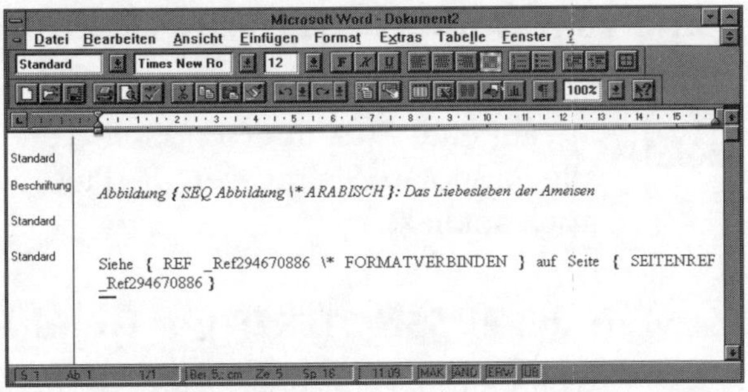

Wenn Sie das Element, auf das Sie sich beziehen (also die Überschrift oder die Beschriftung) verändern wollen, sollten Sie unbedingt darauf achten, daß sich diese Änderung *innerhalb* der Textmarke befindet, da sie nur dann auch im Verweis erscheint.

Um zu verhindern, daß Sie möglicherweise außerhalb des durch die Textmarke begrenzten Textes arbeiten, sollten Sie diese in der Dialogbox *Extras Optionen* auf der Registerkarte *Ansicht* sichtbar machen.

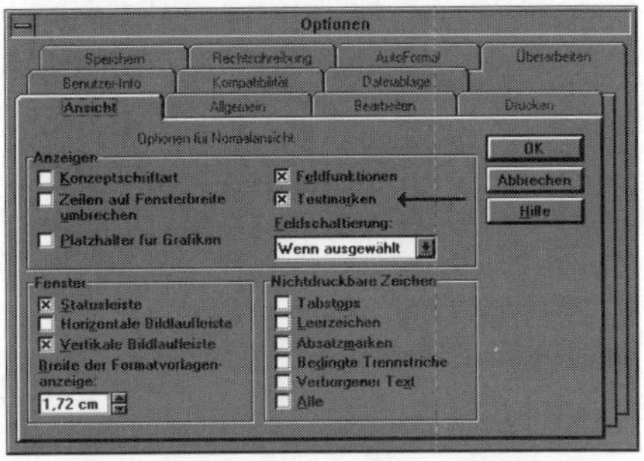

Die Textmarke wird mit zwei großen eckigen Klammern angezeigt (die nicht ausgedruckt werden), innerhalb derer sich der Text befinden muß, um als Verweis an anderer Stelle im Text angezeigt zu werden.

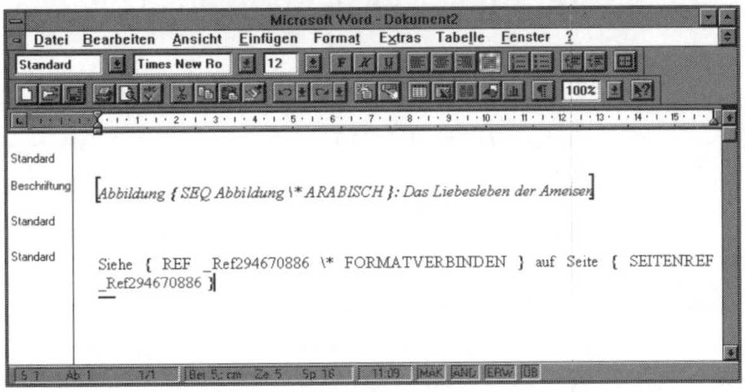

Nicht nur für Doktoranden - Die Fußnote als Verweisziel

In vielen Dokumenten werden Fuß- oder Endnoten verwendet, auf die zu verweisen immer ein Problem aufwirft: Wie halte ich die Fußnoten-Nummern im Verweis aktuell?

Menü zum Einfügen des Verweises verwenden

Wenn Sie über *Einfügen Querverweis* im Feld *Verweistyp* bestimmen, daß Sie auf eine Fuß- oder Endnote verweisen wollen, zeigt Ihnen WinWord alle Fußnoten. Sie müssen die Fußnote, auf die Sie verweisen wollen, nur noch anklicken.

Verweis mit FUSSNOTEREF per Hand einfügen

Wenn Sie der Fußnote – besser: dem Fußnotenzeichen – im Dokument eine Textmarke zuweisen, so können Sie mit dem Feld FUSSENDNOTEREF sowie der Angabe der Textmarke darauf verweisen.

Verweis über das Menü einfügen

1. Erstellen Sie den Fließtext, also beispielsweise *Siehe auch Fußnote*, oder positionieren Sie den Cursor an der Stelle, an der die Nummer der Fußnote ausgegeben werden soll.
2. Öffnen Sie das Menü *Einfügen Querverweis* und markieren Sie, daß Sie auf eine Fußnote verweisen möchten.

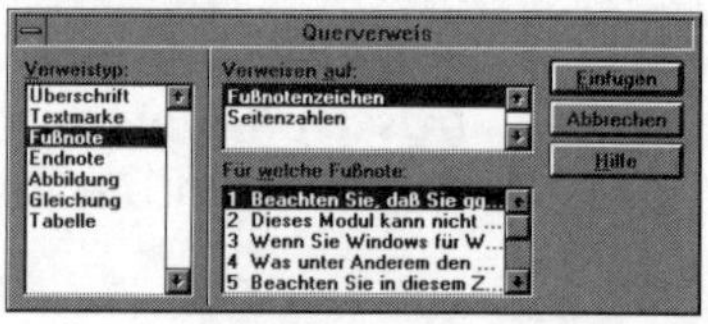

3. Wählen Sie aus, ob Sie die Fußnotennummer oder die Seitenzahl, auf der sich die Fußnote befindet, im Text wiedergeben wollen.
4. Wählen Sie im Listenfeld *Für welche Fußnote* die betreffende Fußnote aus.
5. Wenn Sie neben der Fußnotennummer auch noch die Seitenzahl wünschen, fügen Sie für diese einen weiteren Verweis ein.

Verwendung des Feldes FUSSENDNOTEREF

1. Markieren Sie das Fußnotenzeichen im Dokument und weisen Sie ihm über *Bearbeiten Textmarke* eine Textmarke zu.
2. Erstellen Sie den Fließtext, also beispielsweise *Siehe auch Fußnote*, oder positionieren Sie den Cursor an der Stelle, an der die Nummer der Fußnote ausgegeben werden soll.
3. Fügen Sie mit **Strg+F9** ein leeres Feld ein.
4. Schreiben Sie den Namen des Feldes FUSSENDNOTEREF sowie – durch Leertaste getrennt – den Namen der Textmarke in das Feld.
5. Aktualisieren Sie das Feld mit **F9**.

6. Wenn Sie auch die Seitennummer ausgeben wollen, verwenden Sie auf die gleiche Weise das Feld SEITENREF und verweisen erneut auf den Namen der Textmarke.

Der Schalter \f bewirkt, daß die Zeichen, die durch das Feld im Text ausgegeben werden, in der gleichen Weise formatiert werden, wie in der Formatvorlage für das Fuß- bzw. Endnotenzeichen festgelegt wurde.

Für das Einfügen eines Fußnotenverweises müssen die Fußnoten vorher erstellt werden, um auf sie verweisen zu können.

Wenn Sie mit dem Feld FUSSENDNOTEREF einen Verweis erstellen wollen, muß die Textmarke, auf die Sie verweisen, bereits existieren.

Die Markierung des Fußnotenzeichens für die Zuweisung der Textmarke muß im Dokumentausschnitt, nicht im Fußnotenausschnitt erfolgen.

Rund ums Thema Drucken

Drucken - das ist mehr als nur die einfache Ausgabe des Bildschirminhalts oder gar der Ersatz des Bildschirms wie in den guten alten Zeiten. Natürlich bietet WinWord auch für den weiten Bereich der Ausgabe jede Menge Möglichkeiten, deren Nutzen sich erst bei näherer Betrachtung ergibt.

Drucken - Schnell und effektiv

„Entscheidend ist, was hinten rauskommt", hat ein prominenter Kritiker manch gedruckten Wortes einmal recht treffend gesagt. Für den PC-Nutzer stellt sich oft schon vorher die Frage, wie's hinten rauskommt - und da gibt es durchaus bedenkenswerte Tips.

Schneller drucken - Raus aus der Warteschleife

Der Ausdruck eines umfangreichen Dokuments kann, besonders wenn man nicht über einen Laserdrucker verfügt, eine sehr zeitraubende Angelegenheit sein. Es gibt aber auch einige Möglichkeiten, den Druck erheblich zu beschleunigen, so daß dieser Flaschenhals nicht gar zu eng bleiben muß.

Im Konzeptmodus drucken

Den Ausdruck fertig formatierter Dokumente können Sie nicht beschleunigen, es sei denn, Ihnen steht noch ein weiterer leistungsfähigerer Drucker zur Verfügung. Allerdings kann bei bestimmten Anlässen die Forderung nach einer hohen Druckqualität vernachlässigt werden. Für den Probedruck genügt ein Minimum an Formatierungen. Kreuzen Sie dazu das Kontrollkästchen *Konzeptdruck* (Befehl *Extras/Optionen*, Registerkarte *Drucken*) an.

Bei vielen Druckern können Sie die Konzept- oder Entwurfsqualität selbst einstellen. So erlauben beispielsweise einige Laserdrucker, den Ausdruck mit einer geringerer „Schwärzung" des Blattes auszuführen.

Nur Druckerschriftarten verwenden

Windows verfügt über eine Vielzahl von Schriften, die bei jedem Programmstart in dcn Arbeitsspeicher geladen werden. Zusätzlich verfügt jeder Drucker über weitere Schriften, die im ROM des Druckers gespeichert sind. Wenn Sie ausschließlich Druckerschriften verwenden, verringern Sie den mit der Erstellung der Druckdatei verbundenen Rechenaufwand, was zu einem erheblichen Zeitgewinn führen kann.

Die Systemeinstellungen überarbeiten

- ➜ Druckdateien sind temporär, d. h., sie werden nur vorübergehend auf der Festplatte gespeichert. In der Regel befindet sich auf der Festplatte dafür ein eigenes Verzeichnis, auf das mit der Variablen SET TEMP = verwiesen wird. Überprüfen Sie in der AUTOEXEC.BAT-Datei, ob die Anweisung auf ein tatsächlich vorhandenes Verzeichnis zeigt.
- ➜ Erhöhen Sie die Druckpriorität. Starten Sie den *Windows*-Druckmanager, wählen Sie aus dem Menü *Optionen* den Befehl *Drucken im Hintergrund* und aktivieren Sie anschließend im Feld *Druckpriorität* die Option *Hoch*.
- ➜ Generell führen mehr Arbeitsspeicher und eine ausreichend freie Speicherkapazität auf der Festplatte zu einer Beschleunigung des Druckvorgangs.

Den WinWord-Druckmanager einsetzen

Öffnen Sie die Registerkarte *Drucken* (Befehl *Optionen* im *Extras*-Menü) und kreuzen Sie die Option *Im Hintergrund drucken* an. Sie können zu dieser Registerkarte auch vom Dialogfeld *Drucken* weiterschalten, indem Sie die Schaltfläche *Optionen* anklicken. Den aktiven WinWord-Druckmanager erkennen Sie an einem kleinen Druckersymbol in der Statuszeile. Zum Abbrechen eines Druckauftrags müssen Sie das Symbol doppelt anklicken.

Der WinWord-Druckmanager macht den *Windows*-Druckmanager nicht etwa überflüssig, sondern beschleunigt in erster Linie die Erstellung der eigentlichen Druckdatei. Für die Dauer der Druckdateierstellung können Sie normalerweise Ihren PC nicht benutzen. Sie sehen auf dem Bildschirm das Dialogfeld *Drucken*, worin der Fortgang der Arbeiten (meist mit einer Prozentangabe) angezeigt wird. Wenn Sie die Option *Im Hintergrund drucken* aktiviert haben, wird dieser Arbeitsgang im Hintergrund ausgeführt, weshalb Sie sofort, nach dem Sie den Druckbefehl erteilt haben, mit WinWord weiterarbeiten können. In der Statuszeile erkennen Sie an einem kleinen Druckersymbol, daß WinWord im Hintergrund mit dem Erstellen der Druckdatei beschäftigt ist. Da das Programm zeitgleich zwei Aufgaben erledigen muß, geht die Programmausführung wesentlich langsamer vor sich.

Das *Drucken im Hintergrund* benötigt sehr viel Speicherplatz. Wenn Sie nicht über mindestens 8 MByte Speicherkapazität verfügen, sollten Sie die Option deaktivieren.

Um einen irrtümlich erteilten Druckauftrag löschen zu können, enthält das *Drucken*-Dialogfeld die *Abbrechen*-Schaltfläche. Diese Möglichkeit haben Sie auch, wenn WinWord den Druck im Hintergrund vorbereitet. Klicken Sie einfach doppelt auf dem kleinen Druckersymbol, welches WinWord in der Statuszeile einblendet.

Gelegentlich führt das *Drucken im Hintergrund* auch zu unbefriedigenden Druckergebnissen (auch in der geänderten Programmversion WinWord 6.0a). Wenn Sie diese Option abschalten, sind die Probleme behoben.

Sie können auch ganz ohne Druckmanager drucken (über die *Windows* Systemsteuerung oder Druckmanager *Optionen/Druckerinstallation* abschalten), was insbesondere im Netz wichtig ist, da die Netzsoftware einen eigenen (und in der Regel auch besseren) Druckmanager besitzt.

Clever gelöst - Beidseitig drucken mit jedem Drucker

Ein mehrseitiges Dokument muß nicht zwangsläufig von der ersten bis zur letzten Seite ausgedruckt werden. Wenn Sie beispielsweise das Papier beidseitig bedrucken möchten, macht das den getrennten Druck von geraden und ungeraden Seiten erforderlich.

Drucken Sie gerade und ungerade Seiten getrennt und in unterschiedlicher Reihenfolge

Stellen Sie im Dialogfeld *Drucken* die Option *Ungerade Seiten* (bzw. *Gerade Seiten*) ein und erteilen Sie den Druckbefehl. Viele Drucker sind in der Lage, die bedruckte Seite des Papiers so abzulegen, daß anschließend kein umständliches Umsortieren der Blätter notwendig wird. Wenn Ihr Drucker über diese sogenannte *FaceDown*-Ablage nicht verfügt, können Sie die Option *Umgekehrte Druckreihenfolge* (Menü *Extras/Optionen*, Registerkarte *Drucken*) aktivieren, um denselben Effekt zu erzielen.

Ein Makro steuert den beidseitigen Ausdruck

Rufen Sie zuerst das Dialogfeld *Makro* (*Extras Makro*) auf, geben Sie dem Makro einen Namen und klicken Sie *Erstellen* an. Geben Sie im Makrofenster die folgenden Befehlsfolge über die Tastatur ein.

```
Sub MAIN

MsgBox „Es werden die ungeraden Seiten gedruckt", „Steuerungsbox für den beidseitigen Ausdruck", 64
ExtrasOptionenDrucken .Umgekehrt = 1, .DateiInfo = 0
DateiDrucken .Reihenfolge = 1

MsgBox „Drehen Sie jetzt die Seiten um und legen Sie sie zurück in das Magazin", „Steuerungsbox für den beidseitigen Ausdruck", 48

Zahl = AuswInfo(4)
If (Zahl Mod 2) = 0 Then Goto GeradeSeitenzahl

MsgBox „Das Dokument enthält keine gerade Seitenzahl. Das Makro fügt am Ende des Dokuments eine leere Seite ein!", „Steuerungsbox für den beidseitigen Ausdruck", 64
EndeDokument
EinfügenSeitenwechsel

GeradeSeitenzahl:
ExtrasOptionenDrucken .Umgekehrt = 0
DateiDrucken .Reihenfolge = 2

End Sub
```

Das Makro können Sie nicht im Makrofenster testen.

Papier beidseitig bedrucken

Es sind insgesamt zwei Arbeitsgänge erforderlich, zwischen denen Sie die einseitig bedruckten Blätter umdrehen und wieder in den Papiereinzugsschacht Ihres Druckers zurücklegen müssen. Damit Sie die Blätter nicht umsortieren müssen, wechseln Sie vor dem erneuten Ausdruck die Druckreihenfolge. Die Schritte im einzelnen:

1. Öffnen Sie das Dialogfeld *Drucken* (*Datei*-Menü oder Strg+P), klicken Sie auf den Pfeil neben dem Listenfeld *Drucken* und wählen Sie die Option *Ungerade Seiten*. WinWord druckt jetzt die Seiten 1, 3, 5 usw.
2. Drehen Sie die einseitig bedruckten Blätter um, und legen Sie sie wieder in den Papiereinzugsschacht Ihres Druckers zurück.

3. Nach dem Umlegen liegt die zuletzt gedruckte Seite oben im Papierschacht. Deshalb müssen Sie die Druckreihenfolge ändern. WinWord druckt jetzt die Seiten in der Folge 6, 4, 2.

> ! Es ist an dieser Stelle nicht notwendig, über die unterschiedliche Papierablage des Druckers zu reflektieren, wenn Sie diese Einstellung bei Ihrem Drucker unverändert beibehalten.

4. Vor dem weiteren Vorgehen müssen Sie prüfen, ob Ihr Dokument eine gerade Anzahl von Seiten enthält (eine gerade Anzahl von Seiten ist Voraussetzung für den beidseitigen Ausdruck). Fügen Sie gegebenenfalls mit **Strg+Enter** am Ende des Dokuments eine leere Seite hinzu.
5. Öffnen Sie erneut das Dialogfeld *Drucken* (*Datei*-Menü oder **Strg+P**), klicken Sie auf den Pfeil neben dem Listenfeld *Drucken* und wählen Sie die Option G*erade Seiten*. Schalten Sie mit *Optionen* zur Registerkarte *Drucken* weiter und ändern Sie die Option *Umgekehrte Druckreihenfolge*. (Aktivieren oder deaktivieren Sie die Option je nach Voreinstellung.)
6. Jetzt können Sie mit dem Ausdruck der „Rückseiten" beginnen.

Die folgende Tabelle beschreibt die wichtigsten Programmfunktionen:

Befehl	**Programmausführung**
MsgBox „Mitteilung", „Überschrifttext", Typ	Gibt in einer Infobox einen Mitteilungstext aus. Mit *Typ* können Sie vorgeben, welche Schaltflächen und Sinnbilder die Box enthalten soll.
ExtrasOptionenDrucken .Umgekehrt = 1, .DateiInfo = 0	Aktiviert bzw. deaktiviert die Option *Umgekehrte Druckreihenfolge* (Ja = 1, Nein = 0). Deaktiviert die Option *DateiInfo drucken*.
DateiDrucken .Reihenfolge = 1	Druckt das Dokument. Die Parameter nach .Reihenfolge haben folgende Bedeutung: =0 druckt das gesamte Dokument, =1 druckt die ungeraden Seiten und =2 druckt die geraden Seiten.
Zahl = AuswInfo(4)	Die Funktion *AuswInfo(4)* gibt die Gesamtseitenzahl an.
If (Zahl Mod 2) = 0 Then Goto deSeitenzahl	Der Ausdruck *Zahl Mod 2* gibt als Ergebnis den Rest der Division durch 2 zurück. Z. B. 9 Mod 2 = 1 Gera- (9:2 = 2 Rest 1). Für gerade Teiler ist der Rest grundsätzlich Null, und die folgenden Schritte können übersprungen werden.
EndeDokument EinfügenSeitenwechsel	Fügt am Ende des Dokuments eine leere Seite ein. Diese Programmschritte werden nicht ausgeführt, wenn das Dokument bereits eine gerade Seitenzahl enthält.

So sparen Sie sich den Mehrschachtdrucker

Ärgern Sie sich auch immer: Haben Sie das gute Briefpapier im Drucker, werden's garantiert zwei Seiten, und der Anfang der zweiten Seite steht mitten im Briefkopf? Immer aufzupassen, ob es mehr als eine Seite wird, ist auf die Dauer keine gute Lösung.

Simulieren Sie einfach einen Mehrschachtdrucker

Machen Sie sich einfach eine Möglichkeit der Druckersteuerung zunutze: Wenn Sie für einen Bereich mit *Datei Seite einrichten Papierzufuhr* im Listenfeld *Erste Seite* die Option *Manuelle Zufuhr* wählen, fordert WinWord Sie auf, das Papier einzulegen, und druckt erst danach.

Dokumentbereiche für manuelle Papierzufuhr formatieren

1. Wenn Sie mit mehreren Abschnitten arbeiten, bewegen Sie den Cursor in den Abschnitt, der auf ein anderes Papier gedruckt werden soll, oder Sie markieren einfach den entsprechenden Text.
2. Öffnen Sie mit *Datei Seite einrichten Papierzufuhr* die Registerkarte, in der Sie festlegen können, für welche Seiten die *Manuelle Zufuhr* gelten soll.
3. Im Dropdown-Feld *Anwenden auf* werden Ihnen die passenden Möglichkeiten angeboten. An der entsprechenden Stelle fügt WinWord dann je nach Auswahl einen Abschnittswechsel ein.
4. Wenn Sie nun das Dokument ausdrucken lassen, müssen Sie je nach Druckertyp entweder ein Blatt manuell zuführen oder dem Drucker explizit sagen, daß er drucken soll. Danach geht es dann mit dem Standardschacht beinah automatisch weiter.

Briefe - Korrespondenz komfortabel

Zahlreiche kleine Hilfen stehen Ihnen für die Nummer Eins unter den WinWord-Verwendungszwecken zur Verfügung: Da gibt es ein automatisch eingesetztes Datum ebenso wie die Unterstützung beim Druck der Umschläge. Wie hilfreich all das wirklich ist, hängt auch davon ab, wie kreativ Sie mit diesen Funktionen umgehen.

Manchmal fatal - Briefe haben (fast) immer das aktuelle Datum

Die WinWord-Feldfunktionen bieten eine große Arbeitserleichterung, weil sie unbemerkt im Hintergrund viele Dinge erledigen. Diese Automatik hat aber auch ihre Tücken: Sie haben sich eine Dokumentvorlage mit allen wesentlichen Bestandteilen eines Briefpapiers erstellt. Unter anderem enthält das Dokument die Feldfunktion *AktualDat* zum automatischen Einfügen des Datums. Die Funktion wird vor jedem Ausdruck aktualisiert, auch dann, wenn Sie ein früher verfaßtes Schreiben lediglich noch einmal ausdrucken lassen möchten.

Wandeln Sie den variablen Feldfunktionswert in Text um

Wandeln Sie die Feldfunktion in Text um, am besten gleich nach der Fertigstellung des Briefes. Drücken Sie so oft **F9**, bis die gewünschte Feldfunktion markiert ist. Mit **Strg**+**Umschalt**+**F9** wird die Feldfunktion in Text aufgelöst.

Sperren Sie den variablen Feldfunktionswert gegen Veränderung

Leider ist die Möglichkeit, Feldfunktionen in Text umwandeln zu können, nicht umkehrbar (wenigstens nicht zu einem späteren Zeitpunkt). Wenn Sie die Feldfunktion zu einem späteren Zeitpunkt nochmals benötigen, ist das Sperren der Feldfunktion gegen Änderung die bessere Wahl. Drücken Sie **Strg**+**F11**, um ein Feld zeitlich befristet zu sperren, drücken Sie **Strg**+**Umschalt**+**F11**, um die Sperre wieder aufzuheben. Vor dem Ändern der Eigenschaften müssen Sie die gewünschte Feldfunktion markieren.

Die folgenden Feldfunktionen können eventuell ebenfalls betroffen sein: *Zeit*, *SpeicherDat*, *GespeichertVon*, *DruckDat*, *AktualDat*.

So schicken Sie den Umschlag ohne verbundenes Dokument in Druck

Briefumschlag und Dokument sind meist in einem Dokument vereint. WinWord fügt die für den Briefumschlag wichtigen Informationen in einem Abschnitt vor dem Dokument ein. Wenn Sie den Druckbefehl erteilen, werden nacheinander Briefumschlag und Dokument gedruckt.

Nur die „nullte" Seite drucken

Aktivieren Sie im Dialogfeld *Drucken* (*Datei*-Menü) die Option *Seiten* und geben Sie im Textfeld die Zahl 0 ein.

Briefumschläge können Sie mit einem Dokument verbinden, indem Sie im Dialogfeld *Briefumschläge und Etiketten* (*Extras*-Menü) die Option *Dem Dokument hinzufügen* aktivieren.

Zum Beispiel für Disketten - Briefumschläge mit Aufdruck

Als PC-Bediener wissen Sie, daß Datenträger vor Magnetfeldern geschützt werden müssen. Wenn Sie häufig Datenträger mit der Post verschicken, kann ein Briefumschlag nach folgendem „Stempelaufdruck" für Sie nützlich sein.

Ein Musterbriefumschlag

Arbeiten Sie mit einem vordefinierten Autotexteintrag

Erstellen Sie mit *MS-WordArt* diesen oder einen ähnlich Hinweis. Markieren Sie das Objekt und erstellen Sie einen Autotexteintrag mit dem reservierten Namen *BriefumschlagExtra1*. Wenn Sie *Extras/Umschläge und Etiketten* wählen, wird der Hinweis an der vorgegebenen Standardposition erscheinen.

AutoTexteintrag nutzen

1. Zweckmäßigerweise beginnen Sie die Erstellung des Autotexteintrags mit einem neuen Dokument. Wählen Sie *Einfügen/Objekt*, aktivieren Sie ein Programm Ihrer Wahl (beispielsweise *MS-WordArt*) und erstellen Sie ein Objekt. (Hinweise zum Umgang mit den Microsoft-Zusatzprogrammen erfahren Sie in Tips und Tricks auf den Seiten 353 bis 374).

2. Kehren Sie zum Dokument zurück, markieren Sie das Objekt und öffnen Sie das Dialogfeld Autotext (*Bearbeiten/AutoText*). Tragen Sie als Namen *BriefumschlagExtra1* in die Textzeile ein und aktivieren Sie *Hinzufügen*.

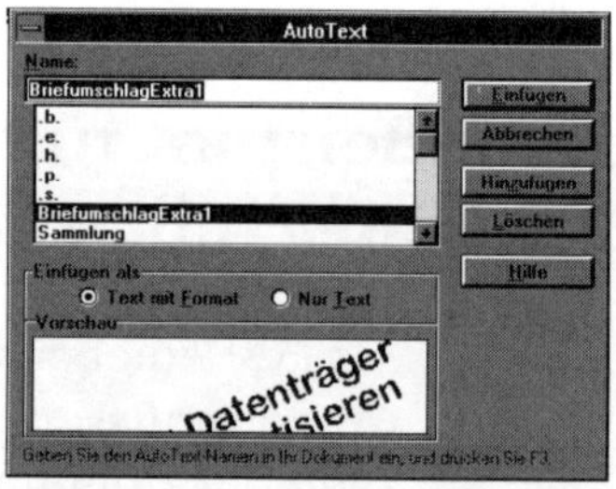

3. Vorbereitungen für das Bedrucken von Briefumschlägen treffen Sie auf der Registerkarte *Umschläge* im Dialogfeld *Extras/ Umschläge und Etiketten*. Das Feld *Absender(adresse)* ist normalerweise bereits mit den auf der Registerkarte Benutzer-Info gespeicherten Informationen (*Extras/Optionen*) ausgefüllt. Sollen diese Angaben zusammen mit dem Grafikaufdruck erscheinen, müssen Sie vor der Absenderadresse einen leeren Absatz einfügen, anderenfalls würde der Hinweis die erste Zeile der Absenderadresse verschieben.

Autotexteinträge werden der aktuellen Dokumentvorlage zugeordnet. Wenn Sie ein Dokument auf dieser Grundlage erstellen und einen Briefumschlag drucken, wird der Autotexteintrag automatisch dem Briefumschlag hinzugefügt. Wenn Sie ein anderes Mal die Grafik nicht benötigen, wählen Sie eine andere Dokumentvorlage.

Sie können maximal zwei Autotexteinträge mit den Bezeichnungen *BriefumschlagExtra1* und *BriefumschlagExtra2* entwerfen. Damit ist beispielsweise ein weiterer Autotexteintrag mit Ihrem Firmenlogo möglich, welches Sie auf dieselbe Weise dem Briefumschlag hinzufügen können.

WinWord plaziert die Autotexteinträge automatisch an die dafür standardmäßig vorgesehenen Stellen. Wenn Sie auf die genaue Positionierung der Elemente Einfluß nehmen wollen, wählen Sie die Option *Dem Dokument hinzufügen*. Für den Briefumschlag wird ein eigener Abschnitt vor dem Dokument eingerichtet. An dieser Stelle können Sie die Elemente mit der Maus beliebig verschieben.

Der Post Dampf machen - Postleitzahl in exponierter Position

Statt Briefumschläge müssen oftmals auch Aufkleber in gleicher Größe gedruckt werden, die dann auf Päckchen oder Pakete geklebt werden. Um dem Zusteller das Sortieren zu vereinfachen, schreibt man auf dem Aufkleber die Postleitzahl des Empfängers in einer sehr großer Schrift.

In der Absenderangabe können Postleitzahl und AutoText-Eintrag kombiniert werden

Schreiben Sie statt der Absenderangabe die Postleitzahl des Empfängers, und wählen Sie eine serifenlose Schrift (beispielsweise Arial) mit ca. 40 pt Größe. (Wenn Sie auf die Absenderangabe nicht verzichten können, erstellen Sie sich mit *MS-WordArt* einen entsprechenden Autotexteintrag *BriefumschlagExtra1*. Fügen Sie für den Autotexteintrag einen leeren Absatz in das Absenderfeld ein.) Wählen Sie *Mit dem Dokument verbinden* und prüfen Sie die Formatierung im Dokument. Eventuell müssen Sie die Elemente geringfügig mit der Maus verschieben.

Ein Beispielaufkleber in der Layoutansicht

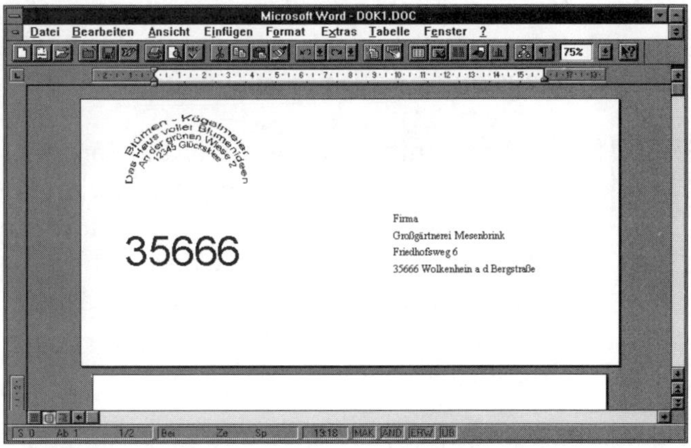

Druckoptionen clever einsetzen

Die Druckoptionen fristen meist ein Schattendasein, ausgenommen sind da nur die Möglichkeiten, markierte oder präzis bestimmte Seiten zu drukken. Dabei kann man mit den angebotenen Optionen noch viel mehr machen.

Alles im Kasten - Dokumente auch ohne Computer verwalten

Für die Verwaltung Ihrer Dokumente können Sie das Datei-Info-System von WinWord nutzen. Zu jedem Dokument können Sie, ähnlich wie Sie es vom Ausfüllen bei Karteikarten her kennen, mehrere Merkhilfen und Notizen eingeben, die später mit dem Datei-Manager ausgewertet werden können.

Die Datei-Infos auf Karteikarten drucken

Rufen Sie mit *Datei/Datei Info* das Dialogfeld *Datei-Info auf* und machen Sie Ihre Einträge. Wählen Sie den Befehl *Drucken* (*Datei*-Menü) und aktivieren Sie im Listenfeld *Drucken* die Option *Datei-Info*. Als Ausgabemedium können Sie z. B. A5-Pappkarten verwenden.

Die Datei-Infos zusammen mit dem Dokument drucken

Rufen Sie mit *Datei/Datei Info* das Dialogfeld *Datei-Info auf* und machen Sie Ihre Einträge. Wählen Sie den Befehl *Drucken* (Datei-Menü) und schalten mit *Optionen* zur *Drucken*-Registerkarte (Dialogfeld *Extras/Optionen*) weiter. Kreuzen Sie im *Bereich Mit dem Dokument drucken* die Option *Datei-Info* an. Bis zu einer erneuten Änderung werden alle folgenden Dokumente zusammen mit den Dateiinformationen gedruckt.

Die Datei-Informationen werden in der Standardschrift (Formatvorlage *Absatz-Standardschrift*) gedruckt. Andere Möglichkeiten, die Gestaltung des Ausdrucks zu variieren, gibt es nicht. Wenn Sie neben dem elektronischen Datei-Info-System von WinWord weiterhin einen kleinen traditionellen Karteikasten verwenden wollen, dann lassen Sie einfach die Dateiinformationen auf Pappkarten drucken. Wählen Sie Pappkarten der Größe DIN-A5 Querformat.

Wenn Sie das Datei-Info-System regelmäßig nutzen, sollten Sie sich das *Datei-Info* -Feld automatisch anzeigen lassen, wenn Sie eine Datei zum ersten Mal speichern. Kreuzen Sie das Kontrollkästchen *Automatische Anfrage für Datei-Info* (Dialogfeld *Extras/Optionen*, Registerkarte *Speichern*) an.

Im Zusammenhang mit dem Datei-Manager von WinWord können Sie die Informationen so ähnlich verwalten, wie Sie es von einem Dateiverwaltungsprogramm her kennen. Es steht Ihnen frei, die Datenfelder auch in anderer Weise zu nutzen, als das beispielsweise durch die Bezeichnungen *Titel, Thema* usw. zum Ausdruck kommt. Nutzen Sie beispielsweise das

Feld *Thema*, um den *Betreff* eines Briefes zu wiederholen. Diese Möglichkeit wird auch dadurch interessant, weil Sie die Informationen *Titel*, *Thema*, *Autor* als Feldfunktion im Dokument einbetten können.

Hilft Papier sparen - Nur ausgewählte Teile drucken

145

Der Ausdruck des vollständigen Dokuments ist nur eine Möglichkeit von vielen. Besonders bei umfangreichen Dokumenten möchte man oft einzelne Seiten, zusammenhängende Seiten oder eine Kombination aus beiden drucken.

Per Makro flexible Bereiche drucken

Sehr häufig will man gerade diejenige Seite ausgedruckt haben, an der man gerade arbeitet. Das folgende Makro erlaubt wahlweise das Drucken der aktuellen Seite oder aller Seiten bis zur aktuellen. (Wenn Sie für das Makro häufig Verwendung finden, sollten Sie das Makro mit einer Schaltfläche in der Symbolleiste verankern. Hinweise hierzu finden Sie in den Tips ab Seite 375).

Wählen Sie *Extras/Makro*, geben Sie einen Makronamen ein und wählen Sie *Erstellen*. Geben Sie die folgenden Programmzeilen über die Tastatur ein.

```
Sub MAIN
a = MsgBox(„Aktuelle Seite drucken?“, „Druckbereich festlegen“, 36)
If a <> - 1 Then Goto Bereich

REM Aktuelle Seite drucken
DateiDrucken .Bereich = „2"
MsgBox „Aktuelle Seite“, „“, 0
Goto Ende

Bereich:
REM Erste bis aktuelle Seite drucken
b = MsgBox(„Sie haben NEIN gewählt, möchten Sie alle Seiten bis zur aktuellen Seite drucken?“, „ Druckbereich festlegen “, 49)
If b <> - 1 Then Goto Ende
Zahl$ = Str$(AuswInfo(3))
DateiDrucken .Bereich = „3“, .Von „1“, .Bis Zahl$

Ende:
End Sub
```

Hintergrundinformationen

Geben Sie den Druckbereich an, indem Sie sich an der folgenden Tabelle orientieren.

Druckbereich	Beispiel
2-4	Druckt die Seiten 2 bis 4.
5;8;11	Druckt die Seiten 5, 8 und 11.
2-5;9;12	Druckt die Seiten 2 bis 5 und die Seiten 9 und 12.
A3	Wenn Sie Ihr Dokument in Abschnitte unterteilt haben, können Sie mit *Ab* zusätzlich den Abschnitt kennzeichnen, aus dem Seiten gedruckt werden sollen. Druckt alle Seiten des 3. Abschnitts.
A3;A6	Druckt alle Seiten des 3. und 6. Abschnitts.
A3-A5	Druckt alle Seiten des 3., 4. und 5. Abschnitts.
S5A3-S7A3	Druckt aus Abschnitt 3 die Seiten 5 bis 7.
S2A3-S3A6	Druckt alle Seiten des 3. Abschnitts außer Seite 1, alle Seiten der Abschnitte 4 und 5, sowie die Seiten 1 bis 3 des 6. Abschnitts.

Die folgende Tabelle beschreibt die wichtigsten Programmfunktionen.

Befehl	Programmausführung
a = MsgBox („Mitteilung", „Überschrifttext" , Typ)	Gibt in einer Infobox einen Mitteilungstext aus. Mit *Typ* können Sie vorgeben, welche Schaltflächen und Sinnbilder die Box enthalten soll. Als Ergebnis erhalten Sie einen Zahlenwert zwischen -1 und 1, abhängig davon, welche Schaltfläche Sie anklicken (ersteSchaltfläche -1, zweite Schaltfläche 0, dritte Schaltfläche 1).
DateiDrucken .Bereich = „2"	Druckt die aktuelle Dokumentseite. (Eine ausführliche Beschreibung des Befehls können Sie weiter unten lesen.)
Zahl$ = Str$(AuswInfo(3))	Die Funktion AuswInfo(3) gibt an, auf welcher Seite sich die Schreibmarke gegenwärtig befindet. Mit der Funktion STR$() wird die numerische Variable in eine Textvariable überführt.

Das Beispiel deckt nur einen Anwendungsfall von vielen ab. So wäre beispielsweise noch eine Ergänzung in Form einer *InputBox$( )* denkbar, mit der Sie den Druckbereich gezielt abfragen. Um Ihnen die selbständige Weiterarbeit zu ermöglichen, folgt eine vollständige Beschreibung des Befehls *DateiDrucken*. Sie müssen in Ihren Makros nur diejenigen Argumente auch tatsächlich hinschreiben, die Sie ändern möchten.

DateiDrucken .DruckDateiAnfügen = 0, .Bereich = „0“, .InDateiUmleitenName = „“, .Von = „“, .Bis = „“, .Art = 0, .Exemplare = „1“, .Seiten = „“, .Reihenfolge = 0, .InDateiUmleiten = 0, .KopienSortieren = 1, .DateiName = „"

Parameter	mögliche Eingaben
.DruckDateiAnfügen = Wert	Legt beim Drucken in eine Datei fest, ob eine Datei mit gleichem Namen überschrieben werden soll. 0 Überschreiben 1 Anfügen
.Bereich = Wert$. Von = Wert$, .Bis = Wert" . Seiten = Wert$	Legt den Druckbereich fest. 0 Das gesamte Dokument 1 Den markierten Bereich 2 Druckt die aktuelle Seite 3 Druckt den durch von_ bis_ eingegebenen Bereich. Die Seitenzahlen tragen Sie unter *.von* und *.bis* ein. 4 Druckt einen Bereich, den Sie unter *.Seiten* näher beschreiben müssen (z. B. „1:5;10“ druckt die Seiten 1 bis 5 und die Seite 10).
.InDateiUmleitenName = Name$bzw. .InDateiUmleiten = Wert	Diese Parameter betreffen den Ausdruck in eine Datei. Soll der Ausdruck in eine Datei erfolgen, geben Sie hier Dateipfad und Dateiname ein. Das Argument *InDateiUmleiten* muß in diesem Fall auf 1 gesetzt werden.
.Art = Wert	0 Das gesamte Dokument 1 DateiInfo 2 Anmerkungen 3 Formatvorlagen 4 AutoText-Einträge 5 Tastenbelegung
.Exemplare = Wert$. KopienSortieren = Wert	Anzahl der zu druckenden Exemplare. Setzen Sie beim Ausdruck mehrerer Exemplare die Argumente *KopienSortieren* auf 1, wenn die einzelnen Dokumente sortiert gedruckt werden sollen.
.Reihenfolge = Wert	Beschreibt den Druckbereich 0 Druckt alle im angegebenen Bereich. 1 Druckt nur die ungeraden Seiten. 2 Druckt nur die geraden Seiten.
.DateiName = Name$	Wenn Sie ein anderes, als das aktive Dokument ausdrucken möchten, geben Sie hier Dateipfad und Dateiname ein.

Schriften und Fonts - Notwendig für jedes Schriftstück

Früher hatte man lediglich Pinsel und Federkiel zur Verfügung, um Schriftstücke zu erstellen oder zu verzieren. Heute gibt es dank moderner TrueType-Fonts eine nahezu unüberschaubare Anzahl unterschiedlichster Schriften für fast jeden Anlaß.

Die große Fontvielfalt - Alle vorhandenen Schriften als Liste ausdrucken

146

Zusammen mit *Windows* wurden eine Vielzahl verschiedener Schriften auf Ihrem PC installiert. Darüber hinaus fügen viele Programme während der Installation weitere Schriften hinzu, und obendrein verfügt noch Ihr Drucker über eigene Druckerschriften. Damit die Auswahl nicht zur Qual wird, empfiehlt sich das Anfertigen einer kleinen Schriftenprobe, in der jede Schriftart mit einem kurzen Beispielsatz beteiligt ist.

Ein Makro erstellt eine Schriftenliste

Nutzen Sie folgendes Makro, nachdem Sie es wie üblich eingegeben haben. Starten Sie das Makro. Wählen Sie *Extras/Makro* und klicken Sie zweimal auf dem Makronamen.

```
Sub MAIN

REM Ein neues Dokument erstellen
DateiNeuStandard

REM Überschrift
Einfügen „Schriftartenliste"
AbsatzZentriert

REM 2spaltige Tabelle generieren
TabelleTabelleEinfügen .AnzSpalten = „2", .AnzTabZeilen = „1"
TabelleSpaltenBreite .SpaltenBreite = „5 cm", .NächsteSpalte
TabelleSpaltenBreite .SpaltenBreite = „12 cm"

REM Tabellenüberschriften
VorherigeZelle
Einfügen „Schriftname"
NächsteZelle
Einfügen „Schriftbeispiel"
```

```
REM Die Anzahl der Schriften herausfinden und ein Feld definieren
n = ZählenSchriftarten()
Dim SchriftartName$(n)

REM Zählschleife
For i = 1 To n
    REM linke Spalte- Schriftnamen in Arial 10pt
    NächsteZelle
    SchriftartName$(i) = Schriftart$(i)
    FormatZeichen .Punkt = „10", .Schriftart = „Arial"
    Einfügen SchriftartName$(i)
    REM rechte Spalte- Schriftbeispiel- Mustersatz
    NächsteZelle
    FormatZeichen .Punkt = „14", .Schriftart = SchriftartName$(i)
    Einfügen „AaBbCcDdEeFf ÄäÖöüÜöä ß 123 " + Chr$(11) + „Das ist ein Beispielsatz"
Next
End Sub
```

Nicht jeder hat PostScript - Ausgerechnet eine Schriftart fehlt

Beeinflussen Sie die Schriftartenersetzung

Wenn WinWord in einem Dokument auf eine unbekannte Schriftart stößt, führt es eine Schriftartenersetzung durch, deren Parameter in der Datei MSFNTMAP.INI (im Windows-Verzeichnis) gespeichert sind. Sie können das Ersetzen der Schriften beeinflussen und die Änderungen dauerhaft speichern.

1. Öffnen Sie das Dialogfeld *Extras/Optionen* und setzen Sie die Registerkarte *Kompatibilität* in den Vordergrund.
2. Wenn Sie auf die Schaltfläche *Schriftartenersetzung* klicken, erscheint ein Dialogfeld, in dem Sie die Ersatzschriftarten einstellen können.
3. Im Feld *Fehlende Dokumentschriftarten* sehen Sie die gegenwärtig aktiven Zuordnungen. Markieren Sie in diesem Feld eine zu ersetzende Schrift, und wählen Sie im Listenfeld Ersatz-Schriftart eine Schriftart, die auf Ihrem System verfügbar ist. Wenn Sie *Permanent umwandeln* anklicken, behält WinWord die geänderten Einstellungen auch in Zukunft bei.

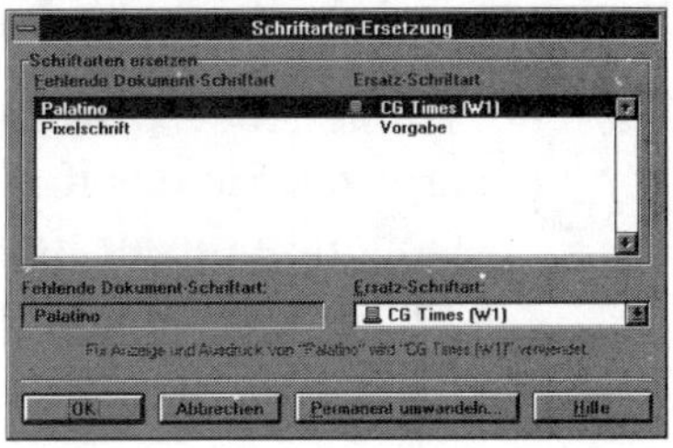

Sie sehen einen Ausschnitt aus der „Fontmap“. Unter der Überschrift *[FontSubstitutes]* werden alle Schriftnamenverknüpfungen. Ihre Änderungen werden im Abschnitt *; BENUTZERDEFINIERTE EINSTELLUNGEN* vermerkt und können bei Bedarf wieder geändert oder gelöscht werden. Laden Sie die Datei mit einem geeigneten Editor, und editieren Sie die Zeilen unter der Überschrift *BENUTZERDEFINIERTE EINSTELLUNGEN*, ohne die Überschrift selbst zu entfernen.

```
MSFNTMAP.INI
[FontSubstitutes]
; Die folgenden Zuweisungen berücksichtigen Word für MS-DOS-Namen,
; PostScript-Namen und TrueType-Namen.

Tms Rmn=Times Roman
Times=Times Roman
Times Roman=Times New Roman
Times New Roman=Times

; BENUTZERDEFINIERTE EINSTELLUNGEN
Palatino=CG Times
Bookman=Times New Roman
```

Nicht jeder ist ein Schriftensammler - Exotische Schriften überall ausdrucken

Gelegentlich soll ein fertig formatiertes Dokument nicht in gedruckter Form, sondern als Datei weitergegeben werden. Nicht immer hat der Adressat die verwendeten Schriften auf seinem PC installiert und die in so einem Fall von WinWord verwendeten Ersatzschriften sind selten gleichwertig. Sie können das Problem umgehen, indem Sie Ihre „Originalschriften“ im Dokument einbetten.

TrueType-Schriften einbetten

Wählen Sie *Extras/Optionen*, aktivieren Sie die Registerkarte *Speichern* und kreuzen Sie das Kontrollkästchen *TrueType-Schriften einbetten* an. Mit den Optionen dieser Registerkarte können Sie die Einstellungen gleichsam für alle Dokumente ändern. Schalten Sie die Option also nachher wieder ab, wenn die Änderung nur für den folgenden Ausdruck vorgesehen ist.

Mehrwert für die Seriendruckfunktion

Haben Sie bisher die Kosten für Visitenkarten gescheut? Dann bietet Ihnen WinWord mit der Etikettendruckfunktion die Möglichkeit, Geld für die Druckerei und den Grafiker zu sparen. WordArt und Etikettendruck machen die Erstellung leicht.

Werbung in eigener Sache - Visitenkarten erstellen

Vor dem Etikettendruck, den Sie für diesen Zweck auch mit Zeichenkarton zum Zurechtschneiden durchführen können, sind bisher viele Anwender zurückgeschreckt, ging doch in vielen Fällen dem Ausdruck ein aufwendiges Messen und Einstellen von Seitenrändern und Etikettenvorlagen voraus (was oft genug zu unbefriedigenden Ergebnissen führte). Mit WinWord gehört das umständliche Ausmessen und Positionieren der Etiketten der Vergangenheit an. Sie müssen lediglich dem Programm die Bestellnummer oder die genauen Abmessungen der Etiketten (beides steht auf der Umverpackung) bzw. in diesem Fall die gewünschte Größe der Visitenkarten mitteilen.

Der folgende Abschnitt zeigt, wie Sie ein einzelnes Etikett oder ein ganzes Etikettenblatt mit derselben Adresse bedrucken können. Hinweise über das Bedrucken von Etiketten mit unterschiedlichen Adressen finden Sie auf den Seiten 212 bis 214 und auf Seite 287.

Visitenkarten selbst gemacht

Warum die Programmierer von WinWord das Eingabefeld für die Etikettenaufschriften mit *Adresse:* bezeichnet haben, ist völlig rätselhaft. Schließlich ist die Etikettenfunktion nicht nur zum Ausfüllen von Adreßetiketten geeignet, wie das folgende Beispiel zeigt. Die vorige Blitzlösung hat gezeigt, daß Etikettenaufschriften nur in der Standardschrift möglich sind. Daran ändert sich auch nichts, wenn Sie beispielsweise mit Hilfe der Zwischenablage Textelemente in das Eingabefeld einfügen. Die Formatierung geht auf diesem Weg immer verloren. Abhilfe schafft hier ein Textelement, welches Sie als grafisches Objekt einfügen.

Leider sind die eingeschränkten Gestaltungsmöglichkeiten innerhalb des Eingabefelds eher unzureichend für die Erstellung einer Visitenkarte, darum sollten Sie für die Gestaltung der Visitenkarten eines der Microsoft-

Zusatzprogramme *Draw* oder *Wordart* verwenden. Schließlich soll eine Visitenkarte die Aufmerksamkeit auf sich ziehen und nicht so langweilig aussehen wie ein Briefumschlag.

1. Zweckmäßigerweise öffnen Sie zuerst ein neues Dokument und fügen darin das grafische Objekt ein. Mit welchem Programm Sie das Objekt gestalten, hängt von Ihren individuellen Bedürfnissen ab. Anhaltspunkte können folgende sein:

   ➜ Wenn Sie mit dem WinWord Zeichenprogramm arbeiten, können Sie Zeichnungen direkt auf dem Blatt anfertigen. Das ist in diesem Fall nicht der richtige Weg, weil Sie nicht die Möglichkeit haben, die Grafik zu einem Objekt zu binden. Aktivieren Sie mit das Zeichenprogramm und fügen Sie mit ein leeres Grafikobjekt ein. Zeichnen Sie geometrische Figuren und Ornamente nach Belieben, und fügen Sie für die Beschriftung der Visitenkarte Textfelder ein. Sie brauchen im übrigen nicht auf die Begrenzungslinien zu achten, die können Sie mit automatisch anpassen lassen. Denken Sie rechtzeitig bei der Gestaltung der Visitenkarte an die tatsächlichen Größenverhältnisse und Proportionen. Zwar ist es generell möglich, die endgültige Größe nachher noch zu ändern, doch wirken sich extreme Verkleinerungen meist unbefriedigend auf den Gesamteindruck aus. Für das weitere Vorgehen ist es zweckmäßig, die Grafik zu einem Objekt zu kombinieren. Weitere Hinweise zum Umgang mit dem Zeichenprogramm MS-Draw finden Sie auf den Seiten 353 bis 360.

   ➜ Eine Alternative zum eben geschilderten Vorgehen bilden die fertigen Bildchen aus der Clipart-Galerie. Fügen Sie mit *Einfügen/Grafik* ein passendes Motiv ein und führen Sie sofort einen Doppelklick auf der Grafik aus, um das Zeichenprogramm zu aktivieren. Verändern Sie die Zeichnung nach Belieben, und fügen Sie insbesondere Textfelder für die Beschriftung der Karte hinzu. Kombinieren Sie die Grafik zu einem einzigen Objekt.

   ➜ Wenn Sie auf kleine Symbole, wie beispielsweise ein Firmenlogo, verzichten können, ist das Programm WordArt die erste Wahl. Es bietet eine Reihe von Möglichkeiten, Schriftzüge in unterschiedlichen Formen und Richtungen auszugeben. Wählen Sie *Einfügen/Objekt* und markieren Sie im folgenden Listenfeld die Option *Microsoft WordArt 2.0*. Hinweise zum Umgang mit MS-WordArt finden Sie im Kapitel *Künstlerisches aus Buchstaben: WordArt kann's*.

Ein markiertes Objekt im Eingabefeld

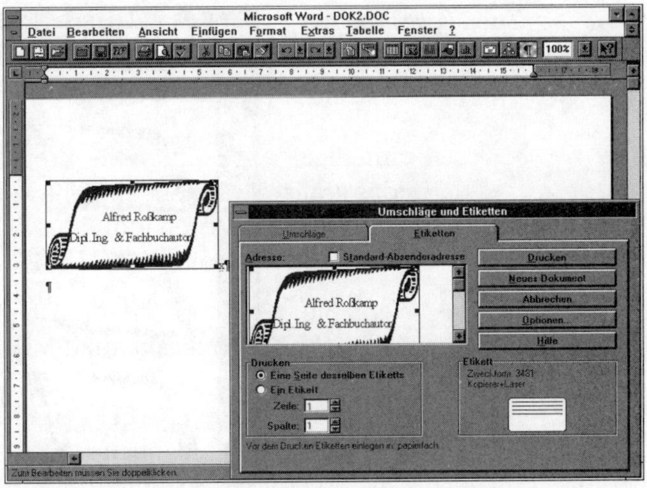

2. Bevor Sie die Grafik der Etikettenfunktion zuführen können, müssen Sie einen kleinen Trick anwenden. Würden Sie beispielsweise jetzt die fertige Grafik markieren und zum Dialogfeld *Etiketten* wechseln, bliebe das Eingabefeld leer. WinWord akzeptiert keine grafischen Objekte, die allein in einer Zeile stehen. Abhilfe schafft hier ein beliebiges Zeichen, welches Sie unmittelbar vor oder hinter dem Objekt einfügen. Wenn Sie jetzt das Objekt markieren, funktioniert der Trick. Störend ist das hinzugefügte Zeichen, welches leider mit ausgedruckt wird. Das Problem läßt sich aber umgehen, wenn Sie das Zeichen *verborgen* formatieren.

3. Wählen Sie *Neues Dokument* und prüfen Sie die Visitenkarten „quasi in der Vorschau" (siehe Abbildung). Eventuell werden Sie feststellen, daß die Visitenkarten am rechten und unteren Rand nicht korrekt ausgedruckt werden. Das liegt in den meisten Fällen an einer zu groß gezeichneten Grafik. Weil Sie die Grafik als Objekt eingefügt haben, können Sie im nachhinein die Grafikgröße leicht manipulieren.

Um nicht die teuren Etiketten zu verschwenden, empfiehlt sich zunächst ein Probedruck auf normalem Papier. Halten Sie den Probedruck über die Etikettenbögen, und sehen Sie, ob alles paßt.

Visitenkarten, so könnten sie aussehen

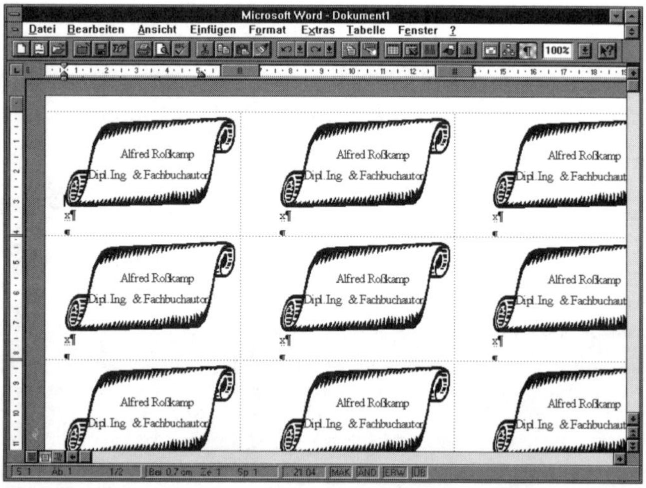

Was soll gedruckt werden	**So gehen Sie vor**
Ein einzelnes Etikett bedrucken	1. Wählen Sie den *Befehl Extras Umschläge und Etiketten* und aktivieren Sie die Registerkarte *Etiketten*. 2. Füllen Sie das Feld *Absender* aus (Sie können auch mit *Bearbeiten/Einfügen* Text aus der Zwischenablage abrufen), oder kreuzen Sie das Kontrollkästchen *Standard-Absenderadresse* an. 3. Wählen Sie die Schaltfläche *Optionen*, um Angaben über Drucker, Etikettenmarke, Höhe und Breite der Etiketten, sowie die Größe des Etikettenblatts zu machen. 4. Klicken Sie die Option *Ein Etikett* an und geben Sie in den Feldern *Zeile* und *Spalte* die Nummern der Zeile bzw. Spalte (auf dem Etikettenblatt) an, in der sich das zu bedruckende Etikett befindet.
Ein ganzes Etikettenblatt mit derselben Adresse bedrucken	Gehen Sie wie eben beschrieben vor, aktivieren Sie jedoch unter 4. die Option *Eine Seite desselben Etiketts*.

Die Option *Neues Dokument* speichert ein Etikett oder ein Etikettenblatt als Tabelle in einem gewöhnlichen Word-Dokument. Diese Option steht bei einem einzelnen Etikett nicht zur Verfügung.

WinWord verwendet für die Etikettenaufschriften stets die Standardschrift. Wenn Sie einzelne Passagen des Textes anders gestalten möchten und Ihnen die direkte Formatierung per Shortcut geläufig ist, können Sic innerhalb des Eingabefelds die Auszeichnung der Schrift (fett, kursiv, unterstrichen usw.) ändern. Markieren Sie die gewünschte Textstelle und formatieren Sie per Tastendruck (z. B. **Strg**+**K** für Kursivschrift).

Geben Sie No name Ihren Namen - Etiketten müssen nicht von Zweckform sein 150

Wenn Sie nur mit Etiketten der Firma *Zweckform* arbeiten, werden Sie diesen Tip nicht benötigen. Die vollständige Produktpalette finden Sie schließlich im Listenfeld *Bestellnummern* (Dialogfeld *Etiketten einrichten*). Wenn Sie hier jedoch keinen passenden Etikettenvordruck finden, müssen Sie die Details selbst festlegen.

Gestalten Sie Ihre eigenen Etikettenvordrucke

1. Wählen Sie den Befehl *Extras Umschläge und Etiketten* und aktivieren Sie die Registerkarte *Etiketten.*
2. Aktivieren Sie die Schaltfläche *Optionen*, oder klicken Sie im Feld *Etikett:* auf das kleine gezeichnete Etikettensymbol.
3. Stellen Sie ein, mit welchem Drucker Sie die Etiketten erstellen wollen. Die Optionen *Nadeldrucker* und *Laserdrucker* ist nicht ganz korrekt, schließlich können Sie Etiketten auch mit Tintenstrahldruckern erstellen. Die Optionen unterscheiden sich nur in der Wahl der Papierart. Wählen Sie *Nadeldrucker*, wenn Sie mit Endlospapier arbeiten, wählen Sie *Laserdrucker*, wenn Sie mit Einzelblättern arbeiten (achten Sie zusätzlich auf die richtige Einstellung im Listenfeld *Schacht*).
4. Eventuell können Sie sich die weitere Arbeit vereinfachen, wenn Sie im Feld *Bestellnummer* ein Zweckform-Muster markieren, welches den von Ihnen eingesetzten Etiketten möglichst nahe kommt. Wenn Sie mit *Details* zum folgenden Dialogfeld weiterschalten, werden in den Einstellfeldern die Etikettengrößen, Randabstände usw. aus dieser Markierung übernommen. Wenn Sie lieber von einer Standardeinstellung ausgehen möchten, wählen Sie die Einstellung *Benutzerdefiniert.*
5. Das Dialogfeld *Details* zeigt im Feld *Vorschau* eine technische Zeichnung, die sich unmittelbar nach einer Veränderung an den Einstellungen der Drehfelder automatisch aktualisiert. Mit der Drehfeldern können Sie folgendes einstellen:

In diesem Dialogfeld stellen Sie die Details ein

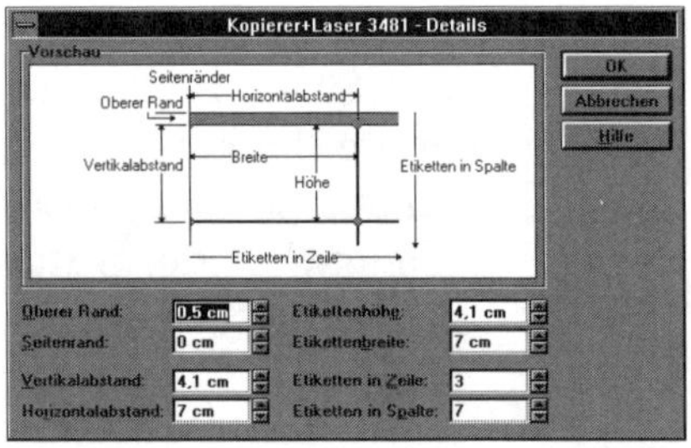

Option	**Einstellung**
Oberer Rand	Bei Nadeldruckern und Endlospapier beträgt der obere Rand üblicherweise 0 cm. Wenn Sie mit Einzelblättern arbeiten, geben Sie hier den Abstand zwischen dem oberen Etikettenblatt-Rand und dem oberen Rand des ersten Etiketts ein.
Seitenrand	Abstand zwischen dem linken Etikettenblatt-Rand und dem linken Rand der ersten Spalte von Etiketten.
Vertikalabstand	Abstand zwischen dem oberen Rand eines Etiketts zum oberen Rand des darunterliegenden Etiketts.
Horizontalabstand	Abstand zwischen dem linken Rand eines Etiketts zum linken Rand des danebenliegenden Etiketts.
Etikettenhöhe	Abstand zwischen dem oberen und dem unteren Etikettenrand einstellen, oder wählen Sie einen Abstand aus.
Etikettenbreite	Abstand zwischen dem linken und dem rechten Etikettenrand.
Etiketten in Zeile	Anzahl der Etiketten pro Zeile.
Etiketten in Spalte	Anzahl der Etiketten pro Spalte.

Felder und Feldfunktionen

Ein Feld ist eine Funktion, die ein Ergebnis zurückliefert und dieses Ergebnis an der Stelle in den Text einfügt, an der das Feld in das Dokument eingefügt worden ist. Das Feld {AKTUALDAT} liefert beispielsweise das aktuelle Datum zurück, so daß Sie sich in einem Formular um das korrekte Datum nicht mehr kümmern müssen.

Wie arbeiten Sie mit Feldern?

Hat der vorige Absatz Ihr Interesse geweckt? Möchten Sie am liebsten sofort in die Arbeit mit Feldern einsteigen? Dann werden Sie sich bestimmt für die schnellsten und praktischsten Arbeitstechniken interessieren.

Feldarbeit leichtgemacht - Ein Feld in den Text einfügen

Sie haben für das Einfügen eines Feldes unterschiedliche Möglichkeiten, die alle ihre Vor- und Nachteile haben.

Feld über das Menü einfügen

Kennen Sie das einzufügende Feld nicht oder nicht genau oder möchten Sie eine Option verwenden – etwa ein bestimmtes Datumsformat –, so empfiehlt sich der Weg über das Menü *Einfügen Feld*, das Ihnen erlaubt, sich alle verfügbaren Felder in Ruhe anzusehen und eines auszuwählen.

Feld mit Tastenkombination einfügen

Kennen Sie Name und Syntax eines Feldes, so fügen Sie es am besten und schnellsten mit der Tastenkombination Strg+F9 ein; WinWord erstellt an der Cursorposition ein Feld (erkennbar an den Feldbegrenzungen, den geschweiften Klammern), das Sie nur noch ausfüllen und aktualisieren müssen.

Feld über AutoText einfügen

Wiederkehrende Felder (beispielsweise für das Numerieren einer Abbildungsserie mit dem Feld SEQ) sollten Sie sich erleichtern, indem Sie das Feld einmal erstellen, als AutoText festhalten und fortan als AutoText in den Text einfügen.

Feld über das Menü einfügen

1. Öffnen Sie die Dialogbox *Einfügen Feld.*
2. Wählen Sie links die Kategorie, in der das Feld einsortiert sein könnte – wenn Sie es nicht wissen, klicken Sie in der Mitte bei *Feldnamen* und blättern die Liste mit Bild ↓ durch; in der Anzeige *Beschreibung* können Sie lesen, was das markierte Feld für Sie tun kann.
3. Über die Schaltfläche *Optionen* fügen Sie dem Feld weitere Ausführungsbestimmungen hinzu; diese Optionen sollten Sie sich für jedes Feld ansehen, da sich dort viele sehr hilfreiche Zusatzmöglichkeiten verbergen.
4. Mit *OK* beenden Sie das Einfügen des Feldes, das sofort aktualisiert wird.

Feld mit Tastenkombination einfügen

1. Plazieren Sie den Cursor an der Stelle, an der das Feld eingefügt werden soll.
2. Betätigen Sie Strg+F9. WinWord fügt ein noch leeres Feld ein, der Cursor blinkt zwischen den Feldbegrenzungen.
3. Geben Sie den Namen des Feldes sowie etwaige weitere Optionen ein.
4. Betätigen Sie die Taste F9, um mit einer Feldaktualisierung die Aktion abzuschließen.
5. Bewegen Sie den Cursor außerhalb des Feldes und fügen eine Leertaste an.
6. Setzen Sie den Text ggf. fort.

Feld als AutoText hinterlegen und einfügen

1. Um den AutoText-Eintrag zu erstellen, fügen Sie das Feld per Hand oder über das Menü *Einfügen Feld* ein und markieren es komplett.
2. Mit *Bearbeiten AutoText* öffnen Sie die Dialogbox für die AutoText-Einträge; dort vergeben Sie für das Feld ein Kürzel.
3. Legen Sie ggf. fest, in welcher Formatvorlage das Feld gespeichert werden soll.

4. Mit *Hinzufügen* wird der Eintrag gespeichert.
5. Um ihn im Text einzufügen, bewegen Sie den Cursor an die gewünschte Position, fügen das Kürzel ein und betätigen **F3**. Das Feld wird in den Text eingefügt, mit **F9** wird es nun aktualisiert. Manche Felder (beispielsweise AKTUALDAT) müssen nicht aktualisiert werden.

Erscheint nach der Aktualisierung die Fehlermeldung, daß die Textmarke nicht definiert ist, haben Sie sich verschrieben. In diesem Falle machen Sie mit **Alt+F9** die Felder sichtbar und überprüfen die Schreibweise.

Es kann jedoch auch sein, daß Sie ein Feld verwendet haben, das eine Textmarke erfordert, etwa das Feld SEITENREF. In diesem Falle haben Sie es versäumt, *vorher* eine Textmarke zu definieren, auf die sich WinWord beziehen kann.

Wenn das Feld nach dem Aktualisieren verschwindet, haben Sie ein Feld eingefügt, das automatisch verborgen formatiert wird, etwa das Feld XE für einen Indexeintrag. Wenn Sie dies sehen wollen, klicken Sie auf die Schaltfläche oder betätigen die Tastenkombination **Umschalt+Strg++** (normale Tastatur), um die Funktionszeichen und verborgenen Text sichtbar zu machen.

Immer auf dem neuesten Stand - Felder aktualisieren

152

Bestimmte Felder zeigen immer ein aktuelles Feldergebnis an, wie beispielsweise AUTONRDEZ. Andere wiederum zeigen ohne eine ausdrückliche Aktualisierung immer das letzte Ergebnis an, wie etwa das Feld ZEIT, das nur auf ausdrücklichen Wunsch aktualisiert wird.

Feld per Taste aktualisieren

Um ein Feld zu aktualisieren, markieren Sie es entweder durch Anklicken oder Sie markieren das gesamte Dokument und aktualisieren mit der Taste **F9** (Eselsbrücke: *neu*n) entweder das markierte Feld oder alle Felder des Dokuments.

Felder automatisch vor jedem Ausdruck aktualisieren

Sie können in der Dialogbox *Extras Optionen* auf der Registerkarte *Drucken* festlegen, daß WinWord die *Felder aktualisieren* soll, bevor ausgedruckt wird. Die Option betrifft jedoch nicht mit einer *Verknüpfung* eingefügte OLE-Objekte (siehe auch das Kapitel über *OLE und DDE* ab Seite 397), diese müssen mit der darunter befindlichen Option aktualisiert werden.

Felder mit der Taste F9 aktualisieren

1. Markieren Sie den Text, der die Felder enthält, die Sie aktualisieren möchten. Wenn Sie alle Felder aktualisieren wollen, markieren Sie mit Strg+A vorher das gesamte Dokument.
2. Betätigen Sie die Taste F9.

Markierung nicht mit Cursortasten aufheben

Wenn Sie den gesamten Text markiert haben, sollten Sie diese Markierung nach der Aktualisierung der Felder nicht durch Bewegen des Cursors nach unten oder oben aufheben, sondern durch einen Klick in den Text; wenn Sie den Cursor bewegen, bewegt er sich entweder an den Anfang oder das Ende des Textes.

Felder automatisch aktualisieren

1. Aktivieren Sie in der Dialogbox *Extras Optionen* die Option *Felder aktualisieren* durch Anklicken oder durch Alt+F.
2. Drucken Sie den Text aus.

Es wird immer das Feld aktualisiert, in dem sich der Cursor befindet. Wollen Sie alle Felder eines Textes aktualisieren, markieren Sie mit Strg+A oder Strg+5 auf der numerischen Tastatur den gesamten Text, bevor Sie F9 betätigen.

Wenn Sie das automatische Aktualisieren nur für ein bestimmtes Dokument benötigen, für andere jedoch nicht, zeichnen Sie ein Makro namens *AutoOpen* auf, das die Funktion einschaltet, sowie ein Makro namens *AutoClose*, das die Option wieder ausschaltet.

Da muß man gar nicht ackern - Felder bearbeiten

153

Es kann mehrere Gründe geben, ein Feld nachträglich bearbeiten zu müssen: Sie wollen das Feld ergänzen, Sie haben einen Schreibfehler gemacht oder Sie wollen ein anderes Feld anstelle des bisherigen verwenden.

Feldfunktion mit **Umschalt**+**F9** sichtbar machen

Machen Sie die Feldfunktion sichtbar, klicken Sie in das nunmehr sichtbare Feld und nehmen Sie Ihre Änderungen vor. Besonders einfach ist das, wenn Sie dazu den Bildschirm teilen und in einem Fenster die Feldfunktion, im anderen Fenster das Feldergebnis anzeigen lassen.

Feldfunktionen sichtbar machen

1. Machen Sie die Feldfunktionen sichtbar; dafür markieren Sie das Feld und betätigen **Umschalt**+**F9** oder aber machen mit **Alt**+**F9** alle Felder sichtbar.
2. Klicken Sie in das Feld.
3. Geben Sie Ihre Änderungen und Ergänzungen ein, die Feldfunktion kann wie normaler Text gelöscht, kopiert oder verschoben werden.
4. Beenden Sie Ihre Eingaben durch Aktualisierung mit **F9**.

Wenn Sie den gewohnten Menübefehl *Ansicht Feldfunktionen* aus der Vorgängerversion vermissen: Es gibt ihn noch, er ist nur nicht installiert. Bei Bedarf installieren Sie ihn über die Dialogbox *Extras Anpassen*. Sie können jedoch auch eine Schaltfläche installieren; in der Kategorie *Ansicht* wird eine entsprechende Schaltfläche bereitgehalten.

Es kann u. U. hilfreich sein, wenn Sie unter *Extras Optionen* auf der Registerkarte *Ansicht* bei *Feldschattierung* auswählen, daß die Felder *Immer* schattiert werden sollen – jedes Feld wird dann mit einer hellgrauen Schattierung angezeigt, was jedoch *keine* Markierung ist. Das Feld ist erst dann markiert, wenn Sie es markieren (am einfachsten durch einen Doppelklick); es wird dann dunkelgrau dargestellt.

Keine Aktualisierung mehr nötig? - So wird normaler Text draus

Manchmal möchten Sie ein Feldergebnis in normalen Text zurückverwandeln, etwa das Datumsfeld, um eine Aktualisierung dieses Datums endgültig auszuschließen.

Feld mit Strg+F11 sperren

Wenn Sie das Feld mit Strg+F11 sperren, bleibt es zwar ein Feld, eine Aktualisierung mit F9 ist jedoch nicht möglich.

Feld mit Umschalt+Strg+F9 in Text verwandeln

Wenn Sie das Feld markieren und die Tastenkombination Umschalt+Strg+F9 betätigen, wird das Feld in normalen Text umgewandelt, wobei der Text eingefügt wird, den das Feld als letztes Ergebnis anzeigte.

Feld sperren mit Tastenkombination

1. Um die Aktualisierung durch eine Feldsperre zu verhindern, markieren Sie als erstes das betreffende Feld; dafür ist ausreichend, wenn der Cursor innerhalb der Feldbegrenzungen steht.
2. Mit der Tastenkombination Strg+F11 sperren Sie das Feld gegen jede Aktualisierung.
3. Mit Umschalt+Strg+F11 heben Sie die Feldsperre wieder auf.

Feld sperren mit Schalter

1. Markieren Sie das Feld, das Sie gegen eine Aktualisierung sperren möchten.
2. Machen Sie mit Umschalt+F9 die Feldfunktion sichtbar.
3. Bewegen Sie den Cursor hinter den Feldbefehl, doch muß sich die Schreibmarke noch innerhalb der Feldbegrenzungen befinden.
4. Fügen Sie den Schalter \! hinzu.
5. Machen Sie mit Umschalt+F9 wieder das Feldergebnis sichtbar.
6. Wenn Sie die Sperre aufheben wollen, löschen Sie den Schalter aus dem Feld heraus und aktualisieren es mit F9.

Feld in Text verwandeln

1. Markieren Sie das betreffende Feld.
2. Betätigen Sie die Tastenkombination **Umschalt+Strg+F9**; damit wird das Feld in normalen Text verwandelt. Es wird der Text eingefügt, den das Feld zu diesem Zeitpunkt als Ergebnis anzeigte.

Durch eine vorübergehende Feldsperre können Sie es erreichen, daß alle Felder bis auf bestimmte Felder aktualisiert werden; dafür sperren Sie die betreffenden Felder und aktualisieren danach das gesamte Dokument.

Da ein Feld Ressourcen des Systems beansprucht, ist zu prüfen, ob nicht die Umwandlung in normalen Text vorzuziehen ist.

Wenn Sie mit **Umschalt+Strg+F9** ein Feld in Text verwandeln, müssen Sie beachten, daß dies nur mit der Funktion *Rückgängig* wieder aufgehoben werden kann; im Normalfall kann ein in Text verwandeltes Feld nicht wieder in ein Feld verwandelt werden.

Das Verwandeln von Text ist nur möglich, wenn als Feldergebnis *Text* angezeigt wurde. Wenn eine Grafik so bearbeitet wird, wird sie in das Dokument eingefügt; die Verbindung zur herstellenden Anwendung wird damit abgebrochen.

Tricks mit Feldfunktionen

Aus Feldfunktionen kann man noch viel mehr machen, als die freundlichen Angebote im Dialogfeld versprechen. Richtig eingesetzt werden Feldfunktionen beinah zu Alleskönnern, wie Sie auf den nächsten Seiten unschwer erkennen können.

Binnenmarkt - Berechnungen über Dokumentgrenzen hinaus

155

Sie haben in mehreren Dokumenten, z. B. Rechnungen, Werte abgelegt, mit denen nun gerechnet werden soll, um z. B. einem Kunden den bisherigen Jahresumsatz mit der Ankündigung eines Bonus mitzuteilen.

Das Feld namens EINFÜGEN verwenden

Wenn Sie aus mehreren Dokumenten Einzelergebnisse zusammentragen und berechnen wollen, müssen Sie nur in den Einzeldokumenten die Werte mit Textmarken kennzeichnen und mit dem Feld EINFÜGEN in einem Dokument zusammentragen. Dort können Sie diese Werte dann weiterverarbeiten.

Summenberechnung

1. In den Einzeldokumenten geben Sie den zu berechnenden Zahlen Textmarken, wobei Sie darauf achten, daß sich die Textmarken *aller* Dokumente unterscheiden müssen. Am besten beziehen Sie den Namen des Einzeldokuments in den Textmarkennamen mit ein, etwa NORD_GESAMT.
2. Im Gesamtdokument fügen Sie für jedes Einzeldokument ein Feld ein, das sich aus den jeweiligen Dokumenten die Zahlen holt, die Sie mit der Textmarke versehen haben:

   {EINFÜGEN Dokument Textmarke}

   Dokument steht für den Textmarkennamen, *Textmarke* für den Namen der Textmarke.
3. Berechnen Sie nun im Gesamtdokument die einzelnen Zahlen; dabei verwenden Sie die Textmarken-Namen, die Sie auch in den Einzeldokumenten verwendet haben, also etwa:

   {= SUMME (GESAMT_NORD;GESAMT_SÜD;GESAMT_WEST;GESAMT_OST)}

Es können natürlich auch andere interne Werte dieses Dokuments in die Berechnung einbezogen werden.

Über und unter dem Strich - Alternativen anbieten

Manchmal sind in einem Dokument zwei Wörter übereinander zu setzen, etwa wenn zwei Ansprechpartner in Frage kommen. Diese werden dann zweckmäßigerweise durch einen Strich getrennt.

Das Feld FORMEL und die Option für den Bruch verwenden

Mißbrauchen Sie die Option \f des FORMEL-Feldes, mit der Sie einen Bruch erstellen.

Wörter per Bruchstrich übereinander setzen

1. Geben Sie den Fließtext ein.
2. An der Position des hervorgehobenen Textes geben Sie folgendes Feld ein:

   {FORMEL \f(Frau Wagner;Frau Meier)}

3. Aktualisieren Sie das Feld.

Alles im Rahmen - Wörter in Kästchen setzen

Die Funktion *Rahmen* ist ein Absatzformat und kann daher nur ganze Absätze umrahmen. Was tun, wenn Sie nur ein Wort oder eine Zahl durch Umrahmen hervorheben wollen?

Verwenden Sie das Feld FORMEL

Mit dem Feld *Formel* und dem Schalter \x können Sie einen Rahmen um ein oder mehrere Wörter ziehen.

Mit FORMEL Kästchen erzeugen

Wenn Sie den angemahnten Betrag im Satz

...bitten wir Sie, uns den Betrag von DM 10.000,- sofort zu überweisen...

hervorheben wollen, gehen Sie wie folgt vor:

1. Geben Sie den Fließtext ein.
2. An der Position des hervorgehobenen Textes geben Sie folgendes Feld ein:

   {FORMEL \x(10.000 DM)}
   Der zu umrahmende Text wird also in Klammern nach dem Schalter \x angefügt.

3. Aktualisieren Sie das Feld.

Unter Garantie - Aktuelle Textbausteine

Wenn Sie einen AutoText in das Dokument einfügen wollen, wird der Text als Text in das Dokument eingefügt und wird nicht aktualisiert.

AUTOTEXT-Feld verwenden

Das Feld AUTOTEXT liefert den jeweiligen Inhalt des anzugebenden AutoText-Eintrags als Ergebnis; es muß also nur das Feld eingefügt und der AutoText-Eintrag angepaßt werden.

Textpassagen einfügen mit AUTOTEXT

Sie wollen beispielsweise den Text

Handtuchspender Art.Nr. 1345.978

mehrfach in Ihrem Text einfügen und haben dafür einen AutoText-Eintrag namens *HSpender* definiert. Falls sich nun die Artikelnummer ändert, müßten Sie diese Änderungen im Text ebenfalls durchführen.

Wenn Sie dagegen das Feld

{AUTOTEXT HSpender}

einfügen, müssen Sie lediglich den AutoText-Eintrag ändern. Wenn Sie nun den Text markieren und die Felder mit F9 aktualisieren, sind alle Angaben korrekt.

Fast schon intelligent - WinWord reagiert nach Bedarf

Immer wieder tauchen Situationen auf, in denen man einen Text in Abhängigkeit von Bedingungen formulieren will: Wenn etwa in einem Formular ein Wert überschritten wird, soll ein Warnhinweis auftauchen. Oder: Wenn die letzte Seite erreicht ist, soll kein Fortsetzungshinweis erstellt werden.

Verwenden Sie das WENN-Feld

Das Feld WENN erlaubt Ihnen, eine Bedingung zu prüfen und Text in Abhängigkeit von Bedingungen zu erstellen. Das kann sowohl in einem Serienbrief als auch in einem normalen Dokument verwendet werden.

Warnhinweis in einem Formular

1. Weisen Sie der Tabellenzelle oder der Zahl, die Sie prüfen wollen, eine Textmarke zu.
2. Positionieren Sie den Cursor an der Stelle im Dokument, an der der Warnhinweis erscheinen soll.
3. Fügen Sie mit **Strg+F9** ein Feld ein.
4. Geben Sie den Namen des Feldes WENN ein. So muß das Feld nun aussehen:

   ```
   {WENN}
   ```

   Nach einer Leertaste geben Sie den ersten Ausdruck ein, den Sie vergleichen wollen. Der Ausdruck kann eine Textmarke, ein Text, eine Zahl, eine Formel oder ein Feld (auch ein verschachteltes) sein. Ausdrücke, die mehr als ein Wort umfassen, müssen in Anführungszeichen gesetzt werden.
5. Geben Sie einen Operator an. Folgende Operatoren sind erlaubt:

=	Gleich
>	Größer als
<	Kleiner als
>=	Größer oder gleich
<=	Kleiner oder gleich
<>	Ungleich

6. Der Operator muß von Zahlen, Formeln und Textmarkennamen durch eine Leertaste getrennt werden. Wenn Sie beispielsweise eine Zahl überprüfen wollen, die im Textfeld mit der Textmarke *Text1* eingegeben wurde, sieht das nun folgendermaßen aus:

   ```
   {WENN Text1 >}
   ```

7. Geben Sie den zweiten Ausdruck ein – es sind dieselben Elemente erlaubt, wie beim ersten Ausdruck. Auch hier: Ausdrücke, die mehr als ein Wort umfassen, müssen in Anführungszeichen gesetzt werden.
   Wenn Sie einen Vergleich einer Zahl mit dem Inhalt eines anderen Formularfeldes durchführen wollen, lautet der Vergleich

   {WENN Text1 > Text5}

8. In Anführungszeichen geben Sie den Text an, der dann anstelle des Feldes im Dokument ausgegeben werden soll, wenn die Auswertung ein *wahres* Ergebnis liefert.
   Ebenfalls in Anführungszeichen und durch Leertaste getrennt geben Sie den Text an, der dann anstelle des Feldes im Dokument ausgegeben werden soll, wenn die Auswertung ein *falsches* Ergebnis liefert.

   {WENN Text1 > Text5 „Der Wert ist zu hoch" „Der Wert ist OK"}

9. Aktualisieren Sie das Feld mit **F9**

Fortsetzungshinweis auf der letzten Seite unterbinden

Der Fortsetzungshinweis

../4

mit der Nummer der nächsten Seite soll zwar in Dokumenten mit mehr als einer Seite automatisch ausgegeben werden, auf der letzten Seite soll dieser Hinweis jedoch unterdrückt werden:

1. Öffnen Sie die Dokumentvorlage NORMAL.DOT oder eine andere Vorlage, die diese Funktion automatisch enthalten soll, mit *Datei Öffnen.*
2. In der Fußzeilenansicht mit *Ansicht Kopf- und Fußzeile* geben Sie mit **Strg**+**F9** ein Feld ein.
3. Dort geben Sie folgende verschachtelten Felder ein:

   {WENN {ANZSEITEN} >= 2 {WENN {ANZSEITEN} <> {SEITE} „{ = {SEITE} +1}"}}

   Das erste WENN-Feld überprüft, ob die Anzahl der Seiten des Dokuments größer als 2 ist. Das zweite WENN-Feld vergleicht die Anzahl der Seiten mit der Nummer der aktuellen Seite; wenn diese nicht gleich sind (dies trifft auf alle Seiten außer der letzten zu), wird das Feld SEITE – um eins hochgezählt – eingefügt.
4. Speichern Sie die Vorlage ab.

Auf diese Weise können Sie mit AND verknüpfte Abfragen erstellen, denn wir fragen: *Wenn die Anzahl größer 2 ist und die letzte Seite nicht erreicht ist...*

Wenn Sie eine OR-Abfrage erstellen wollen, müssen Sie das Feld VERGLEICH verwenden und mit WENN verschachteln:

```
{WENN {= OR({VERGLEICH {SERIENDRUCKFELD Bonität} = „A"},
{VERGLEICH {SERIENDRUCKFELD Bonität}=B})} =1 „Gut" „nicht kreditwürdig"}
```

Das Feld liefert den Wert 1 zurück, wenn ein Vergleich *wahr* ist. Wenn der eine oder andere Vergleich gleich 1 (also wahr) ist, wird der eine Text ausgegeben, ansonsten der andere.

Nur der Gesamtpreis zählt - Inhalt einer einzigen Excel-Zelle einbinden

160

Wenn Sie eine Rechnung erstellen, benötigen Sie den Einzelpreis eines Artikels. Doch es ist ausgesprochen lästig, diesen jedesmal dort nachzuschlagen.

Ein VERKNÜPFUNG-Feld einfügen

Das Feld VERKNÜPFUNG holt sich den Wert einer genau bezeichneten Tabellenzelle und fügt ihn an der Cursorposition ein. Wenn der Wert auf dem Excel-Arbeitsblatt geändert wird, werden die Werte aktualisiert.

Einbinden mit dem VERKNÜPFUNG-Feld

Wenn Sie das Feld VERKNÜPFUNG verwenden wollen, muß Ihnen die Zelladresse bekannt sein. Wenn Sie diese ermittelt haben, sind die weiteren Schritte wie folgt:

1. Fügen Sie mit **Strg+F9** ein Feld ein.
2. Nach dem Namen VERKNÜFUNG geben Sie den Klassennamen an. Für die Excel-Version 5.0 ist dies *Excel.Sheet.5* – was Sie tun müssen, wenn Ihnen dieser nicht bekannt ist, lesen Sie bitte weiter unten nach.
3. Nach dem Klassennamen und einer Leertaste folgt in Anführungszeichen der Dateiname mit kompletter Pfadangabe – der Backslash in der Pfadangabe muß doppelt gesetzt werden.

4. Ebenfalls in Anführungszeichen und durch Leertaste getrennt wird der Name der Zelle im Format ZxSy, wobei der Tabellenname mit einem Ausrufezeichen beendet wird.
5. Mit den Schaltern \a und \r legen Sie fest, daß das Feld automatisch aktualisiert wird (\a) und daß es im RTF-Format (\r) in den Text eingefügt wird.
6. Die Option * FORMATVERBINDEN sorgt dafür, daß eine etwaige Formatierung (Schriftart etc.) bei einer Aktualisierung beibehalten wird. Das Feld muß nach der Erstellung so aussehen:

```
VERKNÜPFUNG Excel.Sheet.5 „C:\\EXCEL\\UMS.XLS" „Tabelle1!Z7S8" \a \r \* FORMATVERBINDEN
```

7. Aktualisieren Sie das Feld mit F9 und formatieren Sie es.

Wenn Ihnen der Klassennamen nicht bekannt ist, können Sie ihn im Registriereditor von Windows nachschlagen:

1. Starten Sie REGEDIT.EXE über den Datei-Manager oder *Datei Ausführen*.
2. Markieren Sie *ECXEL 5.0-Tabelle*.
3. Öffnen Sie mit *Bearbeiten Dateityp ändern* die Dialogbox für diesen Dateityp.
4. Lesen Sie im Feld *Bezeichner* den genauen Klassennamen ab – notieren Sie sich den Namen ggf., damit Sie ihn nicht falsch eintragen.

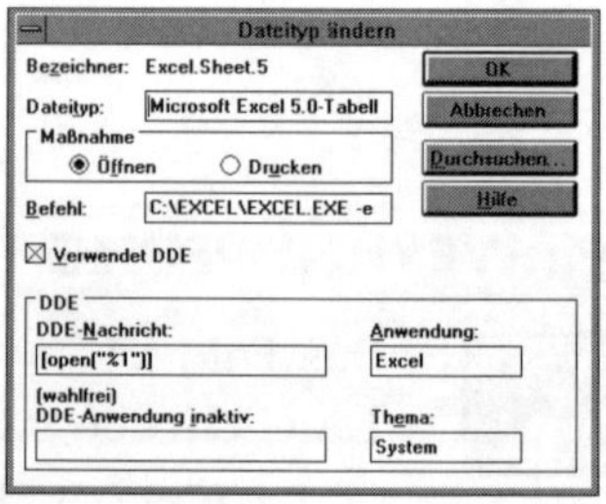

5. Schließen Sie den Registriereditor; sollten Sie zum Speichern aufgefordert werden, haben Sie unwissentlich irgendwelche Änderungen vorgenommen – beantworten Sie diese Frage also mit *Nein*.

Ganz ohne Seriendruck - Attraktive Listen drucken

Wenn Sie einen Serienbrief erstellt haben und die Adressaten auch in einer Liste erfassen wollen, können Sie nicht einfach die Serienbrieffelder in Listenform anordnen, da normalerweise für jede Adresse eine neue Seite erstellt wird.

Das Feld NÄCHSTER verhindert den Seitenumbruch

Wenn Sie die Adreßfelder in Tabellenform anordnen, fügen Sie nach jedem Datensatz das Feld NÄCHSTER an, damit der nächste Datensatz nicht auf einer neuen Seite angefügt wird. Für eine schnell erstellte Telefonliste eignet sich die Erstellung über Felder besser als die Funktion *Katalog*, da die einzelnen Zeilen über die Zwischenablage kopiert werden können.

Adreßliste mit NÄCHSTER erstellen

1. Starten Sie die Seriendruckfunktion.
2. Klicken Sie auf *Hauptdokument Erstellen*.
3. Wählen Sie aus, daß Sie *Serienbriefe* erstellen wollen.
4. Beantworten Sie die Frage, ob Sie das aktive Dokument benutzen oder ein neues erstellen wollen.
5. Erstellen Sie die Datenquelle (also die Adreßliste) oder geben Sie an, welche Adressen Sie ausdrucken wollen.
6. Fügen Sie im Hauptdokument eine Tabelle von einer Zeile und der geeigneten Anzahl Spalten ein.
7. Geben Sie in die einzelnen Zellen über *Seriendruckfeld einfügen* die gewünschten Felder ein, und fügen Sie am Ende über *Bedingungsfeld einfügen* das Feld *Nächster* an.

   «Name» «Vorname» «Straße» «PLZ» «Ort» {NÄCHSTER}

8. Formatieren Sie die einzelnen Zellen nach Wunsch (fett, kursiv, Spaltenbreite).
9. Kopieren Sie die Zeile mit Strg+C in die Zwischenablage.
10. Fügen Sie die Zwischenablage mit Strg+V so oft in Ihr Dokument ein, bis es komplett gefüllt ist.
11. Drucken Sie die Liste aus.

- Ein NÄCHSTER-Feld darf nicht in Fuß- oder Endnoten, Anmerkungen sowie in Kopf- und Fußzeilen verwendet werden.
- Auch in einer Steuerdatei für einen Serienbrief darf das Feld nicht verwendet werden.
- Das Feld NÄCHSTER darf nicht verschachtelt werden.
- Das Feld darf nicht mit dem Feld ÜBERSPRINGEN zusammen verwendet werden.

Für die Statistik - Durchschnittliche Wortlänge eines Textes ermitteln

Besonders Vielschreiber müssen oft stilistische Überprüfungen ihrer Texte vornehmen, dazu zählt auch die durchschnittliche Wortlänge.

Mit Feldern Anzahl Zeichen durch Anzahl Wörter dividieren

Dividieren Sie mit den Feldern ANZZEICHEN und ANZWÖRTER die Anzahl der Zeichen durch die Anzahl der Wörter.

Wortlänge per Feld berechnen

1. Fügen Sie mit **Strg**+**F9** ein Feld ein.
2. Geben Sie dort folgendes Feld ein

   {= {ANZZEICHEN}/{ANZWÖRTER}}

3. Markieren Sie das komplette Feld und aktualisieren es mit **F9**.

Der „Fehler" von WinWord, die Leerzeichen nicht mitzuzählen, erweist sich hier als nützlich, denn wenn Sie die Anzahl der Wörter durch die Anzahl der Zeichen inkl. Leerzeichen dividieren würden, entstünde ein Fehler.

Wandern ohne Mühe - Bewegen mit Schaltflächen

Wer sehr lange an einem Text arbeitet, kennt das Problem: Es sind immer wieder Stellen im Text anzuspringen, an denen noch gearbeitet wird.

Ein GEHEZU-Feld springt zu Ihren Zielen

Das Feld GEHEZU springt jedes Ziel an, das durch die Funktion *GeheZu* **F5** angesprungen werden kann (s. u.).

Wenn Sie ein GEHEZU-Feld eingefügt haben, können Sie dies mit einem Doppelklick oder **Umschalt**+**Alt**+**F9** benutzen, um das angegebene Ziel anzuspringen.

GEHEZU-Feld ohne Schaltfläche erstellen

Um ein einfaches Feld ohne Schaltfläche zu erstellen, gehen Sie wie folgt vor:

1. Positionieren Sie den Cursor an der gewünschten Stelle.
2. Fügen Sie mit **Strg**+**F9** ein Feld ein.
3. Geben Sie den Namen des Feldes, das Ziel und den Anforderungstext ein. Das Feld müßte für den Sprung auf Seite 9 Zeile 17 folgendermaßen aussehen:

   ```
   {GEHEZU s9z17 Gehezu Seite 9 Zeile 17}
   ```

   Der Anforderungstext muß *nicht* in Anführungszeichen gesetzt werden.
4. Aktualisieren Sie das Feld mit **F9**.
5. Formatieren Sie das Feld. Dazu kann eine Umrahmung zählen, eine Farbe und die verborgene Formatierung, um einen Ausdruck mit dem Dokument zu verhindern.

GEHEZU-Feld mit Schaltfläche erstellen

Sehr viel professioneller sieht es aus, wenn Sie für das GEHEZU-Feld eine Schaltfläche benutzen. Dafür gibt es zwei Möglichkeiten:

Übernehmen Sie die Grafik in einem Malprogramm in die Zwischenablage, und fügen Sie sie anstelle des Anforderungstextes mit **Strg**+**V** ein.

Erstellen Sie ein verschachteltes Feld, in dem Sie mit dem Feld EINFÜGEN-GRAFIK die Schaltfläche einfügen:

```
{GEHEZU KAP10 EINFÜGENGRAFIK KNOPF_10.PCX}
```

Die Schaltfläche, die aus KNOPF_10.PCX erstellt wird, befördert den Cursor zur Textmarke Kapitel 10, was in diesem Falle durch die Textmarke *Kap10* repräsentiert wird. Wenn Sie eine Schaltfläche erstellen wollen, so haben Sie dafür zwei Möglichkeiten:

Die erste ist diese: Sie erstellen die Schaltfläche mit einem Zeichenprogramm, etwa dem Windows-Zubehör *Paintbrush*, und übernehmen sie in die Zwischenablage, um diese Grafik dann wie oben beschrieben einzufügen. Dies ist jedoch nur zu empfehlen, wenn Sie mit dem Malprogramm so umgehen können, daß das Ergebnis sich auch sehen lassen kann.

Eine andere Methode ist möglicherweise einfacher:

1. Starten Sie ein Programm, das eine Schaltfläche enthält, die Sie übernehmen möchten, oder öffnen Sie ggf. eine Dialogbox von WinWord, die eine geeignete Schaltfläche enthält.
2. Sorgen Sie dafür, daß die Schaltfläche im *oberen Teil* des Bildschirms positioniert ist.
3. Fertigen Sie mit der Taste **Druck** eine Bildschirmkopie an.
4. Starten Sie *Paintbrush*.
5. Über *Bearbeiten Einfügen* fügen Sie den Inhalt der Zwischenablage (die Bildschirmkopie) ein. Falls die Schaltfläche nicht im oberen Teil des Bildschirms positioniert war, müssen Sie vorher über das Menü *Ansicht* die Malfläche *Verkleinern*, den Einfügen-Vorgang zweimal ausführen und danach die *Ansicht* wieder *vergrößern*.
6. Markieren Sie die Schaltfläche.
7. Mit dem Menüpunkt *Bearbeiten Kopieren nach* erstellen Sie eine eigene Datei mit dem markierten Teil des Bildes.
8. Öffnen Sie die soeben erstellte Datei; die Frage, ob die unbenannte Datei gespeichert werden soll, können Sie verneinen.
9. Bearbeiten Sie die Grafik ggf. nach (Freistellen etc.).
10. Übernehmen Sie die Grafik in die Zwischenablage und fügen Sie sie in das Feld ein.

Folgende Ziele können angesprungen werden:

- Seiten
- Zeilen
- Abschnitte
- Textmarken
- Anmerkungen
- Fußnoten
- Endnoten
- Felder
- Tabellen
- Grafiken
- Formeln
- Objekte aus anderen Anwendungen

Text für die Anforderung oder die Grafik muß in einer einzigen Zeile stehen. Wenn Sie statt der Funktion *GeheZu* ein Makro ausführen wollen, so verwenden Sie dafür das Feld MAKROSCHALTFLÄCHE und geben nur den Namen des auszuführenden Makros und den Anforderungstext an. Ein FORMEL-Feld mit dem Schalter \x (siehe oben) dürfen Sie *nicht* für eine Schaltfläche verwenden.

Lebende Kopfzeilen ganz ohne DTP-Programm

164

Sie möchten die jeweils erste Überschrift in die Kopfzeile einbringen. Da sich der Text während der Erfassung verschiebt, ist nicht sicher, welche Kopfzeile zu erstellen ist.

Benutzen Sie das Feld FVREF

Das Feld FVREF ist ein Bezug auf eine bestimmte Formatvorlage. Bringen Sie in die Kopfzeile das Feld ein, das den Text mit der entsprechenden Formatvorlage dort einbringt.

Mit dem Feld FVREF Überschriften in die Kopfzeile übernehmen

Nehmen wir an, die erste Überschriftebene ist mit der Formatvorlage *Überschrift 1* formatiert, und Sie möchten diese Überschriften auf jeder Seite des Textes erstellen:

1. Schalten Sie mit *Ansicht Kopf- und Fußzeile* in die Kopfzeilenansicht.
2. Fügen Sie mit **Strg**+**F9** ein Feld ein.
3. Geben Sie dort folgendes Feld ein

   {FVREF „Überschrift 1"}

4. Aktualisieren Sie das Feld mit **F9**.
5. Formatieren Sie die Kopfzeile nach Wunsch, versehen Sie sie also mit einer Linie oder ordnen Sie sie rechtsbündig an. Auch Schriftart und -größe sind festzulegen.
6. Mit *Schließen* schalten Sie wieder in die Normalansicht und beenden damit die Eingabe.

WinWord durchsucht nun den Text und fügt den ersten Absatz mit dieser Formatvorlage – also die nächste Überschrift – in die Kopfzeile ein.

Folgende Schalter können Sie verwenden:

\l Die aktuelle Seite wird nicht von oben nach unten, sondern von unten nach oben durchsucht. Ein Beispiel dafür finden Sie weiter unten.

\n Fügt die Absatznumerierung ein, beispielsweise die Kapitelnumerierung, wenn eine vorhanden ist.

Wie WinWord den Text durchsucht, hängt davon ab, wo sich das Feld befindet:

Das Feld befindet sich...	**WinWord sucht:**
Im Dokumenttext	WinWord sucht nach dem ersten Absatz *vor* dem Feld, der die Formatierung aufweist. Wenn kein Absatz mit der angegebenen Formatvorlage gefunden wird, sucht WinWord nach dem ersten Absatz nach dem Feld.
In Fußnoten, Endnoten, Anmerkungen	WinWord sucht nach dem ersten Absatz vor dem Fußnotenzeichen der Fußnote, Anmerkung oder Endnote im Dokument. Wird kein Absatz mit der bezeichneten Formatvorlage gefunden, sucht Word nach dem ersten Absatz nach dem Fußnotenzeichen.
In einer Kopf- und Fußzeile beim Drucken	WinWord sucht auf der aktuellen *Seite* von oben nach unten nach der Formatierung. Wenn kein Absatz mit der Formatvorlage gefunden wird, durchsucht WinWord das Dokument vom Anfang der aktuellen Seite bis zum Dokumentanfang. Wenn die bezeichnete Formatvorlage auch dort nicht gefunden wurde, sucht WinWord vom Ende der aktuellen Seite bis zum Ende des Dokuments.
In einer Kopf- und Fußzeile beim Drucken mit Schalter \l	WinWord sucht vom Ende der aktuellen Seite bis zum Anfang des Dokuments. Wenn die Formatvorlage nicht gefunden wurde, sucht WinWord vom Ende der aktuellen Seite bis zum Ende des Dokuments.
In einer Kopf- und Fußzeile, wenn nicht gedruckt wird	WinWord sucht vom Anfang des *Abschnitts*, der das Feld enthält, bis zum Ende des Abschnitts. Wenn kein Absatz mit der angegebenen Formatvorlage gefunden wird, durchsucht WinWord das Dokument vom Ende des aktuellen Abschnitts bis zum Dokumentende.

Die Suchrichtung des Feldes FVREF

Praktisch - WinWord setzt automatisch den Folgemonat ein

165

In vielen Dokumenten benötigen Sie den Namen des nächsten oder vorigen Monats.

ANGEBEN-Feld verwenden

Wenn Sie den Namen des nächsten (oder vorigen) Monats in einem Dokument benötigen, so können Sie dies durch ein ANGEBEN-Feld erzielen, in dem Sie den Namen des aktuellen Monats ermitteln und dann – an eine WENN-Funktion gekoppelt – um eins herunter- oder heraufzählen.

{ANGEBEN {WENN {AKTUALDAT \@ „M"} = 6 { = {AKTUALDAT \@ „M"} +1}}.94 \@ „MMMM"}

Die Schalter \@ „M" und \@ „MMMM" legen das Format fest:

\@ „M"	Monatsnummer	6
\@ „MMM"	abgekürzter Monatsname	Jun
\@ „MMMM"	ausgeschriebener Monatsname	Juni

Formularkrieg nein danke - Abfragen von Textelementen

166

Für ein Formular ist es oft sinnvoll, Textelemente im Dialog abzufragen.

Das Feld FRAGE erlaubt Eingabefreiheit

Mit dem Feld FRAGE können Sie Textelemente im Dialog abfragen.

Mit dem Feld FRAGE Textelemente abfragen

Erstellen Sie folgende Felder:

{FRAGE Name „Bitte den Namen angeben"}

Sehr geehrter Herr {REF Name},

wir teilen Ihnen hocherfreut mit, daß Sie, verehrter Herr {REF Name}, heute die Umsatzgrenze von 100.000 DM überschritten haben.

Die Abfrage wird beim Aktualisieren des Dokuments in einer Eingabebox gestellt:

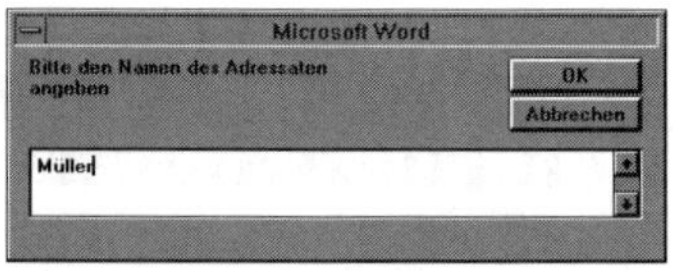

Der Unterschied zwischen dem Feld FRAGE und dem Feld EINGEBEN ist dieser: Das FRAGE-Feld ordnet dem eingegebenen Text eine Textmarke zu und kann dadurch mehrfach in den Text eingefügt werden, während das vom Anwender eingetippte Ergebnis des Feldes EINGEBEN nur einmal an der Cursorposition eingefügt werden kann.

Es ist in diesem Zusammenhang vielleicht sinnvoll, als AutoOpen-Makro das gesamte Dokument zu markieren und die Aktualisierung mit **F9** automatisch durchzuführen; es werden dann alle FRAGE- und EINGEBEN-Dialogboxen nacheinander angezeigt.

Makros - Programmierte Helferlein

„Da schreib ich mir ein Makro, das macht das dann schon." Haben Sie das auch schon mal so oder ähnlich gehört und sich gefragt, warum Makros bei anderen beinah immmer, bei einem selbst aber viel seltener funktionieren? Natürlich ist Makroprogrammierung nicht jedermanns Sache, aber hilfreich sind kleine Makros allemal, denn schließlich sind die Fließbänder auch weitgehend abgeschafft. Und wenn Sie sich erst einmal auf WordBasic eingelassen haben, möchten Sie die nützlichen Helfer bald nicht mehr missen.

Aufgezeichnete Makros überarbeiten

Der erste Schritt zu eigenen Makros ist die Aufzeichnung von Befehlsabläufen. Das klappt ja auch ganz hervorragend, aber eines Tages wollen Sie mehr: Ihr Makro soll auf bestimmte Situationen reagieren und nicht stur wie eine Maschine Dinge tun wollen, die gar nicht nötig sind. Dann hilft Aufzeichnen nicht mehr weiter, und Sie müssen ran an's Schreiben.

Wenn das Wörtchen „Wenn" nicht will - Bedingungspüfungen lassen sich nicht aufzeichnen

Wenn Sie eine Routine erstellen, für die Sie eine Bedingung mit *If...Then...Else* abfragen müssen, können Sie diese nicht aufzeichnen.

Makroelemente für Teilfunktionen einzeln aufzeichnen

Wenn Sie eine IF-Abfrage verwenden wollen, so sollten Sie alle Befehle in Gruppen aufzeichnen, die sich aufzeichnen lassen, also alle über ein Menü oder eine Schaltfläche erreichbaren WinWord-Funktionen. Diese Einzelmakros führen Sie dann im Makro-Editor zu einem Makro zusammen.

Aufzeichnung der Einzelelemente

1. Zeichnen Sie alle Einzelmodule auf, dabei vergeben Sie Namen wie SUCH_1, SUCH_2 etc., wenn Sie z. B. ein Makro für eine komplexe Suchfunktion erstellen wollen.
2. Mit *Extras Makro* und der Option *Erstellen* – die erst nach der Namensvergabe verfügbar ist! – öffnen Sie das Makrofenster und fügen die einzelnen Elemente in das Fenster ein. Dabei können Sie mit der Schaltfläche *Makro* (zweite von rechts) die einzelnen Elemente aufrufen, markieren und mit **Strg**+**C** in die Zwischenablage einfügen. Im Hauptfenster wird das Modul mit **Strg**+**V** eingefügt, wobei Sie bitte darauf achten, daß Sie das einführende Sub MAIN und das schließende End Sub in Ihrem Makro nur einmal benutzen dürfen, es darf also nicht mitkopiert werden.
3. Verknüpfen Sie die einzelnen Module mit IF-Abfragen oder CASE-Auswertungen, wie wir es weiter unten beschreiben.

Makrosprache, schwere Sprache? Nein! Ermitteln Sie die Anweisungssyntax

Sie können sich sicher nicht alle Befehle merken, obwohl sie meist mit den Menübefehlen identisch sind – also *DateiÖffnen* – aber längst nicht immer: *AbsatzZentriert* hätten Sie aus dem Menübefehl nicht ableiten können.

Befehl einfach aufzeichnen

Mit der Schaltfläche *Nächsten Befehl aufzeichnen* können Sie den nächsten Befehl aufzeichnen. Der Makrorecorder zeichnet den Befehl auf und fügt ihn in das Makrofenster ein. Auf diese Weise überlassen Sie WinWord die Aufgabe, nach der korrekten Syntax zu suchen.

Weiterer Vorteil: Während der Anwender meist schreibfaul ist und nur den Befehl

```
BearbeitenSuchen .Suchen = „Text"
```

in das Makro einfügt, fügt WinWord den kompletten Befehl ein, also

```
BearbeitenSuchen .Suchen = „Text", .Richtung = 0, .GroßKleinschreibung = 0, .GanzesWort = 0, .Mustervergleich = 0, .Reserviert23 = 0, .Format = 0, .Textfluß = 1
```

Falls Sie also eine Option angeben wollen – die Suchrichtung etwa – müssen Sie nur die 0 in eine 1 verwandeln, um die Suchrichtung zu ändern.

Hilfe aufrufen

Sie können sich auch mit der Hilfe über die Syntax informieren. Wenn Sie beispielsweise wissen, daß der Befehl *BearbeitenSuchen* heißt, die korrekte Syntax Ihnen jedoch nicht bekannt ist, können Sie sich über F1 zu dem Befehl Informationen holen.

Hilfe aufrufen

1. Öffnen Sie das Makrofenster.
2. Schreiben Sie den kompletten Befehl hin – wenn Sie ihn nicht wissen, betätigen Sie im Makrofenster F1 – Sie erhalten dann die Möglichkeit, über die Übersichtseite den Befehl auszuwählen.

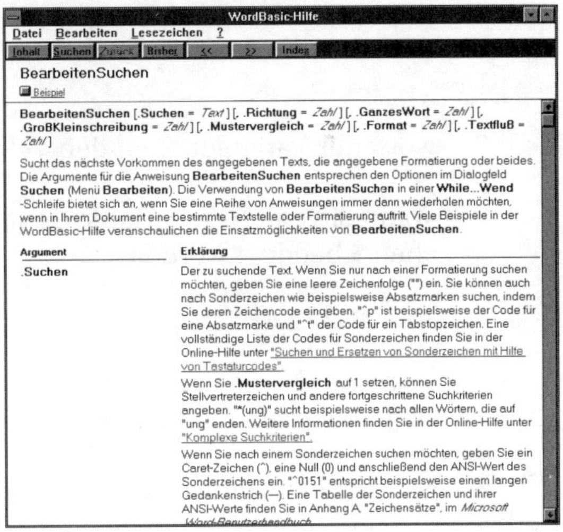

3. Betätigen Sie, solange der Cursor *direkt* hinter dem Befehl steht, die Taste F1 für Hilfe. Es öffnet sich ein Hilfefenster, das alle Informationen enthält.
4. Ggf. drucken Sie das Thema mit *Bearbeiten Thema drucken* aus.
5. Falls Sie diese Seite noch einmal aufsuchen möchten, hinterlegen Sie mit *Lesezeichen Definieren* ein Lesezeichen, das Ihnen das bequeme Auffinden dieser Seite ermöglicht.
6. Mit Alt+F4 wird die Hilfe beendet.

Grundstrukturen der Makroprogrammierung

Auch wenn WordBasic eigentlich keine allzu schwierige Makrosprache ist, werden Sie auf einige Strukturen der Programmierung nicht verzichten können. Dazu gehört vor allem das virtuose Umgehen mit Variablen und deren Funktion bzw. Definition.

So soll's sein - Variable zuweisen

Wenn ein Makro einen Wert benötigt, den Sie dort mehrfach bearbeiten, ändern, abfragen oder im Dokument verwenden wollen, wird dieser Wert einer Variablen zugewiesen.

Zuweisung durch Gleichung

Legen Sie den Wert fest, indem Sie den Variablennamen und seinen Wert – durch Gleichheitszeichen getrennt – in eine Makrozeile eintragen. Dabei muß der Name links und der Wert rechts vom Gleichheitszeichen stehen.

Beispiel So werden Variablen definiert

Der Term

```
Zahl = 5
```

weist der Variablen *Zahl* den Wert 5 zu.

Wenn Sie eine Textvariable definieren, muß der Name mit dem Dollarzeichen $ beendet werden:

```
Name$ = „Fritz"
```

Wenn der Name der Variablen dieses Dollarzeichen nicht führt, handelt es sich *immer* um eine Zahlvariable, die nur Zahlen enthalten darf.

- Zeichenkettenvariablen – auch *Stringvariable* genannt – *müssen* immer in Anführungszeichen gesetzt werden.
- Es ist nicht erlaubt, einer Zahl eine Textvariable oder einem Text eine Zahlvariable zuzuweisen. Dieses führt zum Abbruch des Makros und der Fehlermeldung *Keine Artenübereinstimmung.*
- Der Variablenname muß immer mit einem Buchstaben beginnen, darf außer dem Unterstrich _ nur Buchstaben und Zahlen enthalten. So ist die Variable

  ```
  Meine1Variable
  ```

  erlaubt, doch 1Variable nicht
- Der Name darf nicht mehr als 40 Zeichen enthalten.

- Der Name darf nicht aus einem der sog. *reservierten Namen* bestehen, also aus den Funktionen, Anweisungen und logischen Operatoren wie AND etc.
- Eine Variable enthält erst dann einen Wert, wenn ihr einer zugewiesen wurde. Die Verwendung einer Variablen in einer Anweisung, die vorher nicht eingeführt wurde, führt zu einem Fehler.
- Das *Deklarieren* der benutzten Variablen, wie es in einigen Programmiersprachen nötig ist, müssen Sie in WordBasic nicht durchführen.
- Groß- und Kleinschreibung wird gleich behandelt.

Keine Unbekannte - Mit Variablen lassen sich Werte berechnen

Wenn Sie einen Wert berechnen müssen – etwa einen Zähler hochzählen –, müssen Sie mit mathematischen Zeichen auf diesen Wert zugreifen.

Wert mit Rechenzeichen berechnen

Wenn Sie eine Variable mit einer Zahl gefüllt haben, können Sie diese mit den Rechenzeichen (s. u.) berechnen, indem Sie sie zu sich selbst in Beziehung setzen.

Beispiel Rechnen mit Variablen

Im folgenden Beispiel wird der Variablen *Zahl* erst der Wert 0 zugewiesen, dann um 10 hochgezählt:

```
Zahl = 0
Zahl = Zahl + 10
```

Es sind folgende Rechenzeichen erlaubt:

Addition	+
Subtraktion	—
Division	/
Multiplikation	*
Rest	MOD

Letzteres liefert den Rest einer Division, nachdem der ganzzahlige Anteil abgezogen wurde.

Es gilt in Terms, die mehrere Operatoren enthalten, die Regel der Mathematik, daß Division und Multiplikation vor Addition und Subtraktion durchgeführt werden.

Diese Technik wird meist verwendet, um Schleifenzähler (s. u.) hochzuzählen.

Rechnungsgrundlage: Machen Sie aus einer Zahlvariablen einen Wert

Die Standardeingabeboxen liefern meist Textvariablen zurück. Wenn dort eine Zahl eingegeben wird, wird diese nicht als Zahl, sondern als Text angesehen und kann nicht berechnet werden.

Mit VAL in eine Zahl verwandeln

Die Funktion *VAL()* wandelt eine Zeichenkettenvariable in einen Wert um; diese müssen jedoch dort in numerischer Form vorliegen.

Beispiel Numerische Werte in Zahlvariable umwandeln

Das folgende Makro fragt einen Wert ab, der danach in eine Zahl umgewandelt wird.

```
Sub MAIN
Netto$ = InputBox$("Bitte geben Sie den Nettobetrag an:")
Netto = Val(Netto$)
Brutto = Netto * 1.15
MwSt = Brutto - Netto
End Sub
```

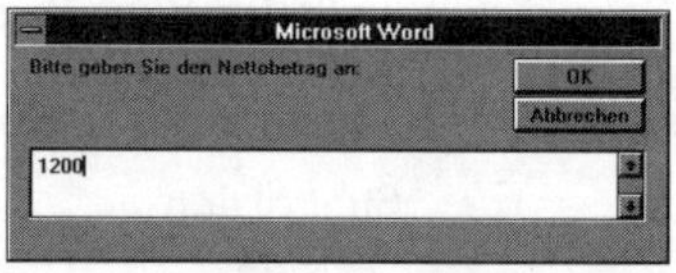

Die Abfrage eines Betrags

Beachten Sie in unserem Beispiel, daß WinWord mit dem Dezimal*punkt* arbeitet und nicht mit einem Dezimalkomma!

Es existieren in unserem Beispiel nach der Umwandlung zwei Variablen: Die Stringvariable *Netto$* und die Zahlvariable *Netto*.

Schwierige Selbstdarstellung - Eine Zahl in eine Textvariable verwandeln

Wenn Sie mit Variablen Werte berechnen, müssen es Zahlvariablen sein, aber Meldungsboxen können nur *Zeichenketten* anzeigen, keine Zahlen.

Variable mit der Funktion Str$() in Zeichenkette umwandeln

Wandeln Sie mit

```
Brutto$ = Str$(Brutto)
```

den Wert wieder um in eine Textvariable.

Beispiel Werte berechnen und anzeigen

Der Wert der Variablen *Brutto* liegt als Zahl vor, da er das Ergebnis einer Berechnung ist. Da jedoch der errechnete Bruttobetrag angezeigt werden soll (und die Mehrwertsteuer gleich dazu), müssen Sie diese wieder in eine Textvariable verwandeln:

```
Sub MAIN
Netto$ = InputBox$(„Bitte geben Sie den Nettobetrag an:")
Netto = Val(Netto$)
Brutto = Netto * 1.15
MwSt = Brutto - Netto
Brutto$ = Str$(Brutto)
MwSt$ = Str$(MwSt)
Netto$ = Str$(Netto)

MsgBox „Bruttobetrag:" + Brutto$ + „ DM  MwSteuer:" + MwSt$ + „ DM", „Nettobetrag:" + Netto$ + „
DM"
End Sub
```

Die Zeile

```
Brutto$ = Str$(Brutto)
```

macht aus der Zahlvariablen *Brutto* eine Textvariable, mit der zwar nun nicht mehr gerechnet werden kann, die aber dafür in der Messagebox angezeigt werden kann.

Die Funktion *Str$( )* fügt vor positiven Zahlen ein Leerzeichen hinzu, bei negativen Zahlen wird ein Minuszeichen – hinzugefügt. Das Leerzeichen können Sie mit der Funktion *Ltrim$( )* entfernen:

```
...
Zahl = 1
Zahl$ = Str$(Zahl)
Zahl$ = Ltrim(Zahl$)
```

Beachten Sie, daß wir in der Messagebox die Titelzeile der Dialogbox „mißbrauchen“, um dort den Nettowert noch einmal anzuzeigen!

Kein Puzzlespiel mehr - Text zusammenführen

173

Wenn Sie in einer Dialogbox oder im Makrotext (doch auch im Dokument!) Zeichenketten zusammenfügen wollen, müssen Sie Textelemente und Variablen verbinden.

„Addieren“ Sie die Variablen

Mit dem Pluszeichen + können Sie Text in einer einzigen Variablen zusammenfassen oder in einer Messagebox ausgeben.

Zusammenfügen von Textelementen

Sie haben Text in einer Variablen und wollen ihn in einen Satz einbinden, der in einer Messagebox angezeigt werden soll:

1. Schreiben Sie die Satzelemente, die Sie ausgeben wollen, in Anführungszeichen.
2. Fügen Sie den Namen der Variablen ohne Anführungszeichen ein:

```
MsgBox „Das Wort " + Suchwort$ + „ wurde " + Zahl$ + „ mal gefunden."
```

Im Beispiel wurde der Satz in drei Teile aufgeteilt, die beiden Variablen wurden jeweils eingefügt und das Ganze jeweils durch + Pluszeichen zusammengefügt.

Achten Sie darauf, daß die notwendigen Leerzeichen immer *innerhalb* der Anführungszeichen gesetzt werden müssen. Wenn Sie das nicht wünschen, müssen Sie mit *Chr$()* das Zeichen *Chr$(32)* einfügen.

```
MsgBox „Das Wort " + Chr$(32) + Suchwort$ + Chr$(32) „ wurde gefunden."
```

Wenn Sie in einer Messagebox eine zweite Zeile benötigen, fügen Sie ein Absatzende mit *Chr$(13)* ein:

```
MsgBox „Dies ist die erste Zeile" + Chr$(13) + „...und dies die zweite."
```

Was wäre wenn... - So formulieren Sie eine Bedingung

Das Ausführen einer Funktion in Abhängigkeit einer erfüllten Bedingung ist eine der zentralen Aufgaben der Makroprogrammierung.

Mit If...Then...Else Bedingungen prüfen

Wenn Sie mit der Funktion *If...Then...Else* zwei Werte vergleichen, können Sie je nach Ergebnis Funktionen ausführen lassen.

Mit ElseIf... weitere Bedingung abfragen

Die *If...Then...Else*-Struktur kann nur eine Bedingung abfragen, oft jedoch sind es mehrere Komponenten, die als mögliche Bedingung abgefragt werden sollen. In einem solchen Falle verwenden Sie die Struktur

```
If Bedingung Then
    Anweisungen, die ausgeführt werden, wenn wahr
ElseIf Bedingung 2 Then
    Anweisungen, die ausgeführt werden, wenn wahr
ElseIf Bedingung 3 Then
    Anweisungen, die ausgeführt werden, wenn wahr
ElseIf Bedingung n Then
    Anweisungen, die ausgeführt werden, wenn wahr
Else
    Anweisungen, die ausgeführt werden, wenn keine Bedingung wahr
End If
```

While...Wend ist eine Bedingung mit einer Schleife

Sie können mit *While...Wend* eine Funktion so lange ausführen, wie eine Bedingung erfüllt ist und die Ausführung abbrechen, wenn die Bedingung nicht mehr erfüllt ist:

```
While Bedingung
    Anweisungen, die ausgeführt werden, bis Bedingung nicht mehr erfüllt ist
Wend
```

Beispiel If...Then...Else-Vergleich

Die *If...Then...Else*-Abfrage kann sehr schlicht ausfallen:

```
...
If Kursiv() = 1 Then
    Kursiv 0
End If
...
```

In diesem Beispiel wird die kursive Formatierung zurückgesetzt. Eine weitere Möglichkeit, die mit einer *Else*-Abfrage zu prüfen wäre, existiert nicht. Anders im folgenden Beispiel:

```
...
If x > 50 Then
    Str$(x)
    Print x + „Ist größer als 50"
Else
    Print x + „Ist kleiner oder gleich 50."
End If
...
```

Es wird je nach Größe der Variablen *x* eine Meldung in der Statuszeile ausgegeben. Folgende Operatoren können Sie verwenden:

Operator	Bedeutung
=	Gleich
<>	Ungleich
>	Größer als
<	Kleiner als
>=	Größer oder gleich
<=	Kleiner oder gleich

Beispiel Eine ElseIf...-Abfrage formulieren

Wenn Sie mehr als eine Bedingung abfragen wollen, ist dies sehr einfach mit der *ElseIf*-Struktur möglich. Das folgende Makro fragt den Wochentag ab und sagt Ihnen, was Sie zu tun haben:

```
Sub MAIN
TagHeute = Wochentag(Jetzt())
If Tagheute = 1 Then
    MsgBox „Heute ist Sonntag, Du hast frei!"
ElseIf TagHeute = 7 Then
    MsgBox „Heute ist Samstag, Du hast zwei Tage frei!"
Else
    MsgBox „Heute mußt Du arbeiten gehen!"
EndIf
End Sub
```

Eine freundliche Meldung

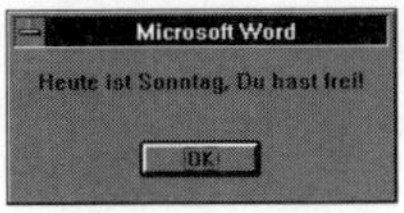

Beispiel So verwenden Sie die While...Wend-Schleife

Eine *While...Wend*-Schleife fragt die Bedingung nicht nur einmal ab, wie es die *If...Then...Else*-Struktur tut, sondern überprüft jedesmal, wenn die Schleife mit Anweisungen durchlaufen wurde, ob die Bedingung noch erfüllt ist.

Das folgende Makro erfragt ein Wort, dessen Vorkommen Sie im Text zählen wollen.

```
Sub MAIN
BearbeitenTextmarke .Name = „XYZ“, .Hinzufügen
BeginnDokument
Wort$ = InputBox$(„Bitte geben Sie das Suchwort an:“)
BearbeitenSuchen .Suchen = Wort$
Zähler = 0
While BearbeitenSuchenGefunden() = -1
        Zähler = Zähler + 1
        SuchenWiederholen
Wend
MsgBox „Das Wort “ + Wort$ + „ wurde“ + Str$(Zähler) + „ mal gefunden."
BearbeitenGehezu „XYZ"
BearbeitenTextmarke .Name = „XYZ“, .Löschen
End Sub
```

Zuerst setzen Sie eine Textmarke, damit der Cursor nach dem Makro wieder diese Stelle einnehmen kann. Nach dem Sprung an den Anfang des Dokuments wird das Suchwort abgefragt und die *Suchen*-Funktion gestartet. Der Zähler wird auf 0 gesetzt und die Schleife begonnen: Solange das Wort gefunden wird, werden die Befehle in der Schleife wiederholt, also das Hochzählen des Zählers sowie das Wiederholen der Suche.

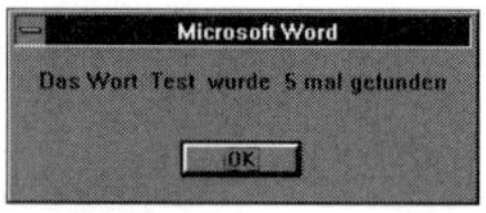

Nach dem Anzeigen der Messagebox wird zur Textmarke gesprungen, die daraufhin – ordentlich, wie wir sind – auch noch gelöscht wird.

- ➜ Wenn Sie Zeichenketten vergleichen, wird die Identität der Zeichenketten geprüft. Der Vergleich

  ```
  Floh = floh
  ```

  würde daher als falsch ausgewertet.
- ➜ Sie haben auch die Möglichkeit, Stringvariablen zu vergleichen. Der Vergleich

  ```
  „Katze" < „Hund"
  ```

  ist anscheinend unsinnig, doch nur anscheinend. WinWord vergleicht Zeichen für Zeichen, bis ein unterschiedlicher Buchstabe gefunden wird. Die Buchstaben sind intern als Zahlen codiert, wobei das Alphabet angewendet werden kann. Da aber H ein kleinerer Wert als K ist (also im Alphabet vorher angeordnet), kann der Ausdruck nur mit FALSCH ausgewertet werden – der Ausdruck

  ```
  „Hund" < „Katze"
  ```

  muß also mit WAHR ausgewertet werden, so schwer es auch fallen mag...
- ➜ Wenn Sie den Wochentag des heutigen Tages erfragen, müssen Sie die Funktion *Wochentag()* mit der Funktion *Jetzt()* näher bestimmen.
- ➜ Eine Bedingung, die als WAHR ausgewertet wird, nimmt immer einen Wert ungleich 0 an.
- ➜ Wenn Sie einen Wert ungleich 0 überprüfen, muß dies nicht explizit angegeben werden. Die Abfrage

  ```
  If Kursiv() Then
  ```

  ist gleichbedeutend mit

  ```
  If Kursiv() = 1 Then
  ```

„Sowohl als auch" oder „entweder oder" - Mehrere Bedingungen zusammenfassen

If...Then...Else bzw. *While...Wend* überprüfen bei normaler Verwendung jeweils nur eine Bedingung pro Zeile.

Bedingungen mit OR zusammenfassen

Formulieren Sie mehrere Bedingungen, die Sie mit dem logischen Operator OR zusammenfassen. Dann wird die Bedingung mit WAHR ausgewertet, wenn eine der Bedingungen erfüllt ist.

Bedingungen mit AND zusammenfassen

Wenn Sie mehrere Bedingungen mit dem logischen Operator AND zusammenfassen, werden diese nur als WAHR ausgewertet, wenn *alle* einzelnen Bedingungen erfüllt sind.

Bedingungen mit NOT umkehren

Sie können einen Vergleichsausdruck negieren, wenn Sie den logischen Operator NOT davor setzen. Die beiden Ausdrücke

```
If Not AnsichtLayout() Then AnsichtLayout
If AnsichtLayout = 0 Then AnsichtLayout
```

machen dasselbe: Nur wenn die Layoutansicht nicht eingeschaltet ist, wird sie aktiviert.

Beispiel Der OR-Operator

Unser Beispiel der Abfrage des Wochentages hätten wir auch so durchführen können:

```
Sub MAIN
TagHeute = Wochentag(Jetzt())
If Tagheute = 7 Or TagHeute = 1 Then
    MsgBox „Heute ist Wochenende, Du hast frei!"
Else
    MsgBox „Heute mußt Du arbeiten gehen!"
EndIf
End Sub
```

Beispiel Der AND-Operator

Im folgenden Makro wird überprüft, ob der Text, den Sie bearbeiten, geändert wurde und ob er sich in der Layoutansicht präsentiert – wenn ja, wird in die Normalansicht geschaltet und gespeichert. Wenn er in der Normalansicht angezeigt wird, wird er gespeichert:

```
...
If IstDokumentGeändert() = -1 AND AnsichtLayout() = -1 Then
    AnsichtNormal
    DateiSpeichern
ElseIf IstDokumentGeändert() = -1 AND AnsichtNormal() = -1
    DateiSpeichern
EndIf
```

Weil nur diese Tätigkeiten durchgeführt werden sollen – in der Gliederungsansicht also nichts geschehen soll –, wird keine *Else*-Anweisung formuliert.

Beachten Sie, daß eine Abfrage

```
If TagHeute = 7 OR 1
```

nicht funktioniert; die Abfrage muß immer komplett wiederholt werden:

```
If TagHeute = 7 OR TagHeute = 1
```

Wenn AND- und OR-Operatoren in einem Ausdruck verwendet werden, werden zuerst die Bedingungen ausgewertet, die mit AND verknüpft wurden, dann die mit OR verknüpften. Dabei wird von links nach rechts vorgegangen (also in Leserichtung). Durch Klammern können Sie die Ausführungsreihenfolge steuern.

Angemessene Reaktionen - Mehr als zwei Bedingungen prüfen

176

Sie wollen in einem Makro z. B. den Wochentag zuordnen, doch die *If...Then*-Strukturen überprüfen mehr als zwei Bedingungen nur sehr umständlich.

Mit Select...Case werden verschiedene Bedingungen geprüft

Wenn Sie die Struktur

```
Select Case Ausdruck
Case Case-Ausdruck
    Anweisungen für diesen Fall
End Select
```

verwenden, können Sie beliebig viele Ausdrücke überprüfen.

Beispiel Die Select...Case-Struktur

Unser Makro, das den Wochentag ausgibt, soll ein wenig verfeinert werden: Nicht nur die beiden Wochentage *Samstag* und *Sonntag* sollen ausgegeben werden, auch die anderen Wochentage sollen in der Messagebox erscheinen:

```
Sub MAIN
TagHeute = Wochentag(Jetzt())
Select Case TagHeute
Case 1
    WTag$ = Sonntag
Case 2
    WTag$ = Montag
Case 3
    WTag$ = Dienstag
Case 4
    WTag$ = Mittwoch
Case 5
    WTag$ = Donnerstag
Case 6
    WTag$ = Freitag
Case 7
    WTag$ = Samstag
End Select

If Tagheute = 1 Then
    MsgBox „Heute ist Sonntag, Du hast frei!"
ElseIf TagHeute = 7 Then
    MsgBox „Heute ist Samstag, Du hast zwei Tage frei!"
Else
    MsgBox „Heute ist" + Wtag$ + „ , heute mußt Du arbeiten gehen!"
EndIf
End Sub
```

Erst weisen wir also mit *Select...Case* der Variablen *WTag$* jeweils den Namen des Wochentages zu. Nach der Überprüfung, ob es möglicherweise Wochenende ist, wird der Name des Wochentages in einer Messagebox ausgegeben.

Die *Select Case*-Abfrage wird wesentlich schneller als die Abfrage mit *If...Then...Else* ausgeführt. Sie ist daher nicht nur wegen Ihrer besseren Lesbarkeit vorzuziehen.

Wie ein Roboter - Wenn WinWord Anweisungen mehrfach ausführen soll

Oftmals möchte man Anweisungen eine definierte Anzahl von Malen ausführen lassen.

Die For...Next-Schleife verwenden

Wenn Sie Anweisungen mehrfach ausführen lassen wollen, definieren Sie einen Schleifenzähler, der in der *For...Next-Schleife* bestimmt, wie oft die Gruppe von Anweisungen ausgeführt werden soll.

Beispiel Absätze einfügen mit For...Next

Sie möchten eine Anzahl von Absätzen in das Dokument einfügen. In einer Messagebox erfragen Sie einen Wert, wandeln ihn in eine Zahlvariable um und bauen darauf die Schleife auf:

```
Sub MAIN
Anz$ = InputBox$(„Wie viele leere Absätze sollen eingefügt werden?“)
Anz = Val(Anz$)
For Schleife = 1 to Anz
    EinfügenAbsatz
Next Schleife
End Sub
```

Sehr praktisch ist es auch, die Anzahl der Schleifendurchgänge durch einen WordBasic-Befehl ermitteln zu lassen; so ermittelt die Funktion *ZählenSchriftarten()* die Anzahl der im System installierten Schriftarten. So können Sie mit

```
For Zahl = 1 to ZählenSchriftarten()
```

ein Makro erstellen, das eine Funktion für jede Schriftart einmal durchführt, siehe Trick *Die große Fontvielfalt - Alle vorhandenen Schriftarten als Liste ausdrucken.*

Sie können auch ein sog. *Inkrement* angeben, eine Zahl also, die festlegt, in welcher Schrittweite die Ausführung erfolgen soll:

```
For Zähler = 1 to 100 Step 10
```

Dadurch wird die nachfolgende Anweisung zehnmal ausgeführt. Der Zähler wird zwar bis 100 hochgezählt, jedoch nur jede zehnte Zahl führt zur Ausführung der Anweisung.

Tips und Tricks zur Makroprogrammierung

Wenn Sie in der Programmierung noch nicht allzu heimisch geworden sind, können Ihnen kleine Tricks das Leben nicht unerheblich erleichtern. Besonders interessant sind sicher selbsterstellte Dialogfelder und die Arbeit damit, denn so wird WinWord wirklich zum persönlichen Programm.

Im Blick behalten - Unübersichtliche Makros übersichtlich machen

Selbst für erfahrene Programmierer ist es sehr schwer, ein Programm ohne Kommentare „zu lesen", seine Funktionen anhand des Quellcodes (= des geschriebenen Programmcodes) nachzuvollziehen, wenn etwa Änderungen oder Erweiterungen angesagt sind.

Kommentare einfügen

Fügen Sie mit der Anweisung REM oder einem Apostroph ‘ einen Kommentar ein, der Ihnen auch noch nach Wochen und Monaten sagt, welcher Geistesblitz Sie zu genau dieser Formulierung gebracht hat.

Beispiel Kommentare in Makros verwenden

Kommentare werden bei der Interpretation nicht beachtet, sie beeinflussen auch nicht die Geschwindigkeit des Ablaufs eines Programms. Diese werden in WordBasic durch ein Apostroph ‘ eingeleitet, dürfen bis zum Ende der Zeile gehen und dürfen beliebige Zeichen enthalten:

```
'Zinsberechnung Version 1.1 vom 30. Juni 1994
'Autor: MF
```

Sie dürfen auch mitten in einer Zeile beginnen:

```
BeginnDokument 'Sprung an den Anfang des Dokuments
```

Die Kommentare sollten ebenfalls in die Ebene eingerückt werden, zu der sie innerhalb der Struktur gehören:

```
...
For Monat = 1 = 12
'Für alle Monatswerte
    For Tag = 1 to 30
    'Für alle Tageswerte
    Einfügen Str$(Tag)
    'Tageswert einfügen
    Next Tag
EinfügenAbsatz
Next Monat
```

Das Beispiel zeigt auch, wie man eine For...Next-Anweisung verschachteln kann.

Mit WinWord im Dialog - Einfache Dialogboxen erstellen

In vielen Makros wird eine einfache Dialogbox benötigt, die entweder eine *Ja/Nein*-Abfrage enthält oder ein *OK* vom Anwender erwartet. Den Dialog-Editor zu bemühen, ist dafür zu umständlich.

Die Funktion MsgBox() benutzen

Viele Anwender kennen die Funktion *MsgBox*, mit der eine einfache Textmeldung erstellt werden kann. Weniger bekannt ist, daß die Funktion *MsgBox( )* für eine Verzweigung benutzt werden kann.

Beispiel Mit MsgBox() eine Dialogbox erstellen

Verwenden Sie folgende Syntax:

```
MsgBox(Meldung$,Fenstertitel$,Art der Dialogbox)
```

Die Art der Dialogbox wird durch folgende Zahlen bestimmt:

Die Art der Message-Box festlegen

Zahl	Beschreibung der Box
0	Nur Schaltfläche *OK* (Standard)
1	Schaltflächen *OK* und *Abbrechen*
2	Schaltflächen *Abbrechen*, *Wiederholen* und *Ignorieren*
3	Schaltflächen *Ja*, *Nein* und *Abbrechen*
4	Schaltflächen *Ja* und *Nein*
5	Schaltflächen *Wiederholen* und *Abbrechen*

Um die gedrückte Schaltfläche auszuwerten, fragen Sie folgende Zahlen ab:

Der von MsgBox() zurückgelieferte Wert

Wert	Schaltfläche	Bedeutung
-1	linke Schaltfläche	*OKJaAbbrechen*
0	zweite Schaltfläche	*AbbrechenNeinWiederholen*
1	dritte Schaltfläche	*AbbrechenIgnorieren*

Wenn Sie das Ergebnis der Dialogbox in eine Variable übergeben, können Sie sie auf höchst einfache Weise abfragen:

```
x = MsgBox(„Suche wiederholen?", „Wortsuche", 4)
If x = - 1 Then BearbeitenSuchen
```

Die schlichte erste Zeile liefert die (ebenso schlichte) Dialogbox.

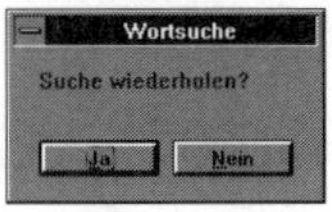

Nachgefragt - Dialogfeldoptionen einlesen und ändern

180

In vielen Fällen müssen Sie im Makro die vorherrschenden Einstellungen in einer Dialogbox abfragen und – in Abhängigkeit von der aktuellen Einstellung – mit anderen Werten wieder schließen.

Dialogdatensatz mit Dim...As erstellen

Nachdem Sie einen Dialogdatensatz mit *Dim...As* festgelegt haben, öffnen Sie das Dialogfeld und lesen die aktuellen Werte ein; nach einer Änderung wird die Dialogbox wieder abgespeichert.

Beispiel Verzeichniswechsel per Dialog

Das folgende Makro wechselt in das Verzeichnis, in dem die Dokumentvorlagen gespeichert werden, öffnet die Dialogbox *Datei Öffnen*, gibt als Dateityp **.DOT* an und führt anschließend diesen Dialog aus:

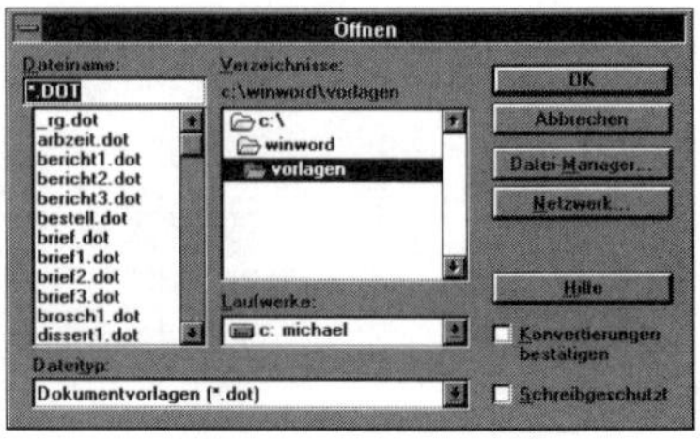


```
Sub MAIN
ChDir DefaultDir$(2)
    'Wechselt in das Extras Optionen Dateiablage angegebene DOT-Verzeichnis
Dim VorlagenÄndern As Dateiöffnen
    'Definiert den von Ihnen erfundenen Dialogdatensatz
GetCurValues VorlagenÄndern
    'Liest die aktuellen Werte ein
VorlagenÄndern.Name = „*.DOT"
    'Zeigte im Feld Name den neuen Dateityp an
Dialog VorlagenÄndern
    'Zeigt die Dialogbox Datei Öffnen an
Dateiöffnen VorlagenÄndern
End Sub
```

Inspektion - Kontrollkästchen prüfen und einstellen

181

Viele Makros erlauben das Einstellen von Schaltflächen. Doch welchen Wert hat die Schaltfläche vorher?

Mit der ABS-Funktion arbeiten

In einer Dialogbox haben aktivierte Kontrollkästchen den Wert 1, nicht aktivierte dagegen den Wert 0. Wenn Sie den Wert 0 ermittelt haben, können Sie durch Subtrahieren von 1 und Umwandlung in den Absolutwert den umgekehrten Wert einstellen.

Beispiel Ändern der aktuellen Einstellungen

Folgendes Makro liest die aktuelle Einstellung der Option *Überschreiben* auf der Registerkarte *Bearbeiten* des Menüpunktes *Extras Optionen* und ändert ihn ins Gegenteil.

```
Dim Dlg As ExtrasOptionenBearbeiten
GetCurValues Dlg
dlg.Überschreiben = Abs(Dlg.Überschreiben - 1)
ExtrasOptionenBearbeiten Dlg
```

Nach der Definition des Dialogbox-Datensatzes werden mit *GetCurValues* die aktuellen Einstellungen gelesen, und vom Absolutwert der Option *Überschreiben* wird die Zahl 1 abgezogen. Dadurch wird aus 0 der Wert 1 (0 - 1 = -1, Absolutwert 1), aus 1 wird durch das gleiche Verfahren eine 0. Nach diesem Schritt werden die geänderten Werte zurückgeschrieben.

Stolperdrähte umgehen - Plausibilität einer Eingabe prüfen

182

Je besser Sie in einem Makro mögliche Fehleingaben abfangen, desto weniger laufen Sie Gefahr, daß die sog. *Laufzeitfehler* entstehen, Fehler also, die nicht Fehler im Makro selbst sind, sondern durch eine nicht erlaubte Eingabe, z. B. Division durch 0, provoziert wurden.

Überprüfen Sie die Plausibilität der Eingabe

Mit der *If...Then...Else*-Abfrage sollten Sie jede Eingabe, die zu einem Laufzeitfehler führen kann, auf ihre Plausibilität prüfen. Verwenden Sie neben den logischen Operatoren (siehe oben) dafür ggf. folgende Funktionen:

Len$()	Überprüfung der Länge eines Textes
Instr$()	Liefert die Position eines Zeichens
Left$()	Liefert die Zeichen ganz links
Right$()	Liefert die äußerst rechts befindlichen Zeichen
Ltrim$()	Entfernt führende Leerzeichen
Rtrim$()	Entfernt Leerzeichen am Ende eines Strings

Beispiel Plausibilitätsprüfung per Makro

Nehmen wir an, Sie möchten im Makro einen neuen Dateinamen erfragen:

```
Fehler1:
Name$ = InputBox$(„Bitte geben Sie den neuen Dateinamen an")
If Len(Name$) > 8 Then
    MsgBox „Es dürfen nicht mehr als 8 Zeichen sein!"
    Goto Fehler1
End If
```

Wenn für den Namen unerlaubterweise mehr als acht Zeichen angegeben werden, wird im Makro an die Sprungmarke *Fehler1* gesprungen und die Abfrage wiederholt.

Mit dieser Konstruktion überprüfen Sie, ob die eingegebene Stückzahl 0 oder negativ ist:

```
Fehler1:
Anzahl = Val(InputBox$(„Bitte geben Sie die Stückzahl an!"))
If Anzahl <= 0 Then
    MsgBox „Die Anzahl 0 oder ein negativer Wert sind nicht erlaubt "
    Goto Fehler1
End If
```

Datei-Attribute sind kein Hindernis - So läßt sich der Windows-Schreibschutz entfernen

183

Wenn Sie im Datei-Manager von Windows für eine Datei einen Schreibschutz gesetzt haben, ist der unter WinWord nicht aufzuheben.

Funktion AttributAbrufen() und AttributBestimmen verwenden

Mit der Funktion *AttributAbrufen( )* rufen Sie die Attribute einer anzugebenden Datei ab, mit *AttributBestimmen* können Sie die Attribute, die normalerweise vom Betriebssystem verwaltet werden, in einem WinWord-Makro setzen.

Beispiel Schreibschutz prüfen und ggf. löschen

Wenn Sie die Funktion *AttributAbrufen()* verwenden wollen, verwenden Sie die Syntax:

```
AttributAbrufen(Dateiname$)
```

Die Funktion liefert einen Wert zurück, der dem oder den gesetzten Attributen entspricht:

0	Keine Attribute
1	Schreibgeschützt
2	Versteckt
3	Systemdatei
32	Archivattribut

Sind mehrere Attribute gesetzt oder zu setzen, werden die Zahlen addiert.

Die Funktion *AttributBestimmen* dagegen setzt die Attribute einer anzugebenden Datei mit der Syntax:

```
AttributBestimmen Dateiname$, Attribut
```

Das folgende Makro stellt fest, ob eine Datei mit einem Schreibschutz versehen wurde und setzt diesen, falls es noch nicht der Fall ist:

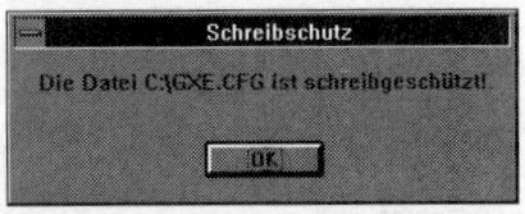


```
Sub MAIN
Datei$ = InputBox$(„Bitte den kompletten Pfad der Datei")
Attrib = AttributAbrufen(Datei$)
If Attrib Mod 2 = 1 Then
    MsgBox „Die Datei " + Datei$ + „ ist schreibgeschützt!" , „Schreibschutz"
Else
    AttributBestimmen Datei$, 1
End If
End Sub
```

Die Attribute *System* und *Archiv* dürfen nicht gleichzeitig gesetzt werden, der Wert 35 ist also nicht erlaubt und daher in einem Makro ggf. abzufangen.

Wenn Sie wissen wollen, ob eine Datei ein gesetztes Archivattribut hat, also nach der letzten Datensicherung geändert wurde, müssen Sie nur feststellen, ob der Wert für das Attribut über 32 liegt, was nur sein kann, wenn das Archivflag gesetzt ist.

Um das Schreibschutzattribut abzufragen, benutzen Sie den MOD-Operator: Diese Rechenoperation dividiert zwei Werte und liefert den Restwert der Division. Beispiel: Wurde der Wert 33 – geliefert durch die Attribute *Schreibschutz* und *Archiv* – mit MOD 2 untersucht, so ist der Rest eine ungerade Zahl, denn 33 MOD 2 ist 1 (33 durch 2 ist 16 Rest 1). Wenn die Datei dagegen nicht schreibgeschützt ist, ist der Wert von MOD immer 0, da es sich dann um eine gerade Zahl handelt. Sie dürfen auch die Zeile

```
If Attrib MOD 2 Then
```

statt

```
If Attrib MOD 2 = 1 Then
```

verwenden, da ein fehlender Vergleichswert gleich 1 ist.

Markiert oder nicht markiert? So ist's keine Frage

Viele Funktionen in Makros bedürfen der Markierung von mindestens einem Zeichen, damit sie funktionieren. Doch wie überprüft man, ob eine Markierung gemacht wurde?

Die Länge der Markierung ermitteln

Die Funktionen *AbrufenMarkierungAnfangPosition* und *AbrufenMarkierungEndePosition* liefern die Position der Markierung relativ zum Anfang des Dokuments zurück. Wenn beide gleich sind, ist die Länge gleich 0, es wurde also keine Markierung im Text vorgenommen.

Beispiel Das Makro ermittelt die Länge der Markierung

Das Makro sollte folgendes Aussehen haben:

```
Sub MAIN
    If AbrufenMarkierungAnfangPosition() = AbrufenMarkierungEndePosition() Then
    MsgBox „Es wurde keine Markierung gemacht!", „Fehler"
End If
End Sub
```

Die Fehlermeldung

Wenn Sie diese Funktion öfter benutzen, können Sie sich die Arbeit erleichtern: Sie definieren eine sog. *benutzerdefinierte Funktion*, eine Funktion also, die es in WordBasic (bis zu diesem Zeitpunkt) nicht gibt, die Sie jedoch benötigen:

```
Sub MAIN
    If Proof = 0 Then
    MsgBox „Es wurde keine Markierung gemacht!", „Fehler"
End IF
End Sub
```

Im ersten Teil des Makros rufen Sie die Funktion *Proof* auf, die Sie an einer anderen Stelle das Makros (am geeignetsten ist dafür das Ende des Makrotextes) auf diese Weise festgelegt haben:

```
Function Proof
    If AbrufenMarkierungAnfangPosition()=AbrufenMarkierungEndePosition() Then
    Proof = 0
  Else
    Proof = 1
    End If
End Function
```

Fehler nicht ausgeschlossen - Wenn WinWord Zeichen falsch zählt

185

Wir haben es schon erwähnt (und Abhilfe angeboten): WinWord zählt die Leertasten eines Textes nicht mit, wenn Sie die Funktion *Extras Wörter zählen* benutzen.

Länge der Markierung ermitteln

Wenn Sie den gesamten Text markieren und mit der Funktion *AbrufenMarkierungEndePosition* die Anzahl Zeichen ermitteln, werden *alle* Zeichen (also auch Absatzendezeichen und verborgener Text) eines Textes ermittelt.

Beispiel Zeichenzahl per Makro ermitteln

Das Makro sieht folgendermaßen aus:

```
Sub MAIN
BearbeitenAllesMarkieren
Anzahl = AbrufenMarkierungEndePosition()
MsgBox „Es wurden" + Str$(Anzahl) + „ Zeichen gezählt", „Wörter zählen"
Abbrechen
End Sub
```

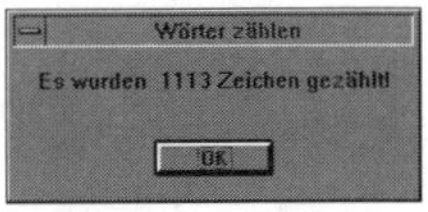

Nach dem Markieren des gesamten Dokuments wird die Funktion *AbrufenMarkierungEndePosition* bemüht, um die Anzahl der Zeichen in der Variablen *Anzahl* zu hinterlegen. Diese wandeln Sie mit dem Befehl *Str$()* in eine Textvariable um (da eine Messagebox nur solche Variablen anzeigen kann) und zeigen diese an.

Notizzettel überflüssig - Rechnungs- und andere Nummern hochzählen lassen

Wenn Sie eine Seriennummer hochzählen lassen wollen oder eine Serie von Rechnungsnummern vergeben wollen, müssen Sie die jeweils letzte Nummer irgendwo hinterlegen.

Werte in einer speziellen INI-Datei speichern

Anstatt die Daten in einer Textdatei abzulegen, legen Sie eine eigene INI-Datei im Windows-Verzeichnis an und hinterlegen die Daten mit dem Befehl *SetPrivateProfileString* in dieser Datei, aus der die Werte mit *GetPrivateProfileString$()* wieder eingelesen werden.

Beispiel Makro zur Nummernvergabe

Um Daten in einer INI-Datei abzulegen, verwenden Sie die WordBasic-Anweisung *SetPrivateProfileString* mit der Syntax:

```
SetPrivateProfileString Sektion$,Eintrag$,Wert$,Datei$
```

Sektion$	Name der Sektion in der INI-Datei, die dort in eckigen Klammern anzugeben ist, also [Rechnungsnummer]. Im Argument des WordBasic-Befehls ist diese eckige Klammer nicht anzugeben.
Eintrag$	Name des Eintrags, der in der INI-Datei mit einem Gleichheitszeichen abgeschlossen wird, etwa Nummer= .
Wert$	Welcher Wert wird dem Eintrag zugeordnet?
Datei$	Name der INI-Datei.

Wenn Sie beispielsweise eine Rechnungsnummer hochzählen lassen wollen, die in der Datei PRIVAT.INI in der Sektion [Nummer] abgelegt wird, so lautet der Befehl innerhalb Ihres Makros:

```
SetPrivateProfileString „Nummer", „Rechnung", „100", „PRIVAT.INI"
```

Wenn Sie diese Nummer in einem Makro zum Erstellen einer Rechnung einlesen, lautet der Befehl:

```
GetPrivateProfileString$( „Nummer", „Rechnung", „PRIVAT.INI")
```

Um diesen Wert einzulesen, um eins hochzuzählen und wieder zurückzuschreiben, lauten die Makrozeilen:

```
Sub MAIN
Datei = Val(GetPrivateProfileString$(„Nummer", „Rechnung", „PRIVAT.INI"))
Datei = Datei + 1
SetPrivateProfileString „Nummer", „Rechnung", Str$(Datei), „PRIVAT.INI"
...
'Weitere Verarbeitung
...
End Sub
```

Beachten Sie, daß in der INI-Datei nur String-Variable gespeichert werden. Zahlen werden dort ebenfalls als String-Variable abgelegt und müssen mit dem Befehl VAL in numerische Variable zurückverwandelt werden.

Es gibt auch den Befehl *SetProfileString*, der Daten mit gleicher Syntax in die WIN.INI schreibt. Dort sollten Sie aus Gründen der Übersichtlichkeit und um eine Überlastung dieser Datei zu vermeiden, keine eigenen Werte ablegen.

Sie können auch eine Textdatei verwenden, doch dort können Sie nur sehr schwer Sektionen bilden und abfragen. Das hat zur Folge, daß Sie dort nur mit viel Aufwand mehr als einen Wert ablegen können.

Rechnungen mit ihrer Nummer speichern - Die Dateinummer zählt automatisch hoch

187

Oft möchte man eine Datei automatisch mit einer Nummer als Dateiname abspeichern, etwa eine Rechnung mit der Rechnungsnummer als Name.

Nummer per Makro in INI-Datei ablegen

Wie im vorigen Tip beschrieben, hinterlegen Sie die Nummer in einer INI-Datei und zählen jeweils um eins hoch, bevor Sie sie für die Vergabe des Namens verwenden.

Beispiel: Nummer per Makro vergeben

So holen Sie die Nummer aus der INI-Datei und verwenden sie für die Namensvergabe:

```
Sub MAIN
Datei = Val(GetPrivateProfileString$(„Nummer“, „Rechnung“, „PRIVAT.INI“))
Datei = Datei + 1
SetPrivateProfileString „Nummer“, „Rechnung“,Str$(Datei), „PRIVAT.INI"
Dim dlg As DateiSpeichernUnter
GetCurValues dlg
dlg.Name = LTrim(Str$(Datei))
DateiSpeichernUnter dlg.Name
End Sub
```

Externe Variable können auf anderen Rechnern nicht benutzt werden

Wenn Sie eine INI-Datei benutzen, um externe Variable zu hinterlegen, funktioniert ein Makro, das auf diese Variable zurückgreift nur, wenn Sie auch die INI-Datei mitliefern. Anderenfalls entstehen Laufzeitfehler.

Dokumentvariable benutzen

Hinterlegen Sie im betreffenden Dokument mit der Makro-Anweisung *DokumentVariableBestimmen* eine Variable, die deswegen *Dokumentvariable* heißt, weil sie mit dem Dokument zusammen abgespeichert wird und daher auch auf anderen Rechnern zugriffsfähig ist.

Dokumentvariable anlegen

Dokumentvariablen lassen sich nur durch ein Makro anlegen. Die Syntax lautet:

```
DokumentvariableBestimmen Name$, Text$
```

Wenn Sie beispielsweise einen Hinweis zu einem Dokument hinterlegen wollen, so lautet die Makroanweisung:

```
DokumentvariableBestimmen „Hinweis“, „Bitte Absatz 3 prüfen"
```

Das folgende Makro erfragt beim Schließen eines Dokuments eine Anmerkung:

```
Sub MAIN
On Error Goto Schließen
Anmerkung$ = InputBox$(„Bitte eine Anmerkung für diesen Text"
DokumentVariableBestimmen „DokHinweis", Anmerkung$
Schließen
Err = 0
On Error Resume Next
DateiSchließen
End Sub
```

Beachten Sie, daß die beiden Fehlerbehandlungs-Routinen eingebaut werden müssen, da der Anwender möglicherweise die Abfrage nach der Anmerkung oder zum Speichern durch Esc abbricht.

Dokumentvariable auslesen

wenn Sie eine hinterlegte Dokumentvariable auslesen wollen, so verwenden Sie dafür die Syntax:

```
AbrufenDokumentVar$(Name$)
```

Wenn Sie die in unserem letzten Beispiel hinterlegte Variable ausgeben wollen, so geschieht dies etwa so:

```
Sub MAIN
Anmerkung$ = AbrufenDokumentVar$(„DokHinweis")
MsgBox Anmerkung$, „Bitte beachten Sie den folgenden Hinweis:",48
End Sub
```

Dokumentvariable zählen oder Variablenamen auslesen

Mit der Anweisung:

```
ZählenDokumentVariablen()
```

können Sie die Anzahl der hinterlegten Dokumentvariablen erfragen. Um den Namen einer Variablen zu erfragen, gibt es die Anweisung:

```
AufrufenDokumentVarName$(Nummer)
```

Beide zusammen sind sehr nützlich, wenn Sie überprüfen wollen, ob es eine Variable bereits gibt:

```
Sub MAIN
Var$ = InputBox$(„Nach welcher Dokumentvariablen soll gesucht werden?")
AnzVariablen = ZählenDokumentVariablen()
If AnzVariablen > 0 Then
    For Anz = 1 to AnzVariablen
        If AbrufenDokumentVarName$(AnzVariablen) = Var$ Then
            MsgBox „Die Variable" + Var$ + „gibt es schon!"
        Else
            MsgBox „Die Variable" + Var$ + „gibt es noch nicht!"
        End If
    Next Anz
Else
    MsgBox „Es existiert noch keine Dokumentvariable!"
End If
End Sub
```

Wenn Sie überprüfen wollen, ob das Hinterlegen der Dokumentvariablen erfolgreich war, verwenden Sie die Funktion:

```
Dokumentvariablen Bestimmen (Name$, Text$)
```

Wenn Sie verhindern wollen, daß eine leere Messagebox erscheint (weil keine Anmerkung hinterlegt wurde), so müssen Sie dies mit

```
If DokHinweis <> „" Then
```

Um Die Anmerkung aus dem oben angeführten Beispiel automatisch anzeigen zu lassen, geben Sie dem Makro den Namen *AutoOpen*, was bewirkt, daß beim Öffnen eines Dokuments immer automatisch geöffnet wird.

Sorgt für Ordnung - Liste von Absätzen mit bestimmter Formatierung erstellen

189

Sie haben in Ihrem Dokument eine große Anzahl von Absätzen mit einer bestimmten Formatierung erstellt, etwa der Formatvorlage *Beschriftung*. Diese möchten Sie in eine Liste einbringen, doch ein Abbildungsverzeichnis wird nur in dem Dokument erstellt, in dem sich auch die Beschriftungen befinden.

Textbaustein SAMMLUNG verwenden

Mit dem Textbaustein *Sammlung* tragen Sie alle derart formatierten Absätze zusammen und fügen die Sammlung in ein anderes Dokument ein. Anschließend schließen Sie das Dokument, ohne zu speichern, da die Sammlung die Absätze aus dem Text *löscht* und zusammenträgt.

Beispiel SAMMLUNG vom Makro erstellen lassen

Diese aufwendige Arbeit lassen Sie natürlich von einem Makro erledigen:

```
SubMAIN
BearbeitenSuchenLöschenFormatierung
BearbeitenSuchenFV .Formatvorlage = „Beschriftung"
BearbeitenSuchen .Suchen = „", .Richtung = 0, .Format = 1
While BearbeitenSuchenGefunden()
    Sammlung
    AbsatzUnten
    BearbeitenSuchen .Suchen = „", .Richtung = 0, .Format = 1
Wend
DateiSchließen 2
DateiNeuStandard
EinfügenSammlung
End Sub
```

Wenn Sie durch das Makro eine Datei öffnen wollen, können Sie sie aus Sicherheitsgründen schreibgeschützt öffnen.

Da nicht vorausgesetzt werden kann, daß nach dem Schließen des ersten Dokuments ein weiteres geöffnetes vorliegt, wird – um Laufzeitfehler zu vermeiden – eine neue Datei geöffnet.

Der Befehl *BearbeitenSuchenLöschenFormatierung* sollte am Anfang jedes Suchbefehls in einem Makro stehen. Der Grund ist einfach: Da immer die letzte Suche die Voreinstellung ist, entsteht ein Laufzeitfehler, wenn bei der letzten Suche ebenfalls eine Formatierung gesucht wurde und dies als Voreinstellung weiterverwendet wird.

Der Befehl *DateiSchließen 2* schließt die Datei, ohne sie abzuspeichern, was ja auch fatal wäre, denn die Sammlung hat alle Absätze mit der Beschriftung herausgelöscht.

War's das etwa schon? - Prüfen, ob das Dokumentende erreicht ist 190

In vielen Makros wird es nötig sein, eine Funktion so lange durchzuführen, bis das Dokumentende erreicht ist.

Funktion AmEndeDesDokuments abfragen

Verwenden Sie die Funktion *AmEndeDesDokuments()*, die den Wert -1 zurückliefert, wenn sich der Cursor am Ende des Dokuments befindet.

Beispiel Verwendung von AmEndeDesDokuments

```
BeginnDokument
While AmEndeDesDokuments() <> -1
    'Hier Anweisungen, die ausgeführt werden sollen
Wend
```

Sie können jedoch auch die beiden Funktionen *ZeileUnten()* und *AbsatzUnten()* verwenden, diese liefern erst dann einen Wert zurück, wenn das Ende des Dokuments erreicht ist, nämlich den Wert 0 (Null). Als besonders praktisch erweist sich hier, daß der Wert 0 nicht explizit ausformuliert werden muß:

```
While AbsatzUnten()
    'Anweisungen, die so lange ausgeführt werden sollen
Wend
```

WinWord ganz privat - Befehle editieren 191

Manche Originalbefehle des Programms sind in ihrer Ausführung vollkommen ausreichend, manche können jedoch je nach Anwender eine Verbesserung gut gebrauchen, etwa daß vor dem Schließen einer Datei automatisch gespeichert wird; derzeit sind dies zwei Vorgänge, die nacheinander ausgeführt werden müssen.

WinWord-Befehle in das Makro-Fenster laden und ändern oder ergänzen

Die WinWord-Befehle wie *DateiSpeichern* oder *AnsichtLineal* sind nicht starr vorgegeben, sondern können von Ihnen jederzeit geändert oder ergänzt werden. Dafür laden Sie den WinWord-Befehl in das Makrofenster und ergänzen ihn durch entsprechende weitere Befehle.

Beispiel Word-Befehle laden und ändern oder ergänzen

Wenn Sie beispielsweise den Befehl *DateiSchließen* dahingehend ändern wollen, daß vorher der Befehl *DateiSpeichern* ausgeführt wird, gehen Sie wie folgt vor:

1. Wählen Sie im Menü *Extras* den Menüpunkt *Makro*.

2. Im Feld *Makros aus* wählen Sie, daß Sie die Makros aus den WinWord-*Befehlen* auswählen wollen, dort suchen Sie das Makro *DateiSchließen* aus.

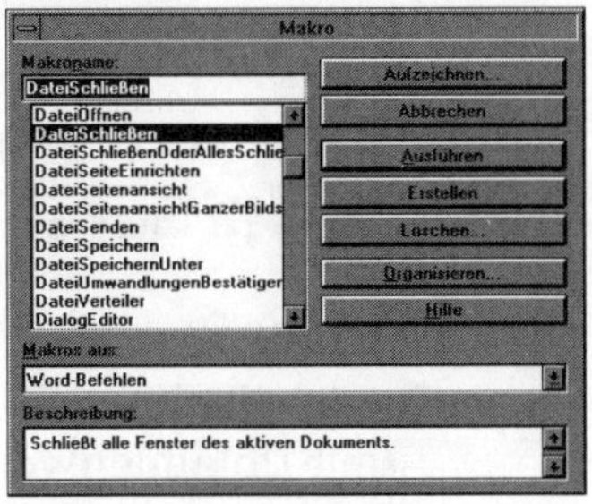

3. Im Feld *Makros aus* geben Sie nun an, daß das Makro in der *NORMAL.DOT* gespeichert werden soll.

4. Jetzt ist die Schaltfläche *Erstellen* verfügbar, die das Makrofenster öffnet, wo der Inhalt des Befehls sichtbar wird, – der in unserem Falle aus der schlichten Zeile

```
DokumentSchließen
```

besteht. Beachten Sie, daß der Befehl nicht identisch ist mit dem Menübefehl!

Der WinWord-Befehl im Makrofenster

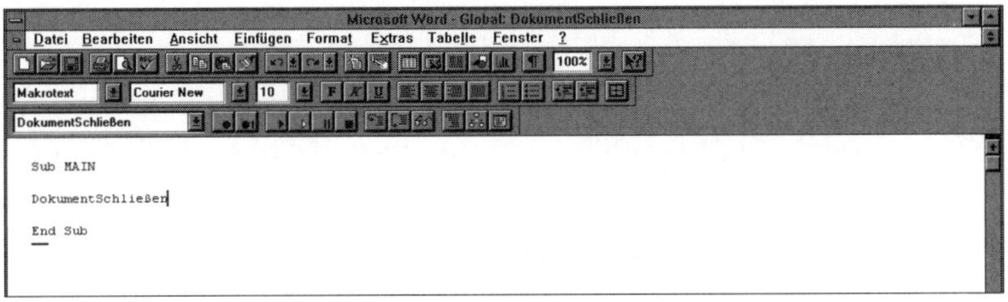

5. Dort ergänzen Sie den Befehl durch den WinWord-Befehl *DateiSpeichern* – dieser Befehl entspricht exakt der Funktion, die Sie über den gleichnamigen Menübefehl auslösen.

Der neue Befehl

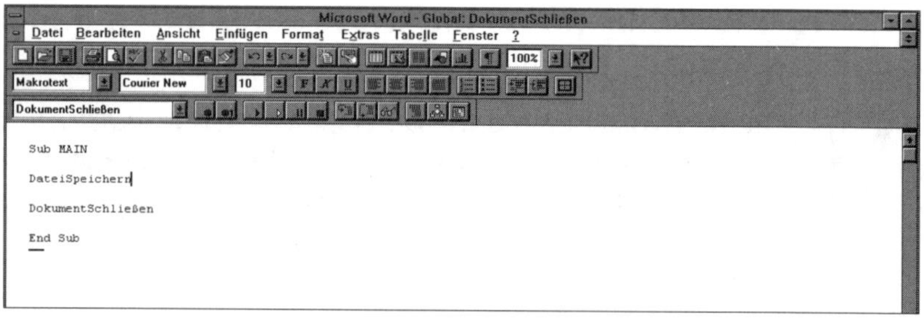

6. Mit Strg+F4 oder Strg+W schließen Sie das Makrofenster und beantworten die Frage nach dem Speichern wie immer mit *Ja*.
7. Wenn Sie den Befehl wieder in seiner Originalfunktion benutzen möchten, benennen Sie das Makro einfach um (dann steht es Ihnen weiter als Zusatzfunktion zur Verfügung) oder löschen es.

WinWord den Maulkorb aufsetzen - Das macht Befehle wirkungslos

Die WinWord-Befehle sind nicht in jeder Arbeitsumgebung erwünscht; wenn Sie beispielsweise für andere Anwender vorgefertigte Arbeitsumgebungen mit Dokumentvorlagen und Formatvorlagen erstellen, sollen „per-Hand"-Formatierungen nach Möglichkeit verhindert werden.

WinWord-Befehl im Makrofenster „bearbeiten"

Öffnen Sie, wie für das Ändern der WinWord-Befehle weiter oben beschrieben, den betreffenden Befehl und löschen außer den beiden Zeilen

```
Sub MAIN
End Sub
```

alle Befehlszeilen. Wenn dann der Befehl aufgerufen wird, passiert nichts. Sie können jedoch auch eine Nachricht hinterlassen:

```
Sub MAIN
    MsgBox „Das Sortieren ist nicht erlaubt!"
End Sub
```

Wenn dieser Befehl aufgerufen wird, erscheint eine Dialogbox, die den Anwender darauf hinweist, daß er eine unerlaubte Funktion aufgerufen hat.

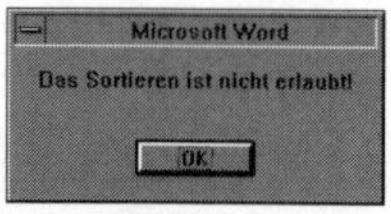

Beispiel Befehl TabelleSortieren deaktivieren

Wenn Sie beispielsweise den Befehl *TabelleSortieren* deaktivieren wollen, gehen Sie wie folgt vor:

1. Wählen Sie im Menü *Extras* den Menüpunkt *Makro*.
2. Im Feld *Makros aus* wählen Sie, daß Sie die Makros aus den WinWord-*Befehlen* auswählen wollen, dort suchen Sie das Makro *TabelleSortieren* aus.
3. Im Feld *Makros aus* geben Sie nun an, daß das Makro in der *NORMAL.DOT* gespeichert werden soll.

   Jetzt ist die Schaltfläche *Erstellen* verfügbar, die das Makrofenster öffnet, in dem der Inhalt des Befehls sichtbar wird.
4. Löschen Sie dort alle Zeilen bis auf die beiden obligatorischen Zeilen am Anfang und am Ende des Makros. Optional können Sie ein Dialogfeld anzeigen lassen.
5. Mit **Strg+F4** oder **Strg+W** schließen Sie das Makrofenster und beantworten die Frage nach dem Speichern wie immer mit *Ja*.
6. Wenn Sie den Befehl wieder in seiner Originalfunktion benutzen möchten, benennen Sie das Makro einfach um (dann steht es Ihnen weiter als Zusatzfunktion zur Verfügung) oder löschen es.

Wenn Sie das Dialogfeld noch mit einer eigenen Titelzeile und einem anderen Symbol versehen möchten, lautet die Zeile:

```
Sub MAIN
        MsgBox „Das Sortieren ist nicht erlaubt!", „Achtung", 16
End Sub
```

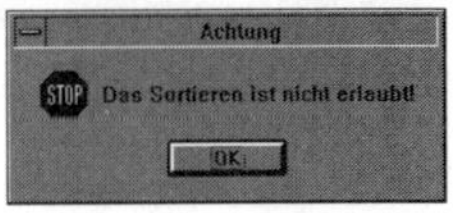

Folgende Regeln gelten:

Eine Titelzeile ist in Anführungszeichen zu setzen und dem Text der Dialogbox durch ein Komma getrennt anzufügen. Mit einem weiteren Komma werden die möglichen Zeichen durch eine Zahl angegeben:

Zahl	Bedeutung
0	Kein Symbol (Standardvorgabe)
16	Stoppzeichen
32	Fragezeichen
48	Ausrufezeichen
64	Informationszeichen

Verfügbare Zeichen für Dialogboxen

Die beliebtesten Fehler bei Makros

Es ist fast immer so: Nach langer, konzentrierter Arbeit ist das Makro fertig, und Sie starten den Stapellauf. Plötzlich erhalten Sie eine mehr oder weniger kryptische Fehlermeldung, und nun beginnt die hektische Fehlersuche.

Das Makro läuft nicht? - Clevere Fehlersuche

Wenn Sie Ihr Makro im Dokumentfenster testen, erhalten Sie vor dem Abbruch eine Fehlermeldung, doch können Sie nicht feststellen, welche Anweisung zu diesem Fehler geführt hat.

Testen Sie das Makro im Makrofenster schrittweise

Mit *Schrittweise prüfen* wird die Makroausführung bei jedem Mausklick auf die Schaltfläche um eine Zeile weitergeführt, wobei die ausgeführten Befehle markiert werden. Wenn ein Fehler gefunden wird, wird die Prüfung abgebrochen und die verursachende Zeile rot markiert.

Erstellen Sie eine Datei, in der Sie prüfen

Manche Anweisungen können nicht im Makrofenster ausgeführt werden, da dort die Voraussetzungen nicht simuliert werden können. Dann erstellen Sie eine Testdatei und machen Makrofenster und das Fenster der Testdatei gemeinsam sichtbar. Positionieren Sie den Cursor im Testfenster und klicken Sie auf die Schaltfläche *Schrittweise prüfen*. Das Makro wird daraufhin im Testfenster schrittweise geprüft.

Testdatei verwenden

Ein Beispiel: Sie haben ein Makro erstellt, das die Funktion

```
AbrufenFormularFeldergebnis$()
```

verwendet, um das Ergebnis eines Formularfeldes in Abhängigkeit eines anderen Formularfeldes zu ändern. Beim schrittweisen Prüfen meldet WinWord, daß diese Funktion nicht geprüft werden kann.

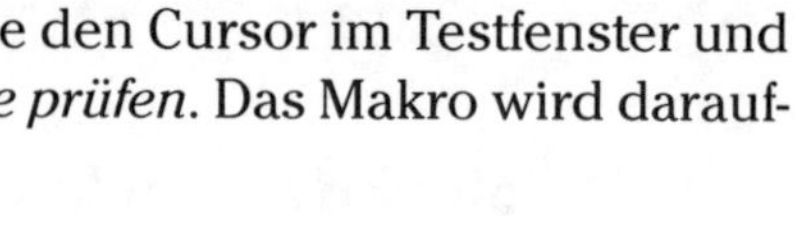

Nun müssen Sie wie folgt verfahren:

1. Erstellen Sie eine Testdatei, in der Sie die Situation nachstellen, in der das Makro eingesetzt wird, in unserem Falle bedarf es also der Formularfelder, wobei Sie darauf achten, daß Sie die Situation absolut genau nachstellen müssen. In diesem konkreten Fall müssen Sie also die Textmarken der Formularfelder korrekt verwenden.
2. Machen Sie nun beide Fenster – das Fenster der Testdatei und das Makrofenster – sichtbar, und plazieren Sie den Cursor in der Testdatei.

Das Testen mit einer Testdatei

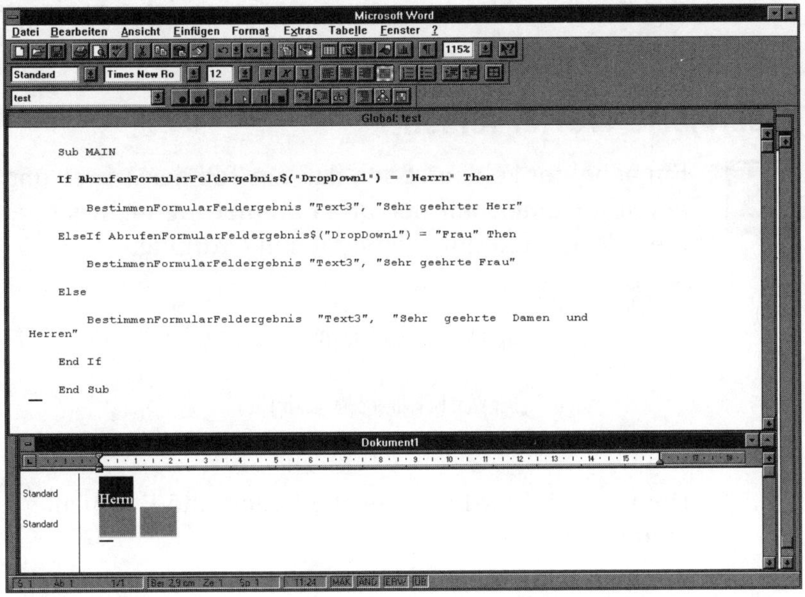

3. Klicken Sie nun im Makrofenster auf die Schaltfläche *Schrittweise prüfen* und gehen Sie das Makro Zeile für Zeile durch.

Was war bloß falsch? WinWord meldet Syntaxfehler

Wenn Sie die Meldung *Syntaxfehler* erhalten, haben Sie den Befehl falsch verwendet. Doch die Hilfe gibt keinen näheren Aufschluß.

Anweisungen fehlen

Bestimmte Konstruktionen wie *If...Then...Else* erfordern eine genaue Beachtung der Syntax. Wenn Sie beispielsweise die Anweisung *End If* am Ende der *If...Then...Else*-Anweisung vergessen, ist dies ein klarer Verstoß gegen die Syntaxregeln.

Reservierte Wörter fehlen

Ein beliebter Fehler ist der, daß ein Teil der Anweisung weggelassen wird. So ist für einen mit der Programmierung nicht so vertrauten Anwender diese Konstruktion vollkommen in Ordnung:

```
If Wert > 10
    MsgBox „Der Wert ist größer als 10"
Else
    MsgBox „Der Wert ist kleiner oder gleich 10"
End If
```

Die von WinWord bemängelte fehlerhafte Benutzung ist schlicht das fehlende *Then*:

```
If Wert > 10 Then
    MsgBox „Der Wert ist größer als 10"
Else
    MsgBox „Der Wert ist kleiner oder gleich 10"
End If
```

Reservierte Namen nicht anderweitig verwenden

Die von WordBasic verwendeten Anweisungen etc. nennt man *reservierte Namen* – so ist etwa das Wort *MsgBox* für das Ausgeben einer Meldung reserviert. Jede anderweitige Benutzung – etwa als Name einer Variablen – führt zu einer Fehlermeldung.

Anführungszeichen vergessen

Jede Zeichenfolge muß in Anführungszeichen gesetzt werden, numerische Variable dagegen nicht. Wenn Sie vergessen, ein führendes Anführungszeichen wieder zu schließen, ist dies für WinWord ein Syntaxfehler. Beachten Sie: Eine Messagebox kann nur Zeichenketten wiedergeben, keine numerischen Variablen. Wenn Sie diese anzeigen wollen, müssen sie mit *Str$()* in eine Zeichenkette verwandelt werden.

Ein Punkt oder ein Komma fehlt

Alle Argumente von Dialogboxen müssen mit einem Punkt eingeleitet werden, die einzelnen Argumente werden durch Kommata getrennt:

```
BearbeitenSuchen .Suchen = Text, .Richtung = Zahl
```

Der Befehl *Bearbeiten Suchen* muß also durch den Suchtext und ggf. die Suchrichtung (oder weitere Argumente) ergänzt werden.

Eine geöffnete Klammer wurde nicht geschlossen

Wenn Sie eine Klammer öffnen, müssen Sie sie auch wieder schließen. In der folgenden Zeile wurde zum Schluß vergessen, daß sowohl die Funktion *Val()* als auch *InputBox()* eine öffnende und eine schließende Klammer haben müssen:

```
Anzahl = Val(InputBox$(„Bitte geben Sie die Stückzahl an!")
```

Keine Artenübereinstimmung - Was Sie jetzt machen sollten

Die Fehlermeldung *Keine Artenübereinstimmung* ist etwas skurril formuliert.

Numerische Variablen und Textvariable sorgfältig trennen

WinWord kennt nur zwei Typen von Daten: Numerische Daten und Zeichenfolgen. Diese werden sowohl bei der Zuweisung als auch in Anweisungen unterschiedlich gehandhabt.

Beispiel So werden Variablen unterschieden

Bei der Zuweisung von Datentypen können leicht Fehler wie dieser unterlaufen:

```
Name = „Müller"
```

ist beispielsweise falsch, da das fehlende Dollarzeichen auf eine numerische Variable weist, doch der Wert dieser Variablen ist nicht korrekt.

Dagegen erwartet die Funktion *Str$()* als Argument eine Zahl, um sie in einen Wert umzuwandeln. Die Anweisung

```
Zahl$ = Str$(„100")
```

ist falsch, weil nur Zeichenfolgen in Anführungszeichen gesetzt werden dürfen.

Ungültige Parameteranzahl? Die Fehlermeldung ist schnell behoben

Sie haben einen Wert nicht angegeben

Wenn Sie eine Anweisung benutzen, die einen Wert erfordert, so müssen Sie diesen auch angeben.

Beispiel Anweisungen richtig benutzen

Anschaulich wird dieses Vorgehen schon bei recht häufig verwendeten Anweisungen. Beispielsweise ist die Anweisung

```
MsgBox
```

nicht erlaubt, da zumindest der anzuzeigende Text in Anführungszeichen angegeben werden muß. Auch

```
Str$()
```

kann ohne die Angabe des umzuwandelnden Wertes nicht verwendet werden.

Sie haben einen Wert zuviel angegeben

Viele Anweisungen haben zwar eine Klammer, sie benötigen dennoch kein weiteres Argument:

```
Wort$ = Markierung$(1234)
```

ist nicht möglich, da der Wert der Variablen immer der markierte Text ist.

Unbekannte(r) Befehl, Unterroutine oder Funktion? - Das war der Fehler

Diese Fehlermeldung weist auf eine gänzlich falsche Funktion hin.

Sie haben einen Schreibfehler gemacht

Die meisten Fehler dieser Art werden durch Schreibfehler erzeugt, etwa

```
BearbeitenErstezen
```

Überprüfen Sie also die Schreibweise auf eventuelle Fehler.

Sie haben das Dollarzeichen vergessen

Viele Anwender vergessen das Dollarzeichen einer Anweisung:

```
Datei$ = InputBox(„Bitte den kompletten Pfad der Datei")
```

Die Anweisung *InputBox* wird jedoch mit einem Dollarzeichen verwendet: *InputBox$*

Sie haben zwei Begriffe ohne Leerzeichen verwendet

Auch das Leerzeichen kann zu der besagten Fehlermeldung führen: Wenn Sie

```
EndIf
```

statt

```
End If
```

verwenden, ist dies ein unbekannter Befehl. Auch *End Dialog* wird gern zusammengeschrieben.

WinWord meldet Bezeichnung doppelt - Was steckt dahinter? 198

Sie haben zwei gleiche Sprungmarken definiert

Wenn Sie mit *Goto* eine Sprungmarke anspringen, die es zweimal gibt, wird diese Fehlermeldung erzeugt.

Zwei Funktionen oder Unterprogramme haben denselben Namen

Wenn Sie benutzerdefinierte Funktionen erstellen oder mit Unterroutinen arbeiten, müssen diese immer unterschiedliche Namen haben.

WinWord nörgelt „Falscher Parameter" 199

Der angegebene Parameter liegt außerhalb des Gültigkeitsbereiches

Wenn Sie beispielsweise eine Schriftart wählen, deren Wert außerhalb des Gültigkeitsbereiches liegt, so wird diese Fehlermeldung Sie darauf hinweisen.

Kommunikationsstörung - Warum WinWord Nicht definiertes Aufzeichnungsfeld meldet 200

Sie haben ein Argument einer Anweisung benutzt, das es nicht oder so nicht gibt

Jeder WinWord-Befehl wird als eigene Anweisung geführt, die Parameter des Befehls werden als Argumente mit einem Punkt vorangestellt:

```
FormatZeichen .Punkt = 40
```

Wenn Sie nun entweder einen Schreibfehler machen (*Puntk* oder einen ähnlichen Dreher) oder aber meinen, es hieße

```
FormatZeichen .Größe = 40
```

werden Sie mit dieser Meldung darauf aufmerksam gemacht.

Die Zusatzprogramme

Ihrer Kreativität sind (fast) keine Grenzen gesetzt - Zeichnen mit MS-Draw

Die Zusatzprogramme von Word (WordArt, das Zeichnungsmodul, der Formel-Editor und Graph) sind nicht zu unterschätzen. Mit einigen Tricks kann man ihnen Resultate entlocken, die nicht viel oder gar nicht hinter denen „großer" Programme zurückbleiben.

Halbe Sachen - Die Überschrift steht „mit den Füßen" in einem grauen Raster

Ein mögliches Stilelement für das Hervorheben von Überschriften oder Kommentaren ist ein teilweises Hineinstellen in ein graues Raster - eine komplette Aufrasterung wirkt häufig zu massiv.

Beispiel für eine Verknüpfung von Zeichnungselementen mit Text

> **So individuell können Sie bauen**
>
> Wir freuen uns, Ihnen mitteilen zu können, daß wir ein nur mäßig teures Baugrundstück in reizvoller Nähe einer begrünten Müllkippe gefunden haben. Dem Bauordnungsamt zufolge sind dort zwei der von uns angebotenen Gebäudetypen bauerlaubnisfähig:
>
> **Das ökologische Massivhaus.**
>
> Dieses Haus ist die Alternative für die Vorsichtigeren unter den Naturfreunden. Das Haus ist komplett mit Poroton-Steinen gemauert. Das ökologische Element bringen wir durch zwei Sonderleistungen ins Spiel:

Gezeichnetes Rechteck hinter den Text stellen

Ziehen Sie das Rechteck zunächst über dem Text auf und positionieren Sie es nach Wunsch. Füllen Sie es aus und stellen Sie die Außenlinie auf *unsichtbar*. Stellen Sie das Rechteck dann in den Hintergrund.

Grauer Boden für den Text

1. Aktivieren Sie die Zeichnungs-Symbolleiste mit der Dialogbox *Ansicht Symbolleisten*.
2. 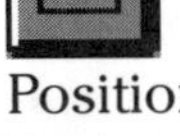 Ziehen Sie mit dem Rechteck-Werkzeug ein Rechteck in der passenden Größe auf.
3. Positionieren Sie das Rechteck nach Wunsch. Ist es noch nicht ausgefüllt, müssen Sie mit der Maus zum Verschieben auf die Außenlinie zielen.

Rahmen und Text - der erste Schritt

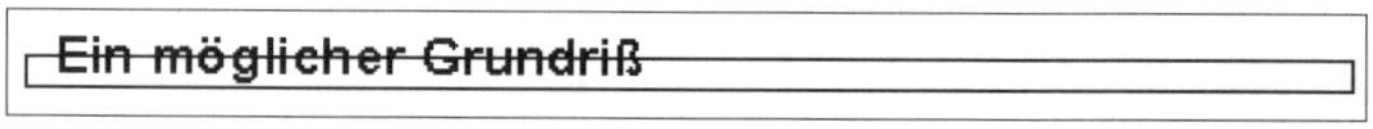

4. Klicken Sie doppelt auf die Außenlinie des Rechtecks und stellen Sie in der daraufhin erscheinenden Dialogbox die nötigen Eigenschaften ein: Farbe 10% Grau (*Ausfüllen*), *Linie Ohne* (*Linie*).
5. Stellen Sie das graue Rechteck durch einen Klick auf das entsprechende Symbol in den Hintergrund des Textes.

Sollten Sie jetzt oberhalb der Überschrift noch zusätzlichen Text einfügen, wird das Raster mit nach unten verschoben; alle Zeichnungselemente sind standardmäßig so voreingestellt. Wenn Sie das ändern wollen, müssen Sie die Dialogbox *Zeichnungselement formatieren* öffnen (am besten mit dem Kontextmenü) und in der Registerkarte *Größe und Position* in der Rubrik *Vertikal von:* von *Seitenrand* auf *Absatz* wechseln.

Nach einer Änderung wird die neue Einstellung zum Standard; haben Sie also eine Rasterung für ein Rechteck eingestellt, wird das nächste Rechteck beim Erstellen direkt schon mit einem Raster versehen. Das gleiche gilt für Änderungen bei der Linienart, -stärke und -farbe.

Kreativität ist Trumpf - Cliparts verändern

Zum Lieferumfang von Word gehören auch einige Dutzend kleine Grafiken, die sogenannten Cliparts. Häufig paßt so ein Clipart fast ins Konzept - aber nicht ganz. Ein paar kleine Änderungen müßten vorgenommen werden.

Cliparts in Grafikbearbeitungsbildschirm übernehmen

Klicken Sie doppelt auf die Grafik. Sie wird daraufhin in den Grafikbearbeitungsbildschirm von Word geladen. Sie können hier nach Belieben alle Einzelteile manipulieren.

Cliparts manipulieren

Im normalen Bearbeitungsmodus können Sie ein Clipart nicht mit dem Befehl *Gruppierung aufheben* in seine Einzelteile aufsplitten - Word kommentiert das mit der Meldung, es handele sich hier nicht um ein Zeichnungselement. Stimmt ja auch.

Klicken Sie daher doppelt auf die Grafik, um sie in den Grafikbearbeitungsbildschirm zu übernehmen.

Hier ist die Gruppierung von vornherein schon aufgelöst, und Sie können direkt darangehen, die Elemente zu verschieben, ihre Größe zu ändern oder sie anders zu füllen.

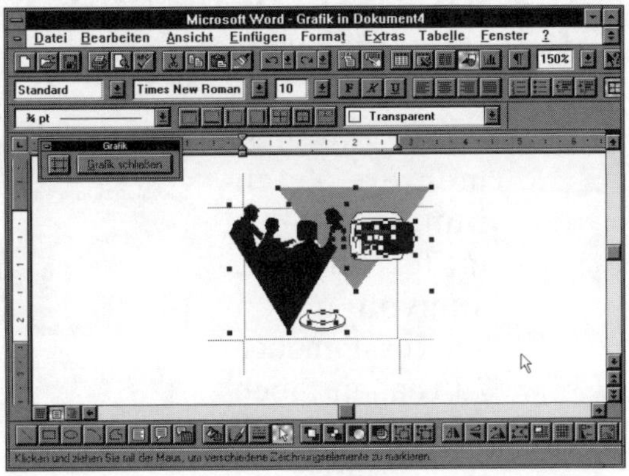

Wenn Sie wollen, können Sie sogar die Form der einzelnen Elemente verändern, zumindest, soweit es sich um Vielecke handelt.

Diese Möglichkeit beschränkt sich nicht auf Cliparts. Vielmehr können Sie jedes beliebige Freihandelement (Vielecke oder Mehrfachlinien) so manipulieren, auch im normalen Bearbeitungsmodus. Außerdem können Sie grundsätzlich alle vektororientierten Grafiken manipulieren, auch wenn sie aus anderen Programm stammen. Solche Grafiken werden z. B. mit CorelDRAW! und Freelance erzeugt.

Mit dem nebenstehenden Symbol haben Sie die Möglichkeit, jeden der Markierungspunkte eines geeigneten Objektes anzuklicken, an eine andere Stelle zu ziehen und damit natürlich die Form des gesamten Objektes zu ändern.

Sie können der Form sogar weitere Punkte hinzufügen, indem Sie mit gedrückter **Strg**-Taste auf eine freie Stelle auf der Außenlinie klicken. Klicken Sie dagegen auf die gleiche Weise auf einen Punkt, wird dieser gelöscht, und die Form verliert an Komplexität.

Platz da - Zeichenelemente sollen Text verdrängen

Wenn Sie z. B. mehrere Zeichnungselemente im Text zu einem sinnvollen Ganzen zusammengefaßt haben, möchten Sie dieses Gebilde wahrscheinlich wie eine normale Grafik behandeln. Mit anderen Worten, sie soll wie ein großer Buchstabe in einem eigenen Absatz zwischen zwei anderen Absätzen stehen und mit dem Text mitfließen.

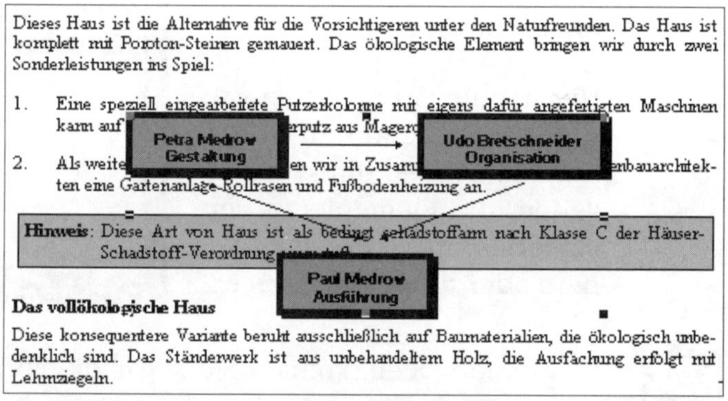

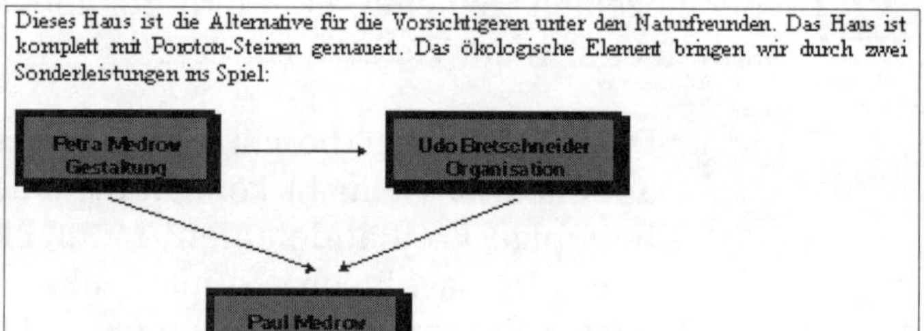

Das übliche Verhalten von Zeichnungselementen ist aber, daß sie Text überlappen bzw. dahinter liegen.

Elemente markieren und zur Grafik machen

Markieren Sie die zusammengehörigen Elemente, indem Sie sie bei gedrückter **Umschalt**-Taste hintereinander anklicken, und klicken Sie auf das Symbol *Grafik erstellen.* Sie verwandeln die Elemente damit in eine Grafik, ohne überhaupt erst in den Grafikbildschirm zu wechseln.

Die **Umschalt**-Taste hat eine besondere Funktion, je nachdem in welchem Zustand sich das angeklickte Objekt gerade befindet: ein nicht aktives Objekt wird markiert und ein markiertes verliert seine Markierung.

Um eine Markierung wieder aufzuheben, klicken Sie einfach an eine beliebige andere Stelle.

Darüber hinaus können Sie einen Markierungsrahmen um beliebig viele Zeichnungselemente ziehen, um alles zu markieren, was sich innerhalb des Rahmens befindet. Dazu muß allerdings die Schaltfläche mit dem Zeiger in der Zeichnungsleiste aktiviert sein.

Um die Grafik wieder zu verändern, gehen Sie vor, wie bei der Manipulation von Cliparts: Klicken Sie doppelt darauf und nehmen Sie die Änderungen im Grafikbearbeitungsbildschirm vor.

Der Stammbaum der Firma - Organigramme schnell und genau erstellen

203

Organigramme sind mit dem Zeichnungsmodul von Word leicht zu erstellen: Kästen zeichnen, Text rein, Pfeile dazwischen - fertig. Aber wie kriegt man das erstens schnell hin und zweitens so, daß sowohl die Kästen jeweils horizontal und vertikal bündig sind, also auch, daß der Text zentriert in den Rechtecken steht?

Am Raster ausrichten und mit Innenrand arbeiten

Erstellen Sie die Kästen mit dem Text darin mit Textfeldern. Stellen Sie eines dieser Felder nach Ihren Wünschen fertig - die Zentrierung des Textes bekommen Sie am besten mit der *Innenrand*-Funktion hin. Halten Sie zur weiteren Automatisierung die Gestaltung des Kastentextes als Formatvorlage fest. Dimensionieren und positionieren Sie die Kästen am Raster ausgerichtet.

Organigramme leichgemacht

1.  Aktivieren Sie zunächst in der Zeichnung-Symbolleiste mit einem Klick auf dieses Symbol die Dialogbox zur Aktivierung des Rasters.
2. Aktivieren Sie die Option *Am Raster ausrichten* und ändern Sie bei Bedarf den Abstand der Rasterlinien. Das Dokument wird mit unsichtbaren Rasterlinien hinterlegt, an denen Ihre Zeichnungselemente „magnetisch" ausgerichtet werden, d. h., wenn Sie sich mit einem Element einer solchen Linie annähern, wird es nach Unterschreiten eines Mindestabstands von der Linie angezogen.
3.  Ziehen Sie ein Textfeld auf, das in etwa die richtige Größe hat, und schreiben Sie den ersten Text hinein.
4. Gestalten Sie den Text nach Wunsch. Häufig wird Organigramm-Text horizontal zentriert.
5. Sorgen Sie für gleiche Abstände vom Text zu den Rändern des Textfeldes: Öffnen Sie die Dialogbox *Zeichnungselement formatieren* (am besten über das Kontextmenü). Auf der Registerkarte *Größe und Position* stellen Sie bei *Innenrand* einen passenden Wert ein. Lediglich den Abstand des Textes zum unteren Rand des Textfeldes können Sie auf die beschriebene Art nicht optimal einstellen; hier müssen Sie den Rahmen manuell auf die richtige Größe bringen.
6. Die Pfeile zwischen den Kästen erzeugen Sie, indem Sie zunächst eine einfache Linie ziehen.
7. Klicken Sie diese dann doppelt an, um in die Dialogbox *Zeichnungselemente formatieren* zu gelangen.
8. Öffnen Sie die Registerkarte *Linie* und wählen Sie aus dem Listenfeld *Art* die gewünschte Sorte von Pfeil aus. Weil das jetzt als Standard festgehalten wird, brauchen Sie für die nächsten Pfeile einfach nur eine Linie zu ziehen.
9. Wenn Sie sich beim Ziehen der Linien am Raster orientieren, dürfte es nicht schwierig sein, gerade Linien hinzubekommen.

Auch ohne Benutzung des Rasters können Sie gerade Linien herstellen, wenn Sie während des Ziehens die **Umschalt**-Taste gedrückt halten. Auch zum Ziehen gerader Linien in einem Vieleck sollten Sie diesen Kniff verwenden. Halten Sie die **Umschalt**-Taste beim Erstellen eines Rechtecks bzw. einer Ellipse gedrückt, erhalten Sie unweigerlich ein Quadrat bzw. einen Kreis.

Zur Automatisierung der folgenden Kästen bieten sich zwei Methoden an:

- Sie halten die Gestaltung des Textes im ersten Textfeld als Formatvorlage fest und weisen diese Vorlage dann jeweils dem Text in den nächsten Kästen zu. Um die nächsten Kästen in der gleichen Größe wie den ersten zu erstellen, orientieren Sie sich am Raster.
- Arbeiten Sie mit einem „Dummy", d. h., bereiten Sie einen Organigramm-Kasten vor, kopieren Sie ihn so oft wie nötig, und tauschen Sie dann nur den Dummy-Text jeweils gegen den richtigen aus - die Gestaltung bleibt dabei erhalten.

Tip Vorübergehend abschalten läßt sich das Raster, wenn Sie beim Ziehen die **Alt**-Taste gedrückt halten.

Bild ins Archiv - Eigene Symbolbibliotheken anlegen

Wenn Sie häufiger Zeichnungen mit sich wiederholenden Symbolen (selbst hergestellte Gruppierungen von Zeichnungselementen) erstellen, wäre es praktisch, diese Symbole separat zu speichern und schnell abrufen zu können.

Gruppierte Zeichnungselemente als AutoText festhalten

Gruppieren Sie die einzelnen Zeichnungselemente und speichern Sie sie als AutoText-Eintrag.

Symbole werden zu AutoTexteinträgen

1. Markieren Sie die Zeichnungselemente, die Sie zu einem Symbol zusammenfassen wollen.
2. Fassen Sie sie mit Hilfe des *Gruppieren*-Symbols zu einer Einheit zusammen.
3. Klicken Sie auf *Bearbeiten AutoText* und vergeben Sie einen Namen für das Symbol.
4. Um das so gespeicherte Symbol wieder abzurufen, geben Sie entweder den Symbolnamen plus einem Leerzeichen ein und drücken dann auf die **F3**-Taste, oder wählen Sie den entsprechenden Eintrag aus der Liste, nachdem Sie die AutoText-Dialogbox geöffnet haben.

Um eine Gruppierung wieder in ihre Einzelteile aufzulösen, markieren Sie diese und klicken auf das nebenstehende Symbol.

Graph macht mehr aus Zahlenkolonnen - Grafiken zum Anfassen

Richtig verständlich werden Tabellen, Größenverhältnisse verschiedener Zahlen oder die neuesten Umsatzstatistiken besonders dann, wenn man sie in Form einer Grafik vor sich hat und sich so (im wahrsten Sinne des Wortes) ein Bild machen kann. Außerdem schinden Sie mit einer schön gestalteten Darstellung Ihrer trockenen Zahlen natürlich Eindruck beim Chef.

Dreist - Graph beansprucht mehr Platz als gewünscht

Wenn Sie das Präsentationgrafikmodul Graph starten, geraten Sie direkt in eine Tabelle mit Werten, die Graph zu Demonstrationszwekken vorgibt. Wenn Sie diese Werte nun durch Ihre eigenen Werte ersetzen, kann es passieren, daß die Grafik nicht Ihren Vorstellungen entspricht.

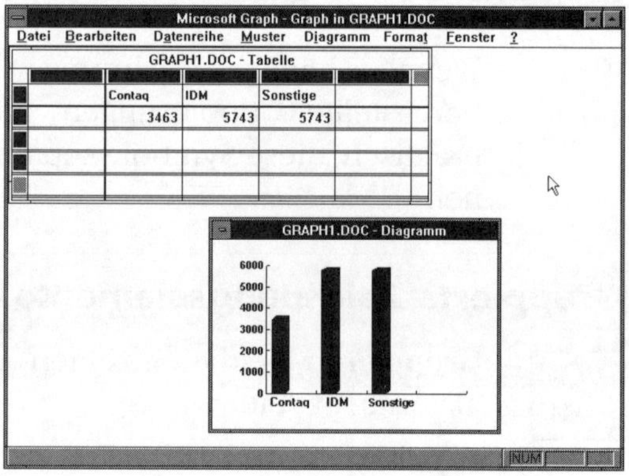

Löschen der leeren Zeilen und Spalten

Markieren Sie die komplette Spalte oder Zeile und löschen Sie diese.

Spalten nachträglich löschen

Im beschriebenen Fall beruht die Grafik auf weniger Werten als vorgegeben sind. Sie haben genau die überflüssigen Zahlen markiert und auf die **Entf**-Taste gedrückt. Welche Option Sie dann in der *Löschen*-Dialogbox genommen haben, ist in diesem Fall egal. Wenn Sie so vorgehen, werden zwar die Zahlen gelöscht, nicht aber die Spalte oder Zeile selbst; Word wertet das als eine Nulleingabe aus und hält im Diagramm den Platz frei.

Sie erkennen solche leeren Spalten und Zeilen daran, daß der Spalten-/Zeilenkopf schwarz dargestellt ist.

Markieren Sie die kompletten Spalten/Zeilen durch einen Klick in den Spalten-/Zeilenkopf und löschen Sie dann.

Die obere Zeile und die linke Spalte werden für Kategorie-Bezeichnungen und Serientitel freigehalten. Tragen Sie hier also keine Werte ein; sie würden unter der X-Achse bzw. in der Legende erscheinen.

Tip Sie können eine normale Word-Tabelle über die Zwischenablage in Graph übernehmen.

Graph hat zu wenig Spalten für Sie ...

206

Wenn Sie in einer Datenreihe einmal sehr viele Werte eingeben müssen (was z. B. bei Liniendiagrammen häufig vorkommt), reichen möglicherweise die von Word zur Verfügung gestellten 256 Spalten nicht aus.

Schalten Sie auf Datenreihe in Spalten um

Schalten Sie zuerst mit *Datenreihe Datenreihe in Spalten* um, und geben Sie dann Ihre Werte vertikal ein.

Standardmäßig ist die Option *Datenreihe in Zeilen* aktiv. Für den Aufbau der Grafik bedeutet das:

Die Kategorien, also z. B. die Firmen, deren Umsatz Sie vergleichen wollen, stehen nebeneinander, so, wie sie auch auf der X-Achse des Diagramms erscheinen. Von daher wird die oberste Zeile der Tabelle auch für die Kategorien-Bezeichnungen reserviert.

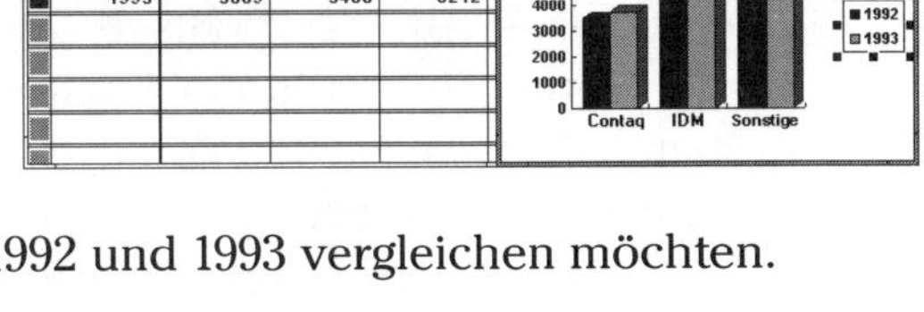

Die Werte für die einzelnen Serien stehen pro Kategorie untereinander. Die Aufteilung einer Kategorie in Serien kann notwendig werden, wenn Sie den Umsatz der zu analysierenden Firmen auch noch für 1992 und 1993 vergleichen möchten.

Wenn Sie sehr viele Kategorieren eingeben wollen (oder vielleicht nur die Datenpunkte in einem Liniendiagramm), könnten Sie an das Word-Maximum von 256 Spalten herankommen.

In diesem Fall können Sie mit *Datenreihe Datenreihe in Spalten* die Anordnung in der Tabelle umdrehen - allerdings sollten Sie das vor der Dateneingabe erledigen. Nach der Umschaltung haben Sie Platz für 4000 Rubriken, denn so viele Zeilen bietet Graph an.

Damit Sie nicht völlig durcheinanderkommen - die Anordnung sieht jetzt folgendermaßen aus:

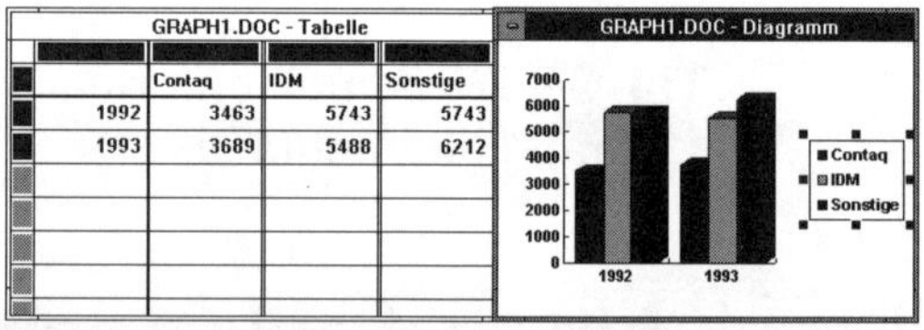

Die Tabelle selbst scheint sich nicht geändert zu haben, aber Graph interpretiert sie jetzt anders. Die Kategorien stehen jetzt untereinander und die zu den Kategorien gehörenden Serien nebeneinander.

Tip Sie sollten sich generell für die Anordnung entscheiden, mit der Sie besser klarkommen und diese als Standard festhalten (*Datei Als Standarddiagramm festhalten*).

Mit dieser Option können Sie auch dafür sorgen, daß Graph nicht mit den vorgegebenen Demonstrationsdaten und dem entsprechenden Diagramm gestartet wird, sondern den Daten und dem Diagrammtyp, mit dem Sie überwiegend arbeiten. Sämtliche in Graph möglichen Einstellungen lassen sich in dieser Vorgabe speichern.

Große Unterschiede klein machen

In manchen Situationen kann es durchaus legitim sein, große Unterschiede zwischen Werten in der Grafik als klein erscheinen zu lassen. Nehmen wir an, der IDM-Händler aus der Eifel will bei der Jahreshauptversammlung seine Aussage grafisch untermauern, der Verkaufstrend in der Eifel verlaufe fast paralell zur weltweiten Verkaufsentwicklung von IDM. Mit dieser Grafik, für die einfach brav die entsprechenden Werte in zwei Kategorien eingegeben wurden, könnte er das wohl kaum:

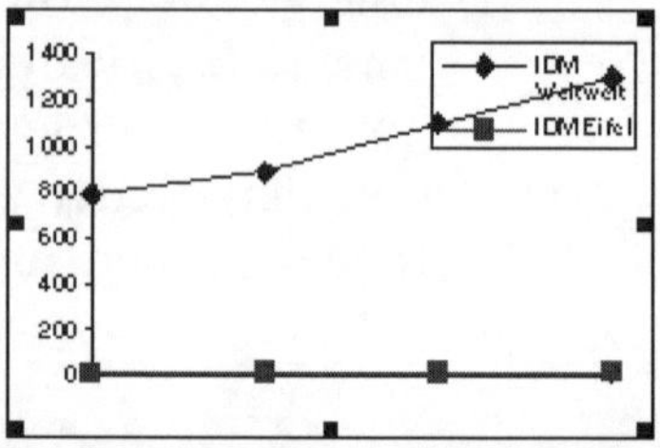

Überlagern Sie eine Linie durch die andere

Geben Sie zuerst nur die Werte für eine Linie ein, und wählen Sie dann die Option *Verbunddiagramm.* Wechseln Sie zur Überlagerung, und geben Sie dann in der von Word bezeichneten Spalte die Werte für die zweite Linie ein.

Arbeiten mit zwei Wertachsen

1. Geben Sie zuerst die Werte für „IDM Weltweit" ein. In diesem Beispiel wurden die Datenreihen nach Spalten sortiert.
2. Klicken Sie dann auf *Muster Verbund* und wählen Sie zum Nachvollziehen dieses Beispiels die dritte Variante (zwei Linien).
3. Klicken Sie im Menü *Datenreihe* auf die Option *Zur Überlagerung wechseln.*
4. In der von Word mit einem dicken Punkt markierten Spalte geben Sie dann die Daten für die zweite Linie ein.
5. Das Diagramm wird automatisch richtig erstellt; für die zweite Linie wird an der rechten Seite eine weitere skalierte Achse angebracht. Verschieben Sie bei Bedarf noch die Legende mit der Maus, damit alle Datenpunkte und Werte zu sehen sind.

GRAPH1.DOC - Tabelle

IDM Weltweit		IDM Eifel
789		12
890		15
1100		17
1300		19

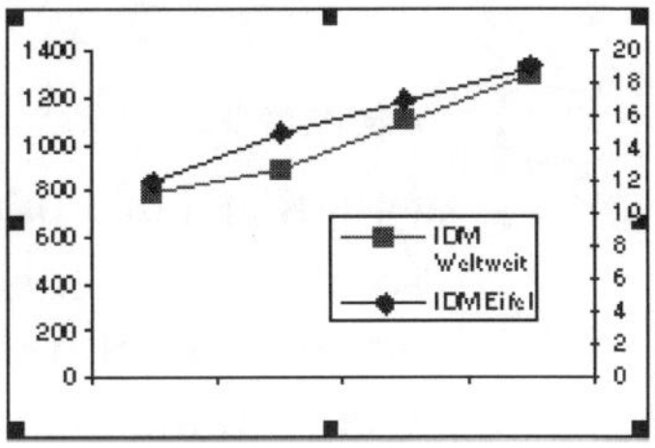

Wenn Sie in einem Diagramm auf die einzelnen Elemente klikken, werden Sie schwarze und weiße Markierungen entdecken. Bei schwarzen Markierungen können Sie die Elemente verschieben und in der Größe ändern (dazu zählen z. B. die Legenden und frei erzeugte Elemente wie Text und Pfeile); bei weißen Markierungen geht das nicht.

Um die Eigenschaften von Elementen schnell zu verändern, klicken Sie doppelt darauf. Sie öffnen damit die jeweils passende Dialogbox.

Die fertige Achse hat keinen Nullpunkt - Und nun?

Sie haben ganz harmlos die Werte für das Diagramm eingegeben, und ohne Ihr Zutun beginnt die skalierte Achse (also die mit den Werten) nicht mehr bei Null.

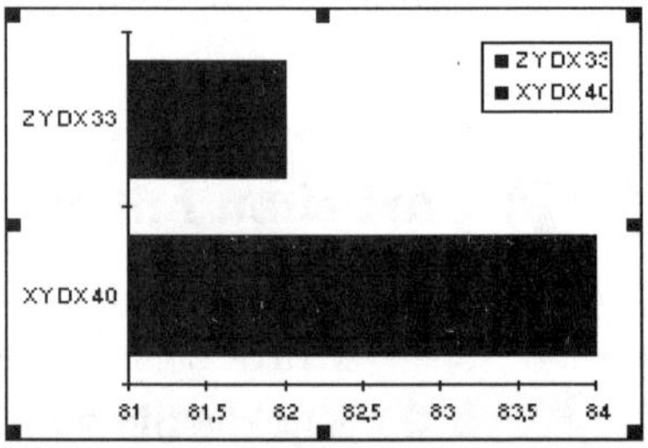

Kleinst- und Höchstwert manuell bestimmen

Überlegen Sie vorher noch mal, ob hier eine Änderung wirklich sinnvoll ist!

Klicken Sie doppelt auf die skalierte Achse und wählen Sie in dem dann erscheinenden Dialogfeld den Schalter *Teilung*. Bestimmen Sie mit Kleinst- und Höchstwert das gewünschte Anzeigespektrum.

Normale Skalierung wiederherstellen

Graph skaliert die Achse automatisch auf einen anderen Anzeigebereich, wenn die von Ihnen angegebenen Zahlen sehr eng beisammenliegen. Das ist auch recht intelligent, denn manche Aussagen würden sonst gar nicht viel Sinn machen.

Wenn ich z. B. behaupte, der neue Prozessor xy DX40 sei erheblich schneller als der alte zy DX33, wird das aufgrund der folgenden Grafik kaum jemand ernst nehmen.

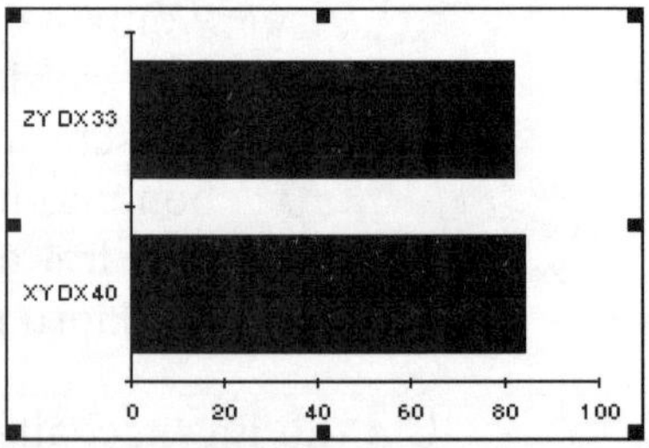

Wenn Sie trotzdem die „normale" Skalierung wiederherstellen wollen, müssen Sie folgendermaßen vorgehen:

1. Klicken Sie doppelt auf die skalierte Achse.
2. Klicken Sie im Dialogfeld *Achsenmuster* auf den Schalter *Teilung*.
3. Geben Sie in den Feldern *Kleinstwert* und *Höchstwert* die gewünschten Zahlen ein, also z. B. 0 und 100.

Zwei Kreisdiagramme nebeneinander zum Vergleich - So geht's

Graph bietet Ihnen im Menü *Diagramm Muster* nicht die Möglichkeit, in einem Diagramm zwei Kreise zu vergleichen, so, wie in der folgenden Abbildung:

Wird nicht standardmäßig angeboten: zwei Kreise im Vergleich

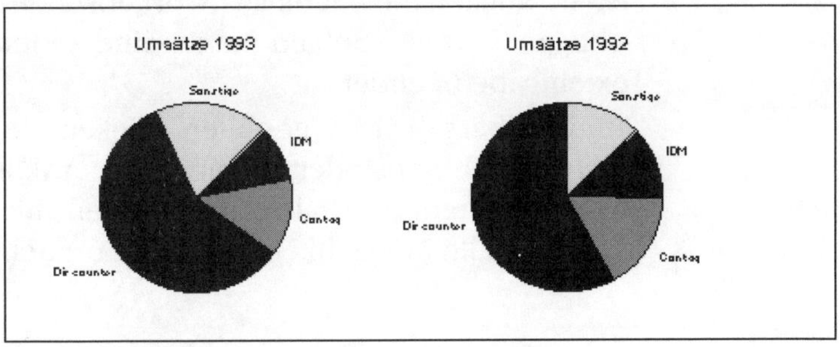

Diagramm 1 kopieren und mit Graph modifizieren

Kopieren Sie den ersten Kreis und ändern Sie die Kopie in Graph. Schieben Sie beide Diagramme nebeneinander und ziehen Sie einen Rahmen um sie herum.

Kreisdiagramme nebeneinander stellen

1. Erstellen Sie zunächst das erste Kreisdiagramm und kehren Sie in Word zurück.
2. Erzeugen Sie eine Kopie des ersten Kreis-Diagramms (am schnellsten mit Drag & Drop).
3. Klicken Sie doppelt auf die Kopie, um sie in Graph verändern zu können.
4. Geben Sie die differierenden Werte ein und kehren Sie in Word zurück.
5. Ziehen Sie beide Diagramme mit Drag & Drop nebeneinander, und ziehen Sie bei Bedarf mit dem entsprechenden Werkzeug aus der Rahmensymbolleiste einen Rahmen um den Absatz.

Um das Kreisdiagramm aus der Abbildung nachzubilden, müßten Sie noch folgende Arbeitsschritte im Graph-Bildschirm hinter sich bringen:

- ➜ Löschen Sie die Legenden - einfach im Diagramm anklicken und auf die **Entf**-Taste drücken.
- ➜ Um die Kreissegmente zu beschriften, klicken Sie im Menü *Diagramm* auf den Befehl *Datenbeschriftung*. Wählen Sie dann die Option *Beschriftung anzeigen*.
- ➜ Um die Diagramm-Überschrift einzugeben, klicken Sie auf *Diagramm Text zuordnen*. Sie erhalten eine Dummy-Überschrift mit dem Inhalt „Titel“. Klicken Sie auf dieses Wort, löschen Sie es und geben Sie den richtigen Text ein. Sobald Sie an eine andere Stelle klicken, wird die Texteingabe beendet.
- ➜ Um die Überschrift zu gestalten, klicken Sie doppelt auf die Außenlinie ihres Rahmens oder auf einen der Anklickpunkte. Mit der daraufhin erscheinenden Dialogbox (speziell mit dem Schalter *Schriftart*) haben Sie alle Möglichkeiten, die Sie brauchen.

Zusatzinfos - Kommentare direkt im Diagramm

Wenn Sie direkt im Diagramm schon kommentieren und auf bestimmte Zusammenhänge aufmerksam machen oder auch nur kleine Zusatzinformationen einblenden wollen, reichen die Standardmöglichkeiten für Diagrammüberschriften und Legenden nicht aus.

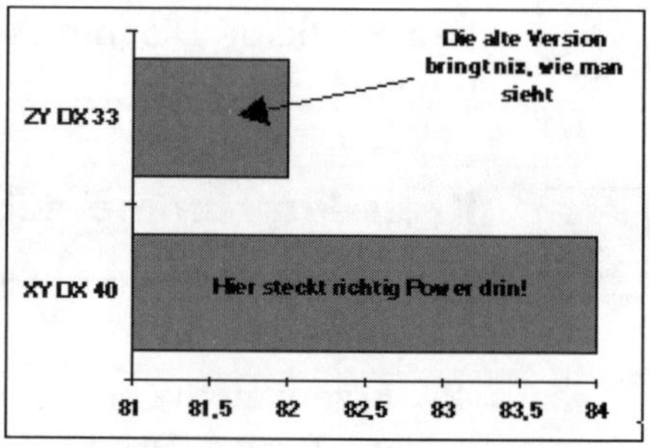

Sie könnten das Diagramm natürlich auch im Word-Bildschirm kommentieren, indem Sie mit Positionsrahmen oder Zeichnungs-Textfeldern arbeiten, aber das ist umständlicher und das Ganze bildet erst einmal noch keine Einheit.

Ohne Markierung im Diagrammfenster einfach schreiben

Aktivieren Sie das Diagrammfenster und achten Sie darauf, daß kein Element markiert ist. Schreiben Sie Ihren Text und positionieren Sie ihn an die gewünschte Stelle. Die Pfeile erhalten Sie mit *Diagramm Pfeil einfügen*.

Erläuterungen zum Diagramm eingeben

1. Aktivieren Sie das Diagrammfenster.
2. Achten Sie darauf, daß kein Element markiert ist; drücken Sie im Zweifelsfall auf die Esc-Taste, um Markierungen zu entfernen.
3. Schreiben Sie einfach Ihren Text. Er erscheint in einer weißen, also beinah unsichtbaren Texteingabebox in der Mitte des Diagramms.
4. Beenden Sie die Eingabe, indem Sie an eine beliebige Stelle außerhalb der Eingabebox klicken.
5. Zielen Sie auf den Rand des Textrahmens, um ihn an die gewünschte Stelle verschieben zu können.
6. Klicken Sie doppelt auf den Rand des Textrahmens, um die Dialogbox für die Formatierung des Rahmens und der Schriftart zu öffnen.
7. Um die Pfeile zu erzeugen, klicken Sie auf *Diagramm Pfeil einfügen*. Ein Doppelklick auf den Pfeil öffnet die Dialogbox, mit der Sie seine Form verändern können.

Um freien Text und Pfeile wieder zu löschen, klicken Sie sie einfach an und drücken auf die Entf-Taste.

Neue Gestaltungsmöglichkeiten - Graph austricksen

Manchmal hat der Chef - oder auch man selbst - Gestaltungsideen, die sich mit Graph selbst nicht verwirklichen lassen. Beispiel: Sie lassen in einem Balkendiagramm die Werte anzeigen, wollen diese aber lieber im Balken abbilden als oberhalb davon.

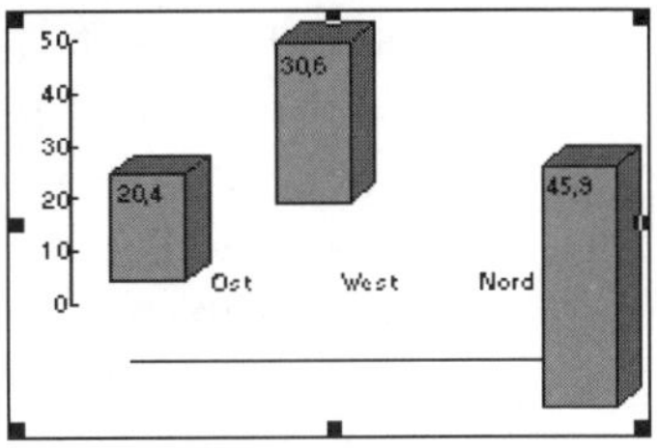

Diagramm in Grafik verwandeln

Schneiden Sie das Diagramm im Word-Bildschirm aus und fügen Sie es als Grafik wieder ein. Klicken Sie es doppelt an, um es in den Grafikbildschirm zu übernehmen. Dort können Sie alle Elemente nach Belieben manipulieren.

Aus dem Diagramm wird eine Grafik

1. Stellen Sie das Diagramm mit Graph fertig, soweit es möglich ist, und kehren Sie in den Word-Bildschirm zurück.
2. Schneiden Sie das Diagramm aus und fügen Sie es mit *Bearbeiten Inhalte einfügen/Grafik* wieder ein.
3. Klicken Sie doppelt auf das Diagramm, um es in den Grafikbearbeitungs-Bildschirm zu laden.
4. Die Gruppierung der Elemente ist hier von vornherein schon aufgehoben und Sie können mit den Einzelteilen machen, was Sie wollen.

Warnung: Beim Konvertieren eines Diagramms in eine Grafik geht der Bezug zu den Daten verloren. Mit anderen Worten: Wenn jetzt noch eine Änderung der Daten anfällt, müssen Sie das Diagramm neu erstellen. Deshalb wäre es eine nützliche Vorsichtsmaßnahme, wenn Sie vor dem Konvertieren eine Kopie des Diagramms an einer sicheren Stelle deponieren würden - für den Fall der Fälle. Sie können ein Diagramm sogar als AutoText-Eintrag speichern. Müssen nun tatsächlich noch Daten geändert werden, wären nur Ihre vorgenommenen Änderungen verloren.

Kniffe fürs naturwissenschaftliche Arbeiten - Formeln perfekt formatiert

Jeder Student einer Naturwissenschaft, oder wer jemals mit mathematischen Dingen in Berührung gekommen ist, kennt die Widrigkeiten, denen man ausgesetzt ist, um Formeln zu Papier zu bringen: Brüche, Wurzeln, Exponenten, Summenzeichen, Indizes (die Reihe ließe sich beliebig fortsetzen) wollen alle „in Form gebracht" werden, bevor man das Greisenalter erreicht hat. Der Formeleditor stellt hierzu ein effektives Werkzeug dar.

Flexible Leerräume im Formeleditor - Und es geht doch

Bei der Arbeit mit dem Formeleditor werden die Leerzeichen bei Benutzung der *Mathematik*-Formatvorlage automatisch gesetzt. Vor und hinter dem Gleichheits- und Pluszeichen beispielsweise werden breite Leerzeichen, hinter den Funktionen „sin" und „cos" schmale gesetzt. Diese automatisch gesetzten Leerzeichen lassen sich nicht manipulieren oder löschen, und die **Leertaste** können Sie im *Mathematik*-Modus gar nicht zum Einsatz bringen.

Umschalten in Formatvorlage „Text"

Wechseln Sie mit *Formatvorlage Text* den Eingabemodus, um mit der **Leertaste** beliebige Zwischenräume eingeben zu können.

Einfügen eines Leerzeichens mit der Symbolpalette

Fügen Sie eines der Leerzeichen aus der zweiten Symbolpalette von links ein.

Leerzeichen mit dem Textmodus

1. Stellen Sie den Cursor an die Stelle, an der das Leerzeichen eingefügt werden soll.
2. Klicken Sie auf *Formatvorlage Text*.
3. Fügen Sie das oder die Leerzeichen ein, wie Sie es von der normalen Textverarbeitung mit Word kennen.

Leerzeichen mit der Symbolpalette

1. Stellen Sie den Cursor an die Stelle, an der das Leerzeichen eingefügt werden soll.
2.  Klicken Sie auf die nebenstehende Schaltfläche aus der Symbolpalette.

Generell können Sie mit der oberen Symboleistenzeile Zeichen in Ihre Formel einbauen. Die untere Zeile bietet die sogenannten Vorlagen: Das sind Zeichen mit eingebauten Feldern für weitere Eingaben.

3. Der Formeleditor bietet Ihnen vier verschieden breite Leerzeichen an:

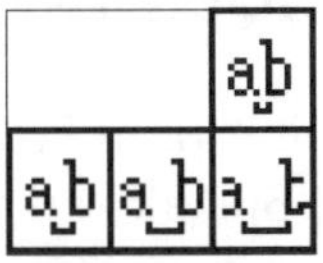

Mit der Formatvorlage *Text* können Sie natürlich auch Kommentare in die Formel einbauen; die automatische Formatierung ist dabei abgeschaltet.

Bei den Leerzeichen, die Sie mit der Symbolpalette einfügen können, ist auch ein sogenanntes Null-Leerzeichen. Es klingt zwar ein wenig bizarr, aber mit diesem Leerzeichen können Sie die Erzeugung eines Abstands verhindern. Das liegt daran, daß der Formel-Editor keine automatischen Leerzeichen setzt, wenn er auf ein explizit gesetztes Leerzeichen stößt.

Damit's genau paßt - Beliebiges Positionieren von Formelelementen

Häufig wünscht man sich zusätzlich zu den Ausrichtungsmöglichkeiten und zur Eingabe von Leerzeichen ein noch flexibleres Werkzeug zum Positionieren von Formelelementen in der Zeile.

Verschieben mit den Pfeiltasten

Wenn Sie die Strg-Taste gedrückt halten, können Sie ein markiertes Formelelement mit den Tasten und verschieben.

Formelelemente verschieben

1. Markieren Sie das Formelelement, das Sie verschieben wollen.
2. Halten Sie die Strg-Taste gedrückt und verschieben Sie das Element mit den Tasten ↑ und ↓ .

Sie können durchaus auch mehrere Elemente markieren und verschieben. Es ist auch möglich, eingebettete Symbole (etwa Zeichenornamente) zu verschieben; allerdings müssen Sie die Strg-Taste gedrückt halten, wenn Sie diese markieren.

Mit der beschriebenen Methode verschieben Sie die Formelelemente in Schritten von einem Pixel. Somit ist die real zurückgelegte Entfernung von der Darstellungsgröße im Formel-Editor-Fenster abhängig.

Zoomen - Ist auch im Formeleditor möglich

Sie arbeiten mit dem Formel-Editor, und die Bildschirmdarstellung ist Ihnen zu klein. Sie klicken auf den Menüpunkt *Ansicht*, um zu zoomen - aber die dafür verantwortlichen Optionen erscheinen grau, sind also nicht anzuwählen.

Die Darstellung der Feldfunktionen ist entscheidend

Wenn Sie im Dialogfeld *Extras Optionen* die Ansicht *Feldfunktionen* aktiviert haben, wird der Formeleditor in einem eigenen Fenster dargestellt, in dem der Zoom problemlos funktioniert.

Das eigentliche Word-Fenster zoomen

Zoomen Sie den normalen Word-Bildschirm, bevor Sie den Formel-Editor starten.

Formeleditor im nachhinein als eigene Applikation öffnen

Kehren Sie von der Formel in den Arbeitsbildschirm zurück und wechseln Sie mit *Bearbeiten Formel-Objekt/Öffnen* wieder zur Formel. Der Formel-Editor wird in einem eigenen Fenster gestartet und die Zoom-Optionen stehen zur Verfügung.

Formeleditor direkt als eigene Applikation starten

Öffnen Sie die EQNEDIT.INI, die sich im Windows-Verzeichnis befindet, mit einem beliebigen Editor und ändern Sie sie:

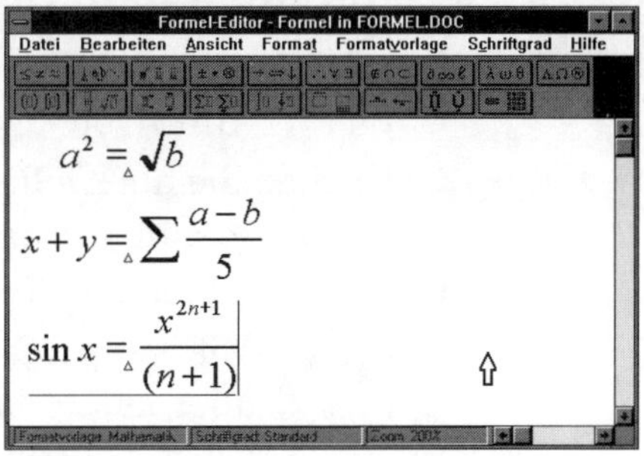


```
[General]
ForceOpen=1
```

Damit starten Sie den Formel-Editor im eigenen Fenster und können nach Belieben zoomen.

Daß man nach einem „normalen“ Start des Formel-Editors nicht zoomen kann, liegt daran, daß er als OLE 2.0-Objekt gestartet wird - und solche „in-place“-Objekte können grundsätzlich nicht gezoomt werden.

Bei den beiden letzten Lösungsmöglichkeiten wird der Formel-Editor als eigene Anwendung gestartet und verfügt damit auch über alle Fähigkeiten.

Künstlerisches aus Buchstaben - WordArt kann's

„Einfach nur Schrift“ reicht manchmal nicht aus, wenn man etwas Besonderes mit seinem Dokument vorhat. Einladungen, Urkunden oder selbstgemachte Postkarten überfordern eine Textverarbeitung bisweilen, weil man auf freiere Gestaltungsmöglichkeiten zurückgreifen will. Deshalb liegt WinWord das Hilfsprogramm WordArt bei.

Der Blickfang - Eine „Neonreklame" mit WordArt

215

Daß man mit WordArt Text drehen kann, ist allgemein bekannt - eine „Neonreklame" wie die hier abgebildete kann man mit der Drehfunktion alleine aber nicht herstellen.

Ökologisches Bauen

Text kippen und drehen

Kippen Sie den Text um 90 Grad und drehen Sie ihn um 270 Grad.

Textmanipulation mit WordArt

1. Stellen Sie die Einfügemarke an die Stelle, an der hinterher das WordArt-Objekt erscheinen soll.
2. Klicken Sie auf *Einfügen Objekt.* Wählen Sie dann aus der Liste „Microsoft WordArt 2.0" aus.
3. Schreiben Sie den Text in das Texteingabefenster.
4.  Mit diesem Symbol kippen Sie den Text um 90 Grad - aber jeden einzelnen Buchstaben. Das sieht für eine ganze Textzeile erst einmal recht chaotisch aus.
5.  Klicken Sie auf das Symbol, das für das Drehen von Text verantwortlich ist. Es öffnet sich eine Dialogbox, in der Sie die Gradzahl angeben können, um die gedreht werden soll - in diesem Beispiel sind das 270 Grad.
6. Klicken Sie auf *Ansicht aktualisieren*, um das Ergebnis zu bewundern.
7. Ein Klick auf eine beliebige Stelle im normalen Word-Bildschirm beendet die Arbeit mit WordArt.

Kurz vor Feierabend - WordArt-Objekte flott nachbearbeiten

216

Nach dem Doppelklick auf ein WordArt-Objekt kann es schon eine ganze Zeitlang dauern, bis Sie mit Ihren Änderungen beginnen können.

„Öffnen WordArt" aus dem Kontextmenü

Klicken Sie das WordArt-Objekt mit der rechten Maustaste an und wählen Sie den Menüpunkt *Öffnen WordArt*. Dies ist die einzige Methode, um die folgende Dialogbox zu aktivieren:

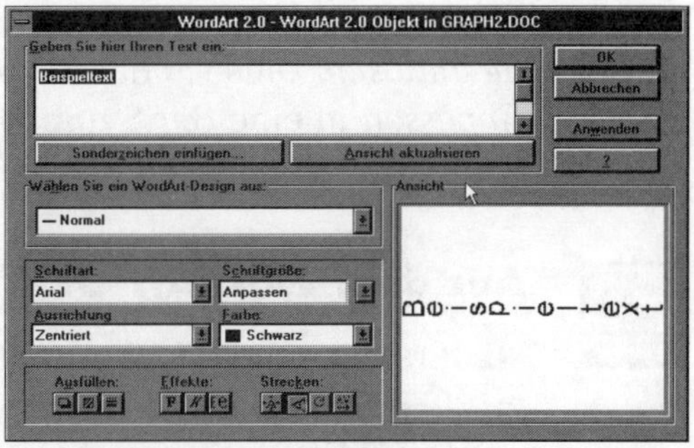

Der Bildschirmaufbau ist schneller als beim Doppelklick auf das WordArt-Objekt, weil der Bildschirminhalt nicht neu aufgebaut werden muß. Auch die Darstellung Ihrer Änderungen im *Ansicht*-Fenster verläuft schneller. Darüber hinaus haben Sie hier sämtliche WordArt-Optionen im Überblick.

WordArt-Objekte freilegen - So läßt sich der Hintergrund ausblenden

Haben Sie schon einmal versucht, ein WordArt-Objekt auf einen farbigen Hintergrund zu legen?

Wie man sieht: WordArt-Objekte haben einen Hintergrund, der die Optik beim Überlappen mit anderen Objekten erheblich stört. Besser sähe es so aus:

WordArt-Objekt in Grafik auflösen

Markieren Sie das WordArt-Objekt und klicken Sie auf die Schaltfläche *Grafik auflösen*. Diese Schaltfläche müssen Sie allerdings zunächst mit *Extras Anpassen* in eine der Symbolleisten integrieren. Sie können den ehemaligen WordArt-Text jetzt wie jede beliebige Grafik manipulieren.

Aus dem WordArt-Objekt wird eine Grafik

1. Erstellen Sie das WordArt-Objekt wie gewohnt
2.  Öffnen Sie das Dialogfeld *Extras Anpassen* und wählen Sie die Kategorie *Zeichnung*. Ziehen Sie das Icon *Grafik auflösen* in die Zeichnungs-Symbolleiste.
3. Markieren Sie das WordArt-Objekt und klicken Sie auf das *Grafik auflösen*-Icon; das Objekt wird in ein Zeichnungselement verwandelt und in seine Einzelteile entgruppiert. Der Hintergrund ist damit verschwunden.

4. Verändern Sie Bestandteile des ehemaligen WordArt-Textes nach Belieben. So sollten Sie z. B. die Innenräume der Buchstaben mit dem gleichen Raster bzw. mit der gleichen Farbe füllen, die auch der Hintergrund hat, auf den der Text gelegt werden soll. Dazu müssen die Buchstaben mit Innenraum (wie das „a“) allerdings noch einmal entgruppiert werden.

Tip Sie haben auf diese Weise auch die Möglichkeit, die Form der Buchstaben und deren Position zu verändern; Ihrer Kreativität sind also kaum Grenzen gesetzt.

5. Wenn Sie mit den Änderungen fertig sind, markieren Sie alle Elemente der Textgrafik und gruppieren sie vorsichtshalber wieder. Schieben Sie sie dann auf das Raster.

WinWord individuell einrichten

Jeder braucht andere Funktionen, und gerade dann sind die vorgefertigten Symbolleisten oft nur ein schlechter Kompromiß. Andere Funktionen müssen her oder deutlichere Symbole. Genauso können aber auch eingefleischte Menüfans ihre Vorlieben austoben und WinWord zum ganz persönlichen Schreibgerät „umbauen".

Symbole, Schaltflächen, Icons - WinWord oberflächlich

Ihr Arbeitsstil spiegelt sich in den Schaltflächen wider, die Sie im täglichen Schreiben benutzen. Weil aber alle anders arbeiten, sollten Sie sich den Luxus einer optimal angepaßten Arbeitsumgebung gönnen. Die Zeit, die Sie dafür verwenden, holen Sie später bestimmt wieder raus.

Icons „klauen" und neue Schaltflächen bauen

Die Standardsymbolleiste enthält eine Schaltfläche zum Öffnen neuer, auf der Vorlage NORMAL.DOT basierender Dokumente. Möchten Sie eine andere Dokumentvorlage verwenden, müssen Sie notwendigerweise den Umweg über das Menü gehen. Eine Alternative kann eine modifizierte *Datei/Neu*-Schaltfläche sein, die die eben gezeigten Nachteile nicht hat.

Fremde Icons verwenden

Sie können auch Symbolmotive anderer Programme verwenden. Fertigen Sie mit **Druck** eine Hardcopy an, und laden Sie das Bild in ein Grafikprogramm. Schneiden Sie das Icon aus und fügen Sie es in die Zwischenablage ein. Positionieren Sie den Mauszeiger auf dem Icon, öffnen Sie das Kontextmenü und wählen Sie *Schaltflächensymbol einfügen*.

Eine geänderte Datei/Neu-Schaltfläche erstellen

Im folgenden wird eine Schaltfläche entworfen, die das Dialogfeld zur Eingabe einer Dokumentvorlage automatisch abfragt. Weil dadurch die bereits vorhandene *Neu*-Schaltfläche (Standardsymbolleiste) quasi überflüssig wird, soll die neu einzurichtende Schaltfläche das gleiche Sinnbild bekommen wie die vorhandene Schaltfläche, aber mit geänderter Befehlsausführung.

1. Klicken Sie auf einer Symbolleiste die rechte Taste und wählen Sie im folgenden Kontextmenü den Menüpunkt *Anpassen*.
2. Ziehen Sie den Befehl *DateiNeu* (Kategorie: *Alle Befehle*) in die Standardsymbolleiste. Anschließend können Sie der Befehlsschaltfläche ein beliebiges Motiv zuordnen. Das Motiv ist nur vorläufig, da die Schaltfläche später mit dem gleichen Bild verziert werden soll, wie die bereits vorhandene Schaltfläche.
3. Jetzt folgt ein zweiteiliger Vorgang, bei dem Sie das Motiv mit Hilfe der Zwischenablage von einer Fläche zur anderen „transportieren". Markieren Sie die Schaltfläche *Neu*, drücken Sie rechte Maustaste und kopieren Sie das Motiv mit der Option *Schaltflächensymbol kopieren* in die Zwischenablage.
4. Markieren Sie die hinzugefügte Schaltfläche, drücken Sie erneut die rechte Maustaste und übertragen Sie das Motiv mit *Schaltflächensymbol einfügen*.

Durch das Kopieren hat sich an der Zuordnung zwischen Symbolfläche und Befehl nichts geändert. Obgleich die Bilder auf beiden Schaltflächen identisch sind, führen sie dennoch unterschiedliche Befehle aus. Es ist daher ratsam, wenigstens eins der kleinen Bildchen mit dem Pixeleditor zu ändern. Markieren Sie die Schaltfläche und wählen Sie die Option *Schaltflächensymbol bearbeiten*. Ändern Sie geringfügig das Bild, indem Sie beispielsweise den Buchstaben „V" (erinnert an Vorlage) auf die leere Seite malen. Alternativ können Sie die alte Symbolfläche aus der Standardleiste entfernen.

Alles vollständig? Symbole listen!

Neben den frei verfügbaren Symbolen im *Anpassen*-Menü gibt es ca. 70 weitere Symbole, die Sie nur mit Hilfe eines Makros installieren können. Um diese Symbole innerhalb selbstgeschriebener Programmanwendungen oder Makros überhaupt nutzen zu können, benötigen Sie eine übersichtliche Liste aller Symbole zusammen mit der Kennziffer zum Einbinden in eigene Anwendungen.

Eine vollständige Symbolliste erstellen

Das Programm wird mit mehr als 300 verschiedenen Symbolen ausgeliefert. Wenn Sie das folgende Makro einmalig ausführen, können Sie die gesamte Symbolvielfalt in einer eigenen Symbolleiste betrachten. Darin sind auch die Symbolflächen vorhanden, die Sie nur mit Hilfe eines Makros nutzen können.

1. Richten Sie eine neue Symbolleiste mit dem Namen *Alle Symbole* ein, und fügen Sie der Symbolleiste keine Symbole hinzu, das geschieht gleich automatisch. Achten Sie darauf, daß die Symbolleiste auf dem Bildschirm angezeigt wird.
2. Wählen Sie *Makro* im *Extras*-Menü, geben Sie dem Makro den Namen *AlleSymbole* und klicken Sie auf *Erstellen.*
3. Normalerweise erstellt man ein Makro durch Aufzeichnen der Arbeitsschritte. Bei dieser Gelegenheit ist es jedoch völlig ausreichend, die wenigen Programmschritte direkt in das Makro-Fenster einzugeben. Die Programmzeilen *Sub Main* und *End Sub* kennzeichnen Beginn und Ende des Makroablaufs. Achten Sie darauf, diese Zeilen nicht zu löschen.
4. Fügen Sie die folgenden Zeilen dem Programm hinzu und starten Sie das Makro:

```
Sub MAIN
For x = 312 To 0 Step -1
SchaltflächeHinzufügen „Alle Symbole", 1, 1, „Abbrechen", x, 1
Next x
End Sub
```

5. Der Ablauf des Makros nimmt einige Augenblicke in Anspruch. Eventuell müssen Sie die Form der Symbolleiste verändern, damit Sie alle Symbolflächen gleichzeitig sehen können (siehe folgende Abbildung).

Eine vollständige Symbolliste

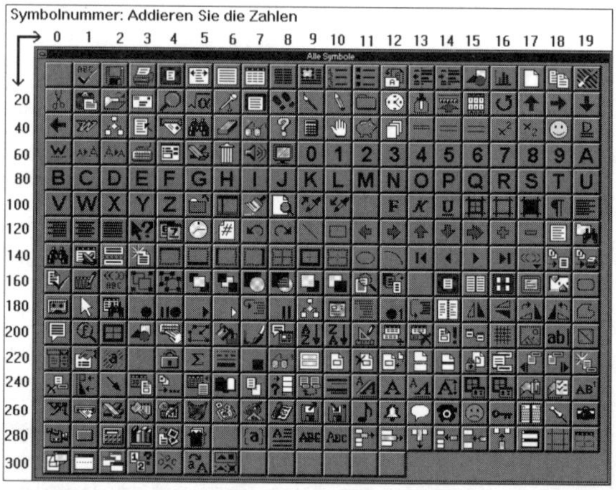

Infolge der Zählschleife führen alle Symbolflächen den gleichen Befehl aus. Die Symbolleiste ist damit für den praktischen Einsatz völlig ungeeignet und dient lediglich informatorischen Zwecken. Wie Sie die normalerweise unzugänglichen Symbolflächen in eigenen Anwendungen einbringen können, erfahren Sie im folgenden Tip.

Kernstück des Programms ist eine Zählschleife. Die Variable x zählt von 312 herunter bis auf 0. Die Verwaltung der Symbolflächen erfolgt über Kennziffern. Bei jedem Durchlauf fügt der Schleifenzähler eine weitere Symbolfläche mit einer anderen Kennziffer hinzu. Die Argumente der Makrofunktion *SchaltflächeHinzufügen* haben folgende Bedeutung:

```
SchaltflächeHinzufügen Symbolleiste, Position, Kategorie, Name$, Schaltertext$, Kontext,
```

Argument	**Hinweise**
Symbolleiste	Geben Sie hier den Namen der Symbolleiste an, in welcher die Symbolfläche eingefügt werden soll
Position	Diese Zahl beschreibt die Position des eingefügten Symbols innerhalb der Symbolleiste. (Z. B. 1 = das Symbol wird an erster Stelle eingefügt)
Kategorie	Die Symbolfläche können Sie wahlweise mit einem Word-Befehl, einem Makro, einer Schriftart usw. verbinden. Wählen Sie eine der folgenden Kennziffern: 1 = Word-Befehle 2 = Makroname 3 = Schriftart 4 = Autotext-Einträge 5 = Formatvorlagen

Argument	Hinweise
Name$	Enthält den Namen des WinWord-Befehls, des Makros usw. (Im Beispiel wurde der für diese Übung unbedeutende Befehl *Abbrechen* gewählt.)
Schaltertext$	Geben Sie hier den Text ein, den die Symbolfläche enthalten soll, oder die interne Kennziffer der WinWord-Symbolsammlung
Kontext	Bestimmt, in welcher Dokumentvorlage die Schaltfläche eingesetzt werden soll. 0 = Globale Dokumentvorlage 1 = aktive Dokumentvorlage

Verborgene Schätze bergen - Verwenden Sie unzugängliche Symbole 220

Das Dialogfeld *Benutzerdefinierte Schaltflächen* zeigt nur einen geringen Teil der insgesamt zur Verfügung stehenden Symbole. Wenn Sie den vollständigen Symbolvorrat nutzen wollen, müssen Sie sich eine Symbolleiste per Makro zusammenstellen.

Per Makro einer Symbolleiste zwei Schaltflächen hinzufügen

Das folgende Beispiel erstellt ein kurzes Makro, mit dem der *Formatierungs*-Symbolleiste zwei Schaltflächen aus der Symbolsammlung hinzugefügt werden. Die Motive 61 und 62 (siehe vorherige Abbildung) veranschaulichen die Vergrößerung und Verkleinerung der Schrift und sind daher gute Repräsentanten der Befehle *SchriftVergrößernEinPunkt* bzw. *SchriftVerkleinernEinPunkt.*

1. Korrigieren Sie das Makroprogramm aus dem vorhergehenden Tip wie folgt: Löschen Sie nicht mehr benötigte Zeilen, kopieren und editieren Sie die Zeilen mit dem *Einfügen*-Befehl.

```
Sub MAIN
SchaltflächeHinzufügen „Formatierung", 1, 1, „SchriftVerkleinernEinPunkt", 62, 1
SchaltflächeHinzufügen „Formatierung", 1, 1, „SchriftVergrößernEinPunkt", 61, 1
End Sub
```

2. Dieses Makro müssen Sie nur ein einziges Mal starten. Die neuen Symbolflächen werden der Symbolleiste *Formatierung* dauerhaft hinzugefügt und stehen auch nach einem Neustart von WinWord wieder zur Verfügung.

Weil in einem Makrofenster keine Formatierungen möglich sind, können Sie die korrekte Programmausführung der Schaltflächen erst testen, nachdem Sie das Makrofenster verlassen haben. Wählen Sie *Schließen* und bestätigen Sie das folgende Abfragefenster („Sollen die Änderungen in Global:AlleSymbole erhalten bleiben?") mit *Ja*.

Symbolleisten im Überblick - Viel leichter als Quickinfo

Wenn Sie über die Aufgabe einer Symbolfläche nicht mehr genau Bescheid wissen, kann Ihnen die Schnellinformation (Quickinfo) eventuell weiterhelfen. Setzen Sie den Mauszeiger auf das Symbol, und lesen Sie die eingeblendete Information. Wenn Ihnen die Kurzbeschreibung nicht ausreicht, lassen Sie das folgende Makro ablaufen. Es blendet zu jeder Symbolfläche die vollständige Befehlsbeschreibung ein.

Symbolleiste per Makro abfragen

Geben Sie das folgende Makro direkt in das Makrofenster ein. Wählen Sie *Extras/Makro*, geben Sie dem Makro einen Namen (z. B. SymbolDemo) und klicken Sie auf *Erstellen*.

Starten Sie das Makro (am besten gleich im Makrofenster) und geben Sie den Namen derjenigen Symbolleiste ein, deren Inhalt Sie überprüfen möchten.

```
Sub MAIN
On Error Goto Ende
Leistenname$ = InputBox$(„Gib den Namen derjenigen Symbolleiste ein, die angezeigt werden soll!", „Abfra-
gebox")
If Leistenname$ = „" Then Leistenname$ = „Standard"
Anz = ZählenSymbolleistenSchaltflächen(Leistenname$)
For x = 1 To Anz
Symbolname$ = SymbolleistenSchaltflächenMakro$(Leistenname$, x)
If MsgBox(Symbolname$, „Leiste: " + Leistenname$ + „ / " + Str$(x) + „. Symbol", 1) = 0 Then Goto
ende
Next x
Ende:
End Sub
```

Das Makro fragt nach dem Namen einer Symbolleiste, zählt deren Symbolflächen und gibt nacheinander an, welcher Befehl mit der Fläche verknüpft ist.

Befehl	**Hinweise**
On Error Goto Ende	Verzweigt zum Sprungziel *ende*, wenn Sie auf *Abbrechen* klicken.
Leistenname$ = InputBox$(„Gib den Namen derjenigen Symbolleiste ein, die angezeigt werden soll!", „Abfragebox")	In einer Input-Box fragt das Makro nach dem Namen der Symbolleiste und ordnet den Namen der Variablen Leistenname$ zu.
If Leistenname$ = „" Then Leistenname$ = „Standard"	Wenn Sie *OK* anklicken, ohne einen Namen eingetragen zu haben, wird die Standardsymbolleiste gewählt.
Anz = ZählenSymbolleisten-Schaltflächen(Leistenname$)	Liefert als Ergebnis die Anzahl der Schaltflächen auf der angegebenen Symbolleiste. (Ein Zwischenraum wird ebenfalls gezählt).
For x = 1 To Anz ... Next x	In einer Zählschleife werden der Reihe nach alle Symbole aufgerufen und ...
If MsgBox(Symbolname$, „Leiste: " + Leistenname$ + „ / " + Str$(x) + „. Symbol", 1) = 0 Then Goto Ende	... in einer Mitteilungbox vorgestellt. Wenn Sie *Abbrechen* anklicken, wird die Schleife vorzeitig verlassen.
Symbolname$ = Symbolleisten SchaltflächenMakro$ (Leistenname$, x)	Dieser Befehl liefert den Namen eines festen Befehls (Makros, Autotexteintrags, Formatvorlage) zurück, der mit einer Symbolleiste verknüpft ist.

Funktionen, Menüs, Shortcuts und Co.

Menüs in Software-Paketen stellen immer nur den kleinsten gemeinsamen Nenner der vom normalen Anwender benötigten Funktionen dar, aber natürlich können Sie die Menüs ebenso an Ihre Bedürfnisse anpassen wie die Symbolleisten und die Tastenkürzel. Jeder Arbeitsgang wird dadurch nicht unerheblich erleichtert, denn in Ihren eigenen Menüs kennen Sie sich ja aus, wie in Ihrer Westentasche.

Ohne Umwege - Wichtige Funktionen in Menüs integrieren

Nicht bei allen Programmbedienern erfreut sich die Maus großer Beliebtheit. Wenn Sie zu den Anwendern gehören, die das Programm lieber mit Menübefehlen bedienen, so können Sie dennoch ähnliche Gestaltungsmöglichkeiten nutzen, wie bei den Schaltflächen. Wenn Sie es beispielsweise nicht mehr wollen, eine bestimmte Programmfunktion immer über ..../..../.... aufzurufen, so erstellen Sie sich einfach ein eigenes Menü mit den Programmfunktionen Ihrer Wahl.

Ein eigenes Menü erstellen

1. Wählen Sie *Anpassen* im *Extras*-Menü und aktivieren Sie die Registerkarte *Menüs*. Alle Registerkarten dieses Dialogfelds ähneln sich im Aufbau, und auch die Vorgehensweise ist ähnlich.

2. Mit *Menüleiste* verzweigen Sie in ein Dialogfeld, in dem Sie die Menübezeichnungen verwalten. Geben Sie im Textfeld *Name in der Menüleiste* die Bezeichnung ein, unter der das neue Menü in der Menüleiste erscheinen soll. Wenn Sie das Menü auch mit einer Kurztaste öffnen möchten, müssen Sie die Taste mit einem vorangestellten „&"-Zeichen kennzeichnen. Lautet der Eintrag beispielsweise *Makro&liste*, kann das Menü auch mit **Alt**+**L** geöffnet werden. (Verwenden Sie nur Buchstaben, die nicht bereits in einem anderen Menünamen als Kurztaste verwendet wurden.)

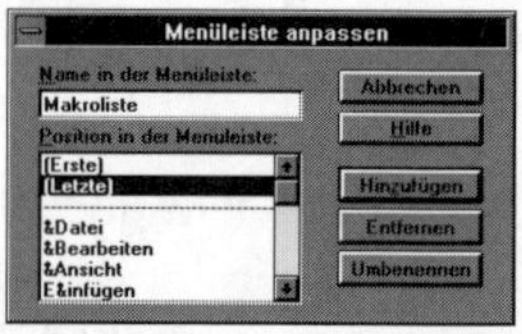

3. Im folgenden Listenfeld bestimmen Sie die Position des Menüs innerhalb der Menüleiste. Mit den Optionen *Ende* und *Anfang* positionieren Sie das neue Menü am Ende der Menüleiste. Möchten Sie das Menü innerhalb der Menüleiste einfügen, müssen Sie in der Liste den Menünamen markieren, vor dem das neue Menü eingefügt werden soll.

4. Ein Menü können Sie wieder entfernen, indem Sie den Menünamen markieren, *Entfernen* wählen und die Sicherheitsabfrage bestätigen. Um den Menünamen zu ändern, gehen Sie so vor: Markieren Sie das Menü in der Liste, klicken Sie das Eingabefeld an, schreiben Sie den neuen Namen und wählen Sie *Umbenennen*.

! Die Veränderungen an der Menüleiste werden erst wirksam, wenn Sie das Dialogfeld *Anpassen* verlassen haben.

5. Das fertige Menü soll eine Liste mit allen Makros enthalten. Wählen Sie im Dialogfeld *Anpassen* die Kategorie *Makros*.
6. Die Festlegung der Menübelegung geschieht auf gleiche Weise wie beim Definieren von Symbolleisten. Hier ist nur ein Zwischenschritt nötig: Sie müssen mit *Menü ändern* das Menü wählen (z. B. *Makroliste*), in das der Befehl eingefügt werden soll.
7. Danach markieren Sie ein Makro im Feld *Befehle*, wählen die *Position im Menü* und den *Namen im Menü*. *Hinzufügen* überträgt das Makro in das Menü. Mit *-Trennlinie-* haben Sie die Möglichkeit, das Menü übersichtlich zu gestalten. Möchten Sie die Menübefehle auch mit einer Kurztaste aktivieren, müssen Sie im Namen den Kennbuchstaben mit dem „&"-Zeichen kennzeichnen.

Auf diesem Weg lassen sich nicht nur neue Menüs erstellen, sondern auch bestehende Menüs verändern. Weiterhin können Sie Änderungen auch an den situationsabhängigen Kontextmenüs vornehmen. Kontextmenüs erkennen Sie an der Endung *(Shortcut)* im Menünamen.

Fast wie Word 5.0 - Formatvorlagen mit Shortcuts zuweisen

222

Wenn es Ihrer persönlichen Arbeitsweise entspricht, die Texte schon während der Eingabe zu formatieren, können Sie mit Shortcuts Ihre Arbeit viel effektiver gestalten. Weil sich die Hände während der Texteingabe ohnehin über der Tastatur befinden, ist der Griff zur Maus meist nur lästig. Mit Hilfe von Formatvorlagen können Sie ein ganzes Bündel von Formateigenschaften auf ausgewählte Textabschnitte übertragen. Die Verwaltung der Formatvorlagen geschieht normalerweise mit Hilfe eines Listenfeldes in der Format-Symbolleiste. Wenn Sie für jede Formatvorlage eine Kurztaste einrichten, können Sie die Formate einfach per Tastendruck übertragen.

Kurztasten für Formatvorlagen einrichten

Für die Verwaltung von Formatvorlagen bieten sich Tastenschlüssel, bestehend aus einer Tastenkombination und einer Einzeltaste an. So könnten Sie alle Formatierungen mit Formatvorlage beispielsweise mit Alt+F (Präfix-Taste) einleiten und mit einer weiteren Taste präzisieren. Dabei stört es wenig, daß das Tastenkürzel Alt+F bereits für das Öffnen des Formatmenüs reserviert ist. Dieses Kürzel definieren Sie kurzerhand um.

Wählen Sie *Anpassen* im *Extras*-Menü, setzen Sie die Registerkarte *Menüs* in den Vordergrund und wählen Sie *Menüleiste*. Markieren Sie den Eintrag *&Format* in der Liste mit den aktuellen Menünamen, geben Sie als neuen Namen *F&ormat* ein und wählen Sie *Umbenennen*. Zukünftig müssen Sie das Formatmenü mit Alt+O öffnen.

Für die Kaffeepause - Menüs, Shortcuts und Symbole schneller ändern

223

Zum Ändern von Menüs und Kurztasten gibt es zwei Kurztasten, mit denen Sie gegenüber dem herkömmlichen Verfahren mehrere Arbeitsschritte einsparen können.

Änderungen an Symbolen und Kurztasten mit einer Kurztaste herbeiführen

Der Tastenschlüssel AltGr++ (Numerischer Tastenblock) verwandelt den Mauszeiger in ein symbolisches „Kleeblatt“. Wenn Sie mit diesem Zeichen ein beliebiges Symbol (oder Menübefehl) anklicken, öffnet WinWord automatisch das Dialogfeld *Anpassen* und überträgt die Kurzbeschreibung des Symbols (oder Menübefehl) in das betreffende Eingabefeld. Gegenüber dem herkömmlichen Verfahren sparen Sie einen Arbeitsgang ein.

! Diese Blitzlösung können Sie auch einsetzen, um zugewiesene Shortcuts herauszufinden. Einfach anklicken und ablesen.

Menübefehle mit einer Kurztaste löschen

Mit AltGr+- verwandelt sich der Mauszeiger in einen dicken schwarzen Balken. Wenn Sie mit diesem Zeichen einen Menübefehl anklicken, wird der Befehl aus dem Menü entfernt.

Wenn Sie versehentlich Menübefehle gelöscht haben, können Sie mit der Option *Vorgabe* (*Extras/Anpassen*) die Standardeinstellungen wieder einstellen.

So kann man Kurztasten wieder löschen

Öffnen Sie das Dialogfeld *Anpassen* und setzen Sie die Registerkarte *Tastatur* in den Vordergrund. Ein Tastenkürzel löschen Sie, indem Sie zuerst im Listenfeld *Befehle* den Befehl markieren, dem es zugeordnet ist. Klicken Sie auf das zu löschende Kürzel im Feld *Aktuelle Schortcuts* und wählen Sie *Entfernen*.

So behalten Sie den Überblick über Ihre Tastenkombis

Die zahlreichen Möglichkeiten , WinWord individuell bedienen zu können, birgt die Gefahr in sich, daß man sich zu einem späteren Zeitpunkt nicht mehr an alle Einzelheiten erinnert. „Wozu habe ich die Formatvorlage »FormGliedUnter« angelegt, gibt es schon einen Autotexteintrag usw. und wie wird er aktiviert, welche Kurztaste startet das Makro »mache alles von allein«?" Mit einer übersichtlichen Liste können leicht Antworten auf diese Fragen gefunden werden.

Eine Liste erstellen

Öffnen Sie das Dialogfeld *Drucken* (*Datei*-Menü), wählen Sie im Listenfeld *Drucken* die gewünschte Option und aktivieren Sie die Schaltfläche *OK*.

Das Listenfeld enthält folgende Optionen:

Datei-Info Informationen, bestehend aus Titel, Thema, Autor usw., die Sie zu jedem Dokument speichern können.

Anmerkungen Druckt die Anmerkungen im Dokument. (Anmerkungen sind mit einem Benutzerinitial versehene Textstellen, die das Überarbeiten eines Textes von mehreren Personen erleichtern.)

Formatvorlagen Druckt die Namen und die Beschreibungen der Formatvorlagen, die Sie im Dokument verwendet haben.

AutoText-Einträge Druckt alle AutoText-Einträge der aktuellen Dokumentvorlage, sowie die AutoText-Einträge, die der globalen Dokumentvorlagen zugewiesen sind.

Tastenbelegung Druckt a) die Makronamen und die Shortcuts, denen die Makros zugeordnet sind, sowie b) die Shortcuts, die Sie mit dem Befehl *Anpassen* (Menü *Extras*) für die aktuelle Dokumentvorlage erstellt haben.

WinWord à la carte - Ihr persönliches Startfenster

225

Wie Sie den WinWord-Start mit Parametern beeinflussen können, erfahren Sie in den Tips auf den Seiten 46 bis 55. Vielleicht haben Sie aber den Wunsch, nach dem Programmstart zwischen verschiedenen Dokumentvorlagen zu wählen, oder den Dateipfad so zu verändern, daß später kein umständlicher Verzeichniswechsel mehr erforderlich ist. Mit einem selbsterstellten Dialogfeld ist das Ganze kein Problem.

Mit einem Dialogfeld den Programmstart beeinflussen

Sie können für Ihre selbstgeschriebenen Makros die gleichen Dialog- und Auswahlfelder verwenden, die WinWord auch für den eigenen Einsatz verwendet. Art, Umfang und Aussehen der Dialogfelder legen Sie mit einem speziellen Dialog-Editor fest. Die folgende Übung unterstellt, daß Sie zu dritt an einem PC arbeiten, und jeder Anwender seine Dateien in einem eigens dafür eingerichteten Verzeichnis speichert (das können beispielsweise drei Autoren sein, die gemeinsam ein Buch schreiben). Das Makro soll nach dem Programmstart die drei Varianten alternativ darlegen und anschließend in ein Verzeichnis Ihrer Wahl verzweigen.

1. Öffnen Sie das Makrofenster und geben Sie dem Makro den Namen *AutoExec*. Makros mit diesem Namen werden unmittelbar nach dem Programmstart automatisch ausgeführt.
2. Bevor Sie ein Dialogfeld erstellen können, müssen Sie die notwendigen Vorbereitungen treffen. Die erste Programmzeile ist immer gleich und definiert ein benutzerdefiniertes Dialogfeld mit dem beispielsweise gewählten Namen *MeinMenü*.

```
Dim MeinMenü As Dialog BenutzerDialog
```

3. Dialogfelder können sehr einfach mit dem *Dialogfeld-Editor* erstellt werden. Nachdem Sie die Schaltfläche *Dialog-Editor* angeklickt haben, öffnet WinWord ein Arbeitsfenster mit einem leeren Dialogfeld. Sie können den Titel des Dialogfelds ändern, indem Sie auf der Titelzeile einen Doppelklick ausführen. Löschen Sie im Eingabefeld *Text$* den Standardnamen „Microsoft Word", und tragen Sie statt dessen „Verzeichnisauswahl" ein. Das Dialogfeld benötigt ein Optionsgruppenfeld und darin drei Schaltflächen zum Einstellen der Optionen.

4. Fügen Sie mit *Element/Gruppenfeld* zunächst eine Optionsgruppe ein und plazieren Sie darin drei Optionsfelder. Wählen Sie den Befehl *Element/Schaltfläche/Optionsfeld* und *OK* dreimal hintereinander.

5. Beschriften Sie die Optionsfelder wie folgt: Klicken Sie doppelt auf der alten Feldbeschreibung, und tragen Sie im Textfeld *Text$* eine Bezeichnung ein. (Eventuell die Namen der Benutzer *Roßkamp*, *Brettschneider* und *Freihoff*, in deren Verzeichnis nachher weitergeschaltet werden soll.)

6. Schließlich benötigt Ihr selbstgefertigtes Dialogfeld noch eine *OK*- und *Abbrechen*-Schaltfläche. Wählen Sie *Element/Schaltfläche/OK* und *Element/Schaltfläche/Abbrechen*.

7. Positionieren Sie die einzelnen Schaltfelder, indem Sie den Mauszeiger auf das Schaltfeld setzen und bei gedrückter Maustaste verschieben.

8. Wählen Sie *Datei/Beenden* und bestätigen Sie die Frage „Soll das Dialogfeld in der Zwischenablage gespeichert werden?" mit *OK*. (Dialogfelder können grundsätzlich nur mit Hilfe der Zwischenablage in das Makrofenster kopiert werden.)

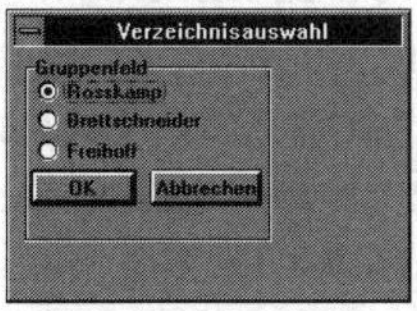

So könnte das Dialogfeld aussehen

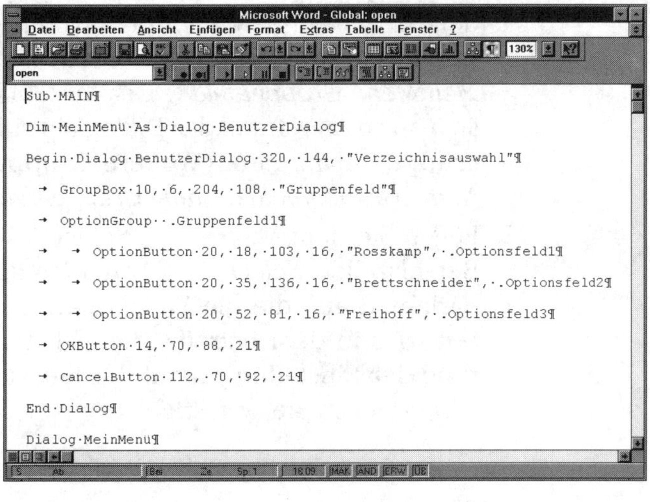

Die Beschreibung des Dialogfelds im Makrofenster

9. Das Dialogfeld stellt sich im Makrofenster ganz anders dar. Hier sehen Sie eine beschreibende Form dessen, was Sie im Dialogeditor gemacht haben. Das Bauprinzip ist aber leicht zu erkennen. Zwischen den Kommandos *Beginn Dialog* und *End Dialog* finden Sie hinter den einzelnen Elementnamen eine Fülle von Zahlen, mit denen die genaue Position der Elemente auf dem Bildschirm beschrieben wird. Alles Dinge, die Sie nicht kennen müssen.

10. Damit das Dialogfeld auch angezeigt wird, müssen Sie die Befehlszeile *Dialog MeinMenü* unmittelbar hinter die *End Dialog*-Anweisung setzen. Sie können mit der Schaltfläche *Start* die korrekte Anzeige schon einmal vorab überprüfen. Wenn Sie das Dialogfeld mit *Abbrechen* verlassen, wird eine Fehlermeldung angezeigt. Die können Sie aber einstweilen ignorieren.

```
Sub MAIN
Dim MeinMenü As Dialog BenutzerDialog
Begin Dialog BenutzerDialog 320, 144, „Verzeichnisauswahl"
    GroupBox 10, 6, 204, 108, „Gruppenfeld"
    OptionGroup .Gruppenfeld1
        OptionButton 20, 18, 103, 16, „Rosskamp", .Optionsfeld1
        OptionButton 20, 35, 129, 16, „Brettschneider", .Optionsfeld2
        OptionButton 20, 52, 81, 16, „Freihoff", .Optionsfeld3
    OKButton 14, 70, 88, 21
    CancelButton 112, 70, 88, 21
End Dialog
End Sub
```

11. Das Dialogfeld zeigt drei verschiedene Optionen. Die Wahl einer Option soll später den weiteren Handlungsablauf beeinflussen. Im folgenden Schritt müssen Sie WinWord mitteilen, welche Option Sie ausgewählt haben. Diese Information finden Sie in der Variablen *MeinMenü.Gruppenfeld***1.** Der Variablenname ist zweiteilig und setzt sich aus dem Namen des Dialogfelds und der Bezeichnung der Dialoggruppe zusammen. (Weitere Gruppenfelder hätten die Variablen *Name.Gruppenfeld2*, *Name.Gruppenfeld3* usw.)

12. Fügen Sie dem Makro eine Select-Case-Gruppe hinzu. Zwischen den Befehlszeilen *Select Case Variable* und *End Select* schreiben Sie alle Varianten auf, die die Variable annehmen kann und legen darunter fest, was in dem betreffenden Fall gemacht werden soll. Eine Änderung der Einstellungen auf der Registerkarte *Dateiablage* (*Extras/Optionen*) legen Sie so fest:

```
ExtrasOptionenDateiablage .Pfad = „DOC-PATH", .Einstellung = „C:\winword\beispiel\"
```

Das vollständige Makro lautet so:

```
Sub MAIN
Dim MeinMenü As Dialog BenutzerDialog
Begin Dialog BenutzerDialog 320, 144, „Verzeichnisauswahl"
    GroupBox 10, 6, 204, 108, „Gruppenfeld"
    OptionGroup .Gruppenfeld1
        OptionButton 20, 18, 103, 16, „Rosskamp", .Optionsfeld1
        OptionButton 20, 35, 129, 16, „Brettschneider", .Optionsfeld2
        OptionButton 20, 52, 81, 16, „Freihoff", .Optionsfeld3
    OKButton 14, 70, 88, 21
    CancelButton 112, 70, 88, 21
End Dialog
Dialog MeinMenü
Select Case MeinMenü.Gruppenfeld1
    Case 0
ExtrasOptionenDateiablage .Pfad = „DOC-PATH", .Einstellung = „C:\Winword\rosskamp\"
    Case 1
ExtrasOptionenDateiablage .Pfad = „DOC-PATH", .Einstellung = „C:\winword\brettsch\"
    Case 2
ExtrasOptionenDateiablage .Pfad = „DOC-PATH", .Einstellung = „C:\DATA\freihoff\"
End Select
End Dialog
End Sub
```

Lästig ist noch die Fehlermeldung, wenn Sie *Abbrechen* anklicken (in diesem Fall wird die letzte Einstellung beibehalten). Sie können die Fehlermeldung unterbinden, wenn Sie die *Zeilen On Error Goto Ende* und *Ende:* einfügen (erste und vorletzte Programmzeile).

Die drei Verzeichnisse müssen natürlich auf Ihrer Festplatte eingerichtet sein. Wenn Sie für das Makro Verwendung finden, wählen Sie zum Ausprobieren Verzeichnisse, die tatsächlich auf Ihrer Festplatte existieren. Aktivieren Sie die Registerkarte *Dateiablage* und überzeugen Sie sich von der korrekten Programmausführung.

Anstatt in drei unterschiedliche Verzeichnisse zu wechseln, könnten Sie das Beispiel verwenden, um verschiedene Dateien oder Dokumentvorlagen automatisch öffnen zu lassen. Die Befehlszeilen innerhalb der Case-Anweisung lauten:

```
DateiÖffnen .Name = „Dateiname"
```

oder

```
DateiNeu .DokVorlage = „Name der Vorlage", .DokVorlageNeu = 0
```

Netzwerkinstallation

Netzwerkinstallation, das ist so ein Thema: Die Netzwerkprofis machen sich darüber kaum noch Gedanken, aber beim Aufbau eines Mininetzes im kleinen Büro stellt man schnell fest, daß zwischen Einzelplatz und Netzwerk doch Welten liegen.

Geht Ihnen WinWord ins Netz?

Nicht jedes Programm läßt sich ohne weiteres im Netz installieren.

WinWord ist grundsätzlich netzwerkfähig

Wenn Ihr System die untenstehenden Voraussetzungen erfüllt, können Sie WinWord problemlos mit

```
a:setup /a
```

im Netz installieren. Selbstverständlich müssen Sie dabei die Lizenzbedingungen beachten.

Die Voraussetzungen

Folgende Voraussetzungen müssen gegeben sein:

- Windows ab 3.1
- Mindestens 7 MByte freier Festplattenspeicher auf dem Server
- Mindestens 10 MByte freier Speicherplatz auf der Festplatte der Arbeitsstation(en)
- Mindestens 4 MByte Festplattenspeicher nach der Installation
- Mindestens 4 MByte, besser 8 MByte RAM auf allen Rechnern

Gewußt wie - WinWord auf dem Server installieren

Wie wird das Programm auf dem Server so installiert, daß es sich von allen Netzwerkstationen aus starten läßt?

Setup mit der Option /a starten

Wenn Sie das Setup aus dem Datei-Manager oder Programm-Manager von Windows mit der Option /a starten, wird die Netzwerkinstallation durchgeführt.

Das Server-Setup

1. Sorgen Sie dafür, daß sich alle Netzwerkteilnehmer aus dem Netzwerk ausloggen. Es darf kein Teilnehmer mehr mit dem Server verbunden sein.
2. Schließen Sie alle Windows-Anwendungen. Auch residente Anti-Virenprogramme sollten während eines Setups nie aktiv sein, da sie u. U. auf die Veränderung von Dateien sauer reagieren.
3. Legen Sie die erste Diskette des WinWord-Diskettensatzes ein.
4. Wählen Sie im Programm-Manager oder Datei-Manager den Befehl *Datei Ausführen*.
5. Geben Sie *a:setup /a* oder *b:setup /a* ein, je nachdem, in welchem Diskettenlaufwerk sich die Diskette befindet.
6. Folgen Sie den Anweisungen auf dem Bildschirm. Folgende Angaben müssen Sie machen:
   - In welchem Verzeichnis soll das Hauptprogramm abgelegt werden? Das ist das zentrale Verzeichnis, das für die Netzwerkteilnehmer als Verzeichnis für den Start des Programms gedacht ist.
   - In welchem Verzeichnis sollen die gemeinsam genutzten Module abgelegt werden? Hier handelt es sich um die Module GRAPH oder WordArt. Als Standard (und es gibt keinen Grund, dies nicht beizubehalten), wird ein Verzeichnis hinter dem Verzeichnis MSAPPS angelegt, das sich immer hinter dem Windows-Verzeichnis befindet.
7. Am Ende der Installation müssen Sie festlegen, ob die gemeinsam genutzten Komponenten auf den Arbeitsstationen installiert werden sollen, ob sie vom Server aus gestartet werden sollen, oder ob der Anwender dies von Fall zu Fall entscheiden soll.

Letzteres bietet den Vorteil, bei einer sehr hohen Netzwerkauslastung auf eine lokale Nutzung auszuweichen, verbraucht aber mehr Speicherplatz auf den Arbeitsplatzrechnern.

8. Legen Sie den *Nur-Lesen-Zugriff* für dieses Verzeichnis fest, wenn Ihnen Ihre Installation lieb und Ihre Arbeitszeit teuer ist.

Und so kommt WinWord auf die Arbeitsstation

Wie wird WinWord auf einer Arbeitsstation im Netzwerk installiert, wo nicht das Programm, sondern nur die lokalen Komponenten benötigt werden?

Setup von der Arbeitsstation aus auf dem Server ausführen

Wenn Sie die Arbeitsstation mit dem Server verbinden und das Setup ausführen, erkennt WinWord automatisch, daß es sich um eine Arbeitsplatz-Installation handelt (und bietet dies im Auswahlfeld der Installation an).

Die Installation auf dem Arbeitsplatzrechner

1. Loggen Sie sich ins Netzwerk ein.
2. Im Menü *Datei* des Programm-Managers oder des Datei-Managers wählen Sie den Befehl *Ausführen*.
3. Geben Sie den Pfad zum Netzwerkserver und dem Verzeichnis an, in dem das Hauptprogramm installiert ist, also etwa:

   ```
   k:\winword\setup
   ```

   Die Installation auf dem Server muß also immer zuerst erfolgen.
4. Wählen Sie die Option *Arbeitsstationsinstallation* – sollte diese nicht verfügbar sein, wurde WinWord nicht ordnungsgemäß auf dem Server installiert.
5. Folgen Sie den Anweisungen auf dem Bildschirm.
6. Geben Sie an, welche der Module und Filter Sie installieren wollen.
7. Wenn Sie die Installation abgeschlossen haben, zeigt WinWord eine entsprechende Meldung, die Sie mit *OK* quittieren.

Es werden durch diese Installation nur die lokal benötigten Dateien installiert und das Symbol für den Server-Start von WinWord im Programm-Manager.

Geht ganz einfach - Installation auf sehr vielen Arbeitsstationen

Wenn Sie WinWord auf sehr vielen Arbeitsstationen installieren wollen, ist es sehr zeitaufwendig, bei jeder Installation die Fragen der Installationsroutine beantworten zu müssen.

Verwenden Sie die modifizierte Script-Datei SETUP.STF

In der Datei SETUP.STF (Verzeichnis SETUP) hinterlegt WinWord die Informationen für das Setup. Kopieren Sie diese in das Programm-Verzeichnis des Servers, und öffnen Sie die Datei in WinWord oder – besser – in einer Tabellenkalkulation, wie Excel oder Lotus 1-2-3. Da die Informationen in Spalten angeordnet sind, ist die Bearbeitung dort leichter. Dann legen Sie die gewünschte Installationsart fest und geben an, daß Sie im *Batch-Modus* installieren wollen. Nun wird nach dem Start von Setup alles automatisch ausgeführt.

Die SETUP.STF bearbeiten

1. Kopieren Sie die Datei SETUP.STF aus dem Verzeichnis SETUP in das Programm-Verzeichnis von WinWord auf dem Server. Dort weisen Sie ihr durch Umbenennen einen neuen Namen zu, wobei die Erweiterung STF erhalten bleiben muß.
2. Öffnen Sie die Datei mit einer Tabellenkalkulation wie Excel oder einer Textverarbeitung (für den Windows-Editor ist die Datei zu groß!). Wenn Sie mit WinWord diese Datei öffnen, schalten Sie die Funktionszeichen an, damit Sie die Tabulatorsprünge sehen und nicht versehentlich lösen – die Struktur der Spalten muß *unbedingt* erhalten bleiben!
3. Blättern Sie durch die Liste, bis Sie die Installationsart *Standard* etc. gefunden haben. In der Spalte *Im Batch-Modus installieren* oder *Installing during Batch-Mode* geben Sie in der Spalte links neben der gewünschten Installationsart *Yes* an, daß sie diese durchzuführen wünschen, die anderen verneinen Sie mit *No*.
4. Wenn eine benutzergeführte Installation oder eine Standardinstallation durchgeführt werden soll, suchen Sie in der Tabelle die Liste der WinWord-Module *Microsoft Word*, *Applets* etc., wo Sie auf die gleiche Weise festlegen, welche der Module Sie installieren wollen.

Die Datei SETUP.STF in Excel

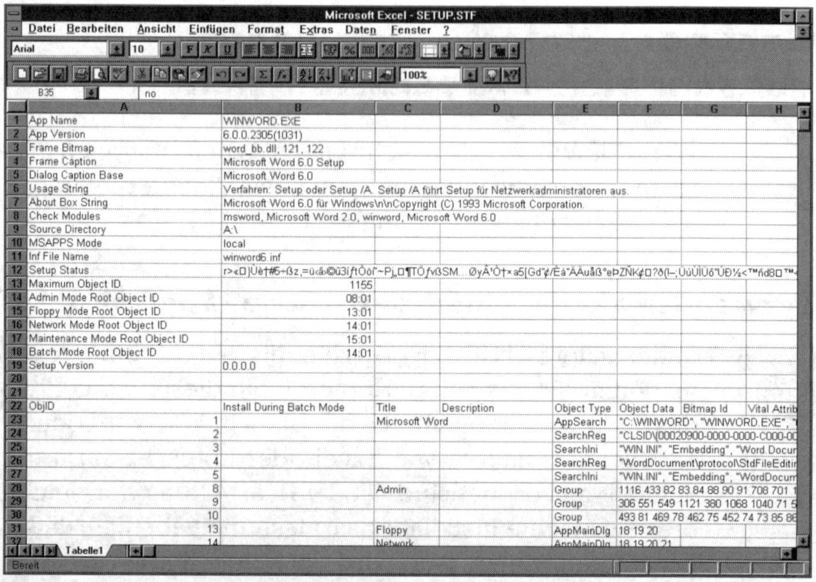

Die Installationsarten

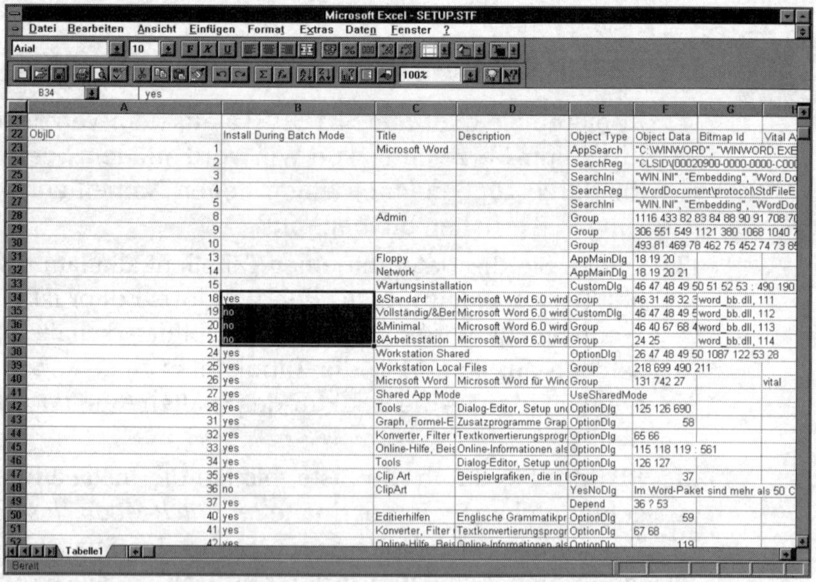

5. Ein Verzeichnis für die Installation können Sie angeben, wenn Sie bei *Destination Directory* die Angabe *%1* durch das Verzeichnis ersetzen, in dem WinWord installiert werden soll.

6. Speichern Sie die Datei im Textformat ab, wobei Sie den Namen wählen, den Sie beim Umbenennen verwendet haben.

Andere Angaben, insbesondere die merkwürdigen Steuerzeichen, sollten Sie nicht oder nur dann ändern, wenn Sie sehr genau wissen, was Sie tun!

Folgende Optionen können Sie beim Setup wählen:

/t Tabelle	Angabe der STF-Datei, die benutzt werden soll.
/n Benutzer	Angabe eines Benutzernamens, um auch diesen während des Setups nicht angeben zu müssen. Wenn Sie den Namen aus der WIN.INI in der Sektion [MS User Info] verwenden wollen, geben Sie nur „ " an.
/q	Automatisches Setup ohne Benutzereingaben.

Wenn Sie beispielsweise für den Anwender *Heinz Gärtner* ein Setup auf dem Laufwerk K: mit dem Script HEINZI.STF durchführen wollen, lautet der entsprechende Setup-Befehl:

```
K:\WINWORD\SETUP.EXE /t HEINZI.STF /n „Heinz Gärtner" /q
```

Mini oder Maxi? Dateien für Minimal- oder Standardinstallation

Welche Dateien werden eigentlich von den einzelnen Installationsarten kopiert, welche Funktionen büßen Sie möglicherweise ein?

„Neueste Informationen" sind sehr hilfreich

Wenn Sie die in der Programmgruppe von WinWord installierten *Neueste Informationen zu MS-Word* durch Doppelklick starten, können Sie über den Verweis *Benutzerdefinierte und Netzwerkinstallation* umfangreiche Informationen über die Dateien erhalten, die bei den verschiedenen Installationen kopiert werden.

Informationen über den Installationsumfang holen

1. Klicken Sie das Fragezeichensymbol *Neueste Informationen zu MS-Word* in der WinWord-Programmgruppe doppelt an. Sollte es dort nicht zu finden sein, starten Sie den Datei-Manager und klicken im WinWord-Programmverzeichnis den Dateinamen WDINFO.HLP doppelt an.
2. Wählen Sie den Verweis *Benutzerdefinierte und Netzwerkinstallation* durch Anklicken, wenn der Mauszeiger sich zu einer Hand verformt.
3. Wählen Sie den Verweis *Von Arbeitsstation-Setup installierte Dateien*. Er verzweigt auf eine weitere Seite, die alle Informationen enthält.

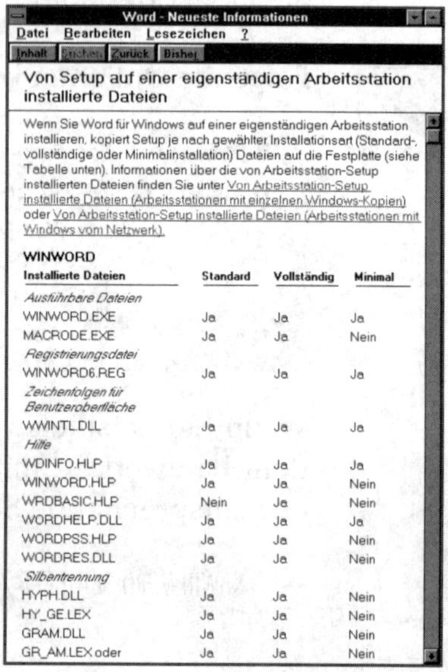

Die installierten Dateien

Können gut miteinander - WinWord und Windows

Wenn Sie mehr Programme als nur WinWord einsetzen, und Ihre Arbeit in WinWord-Dokumente einbinden wollen, brauchen Sie einen praktischen Weg zum Datenaustausch. OLE 2.0 ist zur Zeit das Zauberwort der Computerszene - sozusagen Ihr persönlicher, kleiner Datenhighway. Die Datenströme können Sie problemlos in die richtige Richtung - sprich: in Ihre Dokumente - leiten; dort müssen Sie nur entscheiden, ob loser Kontakt durch Verknüpfung oder Untermiete in Form von Einbettung gefragt ist.

Daten schnell und problemlos einbetten

Das Einbetten von Fremddaten aus OLE-fähigen Anwendungen ist die physikalische Integration der Daten in das WinWord-Dokument. Doch wie führen Sie das am einfachsten durch?

In Zwischenablage kopieren, in Dokument einfügen

Wenn Sie die Daten in der Server-Anwendung in die Zwischenablage übernommen haben, können Sie sie durch den Menüpunkt *Bearbeiten Einfügen* oder *Bearbeiten Inhalte einfügen* an der Cursorposition in das Dokument einbetten.

Einbetten über die Zwischenablage

1. Erstellen Sie in der Server-Anwendung das Objekt und markieren Sie es.
2. Mit *Bearbeiten Kopieren* übernehmen Sie es in die Zwischenablage.
3. Wechseln Sie in WinWord oder starten Sie das Programm.
4. Positionieren Sie den Cursor an der Stelle, an der Sie das Objekt einbetten möchten und treffen die notwendigen Vorbereitungen, etwa das Aufziehen eines Positionsrahmens.
5. Wenn es sich um Daten handelt, die WinWord nicht selbst bearbeiten kann, etwa eine Grafik, so können Sie durch *Bearbeiten Einfügen* die Daten direkt einbetten.

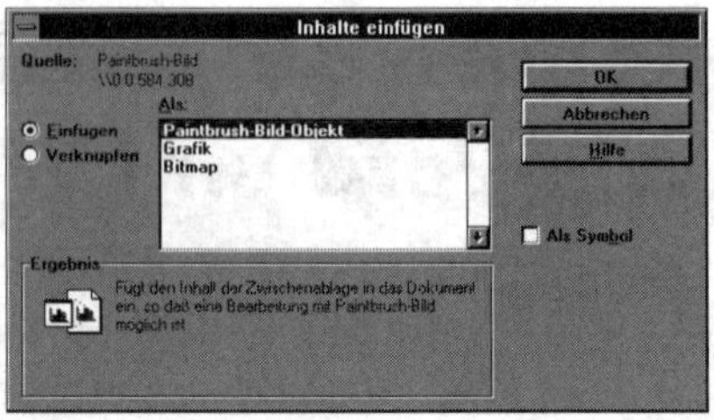

6. Ansonsten (und das ist der sicherste Weg), öffnen Sie die Dialogbox *Bearbeiten Inhalte einfügen* und geben an, wie Sie das Objekt einbetten möchten – wir gehen weiter unten darauf näher ein.

7. Wenn Sie das Objekt als Paket einfügen wollen, aktivieren Sie die Option *Als Symbol*.

8. Mit *OK* schließen Sie den Vorgang ab.

Folgende Optionen stehen Ihnen beim Einfügen einer Grafik zur Verfügung:

Paintbrush-Bild-Objekt Das Objekt wird mit einer Verbindung zur Server-Anwendung (hier Paintbrush) eingebettet, ein Doppelklick ruft Paintbrush zum Bearbeiten auf.

Grafik Die Grafik wird als Grafik im Vektorformat eingefügt. Ein Doppelklick holt also das WinWord-Modul *Draw* zur Bearbeitung der Grafik. Der Vorteil des Vektorformates ist der geringere Speicherbedarf und die Tatsache, daß bei Vergrößerungen keine Treppenbildung eintritt.

Nachteil: Das Bild sieht u. U. etwas anders aus, als Sie es erstellt haben, da es in das Vektorformat konvertiert werden muß.

Bitmap Die Grafik wird als WinWord-Grafik eingefügt. Auch hier geht die Verbindung zur Server-Anwendung verloren.

Die Grafik wird eingefügt, wie Sie sie erstellt haben, doch dafür muß das Bitmap-Format verwendet werden. Bei einer Vergrößerung entsteht der Treppeneffekt, und der notwendige Speicherplatz wird größer.

Festplattenplatz ist kostbar - Daten möglichst platzsparend integrieren

232

Die Datenmengen beim Einbetten sind sehr groß, ein Dokument mit vielen Grafiken wird sehr schnell sehr groß und entsprechend unhandlich.

Daten nicht einbetten, sondern verknüpfen

Um das Container-Dokument so schlank wie möglich zu halten, sollten Sie die Daten nicht einbetten, sondern verknüpfen. Wählen Sie dafür in der Dialogbox *Bearbeiten Inhalte einfügen* die Option *Verknüpfen*, nachdem Sie die Quelldaten abgespeichert und in die Zwischenablage übernommen haben.

Objekt durch Verknüpfung integrieren

Um in WinWord Daten mit einer Verknüpfung zu integrieren, sind dies die notwendigen Schritte:

1. Erstellen Sie in der Server-Anwendung das Objekt und – dies ist sehr wichtig – speichern Sie die Datei, in der sich das Objekt befindet, ordnungsgemäß auf der Festplatte ab.
2. Markieren Sie das Objekt.
3. Mit *Bearbeiten Kopieren* übernehmen Sie es in die Zwischenablage.
4. Wechseln Sie in WinWord oder starten Sie das Programm.
5. Positionieren Sie den Cursor an der Stelle, an der Sie das Objekt einbetten möchten, und treffen Sie die notwendigen Vorbereitungen, etwa das Aufziehen eines Positionsrahmens.
6. Öffnen Sie die Dialogbox *Bearbeiten Inhalte einfügen* und aktivieren Sie die Option *Verknüpfen*. Wenn die Option nicht verfügbar ist, haben Sie vergessen, das Objekt abzuspeichern.

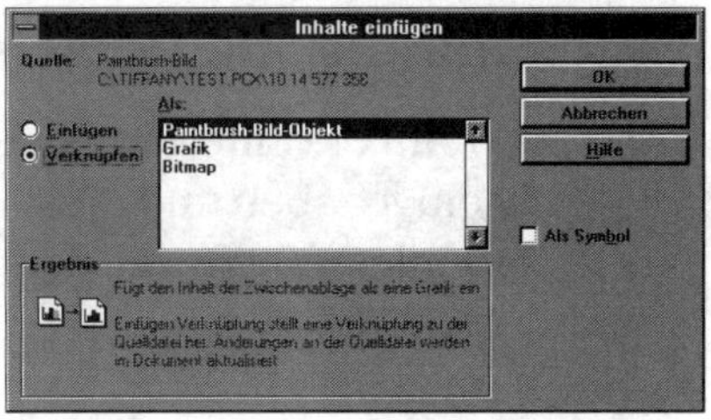

7. Geben Sie an, wie Sie das Objekt einbetten möchten (siehe oben).
8. Wenn Sie das Objekt als Paket verknüpfen wollen, aktivieren Sie die Option *Als Symbol*.
9. Mit *OK* schließen Sie den Vorgang ab.

Es können nur Objekte verknüpft werden, die vorher auf der Festplatte abgespeichert wurden und deren Dateiname dadurch bekannt ist.

Wenn Sie die externen Server-Daten ändern, werden die verknüpften Daten im WinWord-Dokument ebenfalls aktualisiert.

Die Dateigröße ist insbesondere bei Grafiken erheblich geringer als bei eingebetteten Daten.

Wenn die Server-Daten auf der Festplatte verschoben werden, ohne das WinWord-Dokument ebenfalls in das gleiche Verzeichnis zu verschieben, müssen die Verknüpfungen manuell bearbeitet werden (s. u.).

Kein Grund zur Panik - Wenn sich eine verknüpfte Grafik nicht zum Bearbeiten aufrufen läßt

233

Wenn Sie eine Grafik mit einer Verknüpfung einfügen, so wird zwar jede Änderung der Grafik in der Server-Anwendung im WinWord-Dokument aktualisiert, doch Sie können sie nicht mehr in WinWord bearbeiten.

Verknüpfen und in das Dokument integrieren

Wenn Sie in der Dialogbox *Einfügen Grafik* die Schaltfläche *Mit Datei verknüpfen* aktivieren, haben Sie die Möglichkeit, die Grafik zusätzlich in das Dokument zu integrieren; wählen Sie dafür die Option *Grafik im Dokument speichern*.

Verknüpfte Datei integrieren

Wenn Sie eine Grafik als Verknüpfung eingefügt haben und diese doppelt anklicken, meldet WinWord, daß eine Bearbeitung nicht möglich ist.

Wollen Sie dennoch nicht auf eine Bearbeitung der Grafik mit dem WinWord-eigenen Grafikmodul *Draw* verzichten, gehen Sie wie folgt vor:

1. Erstellen Sie in der Server-Anwendung das Objekt, und – dies ist sehr wichtig – speichern Sie die Datei, in der sich das Objekt befindet, ordnungsgemäß auf der Festplatte ab.

2. Wechseln Sie in WinWord oder starten Sie das Programm.
3. Positionieren Sie den Cursor an der Stelle, an der Sie das Objekt einbetten möchten, und treffen Sie die notwendigen Vorbereitungen, etwa das Aufziehen eines Positionsrahmens.
4. Öffnen Sie die Dialogbox *Grafik einfügen* und wählen Sie die gewünschte Grafik aus. Wenn Sie nicht sicher sind, wie die Grafik heißt, aktivieren Sie die Option *Grafik-Vorschau*.

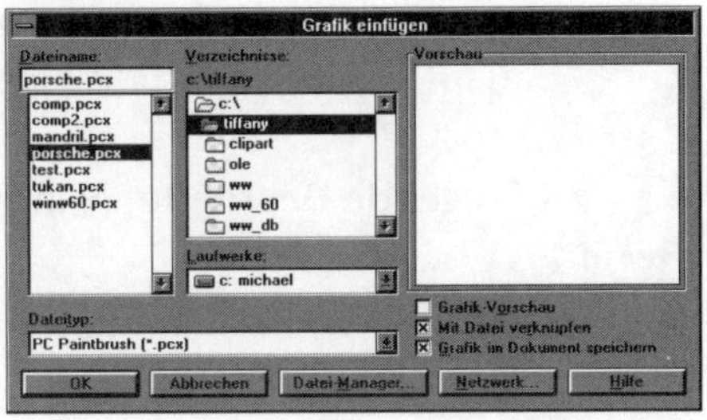

5. Aktivieren Sie die Option *Mit Datei verknüpfen* und die Option *Grafik im Dokument speichern*.
6. Mit *OK* schließen Sie den Vorgang ab.

Die Dateigröße wird jedoch wieder etwa so groß wie beim Einbetten, einer der Vorteile der Verknüpfung ist also wieder dahin.

Pfadfinder gesucht - Verknüpfte Daten wurden verschoben

234

Der Nachteil der Verknüpfung: Die Datenleitungen zeigen auf eine bestimmte Datei in einem bestimmten Verzeichnis – wenn die Dateien verschoben werden, kann WinWord die Daten nicht mehr aktualisieren oder anzeigen, da die Datei nicht gefunden wird.

Verknüpfung bearbeiten

Wenn die Daten verschoben wurden, können Sie über das Menü *Bearbeiten Verknüpfungen* den neuen Pfad zu der Datei angeben.

Suchpfad neu eingeben

1. Markieren Sie das Objekt durch einmaliges Anklicken mit der Maus.
2. Öffnen Sie das Menü *Bearbeiten Verknüpfungen*.
3. Klicken Sie die Verknüpfung in der Liste doppelt an und geben Sie den neuen Namen und den neuen Pfad an.

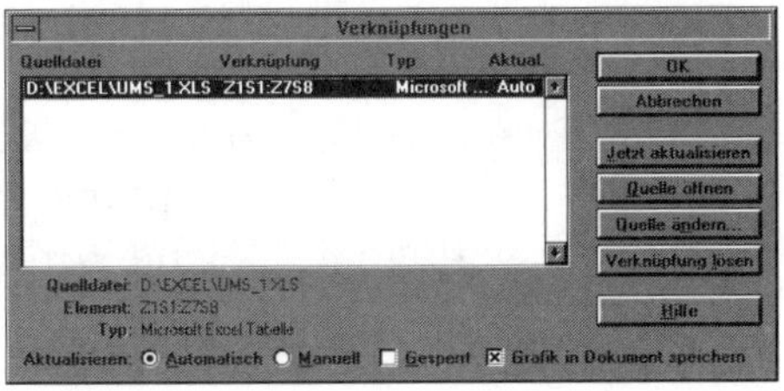

4. Wenn Sie mehrere Verknüpfungen bearbeiten wollen, markieren Sie nach der Windows- Konvention:

   Mit **Strg** zusammen können Sie einzelne, nicht zusammen in der Liste erscheinende Verknüpfungen markieren, mit **Umschalt** zusammen das Ende einer Gruppe von zusammenhängenden Verknüpfungen.

5. Beenden Sie die Eingabe mit *OK*.

Folgende Bearbeitungsmöglichkeiten haben Sie in dieser Dialogbox:

Automatisch Aktualisiert bestehende Daten jedesmal, nachdem Änderungen eingegeben worden sind.

Manuell Aktualisiert Daten nur, wenn Sie die Schaltfläche *Jetzt aktualisieren* wählen oder eine Verknüpfung markieren und **F9** betätigen.

Jetzt aktualisieren Aktualisiert alle im Feld *Verknüpfungen* markierten Verknüpfungen.

Quelle öffnen Öffnet die markierte Datei in der Ursprungsanwendung, damit Sie sie bearbeiten können.

Quelle ändern Hier legen Sie für die markierte Verknüpfung eine andere Quelldatei fest; die Verknüpfung wird von nun an mit Daten aus der neuen Quelldatei aktualisiert.

Verknüpfung lösen Hebt die Verknüpfung zwischen der Quelldatei und dem Zieldokument für alle markierten Verknüpfungen auf. Die Daten selbst verbleiben jedoch im Dokument.

Beachten Sie bitte, daß Sie nur dann mit *Verknüpfung lösen* die Verbindung zu einem OLE-Server abreißen lassen sollten, wenn Sie sicher sind, daß sich die Daten entweder nicht mehr ändern oder wenn Sie in WinWord ein geeignetes Bearbeitungsinstrumentarium finden. Dafür ein Beispiel: Wenn Sie eine Excel-Tabelle in WinWord als Grafik verknüpfen, wird eine Änderung nach einem Beenden des OLE-Links nur noch sehr schwierig möglich sein, da nun nur noch die Grafik bearbeitet werden kann, nicht aber mehr die Zahlen in der Tabelle!

Gesperrt Verhindert die Aktualisierung der markierten Verknüpfung. Wenn Sie eine Verknüpfung sperren, ist die Option *Jetzt aktualisieren* nicht verfügbar. Gleiche Wirkung hat eine Feldsperre mit **Strg+F11**.

Grafik im Dokument speichern Wenn die markierte Verknüpfung zu einer Grafikdatei erstellt wurde, wird eine grafische Darstellung der verknüpften Informationen im Dokument gespeichert, das Objekt wird also nicht verknüpft, sondern eingebettet. Auf diese Weise können Sie eine Verknüpfung in eine Einbettung umwandeln.

Information nur auf Wunsch - Integrierte Daten sollen nicht immer sichtbar sein

Nicht immer will man eingebettete oder verknüpfte Informationen dauerhaft sichtbar machen, etwa, wenn sie nicht so wichtig sind und nur als zusätzliche Information dienen.

Als Paket einbetten oder verknüpfen

Wenn Sie in der Dialogbox *Einfügen Objekt* die Option *Als Symbol* aktivieren, wird das Objekt als Paket eingefügt: Es ist nur als Icon sichtbar und wird erst mit einem Doppelklick geöffnet.

Über das WinWord-Menü ein Paket einfügen

1. Positionieren Sie den Cursor an der Stelle, an der Sie das Paket einfügen wollen. Sie können diese Positionierung auch mit Hilfe einer Tabelle oder eines Positionsrahmens durchführen.
2. Wählen Sie das Menü *Einfügen Objekt.* Wenn Sie das Objekt erst erstellen wollen, wählen Sie die Server-Anwendung aus. Wenn es das Objekt bereits als gespeicherte Datei gibt, wählen Sie die Registerkarte *Aus Datei erstellen.*

   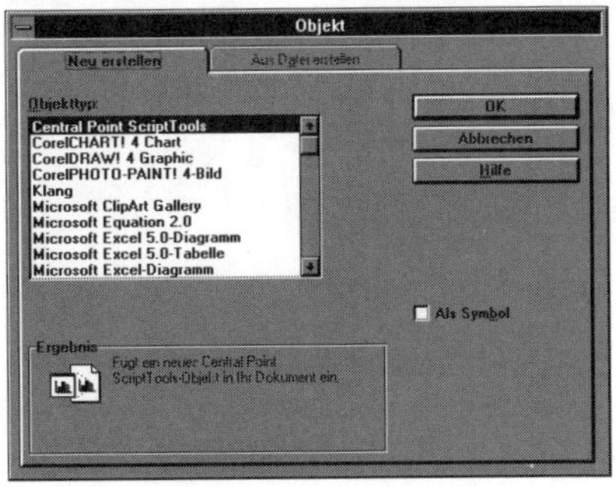

   Wenn Sie das Objekt neu erstellen, können Sie es nur *einbetten*, wenn Sie es aus einer Datei einfügen wollen, können Sie es einbetten oder verknüpfen.

3. Aktivieren Sie die Option *Als Symbol* – es wird eine weitere Schaltfläche angezeigt, die Ihnen erlaubt, ein anderes Symbol und/oder eine andere Beschriftung zu wählen. Standardmäßig wird das Icon der Server-Anwendung und als Beschreibung der Klassenname des Objektes verwendet.

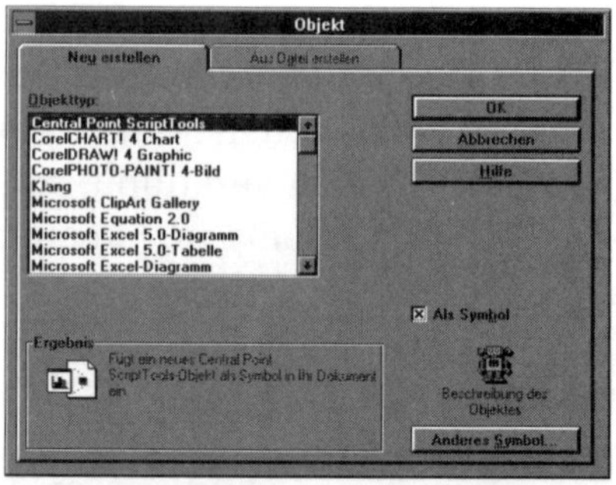

4. Wenn Sie die Schaltfläche *Anderes Symbol* anklicken, öffnet sich eine weitere Dialogbox, in der Sie aus den Symbolen eines aussuchen oder über *Durchsuchen* ein anderes verwendbares Icon heraussuchen. Die verfügbaren Symbole im vertikalen Fenster gehören jeweils zu dem im Fenster markierten Objekttyp.

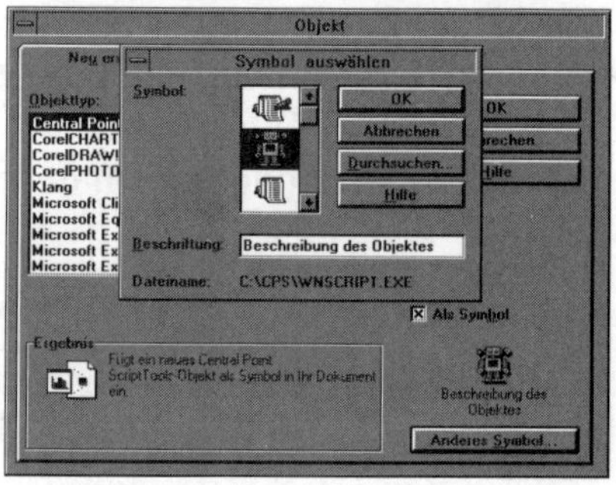

Icons suchen

Die meisten Icons sind in *PROGMAN.EXE* und *MORICONS.DLL* versteckt!

WinWord tunen - So geht's

So schön WinWord ist, so langsam kann es werden, wenn Sie es richtig fordern. Böse Zungen behaupten, zum richtigen Arbeiten sei ein Pentium mit mindestens 16 MByte notwendig, aber bis Sie den haben, wird wohl noch einige Zeit vergehen.

So machen Sie WinWord schneller

Langsame Rechner und bescheidene Grafikkarten sind nicht gerade die optimale Plattform für ein zügiges Arbeiten mit WinWord. Dennoch sind Änderungen am Geschwindigkeitsverhalten von WinWord möglich.

Stichwort	**Das können Sie verändern**	**So gehen Sie vor**
Bildschirmanzeige	Je mehr Symbolleisten und andere Bildschirmelemente Sie auf dem Bildschirm aktivieren, desto langsamer wird der Bildschirmaufbau. Alle Elemente (Lineal, Formatierungsleiste, Bildlaufleiste) lassen sich einzeln ab und wieder zuschalten.	Aktivieren Sie die Registerkarte *Ansicht* (*Extras/Optionen*) und deaktivieren Sie im Feld *Fenster* die Kontrollkästchen *Statuszeile, Vertikale und horizontale Bildlaufleiste.*
Ganzer Bildschirm	Noch einfacher geht es, wenn Sie statt die Bildschirmelemente einzeln abzuschalten, die „Ganzbildschirm"-Anzeige aktivieren.	Wählen Sie den Menüpunkt *Ganzer Bildschirm* im *Ansicht*-Menü. Mit Esc oder einem Klick auf das Vollbildsymbol gelangen Sie zurück in die zuvor gewählte Darstellung.
Seitenumbruch	Natürlich ist es schön, wenn Sie in der Statuszeile über die Anzahl der bereits verfaßten Seiten auf dem laufenden gehalten werden. Schalten Sie dennoch den automatischen Seitenumbruch für die Dauer der reinen Texteingabe ab.	Aktivieren Sie die Registerkarte *Allgemein* (*Extras/Optionen*) und deaktivieren Sie im Bereich *Allgemeine Optionen* das Kontrollkästchen *Seitenumbruch im Hintergrund.*

Stichwort	Das können Sie verändern	So gehen Sie vor
Konzeptansicht	Arbeiten Sie, wann immer es geht, in der Konzept-Ansicht. Hier wird konstant die Systemschriftart verwendet, dennoch werden die Zeilenumbrüche korrekt angezeigt.	Aktivieren Sie die Registerkarte *Ansicht* (*Extras/ Optionen*) und kreuzen Sie im Feld *Anzeigen* das Kontrollkästchen *Konzeptschriftart* an.
Grafiken ausblenden	Wenn Ihr Text Grafiken enthält, ist die Darstellung auf dem Bildschirm sehr arbeitsintensiv. Wenn Sie die Anzeige deaktivieren, zeigt WinWord statt der Grafiken einen Rahmen in der gleichen Größe.	Aktivieren Sie die Registerkarte *Ansicht* (Extras/ Optionen) und schalten Sie im Feld *Anzeigen* das Kontrollkästchen *Platzhalter für Grafiken* ein.

Mit zwei Änderungen an den INI-Einstellungen WinWord schneller machen

Ist Ihr Rechner großzügig mit Arbeitsspeicher bestückt, können Sie durch Änderung zweier Einträge in der WINWORD.INI-Datei die Programmausführung beschleunigen. Öffnen Sie die Datei WINWORD.INI mit einem beliebigen Editor (oder WinWord selbst), und ändern Sie die Einträge im [Microsoft Word]-Abschnitt wie folgt: (Finden Sie die Einträge nicht in diesem Abschnitt, sind die Standardeinstellungen aktiv. Im diesem Fall müssen Sie die Einträge ganz neu hinzufügen.)

```
CacheSize=xxxx
```

Dieser Eintrag legt fest, wieviel Cachespeicher für Word-Dokumente maximal verwendet wird. Der Cachespeicher hat normalerweise eine Größe von 64 KByte. Ein größerer Wert (beispielsweise 128) erhöht die Verarbeitungsgeschwindigkeit.

```
BitmapMemory=xxxx
```

Hiermit können Sie den maximalen Bitmap-Cachespeicher für Grafiken festlegen. Die Standardgröße des Cache beträgt normalerweise 1024 KByte. Eine Erhöhung auf beispielsweise 2048 führt zu besseren Resultaten bei der Grafikbearbeitung.

Powertips - Die WinWord Trickkiste II

56 Nach dem GAU

Wenn Sie die automatische Speicherung aktiviert haben *(Extras Optionen* Registerkarte *Speichern)*, legt WinWord in den festgelegten Abständen Kopien der aktiven Dateien (auch der Vorlagen) im Verzeichnis für die temporären Dateien sowie im Vorlagen-Verzeichnis an. Diese Kopien werden bei ordnungsgemäßem Beenden des Programms wieder gelöscht, bei einem Systemabsturz jedoch nicht.

Bei einem Start nach einem Absturz werden diese Dokumente wieder geladen und in der Titelzeile durch das Wort *Wiederhergestllt* gekennzeichnet.

Zwei Dinge sollten Sie unbedingt beachten: Nach einem Absturz sollten Sie diese Dateien mit der Erweiterung ASD sicherheitshalber in ein anderes Verzeichnis kopieren; da sie im WinWord-Format abgelegt werden, können Sie sie normal öffnen - entweder benennen Sie sie in DOC um oder aber geben bei *Datei öffnen* bei *Dateiname* *.ASD an. Der Grund für diese Maßnahme: Wenn Sie WinWord beenden und die wiederhergestellte Datei aus irgendeinem Grunde nicht speichern, werden die ASD-Dateien gelöscht.

Der zweite Hinweis: Wenn WinWord eine Datei wiederherstellt, werden Sie beim Schließen gefragt, ob Sie diese abspeichern wollen. Sollten Sie von dieser Datei inzwischen eine aktuellere Version besitzen und den gleichen Namen angeben, wird diese aktuellere Version überschrieben! Im Zweifel vergeben Sie einen anderen Namen und vergleichen die beiden Versionen.

Wenn Sie einen Systemabsturz mit Datenverlust hatten, sollten Sie im Verzeichnis mit den temporären Dateien – meist wird TEMP verwendet –, aber auch im aktuellen Verzeichnis nach temporären Dateien mit der Erweiterung TMP suchen und in DOC umbenennen. Wenn Sie die Dateien, die größer als 0 Byte sind, in WinWord laden, werden Sie möglicherweise große Teile des verlorenen Textes wiederentdecken.

57 Originalformate blitzschnell zuweisen

Mit **Umschalt+Strg+N** weisen Sie dem aktuellen Absatz (oder den markierten) die Formate der Formatvorlage *Standard* zu. Wenn Sie einem Absatz (egal, mit welcher Formatvorlage er formatiert wurde) sein Originalformat zuweisen wollen – also alle direkten Formate zurücknehmen wollen –, verwenden Sie **Strg+Q**.

58 Schattierung über die Absatzgrenzen hinaus

Eine Hintergrundschattierung ist immer nur bis an die Grenzen des Absatzes (also rechter und linker Rand bzw. Einzüge) wirksam. Wenn Sie eine Schattierung über den Rand hinaus wünschen, weisen Sie erst dem Absatz einen Rahmen zu und geben als *Abstand zum Text* die gewünschte Breite ein, die Sie zusätzlich zum Text schattieren wollen. Als Linienfarbe wählen Sie Weiß, damit die Linie nicht sichtbar ist. Wenn Sie jetzt eine Hintergrundschattierung zuweisen, geht diese um das eingestellte Maß über den Rand des Textes hinaus.

59 Schnelle Spaltenmarkierung in einer Tabelle

Natürlich können Sie in einer Tabelle eine Spaltenmarkierung weiterhin durchführen, indem Sie sich der Spalte von oben nähern und klicken, wenn der Mauszeiger zu einem schwarzen Pfeil wird. Schneller geht es, wenn Sie bei gedrückter Taste **Alt** irgendwo in die Spalte klicken.

60 Selbsterstellte Icons sichern

Wenn Sie Icons für Symbolleisten selbst erstellt haben, so war das sicher viel Arbeit. Und genau so viel Arbeit ist dahin, wenn Sie eine Symbolleiste löschen, die ein derartiges Symbol enthält. Wenn Sie Icons sichern wollen, erstellen Sie eine neue Symbolleiste mit *Ansicht Symbolleisten Neu* und nennen diese *Icons*. Auf diese Symbolleiste ziehen Sie die selbsterstellten Icons, bevor Sie die andere Symbolleiste löschen.

61 Felder sichtbar machen

Es gibt *zwei* Tastenkombinationen, mit denen Sie statt des Feldergebnisses die Feldfunktion sichtbar machen können: Mit **Umschalt**+**F9** wird nur das markierte Feld angezeigt, ist kein Feld markiert, geschieht nichts. Mit **Alt**+**F9** dagegen werden *alle* Felder im Dokument sichtbar gemacht.

62 Silbentrennung unterdrücken

Wenn Sie eine von WinWord eingefügte Silbentrennung unterdrücken wollen, positionieren Sie den Cursor im betreffenden Absatz und wählen in der Dialogbox *Format Absatz* auf der Registerkarte *Textfluß* die Option *Keine Silbentrennung*. Wenn Sie jedoch vorher bereits eigene Trennzeichen mit **Strg**+**—** eingefügt haben, müssen Sie diese erst löschen, damit die Online-Trennung unterdrückt werden kann. Erst *danach* dürfen Sie eigene Trennzeichen einfügen.

63 Perfekte Optik - Spalten gleichmäßig lang

Bei einem mehrspaltigen Text läuft der letzte Text auf der letzten Seite so aus, daß nur noch eine Spalte gefüllt ist, was sehr unschön aussieht. Abhilfe schaffen Sie, wenn Sie unter dem letzten Absatz einen fortlaufenden Abschnittswechsel einfügen (*Einfügen Manueller Wechsel Fortlaufend*).

64 Suchen und Ersetzen von Sonderzeichen

Wußten Sie schon, daß Sie die beiden Dialogboxen für *Suchen* und für *Einfügen Sonderzeichen* gleichzeitig öffnen können? So können Sie nach einem Zeichen suchen und es in der anderen Dialogbox durch ein Sonderzeichen ersetzen.

65 Symbole auf den Symbolleisten umgruppieren

Wenn Sie schnell mal eben eine Schaltfläche an eine andere Position bewegen wollen, so müssen Sie dafür nicht *Extras Anpassen* öffnen; es reicht, wenn Sie die Taste **Alt** gedrückt halten und die Schaltfläche mit der Maus an ihre neue Position ziehen. Wenn Sie **Strg**+**Alt** gedrückt halten, wird eine Kopie der Schaltfläche erzeugt. Sicherheitshalber sollten

Sie das nicht sehr intensiv betreiben (oder zwischendurch abspeichern), da WinWord diese (zugelassenen) Aktionen öfter einmal mit einer „Schutzverletzung“ quittiert.

66 Beinahe unbegrenzte Möglichkeiten: Zusätzliche Tastencodes benutzen

Sie können neben den - meisten vorbelegten - Kombinationen mit der Taste **Alt** nur Tastenkombinationen mit **Umschalt**+**Strg** sowie **Alt**+**Strg** benutzen, was zwar eine ansehnliche Anzahl ist, doch möglicherweise nicht ausreicht.

Wenn Sie eine sog. *Präfix-Tastenkombination* benutzen, können Sie die Anzahl der verfügbaren Tastenkombinationen erweitern. Präfix-Tasten sind **Strg**+**,** (Komma) sowie die Tastenkombination **Umschalt**+**Strg**+**.** (Punkt). Wenn sie diese Kombination sowie eine weitere Taste zuordnen, wird die Funktion erst nach dem Tippen der weiteren Taste aufgerufen.

67 Tabellenzeile löschen

Wenn Sie eine Zeile (oder Spalte) einer Tabelle löschen wollen, ist es einfacher, diese mit **Strg**+**X** auszuschneiden, als den mühsamen Gang über *Tabelle Zeile löschen* zu wählen.

68 Tabellenzeilen numerieren

Markieren Sie eine Spalte (oder Zeile) und wählen Sie in der Symbolleiste die Schaltfläche *Numerieren*, um die Spalten oder Zeilen einer Tabelle zu numerieren. Dies sollte in einer eigens dafür geschaffenen Spalte oder Zeile geschehen, um nicht Teile der Tabelle zu überschreiben.

69 Tabellenzellen mit mehr als 26 Spalten adressieren

Wenn Sie in einer Tabelle mehr als 26 Spalten erstellen (bis zu 31 sind erlaubt), gilt für Berechnungen die Excel-Konvention: Die Spalten ab 27 werden in Formeln mit AA, AB etc. adressiert.

70 WinWord-2.0-Tabellen importieren

Wenn Sie ein 2.0-Dokument mit einer Tabelle, die über eine Seite hinausgeht, importieren, wird die Tabelle möglicherweise nicht korrekt in die Seite eingepaßt. Das liegt daran, daß bei einer importierten Tabelle die Option *Seitenwechsel in der Zeile zulassen* in der Dialogbox *Tabelle Zeilenhöhe und -breite* deaktiviert wird. Wenn Sie diese wieder aktivieren, wird die Tabelle wie in 6.0 korrekt umbrochen.

71 Genauen Tabstop-Abstand ermitteln

Wenn Sie wissen wollen, wie weit ein Tabstop vom linken Rand entfernt ist, halten Sie die Taste **Alt** gedrückt und klicken im Lineal mit der linken Maustaste auf den Tabstop.

72 Tastenkombinationen anpassen

Ganz besonders komfortabel können Sie eine Tastenkombination ermitteln oder einstellen, wenn Sie die Tastenkombination **Alt**+**Strg**+**+** (Pluszeichen auf der numerischen Tastatur) betätigen. Der Mauszeiger verwandelt sich in ein Kleeblatt-ähnliches Gebilde, mit dem Sie nur einen Menüpunkt aufrufen müssen, um die gegenwärtige Tastenkombination einsehen oder ändern zu können.

73 Text in Tabellenzelle umrahmen

Wenn Sie einen Text in einer Zelle umrahmen wollen, ohne die Zelle selbst mit einem Rahmen zu versehen, müssen Sie den betreffenden Text markieren, ohne die Zellenendemarke (den Kreis) mit zu markieren.

74 Text oder Grafik mit Feld übertragen

Sie müssen kein besonderes Feld verwenden, wenn Sie Text, Grafik oder Zahlen von einer Stelle des Textes an eine andere kopieren wollen: Markieren Sie den gewünschten Text, vergeben Sie eine Textmarke und fügen Sie diesen Namen in ein einfaches Feld ein (ohne Namenszusatz!). Ergebnis: Der Text oder die Grafik wird an die andere Stelle kopiert und (bei einer Änderung des Quelltextes) auch aktualisiert.

75 Textmarken erleichtern das Erstellen von Umschlägen

Wenn Sie markiertem Text die Textmarken *EmpfängerAdresse* und *AbsenderAdresse* zuweisen, werden die derart markierten Textstellen in die korrekten Dialogfelder des Ausdrucks von Briefumschlägen eingetragen.

76 Textspalten markieren

Auch wenn Sie keine Tabelle verwenden, können Sie im Text spaltenweise markieren: Halten Sie die Taste **Alt** gedrückt und markieren Sie wie gewohnt; die Markierung wird nicht bis zum Ende der Zeile ausgedehnt.

77 Ungefährliche Unterschrift

Wenn Sie Ihre Unterschrift eingescannt haben, um sie etwa in Fax-Formulare einzubinden, liegt diese meist als PCX-Datei vor, die jeder benutzen kann. Um Mißbrauch vorzubeugen, sollten Sie die Unterschrift in ein WinWord-Dokument einfügen, dieses mit Kennwortschutz speichern und die Grafik-Datei löschen. Wenn jemand jetzt die Datei UNTERSCH.DOC in ein Dokument einfügen will, kann er das nur mit dem Kennwort.

78 WinWord richtig zählen lassen

Wenn Sie die Funktion *Extras Wörter zählen* aufrufen, werden Sie der Anzeige alles glauben, auch die Anzahl der Zeichen des Textes. Doch das sollten Sie nicht, denn WinWord zählt die Leerzeichen nicht mit. Sie müssen also die Leerzeichen gesondert ermitteln und hinzuzählen; dafür rufen Sie die Funktion *Ersetzen* auf und ersetzen ein Leerzeichen durch ein Leerzeichen. Nach dem Klick auf *Alle ersetzen* meldet Ihnen WinWord erfreulicherweise, wie viele Leerzeichen es „ersetzt" hat, ohne wirklich etwas geändert zu haben.

79 Buchstaben ineinander schreiben

Über *Einfügen Sonderzeichen* lassen sich zwar sehr viele zusätzliche Zeichen in den Text einfügen, doch manche Zeichen eben nicht, etwa das Zeichen für „entspricht".

Eine einfache Lösung für dieses Zeichen besteht in der Kombination aus dem Caret-Zeichen und der Zeichenformatierung *Doppelt unterstreichen*. Die meisten benötigten anderen Zeichen lassen sich aber nicht in dieser Weise realisieren. Mit der Feldfunktion *Versetzen* läßt sich jedoch manches Zeichen erzeugen, das sich aus zwei Zeichen zusammensetzen läßt. Und so funktioniert es:

Geben Sie das erste Zeichen ein und fügen das Feld *VERZETZEN* ein, in dem Sie mit den Schaltern \l, \r, \u und \d (die Buchstaben bedeuten left, right, up, down) angeben, um wie viele Punkte Sie nach links, rechts, oben oder unten das folgende Zeichen verschieben wollen. Anschließend schreiben Sie das zu versetzende Zeichen und aktualisieren das Feld mit **F9**. Mit

```
o{VERSETZEN 15} /
```

erstellen Sie beispielsweise ein durchgestrichenes kleines o.

80 Auf den Punkt: Zeichnungselemente am Zentrum ausrichten

Wenn Sie mit der Zeichnenfunktion von WinWord Organigramme oder Ablaufdiagramme erstellen, ist es zweckmäßig, diese am Raster auszurichten. Normalerweise richtet WinWord die Elemente an ihren Seitenrändern aus. Wenn Sie möchten, daß beim Ziehen und Ablegen am Zentrum des Elements ausgerichtet wird, halten Sie während des Vorgangs die Taste **Strg** gedrückt.

81 Zeichnungselemente anzeigen

Wenn die mit den Assistenten erstellten Dokumente nicht so ausgedruckt werden, wie es zu erwarten ist, haben Sie im Menü *Extras Optionen* auf der Registerkarte *Drucken* wahrscheinlich die *Zeichnungselemente* deaktiviert; da die meisten Assistenten dererlei Zeichnungselemente verwenden, muß diese Option aktiviert bleiben.

82 Zerstörte Dokumentvorlage retten

Wenn Sie einmal eine wichtige Dokumentvorlage verloren haben (WinWord hängt sich beim automatischen Speichern von Dokumentvorlagen immer noch gern auf), so können Sie diese wenigstens zum Teil wieder restaurieren: Öffnen Sie den Text, in dem die meisten der Formate benutzt wurden, die in dieser Vorlage enthalten waren, löschen Sie den Text und speichern Sie dies als Dokumentvorlage mit der Erweiterung DOT ab. Auf diese Weise können Sie aus jedem Text eine Vorlage generieren.

83 Zwei Wortgruppen am linken und rechten Rand ausrichten

Wenn Sie zwei Wortgruppen ausrichten wollen, werden Sie dies wahrscheinlich mit Tabstopps und Tabsprüngen durchführen, es geht jedoch auch einfacher:

Formatieren Sie den Absatz im Blocksatz, schreiben Sie die erste Gruppe und verbinden Sie die Worte mit einem geschützten Leerzeichen mit **Umschalt**+**Strg**+**Leertaste**. Die nächste Gruppe (für den rechten Rand) fügen Sie mit einer normalen Leertaste an, innerhalb der zweiten Gruppe verbinden Sie die Wörter wieder mit dem geschützten Zeichen.

Wenn Sie diese Zeile mit **Umschalt**+**Enter** (für Zeilenschaltung) beenden, werden beide Gruppen an der Stelle des normalen Leerzeichens auseinandergezogen und rechts und links ausgerichtet. Dieser Trick funktioniert natürlich auch für mehr als zwei Gruppen, wenn Sie diese mit geschütztem Leerzeichen „zusammenbinden".

84 Blocksatz reißt bei Zeilenschaltung die Zeile auseinander

Wenn Sie eine Zeile im Blocksatz formatiert haben und mit **Umschalt**+**Enter** eine Zeilenschaltung einfügen müssen, wird die Zeile zwischen den Rändern auseinandergerissen und es entstehen möglicherweise unschöne Lücken, da WinWord diese Zeile ebenfalls im Blocksatz formatiert.

Wenn Sie diese Zeile „zusammendrücken" wollen, bewegen Sie den Cursor mit **Ende** an das Ende der Zeile und fügen mit **Tab** einen Tabsprung an; die Zeile wird dann linksbündig ausgerichtet.

85 Zeichnungselemente mehrfach erstellen

Wenn Sie ein Werkzeug für die Erstellung eines Zeichnungselementes in der Symbolleiste angeklickt und das betreffende Element erstellt haben, schaltet WinWord in den normalen Bearbeitungsmodus zurück. Wenn Sie nun beispielsweise eine Linie mehrfach einfügen wollen, ist dies ausgesprochen lästig. Abhilfe: Klicken Sie das Element doppelt an, dann können Sie es mehrfach verwenden. Um diesen Modus auszuschalten, betätigen Sie **Esc** oder schalten die Funktion durch erneutes Anklicken der Schaltfläche wieder aus.

86 Ärger mit dem Kontextmenü

Wenn Sie ein Kontextmenü mit der rechten Maustaste geöffnet haben und es durch einen Mausklick im Text wieder schließen wollen, weil es den gewünschten Menüpunkt nicht enthält, dürfen Sie nicht mit der *linken* Maustaste klicken, da dadurch eine Markierung aufgehoben oder die Cursorposition verändert wird. Wenn Sie mit der *rechten* Maustaste auf das Dokument klicken, wird das Menü geschlossen und die Cursorposition bzw. die Markierung nicht verändert.

87 Systeminfos per Shortcut abrufen

Verwenden Sie zum Öffnen des Systeminfofelds die Tastenkombination **Strg**+**Alt**+**F1** an Stelle des umständlichen Weges über das Fragezeichen-Menü. Sie können das Feld auch zum Öffnen von Programmen nutzen. Klicken Sie *Ausführen* an und wählen Sie aus der folgenden Liste ein Programm aus. Die Liste faßt die gängigen Programme zur Systemüberprüfung zusammen.

88 Die Programm-Versionsnummer ermitteln

Es ist schon fast Gewohnheit geworden, das neue Programme regelmäßig per Fresh-Up-Diskette nachgebessert werden müssen. Wenn Sie wissen möchten, mit welcher Programmversion Sie aktuell arbeiten, kann das kleine Makro weiterhelfen.

```
Sub Main
MsgBox „Sie arbeiten mit Word " + AnwInfo$(2) + „ unter " + AnwInfo$(1), 64
End Sub
```

! Wenn Sie statt 2 den Parameter 654 einsetzen, erhalten Sie zusätzlich die Microsoft-Release-Nummer.

89 Inhalt eines Dateiverzeichnisses im Text einfügen

Wenn Sie ein schriftliches Dateiverzeichnis benötigen, können Sie WinWord diese Aufgabe übertragen. Das folgende Makro fragt zuerst nach einem Dateifilter und fügt ab der aktuellen Schreibmarkenposition die Dateiliste ein. Den Vorgabetext (im Beispiel *C:|Winword|*.doc*) können Sie beliebig ändern.

```
Sub MAIN
Liste$ = InputBox$(„Welches Verzeichnis?", „Verzeichnisliste", „C:\Winword\*.doc")
Einfügen „Dateiliste von „ + Liste$ + chr$(13)
Einfügen „————————————————————————————————————————" + chr$13)
Holder$ = Files$(Liste$)
While Holder$ <>„"
        Einfügen Holder$
        Einfügen Chr$(13)
        Holder$ = Files$()
Wend
End Sub
```

90 Briefumschläge schnell beschriften

Wenn Sie in einem Brief Empfänger- und Absenderadressen bereits geschrieben haben, ist das nochmalige Ausfüllen der gleichnamigen Felder in der Dialogbox *Umschläge* eher lästig. Sie können diese Angaben bequem in die Dialogbox übernehmen, wenn Sie die Informationen vorher in Textmarken mit der Bezeichnung *EmpfängerAdresse* und *Absender-*

Adresse einfügen. Markieren Sie die betreffenden Zeichenfolgen und wählen Sie *Bearbeiten/Textmarken*. Achten Sie auf die korrekte Schreibweise der Textmarken-Namen. Wenn Sie nun den Menübefehl *Extras/ Umschläge und Etiketten* aufrufen, werden die zuvor markierten Adressen in die jeweiligen Felder eingetragen.

Die Arbeit mit den Textmarken erfolgt nicht immer korrekt. Wenn Sie im Text etwas markiert haben (und sei es nur ein), wird es für die Empfängeradresse vorgeschlagen. Haben Sie nichts markiert und befindet sich noch etwas in der Zwischenablage, wird der Text der Zwischenablage vorgeschlagen. Trifft weder das eine noch das andere zu, werden die ersten Zeilen des Textes genommen, wo gemeinhin die Empfängeradresse steht. WinWord sucht nach den ersten „textgefüllten" Zeilen und deklariert diese kurzerhand zur Empfängeradresse. Das kann zu Problemen führen, wenn Sie zwischen den Zeilen *Straße* und *Wohnort* mit eine Leerzeile, oder mit **Strg+0** einen Abstand eingefügt haben. Wenn Sie statt dessen mit **Umschalt+Enter** eine Leerzeile einfügen, tritt dieser Fehler nicht auf.

91 Das Fußnotenzeichen automatisch einklammern

Fußnoten werden gern in Klammern gesetzt, eine Formatierung, die die automatische Fußnotenverwaltung von WinWord nicht unterstützt. Das folgende Makro ersetzt die fehlende Funktion. Erstellen Sie im ersten Arbeitsschritt alle Fußnoten mit der automatischen Numerierungsfunktion, oder wählen Sie benutzerdefinierte Zeichen. Starten Sie anschließend einmal das Makro. Es findet nacheinander alle Fußnoten (besser gesagt, die Formatvorlage *Fußnotenzeichen*) und klammert das dazugehörige Fußnotenzeichen mit hochgestellten runden Klammern ein .Gleichzeitig läuft eine Zählschleife und informiert Sie am Ende des Vorgangs, wie viele Fußnotenzeichen insgesamt umgewandelt wurden. Wenn Sie am letzten Fußnotenzeichen angelangt sind und trotzdem fortfahren, setzt das Makro einfach geschlossene Klammerpärchen neben die letzte Fußnote. Brechen Sie an dieser Stelle ab.

```
Sub MAIN
BeginnDokument
X = 0
REM Hier beginnt der Wiederholungsteil des Makros
Wiederhole:
BearbeitenSuchenFV .Formatvorlage = „Fußnotenzeichen"
BearbeitenSuchen .Suchen = „", .Richtung = 0
num = MsgBox(„Fortsetzen?", „Fußnotenkontrolle", 36)
If num = 0 Then Goto Ende
ZeichenLinks 1
FormatZeichen .Hochgestellt = 1
Einfügen „("
ZeichenRechts 1
FormatZeichen .Hochgestellt = 1
Einfügen „)"
x = x + 1
REM Rücksprung, wenn eine weitere Fußnote gesucht werden soll
Goto Wiederhole
Ende:
MsgBox „Ich habe „ + Str$(x) + " Fußnoten ersetzt", 0
End Sub
```

92 Nur die nackte Zahl - Beschriftung ohne Beschriftung

Wenn Sie für Textelemente eine Beschriftung wünschen, die nur aus einer Nummer besteht, Die also keinen Beschriftungstext wünschen, können Sie dies einfach einrichten: Erfinden Sie eine neue Kategorie, für die Sie als Text lediglich die Tastenkombination für das geschützte Leerzeichen **Umschalt+Strg+Leertaste** eingeben.

93 Die Oberfläche von Word 5.0 ist auch in WinWord verfügbar

Wenn Sie die Dokumentvorlage MSWORD wählen, können Sie die von Word 5.0 für DOS gewohnten Tastenkombinationen auch unter WinWord nutzen.

94 Ausstieg - WinWord und Windows gleichzeitig beenden

Wenn die Textverarbeitung Ihre wichtigste Windows-Anwendung ist, stört es Sie sicherlich, daß Sie Ihre Arbeit nur mit zwei Schritten beenden können.

Damit beim Verlassen von WinWord auch Windows beendet wird, müssen Sie in WinWord das folgende Makro erstellen und unter dem Namen *AutoExit* speichern. Es enthält den nicht dokumentierten Befehl *Ende-Windows* zum Beenden von Windows. Damit Sie vor Datenverlust geschützt bleiben, schalten Sie *DateiAllesSpeichern* vor.

```
Sub MAIN
DateiAllesSpeichern
EndeWindows
End Sub
```

95 Auch wenn die Tabelle am Textanfang steht - Absätze davor setzen

Ein Problem von WinWord 2.0 ist mit der neuen Programmversion behoben. Wenn Sie in WinWord 6.0 ein Dokument beginnen, können Sie vor der Tabelle einen normalen Textabsatz einfügen, indem Sie mit **Strg**+**Pos1** die Schreibmarke an die erste Position setzen und mit **Return** einen Textabsatz vor der Tabelle einfügen. Jedoch ist es jetzt nicht mehr so einfach, einen neuen Absatz innerhalb des Tabellenfeldes einzufügen. In diesem Fall kann ein einfacher Trick weiterhelfen. Geben Sie zuerst ein Leerzeichen ein, drücken Sie **Enter** und ↑. Das Leerzeichen simuliert einen Textabschnitt und führt zum geänderten Programmablauf.

96 WinWord-6.0-Dokumente in WinWord 2.0 öffnen

Es liegt in der Natur der Sache, daß Programme nicht abwärtskompatibel sein können. Wenn Sie dennoch WinWord-6.0-Dokumente, mit der Programmversion 2.0 bearbeiten wollen, müssen Sie diese zuvor konvertieren. Die neuen Programmfeatures, die WinWord 2.0 nicht unterstützt, gehen bei der Konvertierung natürlich verloren.

1. Das Installationsprogramm hat auf Ihrer Festplatte (Verzeichnis C:\WINDOWS\MSAPP\TEXTCONV) die Datei MSWORD6.CNV installiert. Kopieren Sie die Datei in das WinWord-2.0-Programmverzeichnis.
2. Starten Sie WinWord 2.0 und öffnen Sie ein beliebiges WinWord-6.0-Dokument.

WinWord 2.0 findet die Umwandlungsdatei selbständig und ergänzt die Datei WIN.INI im Abschnitt [MSWORD Text Converters] um einen entsprechenden Eintrag. Im Listenfeld *Dateiumwandlung* finden Sie zukünftig auch den Eintrag *Word für Windows 6.0.*

97 Kopf- und Fußzeilen parallel bearbeiten?

Wenn Sie *Ansicht Kopf- und Fußzeile* aufrufen, zeigt Ihnen WinWord immer zuerst die Kopfzeile, aus der Sie dann in die Fußzeile wechseln können. Dieses Entweder-Oder-Prinzip können Sie leicht ändern, indem Sie den Bildschirm durch einen Doppelklick auf den schwarzen Balken in der vertikalen Bildlaufleiste teilen und für beide Bildschirmbereiche eine der beiden Ansichten wählen.

98 Der schnelle Klick mit der rechten Maustaste - Kontextmenüs individuell

Ab und zu ist die rechte Maustaste eben doch zu etwas gut: Klickt man damit auf unterschiedliche Elemente der WinWord-Oberfläche, erscheinen entsprechende Kontextmenüs. Was Sie vielleicht nicht wußten, ist, daß Sie diese Menüs Ihren Bedürfnissen anpassen können: Unter *Extras/Anpassen/Menüs* finden Sie auf der linken Seite der Registerkarte die Kategorien der verfügbaren Befehle, die ihrerseits in der Mitte aufgelistet sind. Nachdem Sie also den Befehl, den Sie hinzufügen oder entfernen wollen, ausgewählt haben, suchen Sie unter *Menü ändern* das Kontextmenü aus, das von der Änderung betroffen sein soll. Sie erkennen die Kontextmenüs übrigens an dem Wörtchen „Shortcut" hinter dem Namen. Die *Position im Menü* legen Sie jetzt noch im gleichnamigen Listenfeld fest und bestimmen den *Namen im Menü*. Wenn Sie auf *Hinzufügen* oder *Entfernen* und dann *Schließen* klicken, wird die Änderung in der Dokumentvorlage abgespeichert, die in dem Listenfeld rechts unten angegeben ist.

99 Datenmaske für jede Tabelle

Wußten Sie, daß Sie sich das lästige Ausfüllen von Tabellen erheblich erleichtern können? So geht's: Zunächst holen Sie sich den Befehl *SeriendruckDatenmaske* in Reichweite, indem Sie ihn unter *Extras/Anpassen/Symbolleisten* unter der Kategorie *Alle Befehle* suchen und per *Drag & Drop* in eine Ihrer Symbolleisten befördern. Wenn Sie jetzt eine neu erstellte Tabelle vor sich haben, geben Sie in der Kopfzeile die Überschriften ein, die Sie den einzelnen Spalten zuweisen wollen, und klicken auf die neue Schaltfläche. Sie erhalten jetzt eine Eingabemaske, mit der das Ausfüllen der Tabelle und auch die Suchfunktion wesentlich schneller und effektiver sind.

Problemregister

A

B

D

F

W

Z

Ihre Meinung ist uns wichtig

Tips & Tricks - das bedeutet leicht, den einen oder anderen Benutzer aus den Augen zu verlieren. Gibt es genug Stoff für „Power-User", fühlt sich der „normale" Anwender nicht ernst genommen. Wird's zu leicht, legt mancher das Buch enttäuscht weg. Deshalb möchten wir wissen, welche Tips Sie bevorzugen, welche Sie weitergebracht und welche Sie gelangweilt haben.

Die besten Lesertips in der PC-Praxis - Und dafür gibt's auch noch 50,- DM

Daneben gibt es sicher noch manchen Tip, den Sie aus Ihrer Erfahrung für besonders gut und wichtig halten. Diese Tips möchten wir kennenlernen, sie helfen uns, Ihre Wünsche als Anwender noch genauer zu berücksichtigen. Und damit alle davon profitieren, möchten wir die besten in der PC Praxis veröffentlichen. Wenn Ihrer dabei ist, gibt's dafür 50,- DM.

Folgende Bereiche der Tips & Tricks für WinWord 6 haben mir besonders gut gefallen: ______________________

____

____

Diese Themenkreise kamen zu kurz: ______________________

____

____

Das Niveau der Tips war:

genau richtig	Anteil in %:	___
zu hoch	Anteil in %:	___
zu niedrig	Anteil in %:	___

Wofür setzen Sie Winword hauptsächlich ein?

Korrespondenz	Anteil in %:	___
DTP	Anteil in %:	___
Tabellen/Rechnungen	Anteil in %:	___
Formulare	Anteil in %:	___
Große Dokumente	Anteil in %:	___

Möchten Sie in Zukunft die abgedruckten Makros lieber auf Diskette? ☐ ja ☐ nein

Wieviel würden Sie für ein T & T-Buch mit Diskette ausgeben: _____ DM

Name, Vorname: ______________________

Str. + Nr.: ______________________

PLZ + Ort: ______________________

Tel.: ______________________

Meinen besten PowerTip füge ich bei. ☐ ja ☐ nein

Ich versichere, daß die mitgeschickten Tips/Makros ausschließlich von mir stammen und frei von Rechten Dritter sind. Zur Veröffentlichung ist es notwendig, daß DATA BECKER das ausschließliche Nutzungsrecht an den beigefügten Tips/Makros, d.h. das Recht zur weiteren Veröffentlichung, Vervielfältigung und Nutzung im In- und Ausland sowie zum Nachdruck in beliebigen Printmedien, erhält. Ich bestätige diese Übertragung durch meine Unterschrift.

____

Datum, Unterschrift

Die Speicherung der Daten erfolgt nach den Maßgaben des Datenschutzgesetzes, eine Weitergabe an Dritte erfolgt nicht.

Schicken oder faxen Sie diese Seite an:

DATA BECKER GmbH & Co. KG
Lektorat Tips & Tricks
Merowingerstr. 30
40223 Düsseldorf
0211/3190498

Wenn Sie an dieser Seite angelangt sind...

dann haben Sie sicher schon auf den vorangegangenen Seiten gestöbert oder sogar das ganze Buch gelesen. Und Sie können nun sagen, wie Ihnen dieses Buch gefallen hat. Ihre Meinung interessiert uns!

Uns interessiert, ob Sie jede Menge „Aha-Erlebnisse" hatten, ob es vielleicht etwas gab, bei dem das Buch nicht weiterhelfen konnte, oder ob Sie einfach rundherum zufrieden waren (was wir natürlich hoffen). Wie auch immer – schreiben Sie uns! Wir freuen uns über Ihre Post, über Ihr Lob genauso wie über Ihre Kritik! Ihre Anregungen helfen uns, die nächsten Titel noch praxisnäher zu gestalten.

Apropos: die nächsten Titel. Wollen Sie am Ball bleiben? Wir informieren Sie gerne, was es Neues an Software und Büchern von **DATA BECKER** gibt.

Hier abtrennen

Bitte einschicken an:
DATA BECKER GmbH & Co.KG,
Merowingerstraße 30,
40223 Düsseldorf

Sie können uns natürlich auch faxen:
(02 11) 3 19 04 98

DATA BECKER GmbH & Co.KG, Merowingerstraße 30, 40223 Düsseldorf

❑ Ja, schicken Sie mir Informationen zu Ihren Neuerscheinungen.

❑ Ja, ich möchte DATA BECKER Autor werden. Bitte schicken Sie mir Ihre Infos für Autoren.

Name, Vorname ....

Straße ....

PLZ, Ort ....

441 127